Kindheitserinnerungen

Vom Glück der Kindheit

Schöne Geschichten aus der
unbeschwertesten Zeit des Lebens

Herausgegeben von
Lia Franken

Scherz

Inhalt

FRIEDRICH HEBBEL

Der Kindheit Zauberkreis

Der Hauptreiz der Kindheit beruht darauf, daß alles, bis zu den Haustieren herab, freundlich und wohlwollend gegen sie ist, denn daraus entspringt ein Gefühl der Sicherheit, das bei dem ersten Schritt in die feindliche Welt hinaus entweicht und nie zurückkehrt. Besonders in den unteren Ständen ist dies der Fall. Das Kind spielt nicht vor der Tür, ohne daß die benachbarte Dienstmagd, die zum Einkaufen oder Wasserschöpfen über die Straße geschickt wird, ihm eine Blume schenkt; die Obsthändlerin wirft ihm aus ihrem Korb eine Kirsche oder eine Birne zu, ein wohlhabender Bürger wohl gar eine kleine Münze, für die es sich eine Semmel kaufen kann; der Fuhrmann knallt vorüberkommend mit seiner Peitsche, der Musikant entlockt seinem Instrumente im Gehen einige Töne, und wer nichts von allem tut, der fragt es wenigstens nach seinem Namen und Alter oder lächelt es an. Freilich muß es reinlich gehalten sein.

Dieses Wohlwollen wurde auch mir und meinem Bruder in reichlichem Maße zuteil, besonders von den Mitbewohnern unseres Hauses, den vorzugsweise sogenannten Nachbarn, die uns fast ebensoviel galten als die Mutter und mehr als der strenge Vater. Im Sommer hatten sie ihre Arbeit und konnten sich nur wenig mit uns abgeben, da war es aber auch nicht notwendig, denn wir spielten von früh bis spät, von der Betzeit bis zur Bettzeit, im Garten und hatten an den Schmetterlingen Gesellschaft genug. Aber im Winter, bei Regen und Schnee, wo wir aufs Haus beschränkt waren, ging fast alles, was uns unterhielt und erheiterte, von ihnen aus. Die Frau des Tagelöhners, Meta mit Namen, eine riesige, etwas vorgebeugte Figur mit einem alttestamentarisch ehernen Gesicht, an das ich durch die Cumäische Sibylle des Michelangelo in der Sixtinischen Kapelle lebhaft wieder erinnert worden bin, kam gewöhnlich, ein rotes Tuch um den Kopf gewunden, in den langen Winterabenden zu uns herum und blieb bis zum Lichtanzünden. Dann erzählte sie Hexen- und Spukgeschichten, die aus ihrem Munde eindringlicher wie aus jedem anderen klangen; wir hörten vom Blocksberg und vom höllischen Sabbat, der Besenstiel, der so verächtlich erscheinende, erhielt seine unheimliche Bedeutung, und die finstere Schornsteinhöhle, die in jedem Hause und also auch in dem unsrigen auf eine so boshafte Weise von den Mächten der Hölle und ihren Dienerinnen mißbraucht werden konnte, flößte uns Entsetzen ein. Genau erinnere ich mich noch des Eindrucks, den die Erzählung von der verruchten Müllerin, die sich nachts in eine Katze verwandelte, auf mich machte, und wie es mich beruhigte, daß sie für diesen schlechten Streich doch endlich die gebührende Strafe erhielt! Der Katze wurde nämlich, als sie einmal den nächtlichen Spaziergang antrat, von dem Müllerburschen, dem sie verdächtig vorkam, eine Pfote abgehauen, und am nächsten Tag lag die Müllerin mit blutigem rechtem Arm ohne Hand im Bette.

Wenn Licht angezündet wurde, gingen wir gewöhnlich zum Nachbar Ohl hinüber, und in seiner Stube war es uns freilich heimischer als in Metas Atmosphäre. Der Nachbar Ohl war ein Mann, den ich nie verdrießlich gesehen habe, sooft er auch Ursache hatte, es zu sein. Mit leerem Magen, ja, was bei ihm mehr sagen wollte, mit leerer Pfeife tanzte, sang und pfiff er uns etwas vor, wenn wir kamen, und sein immer freundliches, ja vergnügtes Gesicht leuchtet mir, trotz der beträchtlich geröteten Nase, die ich mir nach der Erzählung meiner Mutter einmal mit Sehnsucht gewünscht haben soll, als ich, auf den Knien von ihm geschaukelt, zu ihm hinaufsah, und trotz der gewalkten, spitz zulaufenden Mütze, die er beständig trug, noch jetzt wie ein Stern. Es hatte eine Zeit gegeben, wo er der einzige Maurer im Ort und Herr von zwanzig bis dreißig Gesellen gewesen war, von denen sich später viele zu Meistern aufwarfen und ihm die Arbeit wegnahmen; damals hätte er, wie man ihm nachsagte, sich eine sorgenfreie Zukunft gründen können, wenn er nicht die Kegelbahn zu oft besucht und ein gutes Glas Wein zu sehr geliebt hätte; aber wer die bösen Tage trug wie er, der war wegen des unbekümmerten Genusses der guten nicht zu schelten. Ich kann seiner nicht ohne

Rührung gedenken; wie sollte ich auch? Er hat den Paukenschläger und den Trompeter, die er mir und meinem Bruder einst zum Jahrmarkt schenkte, von dem Spielwarenverkäufer mit größter Mühe erborgt und sich, da seine Armut ihm das Abtragen der kleinen Schuld erst spät gestattete, noch nach Jahren, als ich schon lang und altklug an seiner Seite ging, darum mahnen lassen müssen.

Unerschöpflich war er in Erfindungen, uns zu unterhalten, und da dazu bei Kindern nichts als guter Wille gehört, so mißlang es ihm nie. Eine Hauptfreude war es für uns, wenn er ein Stück Kreide in die Hand nahm, sich mit uns an seinen runden Tisch setzte und zu zeichnen anfing, Mühlen, Häuser, Tiere und was es weiter gab. Dabei kamen ihm die lustigsten Einfälle, die mir noch in den Ohren klingen. Selbst sein höchster Genuß war keiner für ihn, wenn wir ihn nicht teilten. Er bestand darin, daß er des Sonntags vormittags nach der Predigt und vor der Mahlzeit langsam zur Erinnerung an bessere Zeiten ein sogenanntes halbes Plank Branntwein trank und eine Pfeife dazu rauchte. Von diesem Branntwein mußten wir jeder einen Fingerhut voll bekommen, oder er schmeckte ihm selbst nicht. Das Getränk war allerdings nicht das schicklichste für uns, aber die Quantität war gering genug, um nachteilige Folgen zu verhüten. Mein Vater verbot jedoch diese Sonntagsfeier, als er dahinterkam. Dies betrübte den guten Alten sehr, hielt ihn aber, wie ich hinzusetzen muß, nicht ab, uns wieder mittrinken zu lassen, nur, daß es ganz in der Stille geschah und daß er uns dringend anempfahl, dem Vater nachher aus dem Wege zu gehen, damit er keine Gelegenheit erhalte, einen von uns zu küssen und so die Übertretung seiner Vorschrift zu entdecken; ein Kuß, den Lippen meines Vaters aufgedrückt, hatte ihm nämlich das Spiel verraten.

Zuweilen brachte der eine oder der andere seiner beiden unverheirateten Brüder, die meistens im Lande herumstreiften und Taugenichtse sein mochten, den Winter bei ihm zu. Sie fanden bei ihm immer willig Aufnahme und blieben, bis sie der Frühling oder der Hunger forttrieb; er jagte sie nicht, so schmal sein Stück Brot war, er brach es mit Freuden noch einmal durch, aber wenn er gar nichts hatte, so konnte er freilich auch nichts geben. Wenn Onkel Hans oder Johann kamen, war es für uns ein Fest, denn sie ließen ein neues Stück Welt in unser Nest fallen, sie erzählten uns von Wäldern und ihren Abenteuern darin, von Räubern und Mördern, denen sie nur kaum entgangen seien, von Schwarzsauer, das sie in einsamen Waldschenken gegessen, und von Menschenfingern und -zehen, die sie zuletzt auf dem Grunde der Schüssel gefunden haben wollten. Der Hausfrau waren die aufschneiderischen Schmarotzerschwäger höchst unwillkommen, denn sie trug die Last des Lebens nicht so leichten Muts wie ihr Mann, und sie wußte, daß sie nicht wieder gingen, solange noch ein Stück Speck im Schornstein hing, aber sie begnügte sich, heimlich zu murren und etwa gegen meine Mutter ihr Herz auszuschütten. Uns Kinder hatte auch sie gern und beschenkte uns im Sommer, sooft sie konnte, mit roten und weißen Johannisbeeren, die sie sich selbst von einer geizigen Freundin erbettelte. Ich scheute jedoch ihre zu große Nähe, denn sie machte sich ein Geschäft daraus, mir die Nägel zu beschneiden, sooft es nottat, und das war mir, wegen des damit verbundenen prickelnden Gefühls in den Nervenenden, äußerst verhaßt. Sie las fleißig in der Bibel, und der erste starke, ja fürchterliche Eindruck aus diesem düstern Buche kam mir, lange bevor ich selbst darin zu lesen vermochte, durch sie, indem sie mir aus dem Jeremias die schreckliche Stelle vorlas, worin der zürnende Prophet weissagt, daß zur Zeit der großen Not die Mütter ihre eigenen Kinder schlachten und sie essen würden. Ich erinnere mich noch, welch ein Grausen diese Stelle mir einflößte, als ich sie hörte, vielleicht, weil ich nicht wußte, ob sie sich auf die Vergangenheit oder auf die Zukunft, auf Jerusalem oder auf Wesselburen bezog, und weil ich selbst ein Kind war und eine Mutter hatte.

In meinem vierten Jahre wurde ich in eine Klippschule gebracht. Eine alte Jungfer, Susanna mit Namen, hoch und männerhaft von Wuchs, mit freundlichen blauen Augen, die wie Lichter aus einem graublassen Gesicht hervorschimmerten, stand ihr vor. Wir Kinder wurden in dem geräumigen Saal, der zur Schulstube diente und ziemlich finster war, an den Wänden herumgepflanzt, die Knaben auf der einen Seite, die Mädchen auf der andern; Susannas Tisch, mit Schulbüchern beladen, stand in der Mitte, und sie selbst saß, ihre weiße tönerne Pfeife im Munde und eine Tasse

Tee vor sich, in einem Respekt einflößenden, urväterlichen Lehnstuhl dahinter. Vor ihr lag ein langes Lineal, das aber nicht zum Linienziehen, sondern zu unserer Abstrafung benutzt wurde, wenn wir mit Stirnerunzeln und Räuspern nicht länger im Zaum zu halten waren; eine Tüte voll Rosinen, zur Belohnung außerordentlicher Tugenden bestimmt, lag daneben. Die Klapse fielen jedoch regelmäßiger als die Rosinen, ja die Tüte war, so sparsam Susanna auch mit dem Inhalt umging, zuweilen völlig leer, wir lernten daher Kants kategorischen Imperativ zeitig genug kennen. An den Tisch wurde groß und klein von Zeit zu Zeit herangerufen, die vorgerückteren Schüler zum Schreibunterricht, der Troß, um seine Lektion aufzusagen und, wie es nun kam, Schläge auf die Finger mit dem Lineal oder Rosinen in Empfang zu nehmen. Eine unfreundliche Magd, die sich hin und wieder sogar einen Eingriff ins Strafamt erlaubte, ging ab und zu und ward von dem jüngsten Zuwachs mitunter auf äußerst unerfreuliche Weise in Anspruch genommen, weshalb sie scharf darüber wachte, daß er nicht zuviel von den mitgebrachten Süßigkeiten zu sich nahm.

Hinter dem Hause war ein kleiner Hof, an den Susannas Gärtchen stieß; auf dem Hof trieben wir in den Freistunden unsre Spiele, das Gärtchen wurde vor uns verschlossen gehalten. Es stand voll Blumen, deren phantastische Gestalten ich noch im schwülen Sommerwind schwanken sehe; von diesen Blumen brach Susanna uns bei guter Laune wohl hin und wieder einige ab, jedoch erst dann, wenn sie dem Welken nah waren; früher raubte sie den sauber angelegten und sorgfältig gejäteten Beeten, zwischen denen sich Fußsteige hinzogen, die kaum für die hüpfenden Vögel breit genug schienen, nichts von ihrem Schmuck. Susanna verteilte ihre Geschenke übrigens sehr parteiisch. Die Kinder wohlhabender Eltern erhielten das Beste und durften ihre oft unbescheidenen Wünsche laut ansprechen, ohne zurechtgewiesen zu werden; die Ärmeren mußten mit dem zufrieden sein, was übrigblieb, und bekamen gar nichts, wenn sie den Gnadenakt nicht stillschweigend abwarteten. Das trat am schreiendsten zu Weihnacht hervor. Dann fand eine große Verteilung von Kuchen und Nüssen statt, aber in treuster Befolgung der Evangeliumsworte: Wer da hat, dem wird gegeben! Die Töchter des Kirchspielschreibers, einer gewaltigen Respektsperson, die Söhne des Arztes usw. wurden mit halben Dutzenden von Kuchen, mit ganzen Tüchern voll Nüssen beladen; die armen Teufel dagegen, deren Aussichten für den Heiligen Abend im Gegensatz zu diesen ausschließlich auf Susannas milder Hand beruhten, wurden kümmerlich abgefunden. Der Grund war, weil Susanna auf Gegengeschenke rechnete, auch wohl rechnen mußte, und von Leuten, die nur mit Mühe das Schulgeld aufzubringen wußten, keine erwarten durfte. Ich wurde nicht ganz zurückgesetzt, denn Susanna erhielt im Herbst regelmäßig von unserem Birnbaum ihren Tribut, und ich genoß ohnehin meines «guten Kopfs» wegen vor vielen eine Art von Vorzug, aber ich empfand den Unterschied doch auch und hatte besonders viel von der Magd zu leiden, die mir das Unschuldigste gehässig auslegte, das Ziehen eines Taschentuchs zum Beispiel einmal als ein Zeichen, daß ich es gefüllt haben wollte, was mir die glühendste Schamröte auf die Wangen und die Tränen in die Augen trieb. Sobald Susannas Parteilichkeit und die Ungerechtigkeit ihrer Magd mir ins Bewußtsein traten, hatte ich den Zauberkreis der Kindheit überschritten. Es geschah sehr früh.

Noch jetzt sind mir aus dieser Schulstube zwei Momente lebhaft gegenwärtig. Ich erinnere mich zunächst, daß ich dort von der Natur und dem Unsichtbaren, den der ahnende Mensch hinter ihr vermutet, den ersten furchtbaren Eindruck empfing. Das Kind hat eine Periode, und sie dauert ziemlich lange, wo es die ganze Welt von seinen Eltern, wenigstens von dem immer etwas geheimnisvoll im Hintergrund stehenbleibenden Vater abhängig glaubt und wo es sie ebensogut um schönes Wetter wie um ein Spielzeug bitten könnte. Diese Periode nimmt natürlich ein Ende, wenn es zu seinem Erstaunen die Erfahrung macht, daß Dinge geschehen, welche den Eltern so unwillkommen sind wie ihm selbst die Schläge, und mit ihr entweicht ein großer Teil des mystischen Zaubers, der das heilige Haupt der Erzeuger umfließt, ja, es beginnt erst, wenn sie vorüber ist, die eigentliche menschliche Selbständigkeit. Mir öffnete ein fürchterliches Gewitter, das mit einem Wolkenbruch und einem Schloßenfall verbunden war, die Augen über diesen Punkt.

Es war ein schwüler Sommernachmittag, einer von denen, welche die Erde ausdörren und alle ihre Kreaturen rösten. Wir Kinder saßen träge und gedrückt mit unseren Katechismen oder Fibeln auf den Bänken umher, Susanna selbst nickte schlaftrunken ein und ließ uns die Späße und Redereien, durch die wir uns wach zu erhalten suchten, nachsichtig hingehen, nicht einmal die Fliegen summten, bis auf die ganz kleinen, die immer munter sind, als auf einmal der erste Donnerschlag erscholl und im wurmstichigen Gebälk des alten, ausgewohnten Hauses schmetternd und krachend nachdröhnte. In desperatester Mischung, wie es eben nur bei Gewittern des Nordens vorkommt, folgte nun ein Schloßengeprassel, welches in weniger als einer Minute an der Windseite alle Fensterscheiben zertrümmerte, und gleich darauf, ja dazwischen, ein Regenguß, der eine neue Sintflut einzuleiten schien. Wir Kinder, erschreckt auffahrend, liefen schreiend und lärmend durcheinander, Susanna selbst verlor den Kopf, und ihrer Magd gelang es erst, die Läden zu schließen, als nichts mehr zu retten, sondern der bereits hereingebrochenen Überschwemmung zur Erhöhung des allgemeinen Entsetzens und zur Vermehrung der eingerissenen Verwirrung nur noch die ägyptische Finsternis beizugesellen war. In den Pausen zwischen dem einen Donnerschlag und dem anderen faßte Susanna sich zwar notdürftig wieder und suchte ihre Schützlinge, die sich, je nach ihrem Alter, entweder an ihre Schürze gehängt hatten oder für sich mit geschlossenen Augen in den Ecken kauerten, nach Kräften zu trösten und zu beschwichtigen; aber plötzlich zuckte wieder ein bläulich flammender Blitz durch die Ladenritzen, und die Rede erstarb ihr auf den Lippen, während die Magd, fast so ängstlich wie das jüngste Kind, heulend aufkreischte: «Der liebe Gott ist bös!» und wenn es wieder finster im Saal wurde, pädagogisch griesgrämlich hinzusetzte: «Ihr taugt auch alle nichts!» Dies Wort, aus so widerwärtigem Munde es auch kam, machte einen tiefen Eindruck auf mich, es nötigte mich, über mich selbst und über alles, was mich umgab, hinaufzublicken, und entzündete den religiösen Funken in mir.

Aus der Schule ins väterliche Haus zurückgeholt, fand ich auch dort den Greuel der Verwüstung vor; unser Birnbaum hatte nicht bloß seine jungen Früchte, sondern auch seinen ganzen Blätterschmuck verloren und stand kahl da, wie im Winter; ja, ein sehr ergiebiger Pflaumenbaum, der nicht nur uns selbst, sondern noch obendrein den halben Ort und wenigstens unsere ziemlich weitläufige Gevatterschaft zu versorgen pflegte, war sogar um den reichsten seiner Äste gekommen und glich in seiner Verstümmelung einem Menschen mit gebrochenem Arm. War es nun schon für die Mutter ein leidiger Trost, daß unser Schwein jetzt auf acht Tage mit leckerer Kost versehen sei, so wollte er mir ganz und gar nicht eingehen, und kaum die reichlich umherliegenden Glasscherben, aus denen sich auf die leichteste Weise von der Welt durch Unterkleben mit feuchter Erde die trefflichsten Spiegel machen ließen, boten für die unwiederbringlichen Herbstfreuden einigen Ersatz. Jetzt aber begriff ich's auf einmal, warum mein Vater des Sonntags immer in die Kirche ging und warum ich nie ein reines Hemd anziehen durfte, ohne dabei: «Das walte Gott!» zu sagen; ich hatte den Herrn aller Herren kennen gelernt, seine zornigen Diener, Donner und Blitz, Hagel und Sturm hatten ihm die Pforten meines Herzens weit aufgetan, und in seiner vollen Majestät war er eingezogen.

Es zeigte sich auch kurz darauf, was innerlich mit mir vorgegangen war, denn als der Wind eines Abends wieder mächtig in den Schornstein blies und der Regen stark aufs Dach klopfte, während ich zu Bett gebracht wurde, verwandelte sich das eingelernte Geplapper meiner Lippen plötzlich in ein wirkliches ängstliches Gebet, und damit war die geistige Nabelschnur, die mich bis dahin ausschließlich an die Eltern gebunden hatte, zerrissen, ja, es kam gar bald soweit, daß ich mich bei Gott über Vater und Mutter zu beklagen anfing, wenn ich ein Unrecht von ihnen erfahren zu haben glaubte.

Weiter knüpft sich an diese Schulstube mein erster und vielleicht bitterster Martergang. Um deutlich zu machen, was ich sagen will, muß ich etwas ausholen. Schon in der Kleinkinderschule finden sich alle Elemente beisammen, die der reifere Mensch in potenzierterem Maße später in der Welt antrifft. Die Brutalität, die Hinterlist, die gemeine Klugheit, die Heuchelei, alles ist vertreten, und ein reines Gemüt steht immer so da, wie Adam und Eva auf dem Bilde unter den wilden Tieren. Wieviel hiervon der Natur, wieviel der ersten Erziehung oder vielmehr der Verwahrlosung von Haus aus beizumessen ist, bleibe hier unentschieden: die Tatsache unterliegt keinem Zweifel. Das war denn auch in Wesselburen der Fall. Von dem rohen Knaben an, der die Vögel bei lebendigem Leibe rupfte und den Fliegen die Beine ausriß, bis zu dem fixfingrigen Knirps herunter, der seinen Kameraden die buntpapierenen Merkzeichen aus der Fibel stahl, war jede Spezies vorhanden, und das Schicksal, das die besser gearteten und darum zum Leiden verdammten Mitschüler den jungen Sündern zuweilen im Zorn prophezeiten, wenn sie eben Gegenstand ihrer Foppereien oder ihrer Heimtücke geworden waren, ging an mehr als einem buchstäblich in Erfüllung. Der Auswurf hat immer insoweit Instinkt, daß er weiß, wen sein Stachel am ersten und am schärfsten trifft, und so war denn ich den boshaften Anzapfungen eine Zeitlang am meisten ausgesetzt. Bald stellte sich einer, als ob er sehr eifrig im Katechismus läse, den er dicht vors Gesicht hielt, raunte mir aber übers Blatt weg allerlei Schändlichkeiten ins Ohr und fragte mich, ob ich noch dumm genug sei, zu glauben, daß die Kinder aus dem Brunnen kämen und daß der Storch sie heraufhole. Bald rief ein anderer mir zu: «Willst du einen Apfel haben, so nimm ihn dir aus meiner Tasche, ich habe einen für dich mitgebracht!» Und wenn ich das tat, so schrie er: «Susanna, ich werde bestohlen!» und leugnete sein Wort ab. Ein dritter bespuckte wohl gar sein Buch, fing dann zu heulen an und behauptete mit frecher Stirn, ich habe es getan.

War ich nun solchen Vexationen fast allein preisgegeben, teils, weil ich sie am empfindlichsten aufnahm, und teils, weil sie wegen meiner großen Arglosigkeit am besten bei mir glückten, so gab es dagegen auch andere, die sich alle ohne Ausnahme gefallen lassen mußten. Dazu gehörten vorzugsweise die Prahlereien einiger hochaufgeschossener Rangen, die uns übrigen in Jahren beträchtlich voraus waren, aber trotzdem noch auf der Abc-Bank saßen und von Zeit zu Zeit die Schule schwänzten. Sie hatten an und für sich nichts davon als doppelte und dreifache Langeweile, denn nach Hause durften sie nicht kommen, und Spielkameraden fanden sie nicht; es blieb ihnen daher nichts übrig, als sich hinter einen Zaun hinzuducken oder in einem ausgetrockneten Wassergraben zu lauern, bis die Erlösungsstunde schlug, und sich dann, als ob sie gewesen wären, wo sie sein sollten, auf dem Heimgang unter uns zu mischen. Aber sie wußten sich zu entschädigen und sich den Spaß nachträglich zu bereiten, wenn sie wieder in die Schule kamen und ihre Abenteuer berichteten.

Da war einmal der Vater ganz dicht am Zaun vorbeigegangen, das spanische Rohr, womit er sie durchzuwalken pflegte, in der Hand und hatte sie doch nicht bemerkt; da war ein anderes Mal die Mutter, vom Spitz begleitet, an den Graben gekommen, der Hund hatte sie aufgeschnüffelt, die Mutter sie entdeckt und die Lüge, daß sie von Susanna selbst hergeschickt seien, um ihr Kamillenblumen zu pflücken, ihnen doch noch durchgeholfen. Dabei brüsteten sie sich wie alte Soldaten, die den verwunderten Rekruten ihre Heldentaten erzählen, und die Applikation lautete stets: «Wir riskieren Peitsche und Stock, ihr höchstens die Rute, und dennoch wagt ihr nichts!» Dies war verdrießlich und um so mehr, da sich die Wahrheit nicht ganz in Abrede stellen ließ; als daher der Sohn eines Altflickers einst mit zerbleutem Rücken zur Schule kam und uns mitteilte, sein Vater habe ihn ertappt und ihn derb mit dem Knieriemen gezüchtigt, er werde es nun aber nur um so öfterer probieren, denn er sei kein Hase, beschloß auch ich, meine Courage zu zeigen, und das noch denselben Nachmittag.

Ich ging also, als meine Mutter mich zur gewohnten Stunde, mit zwei saftigen Birnen für den Durst ausgerüstet, fortschickte, nicht zu Susanna, sondern verkroch mich mit klopfendem Herzen und ängstlich rückwärts spähend in den Holzschuppen unseres Nachbars, des Tischlers, von seinem Sohn, der viel älter war als ich und schon mit in der Werkstatt hantierte, dazu aufgemuntert und dabei unterstützt. Es war sehr heiß und mein Schlupfwinkel so dunkel wie dumpf, die beiden Birnen hielten nicht lange vor, auch aß ich sie nicht ohne Gewissensbisse, und eine im Hintergrund mit ihren Jungen kauernde alte Katze, die bei der geringsten meiner Bewegungen grimmig knurrte, trug nicht auf die angenehmste Weise zu meiner Zerstreuung bei. Die Sünde führte ihre Strafe unmittelbar mit sich, ich zählte alle Viertel- und halbe Stunden der Uhr, deren Schläge gellend und, wie es mir vorkam, drohend vom hohen Turm zu mir herüberdrangen, ich ängstigte mich ab, ob ich auch wohl unbemerkt aus dem Schuppen wieder herauskommen werde, und ich dachte nur sehr selten und äußerst flüchtig an den Triumph, den ich morgen zu feiern hoffte.

Es war bereits ziemlich spät, da trat meine Mutter in den Garten und ging, vergnügt und fröhlich um sich blickend, zum Brunnen, um Wasser zu schöpfen. Sie kam fast an mir vorbei, und mir stockte schon davon der Atem, aber wie ward mir erst, als der Vertraute meines Geheimnisses sie plötzlich fragte, ob sie auch wohl wisse, wo Christian sei, und auf ihre stutzend abgegebene Antwort: «Bei Susanna!» halb schalkhaft, halb schadenfroh versetzte: «Nein! nein! Bei der Katze!» und ihr blinzelnd und zwinkernd mein Versteck zeigte. Ich sprang, vor Wut außer mir, hervor und stieß nach dem lachenden Verräter mit dem Fuß, meine Mutter aber, das ganze Gesicht eine Flamme, setzte ihren Eimer beiseite und packte mich bei Armen und Haaren, um mich noch in die Schule zu bringen. Ich riß mich los, ich wälzte mich auf dem Boden, ich heulte und schrie, aber alles war umsonst, sie schleppte mich, viel zu empört darüber, in ihrem überall gepriesenen stillen Liebling einen solchen Missetäter zu entdecken, um auf mich zu hören, mit Gewalt fort, und mein fortgesetztes Widerstreben hatte keine andere Folge, als daß alle Fenster an der Straße aufgerissen wurden und alle Köpfe herausschauten. Als ich ankam, wurden meine Kameraden gerade entlassen, sie rotteten sich aber um mich herum und überhäuften mich mit Spott und Hohn, während Susanna, die einsehen mochte, daß die Lektion zu streng war, mich zu begütigen suchte. Seit jenem Tage glaube ich zu wissen, wie dem Spießrutenläufer zumute ist.

Ich hätte oben eigentlich noch einen dritten Moment nennen sollen, aber dieser, wie hoch oder wie niedrig man ihn auch anschlagen mag, wenn man auf ihn zurückschaut, ist jedenfalls im Menschenleben so einzig und unvergleichlich, daß man ihn mit keinem anderen zusammenstellen darf. Ich lernte in Susannas dumpfer Schulstube nämlich auch die Liebe kennen, und zwar in derselben Stunde, wo ich sie betrat, also in meinem vierten Jahre.

Die erste Liebe! Wer lächelt nicht, indem er dies liest, wem schwebt nicht irgendein Ännchen oder Gretchen vor, das ihm auch einmal eine Sternenkrone zu tragen und in Himmelblau und Morgengold gekleidet zu sein schien, und das jetzt vielleicht — es wäre frevelhaft, das Gegenbild auszumalen! Doch wer sagt sich nicht auch, daß er damals wie im Fluge an jedem Honigkelch, der im Garten der Erde steht, vorübergeführt wurde, zu rasch freilich, um sich zu berauschen, aber langsam genug, um den heiligen Frühduft einzuatmen! Darum gesellt sich jetzt zum Lächeln die Rührung, indem ich des schönen Maimorgens gedenke, an welchem das längst beschlossene, immer wieder verschobene und endlich unwandelbar auf einen bestimmten Tag festgesetzte große Ereignis, nämlich meine Entlassung aus dem väterlichen Hause in die Schule, wirklich stattfand.

«Er wird weinen!» sagte Meta am Abend vorher und nickte sibyllenhaft, als ob sie alles wüßte. «Er wird nicht weinen, aber er wird zu spät aufstehen!» erwiderte die Nachbarin Ohl. «Er wird sich tapfer halten und auch zur rechten Zeit aus dem Bette sein!» warf der gutmütige Alte dazwischen. Dann fügte er hinzu: «Ich habe etwas für ihn, und das geb' ich ihm, wenn er morgen früh um sieben gewaschen und gekämmt in meine Tür kommt.» Ich war um sieben beim Nachbar und bekam zur Belohnung einen kleinen, hölzernen Kuckuck, ich hatte bis halb acht guten Mut und spielte mit unserm Mops, mir wurde um drei Viertel flau, aber ich ward gegen acht wieder ein ganzer Kerl, weil Meta mit schadenfrohem Gesicht eintrat, und machte mich, die neue Fibel mit Johann Ballhorns eierlegendem Hahn unterm Arm, beherzt auf den Weg. Die Mutter ging mit, um mich feierlich zu introduzieren, der Mops folgte, ich war noch nicht ganz verlassen und stand vor Susanna, ehe ich's dachte. Susanna klopfte mir nach Schulmeisterart auf die Backen und strich mir die Haare zurück, meine Mutter empfahl mir in strengem Tone, der ihr viel Mühe kostete, Fleiß und Gehorsam und entfernte sich eilig, um nicht wieder weich zu werden, der Mops war eine ziemliche Weile unschlüssig, zuletzt schloß er sich ihr an. Ich erhielt einen goldpapiernen Heiligen zum Geschenk, dann wurde mir ein Platz angewiesen, und ich war dem surrenden und sumsenden Kinderbienenstock einverleibt, welcher dem Auftritt neugierig und der Unterbrechung froh zugesehen hatte.

Es dauerte einige Zeit, bis ich aufzuschauen wagte, denn ich fühlte, daß ich gemustert wurde, und das setzte mich in Verlegenheit. Endlich tat ich's, und mein erster Blick fiel auf ein schlankes blasses Mädchen, das mir gerade gegenübersaß; sie hieß Emilie und war die Tochter des Kirchspielschreibers. Ein leidenschaftliches Zittern überflog mich, das Blut drang mir zum Herzen, aber auch eine Regung von Scham mischte sich gleich in mein erstes Empfinden, und ich schlug die Augen so rasch wieder zu Boden, als ob ich einen Frevel damit begangen hätte. Seit dieser Stunde kam Emilie mir nicht mehr aus dem Sinn, die vorher so gefürchtete Schule wurde mein Lieblingsaufenthalt, weil ich sie nur dort sehen konnte, die Sonn- und Feiertage, die mich von ihr trennten, waren mir so verhaßt, als sie mir sonst erwünscht gewesen sein würden, ich fühlte mich ordentlich unglücklich, wenn sie einmal ausblieb. Sie schwebte mir vor, wo ich ging und stand, und ich wurde nicht müde, still für mich hin ihren Namen auszusprechen, wenn ich mich allein befand; besonders waren ihre schwarzen Augenbrauen und ihre sehr roten Lippen mir immer gegenwärtig, wogegen ich mich nicht erinnere, daß auch ihre Stimme Eindruck auf mich gemacht hätte, obgleich später gerade hiervon alles bei mir abhing.

Daß ich bald das Lob des fleißigsten Schulgängers und des besten Schülers davontrug, versteht sich von selbst; mir war dabei aber eigen zumute, denn ich wußte gar wohl, daß es nicht die Fibel war, die mich zu Susanna hintrieb, und daß ich nicht, um schnell lesen zu lernen, so emsig buchstabierte. Allein niemand durfte ahnen, was in mir vorging, und Emilie am wenigsten; ich floh sie aufs ängstlichste, um mich nur ja nicht zu verraten; ich erwies ihr, wenn die gemeinschaftlichen Spiele uns dennoch zusammenführten, eher Feindseligkeiten als etwas Freundliches; ich zupfte sie von hinten bei den Haaren, um sie doch einmal zu berühren, und tat ihr weh dabei, um nur keinen Verdacht zu erregen.

Ein einziges Mal jedoch brach die Natur sich gewaltsam Bahn, weil sie auf eine zu starke Probe gesetzt wurde. Als ich eines Nachmittags nämlich in der Tummelstunde, die dem Unterricht stets voranging, weil die Kinder nur langsam zusammenkamen und Susanna auch gern ein Mittagsschläfchen hielt, in die Schulstube trat, bot sich mir ein höchst betrübsamer Anblick dar: Emilie wurde von einem Knaben mißhandelt, und dieser war einer meiner besten Kameraden. Er zupfte und knuffte sie weidlich, und das ertrug ich noch, obgleich nicht ohne große Mühe und mit immer steigender, stiller Erbitterung. Endlich aber trieb er sie in einen Winkel, und als er sie wieder herausließ, blutete ihr der

Mund, wahrscheinlich, weil er sie irgendwo gekratzt hatte. Da konnte ich mich nicht länger halten, der Anblick des Blutes versetzte mich in Raserei, ich fiel über ihn her, warf ihn zu Boden und gab ihm seine Püffe und Schläge doppelt und dreifach zurück. Aber Emilie, weit entfernt, mir dankbar zu sein, rief selbst für ihren Feind nach Hilfe und Beistand, als ich gar nicht wieder aufhörte, und verriet so unwillkürlich, daß sie ihn lieber hatte als den Rächer. Susanna, durch das Geschrei aus ihrem Schlummer geweckt, eilte herbei und forderte, mürrisch und unwillig, wie sie natürlich war, strenge Rechenschaft wegen meines plötzlichen Wutanfalls; was ich zur Entschuldigung hervorstotterte und stammelte, war unverständlich und unsinnig, und so trug ich denn als Lohn für meinen ersten Ritterdienst eine derbe Züchtigung davon.

JOHN GALSWORTHY

Der kleine Jon

Durch das breite Oberlicht in der Halle von Robin Hill fiel die Julisonne um fünf Uhr nachmittags gerade auf die Stelle, wo die
breite Treppe eine Biegung machte; und in diesem hellen Licht-
strahl stand der kleine Jon Forsyte im blauen Leinwandanzug.
Sein Haar leuchtete und auch seine Augen unter der gerunzelten
Stirn, denn er überlegte gerade, wie er dieses letzte Mal noch von
den unzähligen Malen die Treppe hinunterkommen sollte, das
letzte Mal, ehe seine Eltern nach Hause kamen. Vier auf einmal
und fünf zum Schluß? Alt! Das Geländer hinunterrutschen? Aber
wie? Auf dem Gesicht, die Füße zuerst? Uralt! Auf dem Bauch,
seitwärts? Kleinigkeit! Auf dem Rücken, die Arme links und rechts
herunterhängend? Verboten! Oder Gesicht nach unten, Kopf voraus, etwas, das bis jetzt nur *er* fertigbrachte? Deshalb das Stirnrun-
zeln auf dem Antlitz des kleinen Jon, das von der Sonne beschienen war . . .
    In jenem Sommer des Jahres 1909 hatten die einfachen Leute, die
damals schon die englische Sprache vereinfachen wollten, natürlich keine Ahnung von der Existenz des kleinen Jon, sonst hätten
sie ihn zu ihrem Jünger erkoren. Aber man kann in diesem Leben
auch *zu* einfach sein, denn sein wirklicher Name war Jolyon; sein
Vater und sein verstorbener Stiefbruder hatten schon längst die anderen möglichen Abkürzungen, Jo und Jolly, mit Beschlag belegt.
Und tatsächlich hatte der kleine Jon sein möglichstes getan, sich der
Konvention zu fügen und seinen Namen anfangs Jhon und dann
John geschrieben. Erst als sein Vater ihm erklärt hatte, warum er
durchaus Jon schreiben müsse, fügte er sich.
    Bis jetzt hatte dem Vater der kleine Teil seines Herzens gehört,
den Bob, der Stallknecht, der Harmonika spielte, und seine Amme
«Da» noch übriggelassen hatten. «Da», die am Sonntag das vio-

lette Kleid trug und in jenem Privatleben, das merkwürdigerweise auch die Hausangestellten in manchen Stunden führten, Spraggins hieß. Es kam ihm fast vor, daß seine Mutter ihm nur in Träumen erschienen war, von einem süßen Duft umgeben, ihm über die Stirn strich, gerade ehe er einschlief, und ihm manchmal das Haar schnitt, das von goldbrauner Farbe war. Als er sich an dem Ofenvorsetzer der Kinderstube ein Loch in den Kopf geschlagen hatte, war sie zur Stelle, um mit Blut überströmt zu werden; und hatte er Alpdrücken, dann saß sie an seinem Bett und preßte seinen Kopf an ihre Wange. Sie war etwas Köstliches, aber sie war weit fort, während «Da» so nahe war, und für zwei Frauen gleichzeitig ist kaum Platz im Herzen eines Mannes. Mit seinem Vater verbanden ihn natürlich noch ganz besondere gemeinsame Interessen, denn Jon wollte auch ein Maler werden, wenn er groß war, nur mit dem kleinen Unterschied, daß sein Vater Bilder malte, und der kleine Jon wollte Decken und Wände bemalen, in einer schmutzig-weißen Schürze auf einem Brett stehend, das auf zwei Leitern gelegt war, während alles so herrlich nach Tünche roch! Er durfte auch mit seinem Vater ausreiten, in den Richmondpark, auf seinem Pony, das wegen seiner grauen Farbe «Maus» hieß.

Der kleine Jon war mit einem silbernen Löffel im Mund geboren, und dieser Mund war ziemlich groß, aber sehr hübsch. Niemals hatte er seinen Vater oder seine Mutter ein ärgerliches Wort sagen hören, nicht zueinander, nicht zu ihm und auch zu sonst niemand; Bob, der Stallknecht, Jane, die Köchin, Bella und die übrige Dienerschaft, sogar «Da», die einzige, die seinem Unternehmungsgeist Grenzen zog, alle diese hatten einen ganz besonderen Klang in der Stimme, wenn sie zu ihm sprachen. Deshalb war er der Meinung, die Erde sei ein Ort, wo nichts als Vornehmheit und ewige Freiheit herrsche. Als Kind des Jahres 1901 kam er zum Bewußtsein seiner selbst, gerade als sein Land nach dem Burenkrieg, diesem schlimmen Fieberanfall, sich für die liberale Ära des Jahres 1906 vorbereitete. Jeder Zwang war unpopulär geworden, und die Eltern übertrieben den Gedanken, ihren Sprößlingen ein angenehmes Leben zu bereiten. Sie zerbrachen ihre Ruten, schonten die Kinder und schwelgten in den zu erwartenden Erfolgen. Jon war ein außerordentlich gescheites Kind gewesen, sich einen so liebenswürdigen Mann von vierundfünfzig Jahren zum Vater zu erwählen, der seinen einzigen Sohn schon verloren hatte, und zu seiner Mutter, eine Frau von achtunddreißig, deren erstes und einziges Kind er war. Was ihn davor bewahrt hatte, so ein Mittelding zwischen einem verwöhnten Schoßhund und einem Herrensöhnchen zu werden, das war die Verehrung seines Vaters für seine Mutter, denn sogar der kleine Jon konnte sehen, daß sie nicht gerade nur seine Mutter war und daß er im Herzen seines Vaters die zweite Geige spielte. Was er im Herzen seiner Mutter spielte, das wußte er noch nicht. «Tante» June, seine Halbschwester (aber so alt, daß sie schon nicht mehr seine Schwester war), die liebte ihn, gewiß, aber sie war zu hitzig. Auch seine ihm sehr ergebene «Da» hatte einen spartanischen Zug. Sein Bad war kalt und seine Knie nackt; er wurde nicht darin ermutigt, sich selbst zu bemitleiden. Und was die verzwickte Frage seiner Erziehung anbetraf, so teilte der kleine Jon die Ansicht derer, die dafür waren, daß man Kinder nicht zwingen solle. Mademoiselle, die jeden Morgen zwei Stunden mit ihm Französisch lernte und ihn auch in Geschichte, Geographie und Rechnen unterwies, hatte er ganz gern; und die Musikstunden, die ihm seine Mutter gab, waren auch nicht unangenehm, denn sie verstand es, ihn von Melodie zu Melodie zu locken, und ließ ihn nie eine üben, die ihm nicht gefiel. So verlor er nie den Ehrgeiz, zehn Daumen in acht Finger zu verwandeln. Bei seinem Vater lernte er zeichnen: Glücksschweinchen und andere vergnügliche Tierchen. Er war kein sehr wohlerzogener Junge; und doch, im großen und ganzen hat der silberne Löffel seinem Kindermund nicht geschadet, wenn auch «Da» manchmal sagte, daß mehr Kinder «ein wahrer Segen für ihn wären».

Es war daher eine Zerstörung all seiner Illusionen, als sie eines Tages den fast Siebenjährigen auf den Rücken legte und in dieser Stellung unbeweglich festhielt, weil er etwas tun wollte, das sie nicht billigte. Dieser erste Eingriff in die Persönlichkeitsrechte eines freien Forsyte machte ihn schier rasend. Die gänzliche Hilflosigkeit seiner Lage war entsetzlich, und die Ungewißheit, ob er überhaupt lebendig davonkommen würde. Wenn sie ihn nun nie wieder losließe! Fünfzig Sekunden lang litt er diese Höllenqualen und schrie mörderisch. Schlimmer als alles war die Erkenntnis, daß «Da» diese ganze Zeit gebraucht hatte, um seine Todesangst zu begreifen. So kam es ihm mit erschreckender Klarheit zu Bewußtsein, wie wenig Verständnis die Menschen füreinander haben! Als er wieder aufstehen durfte, war er überzeugt, daß «Da» ein Verbrechen begangen hatte. Obgleich er sie nicht verklatschen wollte, mußte er doch ganz einfach aus Angst vor einer Wiederholung zu seiner Mutter gehen und sagen: «Mam, erlaub es nicht, daß ‹Da› mich noch einmal auf den Rücken legt.» Seine Mutter steckte gerade mit erhobenen Armen ihre Zöpfe fest, ihr schönes Haar — *couleur de feuille morte*, wie der kleine Jon es zu nennen damals noch nicht gelernt hatte; sie schaute zu ihm hin mit Augen wie kleine Fleckchen seiner braunen Samtjacke und erwiderte: «Nein, Liebling, ich werd' es nicht erlauben.» Da die Mutter nur zu wollen brauchte und es geschah, so war der kleine Jon beruhigt; besonders als er, unter dem Frühstückstisch versteckt, wo er darauf lauerte, einen Pilz zu stibitzen, die Mutter zum Vater sagen hörte: «Willst du mit ‹Da› sprechen, Liebster, oder soll ich es tun? Sie hängt so sehr an ihm.» Und sein Vater entgegnete: «So darf sie's ihm nicht beweisen. Ich weiß genau, was es heißt, hilflos niedergehalten zu werden. Kein Forsyte hält das eine Minute aus.» Als er sich bewußt ward, daß sie ihn nicht unter dem Tisch vermuteten, überkam den kleinen Jon ein ganz neues Gefühl der Verlegenheit, und er blieb regungslos sitzen, von Sehnsucht nach dem Pilz verzehrt.

Das war sein erster Sturz in die dunklen Abgründe des Menschenlebens gewesen. Danach war ihm nichts Besonderes mehr enthüllt worden, bis er eines Tages in den Kuhstall ging, wo Garrat gerade gemolken hatte, um sich seinen Trunk Milch frisch von der Kuh zu holen, und da sah er Clovers Kalb tot daliegen. Ganz außer sich und von dem erschrockenen Garrat gefolgt, war er davongelaufen, um «Da» zu suchen; aber plötzlich ward ihm klar, daß sie jetzt nicht die richtige Person war, er wollte zu seinem Vater und rannte statt dessen in die Arme seiner Mutter. «Clovers Kälbchen ist tot! Oh! Oh! Es sieht so lieb aus!» Seine Mutter zog ihn an sich, und ihr «Ja, mein Liebling, komm, komm!» hatte sein Schluchzen beruhigt. Aber wenn Clovers Kälbchen sterben konnte, dann konnte ja jeder sterben — nicht nur Bienen, Fliegen, Käfer und Küken — und so sanft aussehen wie das Kälbchen! Das war schrecklich — und bald vergessen!

Das nächste war gewesen, daß er sich auf eine Hummel gesetzt hatte, eine schmerzliche Erfahrung, die seine Mutter viel besser als «Da» verstanden hatte, und danach war ihm nichts Wichtiges mehr widerfahren, bis das Jahr zu Ende ging. Damals, nach einem Tag, an dem ihm unsagbar elend zumute war, erfreute er sich einer Krankheit, die aus roten Flecken, Bettruhe, Kaffeelöffel voll Honig und vielen Mandarinen bestand. Damals war es, als die Welt für ihn zu blühen begann. Seiner «Tante» June verdankte er dieses Frühlingsblühen, denn kaum hatte sie erfahren, daß sie Samariterin spielen konnte, als sie auch schon von London herbeigeeilt kam und all die Bücher mitbrachte, die ihren eigenen Rebellengeist genährt hatten, der im Jahr 1870 geboren war. Die alten, in allen Farben leuchtenden Bücher waren angestopft mit den ungeheuerlichsten Ereignissen. Diese las sie dem kleinen Jon vor, bis er sich selber vorlesen durfte, worauf sie wie ein Wind nach London zurücksauste und ihn auf einem Berg von Büchern allein ließ. In diesen Büchern schwelgte er, bis er nichts mehr dachte und träumte als Seekadetten und arabische Kauffahrteischiffe, Piraten, Flöße, Sandelholzhändler, Schiffsschnäbel, Haifische, Überfälle, Tataren, Rothäute, Luftballons, Nordpole und andere extravagante Genüsse. Kaum durfte er wieder aufstehen, als er sein Bett auftakelte, Segel vorn und hinten, ein Boot aussetzte — es war eine kleine Badewanne — und über das grüne Teppichmeer zu seinem Felsen fuhr, den er auf den Schubladenknöpfen einer Mahagonikommode erstieg, um mit seinem Trinkbecher, den er ans Auge gepreßt hielt, den Horizont nach rettenden Segeln abzusuchen. Er baute sich täglich eine Barke mit Hilfe des Handtuchhalters, des Servierbrettes und seiner Kissen. Aufgesparten Pflaumensaft füllte er in eine leere Medizinflasche, und mit dem Rum, der daraus ward, verproviantierte er seine Barke; auch mit Fleischkuchen, den er aus gesparten Stückchen Hühnerfleisch fabrizierte, auf die er sich draufsetzte und die er dann am Feuer dörrte; auch Zitronensaft gegen Skorbut stellte er her aus Orangenschalen und ein wenig übriggebliebenem Saft. Aus seinem gesamten Bettzeug baute er eines Morgens den Nordpol und erforschte ihn in einem Birkenrindenkanu (im Privatleben der Ofenvorsteher), nach gefahrvollen Kämpfen mit einem Eisbären, der aus seinem Bettpolster und vier Kegeln als Beinen bestand und mit «Da's» Nachthemd ausstaffiert war. Nach diesem Abenteuer brachte ihm sein Vater, um seine Phantasie zu beruhigen, «Ivanhoe», den «Kampf des Ritters Bevis mit dem Riesen», ein König-Artus-Buch und «Tom Browns Schulzeit». Er las das erste und baute, verteidigte und stürmte drei Tage lang Front de Bœufs Schloß, er selber spielte jede Rolle, nur Rebekka und Rowena nicht, und stieß gellende Schreie aus. «*En avant, de Bracy!*» und dergleichen. Als er das Buch vom König Artus gelesen hatte, war er fast nichts anderes mehr als Ritter Lamorac de Galis. Obgleich wenig mit ihm los war, war dieser Name Jon doch lieber als der irgendeines andern Ritters; und mit einer langen Bambuslanze bewaffnet, ritt er sein altes Schaukelpferd zuschanden. Den «Ritter Bevis» fand er langweilig, außerdem kamen Wälder und Tiere darin vor, die es in seiner Kinderstube nicht gab; nur die beiden Katzen, Fitz und Puch Forsyte, waren da, und die verstanden keinen Spaß. Für «Tom Brown» war er noch zu jung. Das ganze Haus atmete erleichtert auf, als er nach der vierten Woche wieder hinunter und ins Freie durfte.

Da es im März war, sahen die Bäume genau wie die Schiffsmaste aus, und für den kleinen Jon war das ein herrlicher Frühling, der nur seine Knie, seine Kleider und die Geduld von «Da», die alles zu waschen und zu flicken hatte, auf eine harte Probe stellte. Sein Vater und seine Mutter, deren Fenster auf den Garten gingen, konnten ihn jeden Morgen beobachten, wie er gleich nach dem Frühstück aus dem Arbeitszimmer quer über die Terrasse ging und mit entschlossener Miene und leuchtendem Haar den alten Eichenbaum erkletterte. So begann er seinen Tag, denn um weit ins Feld hineinzulaufen, dazu war vor den Schulstunden keine Zeit mehr. Der alte Baum war zu allem zu gebrauchen, er besaß Großmast, Fockmast, Bramstenge, und stets konnte Jon sich an dem Schiffstau herunterlassen, das heißt an dem Strick der Schaukel. Wenn er um elf Uhr seine Schulstunden hinter sich hatte, pflegte er sich in der Küche ein dünnes Scheibchen Käse zu holen, einen Keks und zwei gedörrte Pflaumen, Proviant genug für eine Jolle, und aß es auf irgendeine phantasievolle Art. Dann begann er, bis an die Zähne bewaffnet mit Flinte, Pistolen und Säbel, die morgendliche gefahrvolle Kletterei, wobei er zahllose Kämpfe mit Sklavenhändlern ausfocht und auch mit Indianern,

Piraten, Bären und Leoparden. Zu jener Tageszeit sah man ihn selten ohne ein Dolchmesser zwischen den Zähnen, nach dem Vorbild seines Lieblingshelden, zwischen rasch aufeinanderfolgenden Explosionen von Zündhütchen. Und gar viele Gärtner brachte er mit gelben Erbsen aus seinem kleinen Gewehr zur Strecke. Er führte ein Leben voll von Gewalttaten.

«Jon», sagte sein Vater unter dem Eichenbaum zu seiner Mutter, «ist schauderhaft. Ich fürchte, er wird ein Seefahrer werden oder sonst so was Unmögliches. Kannst du irgendeinen Sinn für Schönheit bei ihm entdecken?» — «Nein, nicht den geringsten.» — «Na, Gott sei Dank, daß er sich nicht für Räder und Maschinen interessiert! Das kann ich am allerwenigsten vertragen. Nur möchte ich gern bei ihm ein bißchen Liebe zur Natur sehen.» — «Er ist sehr phantastisch, Jolyon.» — «Ja, aber blutrünstig-phantastisch. Liebt er eigentlich jetzt irgend jemanden besonders?» — «Nein, er liebt einen jeden. Es gibt gar kein liebenswerteres und auch liebevolleres Kind als Jon.» — «Dein Sohn, Irene.» In diesem Augenblick brachte sie der kleine Jon, der hoch über ihnen auf einem Ast lag, mit zwei Erbsen zur Strecke. Diese paar unverständlichen Worte, die er erlauscht hatte, brannten ihm in der Seele. Liebenswert, liebevoll, phantastisch, blutrünstig!

Die Bäume hatten sich wieder belaubt, und es war Zeit für seinen Geburtstag, der jedes Jahr am zwölften Mai wiederkam, ein denkwürdiger Tag, wegen des Festessens, das aus gebackenem Kalbshirn, Pilzen, Makronen und Ingwerbier bestand. Doch zwischen jenem achten Geburtstag und dem Nachmittage, als er im Glanz der Julisonne auf dem Treppenabsatz stand, lagen viele wichtige Ereignisse.

«Da», vielleicht müde geworden, seine Knie zu waschen, oder von jenem geheimen Instinkt ergriffen, der sogar die Ammen zwingt, ihre Pfleglinge im Stich zu lassen, «Da» verließ ihn unter strömenden Tränen gerade einen Tag nach seinem Geburtstag, um von allen Leuten ausgerechnet — einen Mann zu heiraten. Der kleine Jon, dem man es verheimlicht hatte, war einen Nachmittag untröstlich. Man hätte ihm so etwas sagen müssen! Zwei große Schachteln Soldaten und etwas Artillerie zusammen mit dem Buch «Die jungen Hornisten», die er zum Geburtstag bekommen hatte, riefen in seinem bekümmerten Herzen eine Art Umkehrung der Leidenschaften hervor, denn anstatt selbst Abenteuer zu suchen und sein eigenes Leben aufs Spiel zu setzen, dachte er sich die Kämpfe nur in der Phantasie aus, in denen er das Leben zahlloser Bleisoldaten, Kugeln, Steine und Bohnen riskierte. Solches Kanonenfutter sammelte er in Häuflein und focht abwechselnd den Spanischen Krieg, den Siebenjährigen, den Dreißigjährigen und andre Kriege, von denen er letzthin in einer dicken «Geschichte von Europa», noch von seinem Großvater her, gelesen hatte. Er variierte sie mit einigem Feldherrngenie und verwandelte den ganzen Boden seiner Kinderstube in ein Schlachtfeld, so daß niemand sich getraute einzutreten, aus Angst, Gustav Adolf, König von Schweden, in die Quere zu kommen oder auf eine Armee Österreicher zu treten. Mit Leib und Seele war er den Österreichern zugetan, weil der Klang des Wortes ihm so gut gefiel, und in seinen Spielen mußte er glorreiche österreichische Siege erfinden, da sie in Wirklichkeit so selten gesiegt hatten. Seine Lieblingsgenerale waren der Prinz Eugen, der Erzherzog Karl und Wallenstein. Für Tilly und Mack («Varieté-Stars» hörte er sie seinen Vater eines Tages nennen, was das nur heißen mochte?) konnte man wirklich nicht viel übrig haben, obgleich sie Österreicher waren. Turenne jedoch war ihm wiederum aus euphonistischen Gründen sympathisch.

Diese Phase seines Lebens, die seinen Eltern Sorge machte, weil er im Zimmer blieb, wenn er draußen sein sollte, dauerte den ganzen Mai und den halben Juni hindurch, bis sein Vater den «Tom Sawyer» und den «Huckleberry Finn» ins Feld schickte und seinen Soldaten eine vernichtende Niederlage bereitete. Als Jon diese Bücher gelesen hatte, ging eine Wandlung in ihm vor, und er lief wieder ins Freie, auf der leidenschaftlichen Suche nach einem Strom. Aber es gab keinen auf den Gründen von Robin Hill, und so mußte der Teich sein Strom sein, der glücklicherweise von drei kleinen Weiden umstanden war und in dem es Wasserlilien, Libellen, Mücken und große Binsen gab. Auf diesem Teich durfte er in einem kleinen zusammenlegbaren Kanu herumfahren, nachdem sein Vater und Garrat sich vergewissert hatten, daß es nirgends mehr als zwei Fuß tief und der Grund fest war; hier paddelte er stundenlang im Wasser herum, und er lag auf dem Boden des Bootes, um dem Indianer Joe und anderen Feinden zu entgehen.

Auch baute er sich am Ufer des Teiches einen Wigwam aus alten Keksdosen, vier Fuß im Quadrat, und mit einem aus Zweigen geflochtenen Dach. Hier pflegte er kleine Feuer anzuzünden und die Vögel zu braten, die er mit seiner Flinte auf den Streifzügen in Feld und Dickicht nicht geschossen hatte; oder den Fisch, den er im Teich nicht gefangen hatte, weil es keine gab. So verging der Rest des Juni und des Juli, als seine Eltern fort waren — in Irland. Während dieser fünf Sommerwochen führte er ein einsames Leben in den «Gefilden seiner Phantasie» mit Flinte, Wigwam, Wasser und Kanu. Und wie sehr sein vielbeschäftigter kleiner Geist sich auch bemühte, ein Gefühl für Schönheit nicht aufkommen zu lassen, so streifte ihn doch hie und da Schönheit mit den Flügeln einer Libelle, die über den Wasserlilien in der Sonne glitzerte, oder wie ein lichtblauer Schatten über seine Augen huschte, wenn er auf dem Rücken im Hinterhalt lag.

«Tante» June, in deren Obhut er geblieben war, hatte einen «Erwachsenen» im Haus mit einem Husten und einem großen Klumpen Lehm, aus dem er ein Gesicht knetete; so kam sie nur ganz selten zu seinem Teich herunter. Einmal aber brachte sie noch zwei andere «Erwachsene» mit. Der kleine Jon, der mit seines Vaters Wasserfarben seine Nacktheit mit lichtblauen und gelben Streifen bemalt und ein paar Entenfedern in sein Haar gesteckt hatte, sah sie kommen und legte sich zwischen die Weiden in den Hinterhalt. Wie er vorausgesehen, gingen sie sofort zu seinem Wigwam und knieten nieder, um hineinzuschauen, so daß er «Tante» June und die andere «erwachsene» Frau mit markerschütterndem Indianergeheul überfallen und sie fast vollständig skalpieren konnte, ehe sie ihn küßten. Die beiden «Erwachsenen» hießen «Tante» Holly und «Onkel» Val, der ein braunes Gesicht hatte und ein wenig hinkte und sich vor Lachen über ihn ausschütten wollte. «Tante» Holly, die scheinbar auch seine Schwester war, schloß er sofort ins Herz, aber beide gingen am Nachmittag wieder fort, und er sah sie nicht wieder. Drei Tage, ehe sein Vater und seine Mutter nach Hause kamen, fuhr auch «Tante» June weg, in schrecklicher Eile, und nahm den hustenden «Erwachsenen» samt seinem Klumpen Lehm mit. Und Mademoiselle sagte: «Der arme Mann war sehr krank. Ich verbiete dir, sein Zimmer zu betreten, Jon.» Der kleine Jon, der selten bloß deshalb etwas tat, weil man's ihm verboten hatte, ging wirklich nicht hinein, obgleich ihn Einsamkeit und Langeweile quälten. Die schönen Tage am Teich gehörten der Vergangenheit an, und bis in den letzten Winkel seines Herzens war er jetzt von Unruhe erfüllt, von einer Sehnsucht nach irgend etwas — was nicht ein Baum, nicht eine Flinte war —, nach irgendeiner Zärtlichkeit. Diese beiden letzten Tage erschienen ihm wie Monate, obwohl er «Gestrandet» las und von dem Johannisfeuer der alten Hexe, das die Schiffer ins Verderben lockte. Hundertmal war er in diesen beiden Tagen die Treppe hinauf- und hinuntergestiegen, und oft hatte er sich aus dem Spielzimmer, wo er jetzt schlief, in das Zimmer seiner Mutter gestohlen, sich um und um geschaut, ohne etwas zu berühren, und im Ankleidezimmer nebenan stand er auf einem Bein vor der Badewanne und flüsterte geheimnisvoll wie der Alte in seine Buche: «Ho, ho, ho! Hund, hol meine Katzen!» Das sollte ihm Glück bringen. Dann stahl er sich zurück, öffnete den Kleiderschrank seiner Mutter und sog tief den Duft ein; das schien sein Verlangen zu stillen nach — ja, wonach denn eigentlich?

Diesen Duft noch im Gefühl, stand er dann in dem Streifen Sonnenlicht und überlegte, auf welche Art er das Treppengeländer hinunterrutschen sollte. Alles kam ihm auf einmal so kindisch vor, und in einer plötzlichen Schwächeanwandlung stieg er die Stufen eine nach der andern langsam hinab. Während er so hinunterstieg, sah er seinen Vater deutlich vor sich — den kurzen grauen Bart, die guten, zwinkernden Augen mit der Falte dazwischen, das fröhliche Lächeln, die schlanke Gestalt, die dem kleinen Jon immer so groß vorkam; von seiner Mutter aber konnte er sich keine Vorstellung machen. Er erinnerte sich nur ihres leichten, schwebenden Ganges, zweier dunkler Augen, die nach ihm zurückblickten, und spürte den Duft ihrer Kleider.

Bella stand in der Halle, zog die großen Vorhänge zur Seite und öffnete das Haustor. Der kleine Jon sagte schmeichelnd: «Bella!» — «Ja, Jon.» — «Laß uns doch unter dem Eichenbaum Tee trinken, wenn sie kommen; ich weiß, daß es ihnen dort am besten gefällt.» — «Du meinst, *dir* gefällt es dort am besten.» Jon dachte nach. «Nein, *sie* sitzen am liebsten dort, weil es *mir* gefällt.» Bella lächelte. «Na schön, dann will ich draußen den Tisch decken, wenn du derweilen brav sein willst und nichts anstellst, bis sie kommen.» Der kleine Jon setzte sich auf die unterste Stufe und nickte. Bella kam herbei und musterte ihn von oben bis unten. «Steh auf!» sagte sie. Jon stand auf. Sie musterte ihn von hinten. Seine Hosen waren nicht grün, und auch die Knie schienen sauber zu sein. «Alles in Ordnung!» seufzte sie. «Du lieber Gott! Wie braungebrannt du bist! Gib mir einen Kuß!» Und sie küßte ihn herzhaft aufs Haar. «Was gibt's für Marmelade?» fragte er, «ich hab' das Warten so satt.» — «Stachelbeeren und Erdbeeren.» — «Ah! Die eß' ich am liebsten!»

Als sie hinausgegangen war, saß er ganz still, fast eine Minute lang. Nichts rührte sich in der großen Halle, die nach Osten hin offen war, so daß er einen seiner Bäume sehen konnte, einen Zweimaster, der sehr langsam über den Rasen segelte. In der Vorhalle warfen die Säulen schräge Schatten. Der kleine Jon stand auf, sprang auf einem herum, marschierte rund um die Schwertlilien, die das kleine grauweiße Marmorbecken in der Mitte füllten. Die Blumen waren hübsch, aber sie dufteten nur ein ganz klein wenig. Er stand in der offenen Tür und schaute hinaus. Wenn nun — wenn sie nun überhaupt nicht kämen! Er hatte so lange gewartet, daß er das unmöglich würde ertragen können; aber seine Gedanken flüchteten gleich wieder zu den Stäubchen in dem hereinströmenden bläulichen Sonnenlicht. Mit den Händen emporgreifend, versuchte er welche zu haschen. Bella hätte die Luft hier abstauben sollen! Aber vielleicht war es gar kein Staub, nur das, woraus die Sonnenstrahlen gemacht waren, und er wollte nachsehen, ob das Sonnenlicht draußen auch so war. Nein, es war nicht so. Er hatte versprochen, brav in der Halle zu bleiben, aber er konnte ganz einfach nicht mehr; und er ging quer über den Kies des Fahrwegs und legte sich auf der anderen Seite ins Gras. Er pflückte sechs Gänseblümchen und gab jedem umständlich einen Namen: Ritter Lamorac, Ritter Tristan, Ritter Lancelot, Ritter Palimedes, Ritter Bors, Ritter Gawan, und er ließ sie in Paaren miteinander kämpfen, bis alle den Kopf verloren hatten außer Ritter Lamorac, dem er einen besonders starken Stengel ausgesucht hatte, doch selbst dieser war nach drei Zweikämpfen jämmerlich zugerichtet. Langsam kroch ein Käfer durch das Gras, das bald gemäht werden mußte. Jeder Grashalm war ein kleiner Baum, und der Käfer kroch um seinen Stamm herum. Der kleine Jon packte Ritter Lamorac beim Kopf und kitzelte mit ihm das Tierchen, das erschrocken davonlief. Jon lachte, verlor plötzlich das Interesse und seufzte auf. Es war ihm so öde zumute. Er drehte sich um und lag nun auf dem Rücken. Die blühenden Linden verbreiteten einen süßen Honigduft, und das Himmelblau da oben war so wunderschön mit den paar weißen Wolken, die aussahen wie Zitroneneis und vielleicht auch so schmeckten. Er hörte Bob auf der Harmonika ein Niggerlied spielen: «An dem schönen blauen Swanney-Fluß», und das Lied machte ihn so schön traurig. Er rollte sich wieder auf die andere Seite und legte sein Ohr auf die Erde — die Indianer konnten hören, sobald etwas herankam, war es auch noch so weit weg — aber er hörte nichts — nur die Harmonika! Und fast im selben Augenblick hörte er wirklich einen knirschenden Laut, ein schwaches Tuten. Ja! Es war ein Auto — sie kommen — sie kommen! Er sprang in die Höhe. Sollte er in der Tür warten oder die Stiege hinaufrennen und den Eintretenden entgegenrufen: «Da schaut her!» und dann mit dem Kopf zuerst langsam das Treppengeländer hinunterrutschen? Sollte er das tun? Der Wagen bog in die Einfahrt. Es war zu spät! Und so wartete er nur und sprang vor Aufregung hin und her. Das Auto kam rasch heran, bremste und hielt. Sein Vater stieg aus in Lebensgröße. Er beugte sich herab, und der kleine Jon schnellte empor — sie stießen gegeneinander. Sein Vater sagte: «Gott sei Dank, da sind wir. Na, mein Junge, du bist aber braun!» Genau wie er's erwartet hatte; und das sehnsüchtige Gefühl, das Verlangen nach irgend etwas war noch nicht gestillt. Mit einem langen schüchternen Blick suchte er seine Mutter, die in einem blauen Kleid, den blauen Autoschal über Mütze und Haar gebunden, lächelnd dasaß. Er sprang so hoch empor, wie er nur konnte, umklammerte sie mit beiden Beinen und drückte sie fest an sich. Er hörte sie nach Luft schnappen und fühlte, wie sie ihn an sich zog. Seine tiefblauen Augen schauten gerade in ihre ganz dunkelbraunen, bis ihre Lippen seine Augenlider küßten, und wie er sie nun mit seiner ganzen Kraft drückte und preßte, hörte er sie seufzen und lachen: «Ach, Jon, wie stark du bist!» Da ließ er sich heruntergleiten, rannte nach der Halle und zog sie an der Hand hinter sich her.

Während er unter dem Eichbaum seine Marmelade aß, schaute er seine Mutter an, und es war ihm, als sähe er vieles zum erstenmal. Ihre Wangen waren von zartem Braun, silberne Fäden glänzten in ihrem dunkelblonden Haar, ihr Hals hatte einen Knoten in der Mitte wie der Bellas, und sie ging so leise aus und ein. Er sah auch zarte Linien in ihrem Gesicht, in den Winkeln der Augen, unter denen so schöne dunkle Schatten lagen. Wie wunderschön sie war, viel schöner als «Da» oder Mademoiselle oder «Tante» June oder sogar «Tante» Holly, die er besonders ins Herz geschlossen hatte; sogar noch schöner als Bella mit den rosigen Wangen, die aber zu dick und zu holprig war. Diese neue Schönheit seiner Mutter zu betrachten, nahm ihn so sehr in Anspruch, daß er weniger aß, als er erwartet hatte.

Nach dem Tee machte sein Vater mit ihm einen Rundgang durch die Gärten. Er hatte eine lange Unterredung mit dem Vater über die Dinge im allgemeinen und vermied es, auf sein Privatleben einzugehen, auf Ritter Lamorac, die Österreicher und die Leere, die er in den letzten drei Tagen empfunden hatte und die jetzt so plötzlich ausgefüllt war. Sein Vater erzählte ihm von einem Ort, der Glensofantrim hieß, wo er und seine Mutter gewesen waren; und er erzählte ihm auch von dem kleinen Volk, das dort aus der Erde herauskam, wenn alles ganz still war. Der kleine Jon blieb plötzlich stehen mit weit gespreizten Beinen.

«Glaubst du wirklich dran, Vati?» — «Nein, Jon, aber ich dachte, daß vielleicht du daran glaubst.» — «Warum?» — «Du bist noch jung, und Kinder wissen oft etwas von Elfen und Heinzelmännchen.» Der kleine Jon verzog den Mund, daß das Grübchen in seinem Kinn viereckig ward. «Ich glaub' nicht daran. Ich hab' noch niemals Elfen gesehen.» — «Ha!» sagte sein Vater. «Kann Mam sie sehn?» Sein Vater lächelte vielsagend. «Nein, sie sieht nur Pan.» — «Wer ist das, Pan?» — «Der Ziegengott, der in wilden und romantischen Gegenden sein Wesen treibt.» — «War er in Glensofantrim?» — «Mam hat es gesagt.» Der kleine Jon, der noch immer mit gespreizten Beinen dastand, ging wieder voran. «Hast du ihn gesehen?» — «Nein, ich sah nur Venus Anadyomene.» Der kleine Jon überlegte. Venus kam in seinem Buch über die Griechen und Trojaner vor. Also war Anna ihr Vorname und Dyomene ihr Familienname. Aber es ergab sich aus seinem Fragen, daß es nur ein Wort war, das bedeutete: aus dem Schaum der Wogen aufsteigend. «Stieg sie in Glensofantrim aus dem Schaum des Meeres auf?» —

«Ja, jeden Morgen.» — «Wie sieht sie aus, Vati?» — «Wie Mam.» —
«Oh! Dann ist sie sicher . . .» Aber da hielt er plötzlich inne, stürzte
auf eine kleine Mauer zu, kletterte hinauf und kletterte augenblicklich wieder herunter. Die Entdeckung, daß seine Mutter schön
war, mußte er unter allen Umständen für sich behalten, das fühlte
er. Sein Vater brauchte aber auch eine so unendlich lange Zeit, um
seine Zigarre fertigzurauchen, daß er schließlich einen Ausweg
finden mußte. Er sagte: «Ich möchte so gern sehen, was Mam mitgebracht hat. Ist dir's recht, Vati?» Er gab keinen edleren Beweg-
grund an, um nicht unmännlich zu erscheinen, und es brachte ihn
ein wenig aus der Fassung, als der Vater in seinem Herzen las, vielsagend aufseufzte und zur Antwort gab: «Na schön, junger
Mann, so lauf hin und hab sie lieb.»

Er ging mit Absicht ganz langsam und rannte dann, um es
wieder wettzumachen. Durch die offene Tür seines Zimmers ging
er in ihr Schlafzimmer hinüber. Sie kniete noch immer vor einem
Koffer. Er blieb ganz dicht bei ihr stehen und rührte sich nicht. Sie
richtete sich auf den Knien auf und sagte: «Nun, Jon?» — «Ich
wollte nur sehn, was du machst.» Nachdem sie ihn noch einmal in
den Arm genommen und er sich an sie geschmiegt hatte, kletterte
er auf die Fensterbank, und auf seinen verschränkten Beinen sit-
zend, sah er zu, wie sie auspackte. Das war eine ganz neue Freude
für ihn, zum Teil, weil da Dinge zum Vorschein kamen, die verdächtig aussahen, zum Teil aber nur, weil es so schön war, ihr
zuzuschauen. Sie bewegte sich ganz anders als alle übrigen Leute,
ganz anders als Bella. Er hatte ganz bestimmt noch nie eine so vor-
nehm aussehende Frau gesehen. Endlich war sie mit dem Aus-
packen fertig und kniete sich zu ihm nieder.

«Hast du uns vermißt, Jon?» Der kleine Jon nickte, und nachdem
er so seine Sehnsucht eingestanden hatte, fuhr er fort, mit dem
Kopf zu nicken. «Aber du hast doch ‹Tante› June gehabt?» — «Ach,
die hat ja einen Mann mit einem Husten mitgebracht.» Das
Gesicht seiner Mutter sah jetzt anders aus, es war fast zornig. Er
fügte rasch hinzu: «Es war ein armer Mann, Mam; er hat so
schrecklich gehustet; ich — ich hab' ihn gern gehabt.» Seine
Mutter legte ihm die Arme um die Hüften. «Du hast jeden gern,
Jon.» Der kleine Jon überlegte. «Bis zu einem gewissen Grad»,
sagte er. «‹Tante› June hat mich eines Sonntags mit in die Kirche

genommen.» — «In die Kirche? So!» — «Sie wollte sehn, wie es auf mich wirken würde.» — «Nun, und hat es gewirkt?» — «O ja, ich kam mir ganz närrisch vor, so daß sie mich schnell wieder nach Hause brachte. Aber es war mir durchaus nicht übel. Ich ging zu Bett und trank einen heißen Grog und las dann ‹Die Knaben vom Buchenwald›. Es war köstlich.» Seine Mutter biß sich auf die Lippen. «Wann war das?» — «Ach! Ungefähr — schon lange her — ich bat sie, mich noch einmal mitzunehmen, aber sie wollte nicht. Du und Vati, ihr geht nie zur Kirche, nicht wahr?» — «Nein, wir gehen nicht.» — «Warum denn nicht?» Seine Mutter lächelte: «Ja, Jon, wir sind beide gegangen, als wir klein waren; vielleicht waren wir damals zu klein.» — «Aha», sagte der kleine Jon, «es ist also gefährlich.» — «Wenn du groß bist, sollst du über alle diese Dinge selber urteilen.» Der kleine Jon erwiderte wie einer, der alle Vorteile und Nachteile genau abgewogen hat: «Sehr groß möcht' ich gar nicht werden. Ich möchte auch nicht in die Schule gehn.» Der plötzlich überwältigende Wunsch, noch etwas zu sagen, auszusprechen, was er wirklich empfand, ließ ihn erröten. «Ich — ich möchte immer bei dir sein, als dein Ritter, Mam!» Und dann, mit dem sicheren Gefühl, die Lage zu verbessern, fügte er rasch hinzu: «Ich möchte heute überhaupt nicht schlafen gehen. Ich hab's ganz einfach satt, jeden Abend schlafen zu gehen.» — «Hast du wieder Alpdrücken bei Nacht gehabt?» — «Nur so ein bißchen. Kann ich heute nacht die Tür in dein Zimmer offenlassen, Mam?» — «Ja, ein klein wenig.»

Der kleine Jon stieß einen Seufzer der Erleichterung aus. «Was hast du in Glensofantrim gesehn?» — «Oh, nichts als Schönheit, mein Liebling.» — «Erklär mir einmal ganz genau, was Schönheit eigentlich ist.» — «Ganz genau, was — ach Jon, das ist schwer zu sagen.» — «Zum Beispiel, kann ich's sehn?» Seine Mutter erhob sich und ließ sich neben ihm nieder. «Du siehst sie jeden Tag. Der Himmel ist schön, die Sterne, Mondnächte, und dann Vögel, Blumen, Bäume ... Alle sind schön. Schau zum Fenster hinaus, da siehst du Schönheit, Jon.» — «Natürlich, da ist die Aussicht. Ist das alles?» — «Alles? Nein. Das Meer ist wunderbar schön, und die Wellen mit dem Schaum auf den Kämmen.» — «Bist du jeden Tag aus dem Schaum der Wogen aufgestiegen, Mam?» — Seine Mutter lächelte. «Ja, wir haben gebadet.» Der kleine Jon legte ihr plötzlich die Arme um den Hals. «Jetzt weiß ich's», sagte er geheimnisvoll, «du bist es, *du* bist es wirklich, und alles andere ist nur Einbildung.» Sie seufzte, lachte und sagte: «O Jon!» Der kleine Jon sagte kritisch: «Findest du zum Beispiel Bella schön? Ich könnte sie kaum schön nennen.» — «Bella ist jung. Das ist viel wert.» — «Aber du siehst viel jünger aus, Mam. Wenn man zufällig an Bella anrennt, tut es weh. Ich glaub' nicht, daß ‹Da› schön war, wenn ich so recht darüber nachdenk'; und Mademoiselle ist beinah häßlich.» — «Mademoiselle hat ein sehr freundliches Gesicht.» — «O ja, freundlich schon. Ich hab' die kleinen Strahlen so gern, Mam.» — «Strahlen?» Der kleine Jon legte seinen Finger in ihre Augenwinkel. «Ach die! Aber sie sind ein Zeichen des Alterns.» — «Wenn du lächelst, kommen sie immer.» — «Aber früher kamen sie nicht.» — «Ach, laß nur! Ich hab' sie so gern. Hast du mich lieb, Mam?» — «Ja, aber ja, ich hab' dich wirklich lieb, Jon.» — «Über alles?» — «Über alles!» — «Mehr als ich geglaubt hab'?» — «Viel, viel mehr.» — «Ich auch — viel, viel mehr, als ich geglaubt hab'; das gleicht sich also aus.»

Da es ihm zum Bewußtsein kam, daß er noch niemals seinen Gefühlen freien Lauf gelassen hatte, empfand er plötzlich wieder die Männlichkeit des Ritters Lamorac in sich und andrer Lieblingshelden. «Soll ich dir ein paar Kunststücke zeigen?» fragte er, schlüpfte aus ihren Armen und stand auf dem Kopf. Angespornt durch ihre augenscheinliche Bewunderung, stieg er auf das Bett und schlug in der Luft einen Purzelbaum, wobei er mit dem Rücken wieder auf das Bett zu liegen kam. Das wiederholte er ein paarmal. An jenem Abend, nachdem er sich seine Geschenke angesehen hatte, blieb er zum Dinner auf und saß zwischen ihnen an dem kleinen runden Tisch, an dem sie immer aßen, wenn sie allein waren. Er war sehr aufgeregt. Seine Mutter trug ein Kleid von zartem Grau mit einer Cremespitze aus lauter Rosengewinden um den Hals, der brauner war als die Spitze. Er blickte sie unverwandt an, bis das verschmitzte Lächeln seines Vaters ihn plötzlich bewog, eine Ananasschnitte mit großer Aufmerksamkeit zu essen. Später als jemals sonst ging er zu Bett. Seine Mutter ging mit ihm hinauf, und er zog sich sehr langsam aus, um sie länger aufzuhalten. Als er schließlich im Nachtgewand dastand, sagte er: «Versprich mir, daß du nicht fortgehst, während ich bete!» — «Ich verspreche es dir.» Der kleine Jon kniete nieder, und sein Gesicht ins Bett vergraben, betete er leise und hastig; und wenn er hie und da mit einem Auge nach ihr hinschielte, sah er sie unbeweglich dastehen mit einem Lächeln auf den Lippen. «Vater unser», so betete er schließlich, «der Du bist im Himmel, geheiligt werde Deine Mam, Deine Mam komme — auf Erden wie im Himmel, unser täglich Brot gib uns, Mam, und vergib uns unsere Schulden auf Erden wie auch im Himmel, und sündige wider uns, denn Dein ist die Schuld und die Macht und die Herrlichkeit in Ewigkeit, Amam!» — «Gib acht!» Er sprang auf, warf sich in ihre Arme und hielt sie so eine lange Minute. Als er im Bett war, hielt er noch immer ihre Hand.

«Mehr als jetzt wirst du die Tür nicht zumachen, nicht wahr? Wirst du sehr lange unten bleiben, Mam?» — «Ich muß dem Vater noch vorspielen.» — «Ja, dann werd' ich dich wenigstens hören.» — «Hoffentlich nicht, du mußt einschlafen.» — «Ich kann doch auch ein andermal schlafen.» — «Nun, warum nicht heute? Eine Nacht ist wie die andere.» — «O nein, es ist eine außergewöhnliche Nacht heute.» — «In außergewöhnlichen Nächten schläft man immer am besten.» — «Aber wenn ich einschlafe, Mam, hör' ich dich ja nicht heraufkommen.» — «Dann will ich hereinkommen und dir einen Kuß geben; wenn du dann noch wach bist, so wirst du's wissen, und wenn du schon schläfst, so weißt du immer noch, daß ich dich geküßt habe.» Der kleine Jon seufzte. «Ach ja!» sagte er. «Jetzt muß ich dich also wirklich gehen lassen? Mam!» — «Ja?» — «Wie heißt die Göttin, an die der Vater glaubt? Venus Anna Diomedes?» — «Ach, du liebes Herz! Anadyomene.» — «Ja, aber mein Name für dich gefällt mir besser.» — «Wie nennst du mich denn, Jon?» Schüchtern gab der kleine Jon zur Antwort: «Ginevra! Sie ist aus König Artus' Tafelrunde — gerade ist es mir eingefallen, nur hatte sie natürlich offenes Haar.» Die Augen seiner Mutter, die über ihn hinwegblickten, schienen zu schwimmen. «Du wirst nicht vergessen, zu mir zu kommen, Mam?» — «Nein, wenn du gleich einschläfst.» — «Abgemacht.» Und der kleine Jon drückte die Augen krampfhaft zu. Er fühlte ihre Lippen auf seiner Stirn, hörte ihre Schritte; öffnete die Augen wieder, um sie zur Tür hinausgleiten zu sehen, und aufseufzend machte er sie wieder fest zu.

Die ersten zehn Minuten versuchte er ehrlich einzuschlafen,

indem er viele Disteln in einer Reihe zählte, «Da's» altes Rezept zum Einschlummern. Es kam ihm vor, als zähle er schon stundenlang. Jetzt muß es fast Zeit sein, dachte er, daß sie heraufkommt. Er warf die Decken zurück. «Zu heiß!» sagte er, und seine Stimme klang seltsam in der Dunkelheit, als gehöre sie einem andern. Warum kam sie denn nicht? Er setzte sich auf. Er mußte nachsehen. Er stieg aus dem Bett, ging zum Fenster und zog den Vorhang ein wenig zur Seite. Es war nicht dunkel, aber er wußte nicht, ob es noch Tageslicht war oder der Mond, der sehr groß war. Der Mond hatte ein komisches, boshaftes Gesicht, als ob er ihn auslache, und Jon wollte ihn nicht mehr ansehen. Dann fiel ihm ein, daß seine Mutter gesagt hatte, Mondnächte seien so schön, und er fuhr fort hinauszustarren, ohne etwas Besonderes zu fühlen. Die Bäume warfen dichte Schatten, der Rasen sah aus wie verschüttete Milch, und weit, so weit konnte er sehen; oh, so weit ins Land hinein, über die ganze Erde hin, und alles sah anders und verschwommen aus. Auch ein herrlicher Duft kam durch das offene Fenster herein. Ach, hätt' ich doch nur eine Taube wie Noah! dachte er.

> Der blasse Mond so hell und rund,
> Er scheint und scheint zur nächt'gen Stund'.

Nach diesem Reim, der ihm plötzlich eingefallen war, drang Musik an sein Ohr, ganz leise und sanft. Mam spielte! Es fiel ihm ein, daß er in seiner Schublade noch eine Makrone aufgehoben hatte; er holte sie und kam ans Fenster zurück. Sie langsam verspeisend, lehnte er sich zum Fenster hinaus und hielt ab und zu im Schmausen inne, um die Musik besser zu hören. «Da» pflegte zu sagen, daß die Engel im Himmel auf Harfen spielen; aber das war sicher nicht halb so schön wie Mam, die spielte, während der Mond schien und er eine Makrone verspeiste. Ein Maikäfer summte vorüber, eine Motte flog ihm ins Gesicht, die Musik verstummte, und der kleine Jon zog den Kopf zurück. Jetzt würde sie kommen. Sie sollte ihn nicht wach finden. Er schlüpfte wieder ins Bett und zog die Decken fast über den Kopf. Aber durch die offenen Vorhänge kam ein Mondstrahl herein. Er fiel quer über den Fußboden bis dicht an sein Bett heran, und Jon beobachtete, wie er langsam näher schlich, als wäre er lebendig. Die Musik begann wieder, aber jetzt konnte er sie nur ganz gedämpft hören; leise, süße Töne — müde, schlafen —, ach, wie müde — süße — leise Töne...

Die Zeit verging, und die Töne schwollen an, fielen wieder und verklangen; der Mondstrahl glitt auf sein Gesicht zu. Im Schlaf drehte sich der kleine Jon um, bis er auf dem Rücken lag, während seine braune Faust noch immer die Decke festhielt. Es träumte ihm, er tränke Milch aus einer flachen Schale, und die Schale war der Mond. Eine große schwarze Katze, ihm gegenüber, sah ihm zu mit dem verschmitzten Lächeln seines Vaters. Er hörte sie flüstern: «Laß mir noch was übrig!» Die Milch gehörte natürlich der Katze, und er streckte freundschaftlich die Hand aus, um das Tier zu streicheln; aber da war es verschwunden. Die Schale war ein Bett geworden, in dem er lag; und als er aufstehen wollte, konnte er den Boden nicht finden; er konnte ihn nicht finden — er — er konnte nicht aufstehen! Es war schrecklich! Er wimmerte im Schlaf. Das Bett hatte angefangen, sich zu drehen; es war außerhalb von ihm und in ihm drin und drehte sich immer im Kreise herum und fing an zu brennen! Die alte Hexe aus der Geschichte «Gestrandet» schürte das Feuer! Oh, so gräßlich sah sie aus! Immer schneller, immer schlimmer! — bis er und das Bett und die Hexe und der Mond und die Katze alle in einem Wirbel kreisten, um und um und auf und ab — gräßlich — gräßlich — gräßlich! Er schrie auf.

Eine Stimme sagte: «Jon, lieber Jon!» Und die Stimme drang durch den Wirbel, er wachte auf und stand in seinem Bett mit weit aufgerissenen Augen. Da war seine Mutter, mit offenem Haar wie Ginevra, und sich an sie klammernd, vergrub er sein Gesicht darin. «Oh! Oh!» — «Jetzt ist es schon gut, mein Schatz. Du bist ja jetzt wach. Komm! Komm! Fürcht dich nicht!» Aber der kleine Jon fuhr fort zu schluchzen: «Oh! Oh!» Ihre Stimme sprach weiter mit dem weichen, tröstenden Klang: «Es war das Mondlicht, mein Herz, gerade auf deinem Gesicht.» Der kleine Jon flüsterte halb erstickt in ihr Nachtgewand: «Du hast gesagt, es sei so schön. Oh!» — «Nicht zum Schlafen, Jon. Wer hat es hereingelassen? Hast du die Vorhänge aufgezogen?» — «Ich wollte sehen, wie spät es ist; ich — ich hab' hinausgeschaut, ich — ich hab' dich spielen hören,

Mam; ich hab' meine Makrone gegessen.» Aber allmählich ließ er sich doch beruhigen, und der Instinkt, seine Angst zu rechtfertigen, wachte in ihm auf. «Die Hexe ist immer in mir herumgefahren, und sie hat angefangen zu brennen», murmelte er. «Ja, Jon, so geht es, wenn man nach dem Schlafengehen noch Makronen ißt.» — «Nur eine, Mam; es hat die Musik so viel schöner gemacht. Ich hab' auf dich gewartet — ich hab' geglaubt, es muß schon bald Morgen sein.» — «Mein Schäfchen, es ist gerade elf Uhr.» Der kleine Jon schwieg und rieb nur seine Nase an ihrem Hals. «Mam, ist der Vati in deinem Zimmer?» — «Heute nacht nicht.» — «Darf ich bei dir schlafen?» — «Wenn du willst, mein Liebstes.» Schon etwas beruhigter, ließ der kleine Jon sie los. «Du siehst so anders aus, Mam, so viel jünger.» — «Das macht mein Haar, Liebling.» Der kleine Jon nahm es in die Hände, dichtes Haar, wie dunkles Gold, mit Silberfäden dazwischen. «Ich hab' es so gern!» sagte er, «und so gefällst du mir am allerbesten.»

Er hatte sie bei der Hand gefaßt und zur Tür gezogen. Mit einem Seufzer der Erleichterung schloß er die Tür, als sie drüben waren. «Welche Seite vom Bett ist dir lieber, Mam?» — «Die linke.» — «Gut.» Ohne Zeit zu verlieren und ohne ihr Gelegenheit zu geben, andern Sinnes zu werden, schlüpfte er in ihr Bett, das ihm soviel weicher vorkam als sein eigenes. Noch einmal seufzte er tief auf, wühlte seinen Kopf ins Kissen und verfolgte ein paar Augenblicke lang das Kampfgewimmel der Streitwagen, Schwerter und Lanzen, die man immer in rauhhaarigen Wolldecken sehen kann, wenn man durch die kleinen, emporstehenden Härchen hindurch ins Licht blickt. «Es war doch nicht irgend etwas Wirkliches, nicht wahr?» sagte er. Vom Spiegel her, vor dem sie stand, antwortete seine Mutter: «Nein, nur der Mond und deine erhitzte Phantasie. Du darfst dich nicht so aufregen, Jon.» Aber der kleine Jon, dem die Angst noch immer in den Knochen saß, erwiderte großtuerisch: «Ich hab' mich natürlich nicht wirklich gefürchtet, o nein!» Und wieder sah er den kämpfenden Speeren und Wagen zu. Es dauerte so lange. «Ach, Mam, eil dich doch!» — «Liebling, ich muß nur meine Zöpfe flechten.» — «Ach, heute abend nicht. Morgen früh mußt du sie ja doch wieder lösen. Ich bin jetzt so müde. Wenn du nicht kommst, werde ich bald nicht mehr so müde sein.»

Seine Mutter stand im fließenden Licht vor dem Spiegel mit den

Seitenflügeln. Er konnte sie dreifach sehen, wie sie den Kopf zu ihm hinwandte, ihr Haar im Lampenschein leuchtete, und ihre dunklen Augen lächelten. Es war ganz überflüssig, und er bat: «Komm zu mir, Mam. Ich warte.» — «Ja, mein Liebes, ich komme.» Der kleine Jon schloß die Augen. Alles ging ganz nach seinem Herzen, wenn sie nur bald kam! Er fühlte das Bett erbeben, sie kam. Und noch immer mit geschlossenen Augen sagte er schlaftrunken: «So ist's wunderschön, nicht wahr?» Er hörte ihre Stimme etwas sagen, fühlte ihre Lippen seine Nase berühren, und sich dicht an die Mutter schmiegend, die wach lag und mit Liebe an ihn dachte, fiel er in einen traumlosen Schlaf, der seine erste Kindheit beschloß.

MARIE VON EBNER-ESCHENBACH

Pepinka

Wir ließen es uns sehr wohl sein unter der milden mütterlichen und großmütterlichen Herrschaft, und unser Übermut wäre allmählich stark ins Kraut geschossen, wenn ihn die Hand der temperamentvollen Kinderfrau nicht niedergehalten hätte. Sei gesegnet noch in deinem Grabe, in dem du seit so langen Jahren ruhst, du brave Josefa Navratil, genannt Pepinka! Du hast dir ein unschätzbares Verdienst um uns erworben. Du hast uns zu einer Zeit, in der die weisesten Vorstellungen keinen Weg zu unserem Verständnis gefunden hätten, durch eine rechtzeitig angebrachte demonstratio directa bewiesen, daß der Schuld unerbittlich die Strafe folgt. Gewiß trifft das auch im Leben ein, aber oft so spät und in so verhüllter Weise, daß menschliche Augen den Zusammenhang nicht mehr entdecken. In unserer Kinderstube ging die Sache rasch und einfach vor sich. Wenn eine Tür heftig zugeworfen wurde, wenn es beim Spiel allzu lautes Geschrei und arge Streitigkeiten gab, kam Pepi daher auf ihren großen, weichen Schuhen und hielt Gericht. Ohne erst zu fragen, wer der Schuldigste sei, teilte sie — darin ein ganz getreues Bild des Schicksals — ihre Schläge aus. Wir nahmen sie ohne Widerspruch in Empfang und liebten unsere Pflegerin und Richterin. Wir fürchteten sie nicht einmal sehr, so laut sie manchmal auch zankte und so zornig sie uns anfunkeln konnte mit ihren feurigen schwarzen Augen.

Hatte eine erziehliche Maßregel unserer Schicksalsgöttin sehr hart getroffen, dann ging man zu Anischa, meiner ehemaligen Amme, und weinte sich bei ihr aus. Sie war der lichte Stern unserer Kinderstube und immer freundlich und gut. Auch bildhübsch war sie und lieblich anzusehen in ihrer heiteren hannakischen

Tracht. Sie verwandte viel Sorgfalt auf ihr Äußeres, sie schlang das bunte Tuch mit den langen Fransen kunstvoll um ihren Kopf, trug immer nur schimmernd weiße Halskrausen, seidene, mit Flittern benähte Leibchen und tadellos gestreifte und geplättete Röcke. Pepinka brummte sie manchmal an: «Was putzen Sie sich so auf? Er kommt heute doch nicht.» Die arme Anischa wurde jedesmal feuerrot und antwortete leise und demütig: «Heute nicht und morgen nicht.» Er kam auch nicht. Hingegen erschien alljährlich im Herbste eine ältliche Frau, die wir, dem Beispiel Anischas folgend, «pani kmotřenka» [Frau Gevatterin] nannten, in Zdißlawitz. Ein derber Junge in schmucker hannakischer Tracht begleitete sie. Er stand im selben Alter wie ich, und Pepi sagte, daß er eine Art Bruder von mir sei. So erwiesen wir ihm denn alle geschwisterlichen Ehren, fütterten ihn, beschenkten ihn, luden ihn ein, an unseren Spielen teilzunehmen. Er aß, was man ihm auftischte, er nahm, was man ihm anbot, aber er dankte nicht, er lächelte nicht; er verhielt sich uns gegenüber trotzig wie ein Bock. Leichten Herzens sagten wir ihm Lebewohl, wenn er sich wieder empfahl. Anischa begleitete ihren Besuch zum Wägelchen, das ihn vor dem Dorfwirtshaus erwartete. Sie hatte rote Augen, wenn sie zurückkam, war aber nicht mehr so bedrückt und befangen wie tagsüber während der Anwesenheit des wortkargen Bäuerleins.

Ein anderes Ereignis wiederholte sich gleichfalls alljährlich, dieses aber im Frühjahr und fast unmittelbar nach der Ankunft auf dem Lande. Da war es gewöhnlich unsere Großmutter, die eines Morgens eintrat und sagte: «Pepi, der Bader ist da», worauf Pepi ihrem Schranke ein Pack Wäsche entnahm und das Zimmer verließ. An einem solchen Tage sahen wir sie nicht mehr; sie kam erst am folgenden wieder, hatte einen verbundenen Arm und speiste uns mit einer ausweichenden Antwort ab, wenn wir fragten, wo sie gestern gewesen sei und warum sie einen Verband trage.

Einmal aber schlichen Adolf, der ältere der Brüder, und ich ihr nach bis zum ersten Absatz der Treppe, und von dort aus sahen wir sie in eines der sonst immer verschlossenen ebenerdigen Zimmer treten.

Wir schlichen weiter bis zum nächsten Absatz und bis zum dritten und endlich bis zur Tür, hinter der Pepi verschwunden war.

Drinnen im Zimmer wurden Sessel gerückt, es wurde Wasser in Gläser und in Lavoirs geschüttet, und eine fremde Männerstimme sprach höhnisch: «Fürchten S' Ihnen? Recht haben S'. Warten S' nur, was Ihnen heut geschieht!» Du lieber Gott, was ging da vor? Von Angst und von Helfedrang ergriffen, warfen wir uns gegen die Tür. Sie war verschlossen. Wir schrien und klopften und hörten Pepi klagen: «Jesses, die Kinder!» «Ruh geben! Draußen bleiben!» wetterte die Männerstimme. In starrem Entsetzen schwiegen wir eine Weile. Endlich wurde die Tür von innen aufgesperrt, geöffnet, und heraustrat das Stubenmädchen und hielt in der Hand eine große Schale voll Blut. Nun überstieg unsere Bestürzung alle Grenzen. Blut! Blut! Soviel Blut! Von wem das viele Blut?

«Von der Pepi», antwortete das unbegreifliche Mädchen ganz gleichgültig. «Der Doktor hat ihr zur Ader gelassen. Und jetzt seien Sie still, sonst wird der Doktor auch Ihnen zur Ader lassen.» «Zur Ader gelassen! Was ist das? Wie ist das? Muß man sterben, wenn man zur Ader gelassen bekommt?»

Sie lachte und riet uns, gleich hinaufzugehen, wenn wir nicht noch gestraft werden wollten für unsere Neugier.

Die Neugier blieb vorläufig ungestillt, aber unsere Seelenruhe wurde uns zurückgegeben, denn drinnen in der Stube erhob die Stimme Pepinkas sich in alter Kraft und befahl den «verdunnerten Kindern», sogleich zur Anischa zu gehen.

Wir gehorchten und hatten dann noch einen sehr guten Tag fast uneingeschränkter Freiheit, und am Abend erzählte uns Anischa, viel länger als ihr sonst erlaubt wurde, schöne, wundervolle Märchen.

O welch ein Erzählertalent war unsere Anischa! Wie verstand sie zu schildern, zu spannen, ihre Phantasiegebilde klar und lebendig hinzustellen, sie aufsteigen, vorüberschweben, entschwinden zu lassen! Jammervoll nüchtern erscheint mir die Kinderstube, aus der die Märchenerzählerin «grundsätzlich» verbannt ist. Wir haben das Glück genossen, uns nach Herzenslust in einer Wunderwelt ergehen zu dürfen, sowohl als kleine wie später als größere Kinder. Es war uns ein stolzes Vergnügen, eine Menge zu hören und zu sehen, was andere nicht hörten und nicht sahen: im Gurgeln des Brunnens am Ende des Gemüsegartens die Stimme des Wassermanns; im Glanz, der im Hochsommer über die Ähren fliegt, huschende Lichtgeister, und Elfchen im Laube, wenn es leise zu rascheln beginnt. Diese Elfchen, wußte Anischa, sind zu Mittag nicht größer als Libellen. Aber sie wachsen sehr, sehr geschwind, und um Mitternacht sind ihre Flügel wie Adlerflügel, und das Laub stöhnt, wenn sie mit Windeseile hindurchfegen. «Ja, gewiß! Ja, es stöhnt!» Wir alle behaupteten es. Jedes von uns wollte einmal um Mitternacht wach gewesen sein und das Stöhnen vernommen haben. Nur unsere Sophie, die nicht; die wußte noch nichts von Wassermännern, Irrwischen und Elfen. Sie schlief schon lang, diese Kleine, zur Stunde des Märchenerzählens, und Anischa saß neben ihrem Bettchen, und wir saßen auf Schemeln zu ihren Füßen.

Ganz anders arg und grausig als das Stöhnen des Laubes beim Wehen leiser Lüfte waren die schrillen Schmerzenslaute, die sich erhoben, wenn ein heftiger Sturm die Ecke des Hauses, die wir bewohnten, umrauschte. Es brach aus ihm wie Schluchzen, flüsterte wie hastiges Flehen, glitt über die Fensterscheiben mit tastenden Fingern . . .

«Hört ihr?» fragte dann eines von uns die andern, «das ist Melusine, die ihre Kinder sucht, nach ihnen ruft, um ihre Kinder jammert und weint.» Melusine . . . Grad ist sie vorbeigeflogen; meine Schwester hat ihren weißen Schleier erblickt und sagt ganz leise: «Lösche das Licht, Anischa, daß sie uns nicht sieht; sie glaubt vielleicht, wir sind ihre Kinder, und holt uns.»

Ein Märchen gab's, das erzählte Anischa nur mir allein, weil ich so couragiert war. Meine Schwester, die kleinen Brüder durften nichts hören von der «zlá hlava»; sie hätten lang nicht einschlafen können und schwere Träume gehabt.

Diese «hlava», das war ein Kopf, nichts weiter als ein Kopf, ohne alles Zubehör. Er hatte struppige Haare und einen struppigen, feuerroten Bart, Teufelsaugen und Ohren so groß, daß er sie als Flügel gebrauchen konnte. Aber nicht lange, weil er sehr schwer war und bald wieder zu Boden plumpste. Der Kopf war ein König und hatte ein Heer, und im Kriege rollte er ihm voran, eine fürchterliche Kugel, und biß den Menschen und den Pferden in die Füße, daß sie reihenweise tot hinfielen. Er hatte auch eine Königin, die neben ihm schlafen mußte auf demselben Polster und vor

Schrecken über seinen Anblick ganz weiß wurde, immer weißer und endlich selbst ein Gespenst.

Greuliche Untaten beging die «hlava», und eine ihrer schlimmsten war, daß sie der Großmutter Anischas, als diese einmal des Nachts von einem Botengang heimkehrte, auf der Hutweide nachgerollt kam ... Die Großmutter hörte sie pusten, knirschen und schnauben und rannte! rannte! Bis zu ihrem Hause rannte sie; dort aber stürzte sie zusammen und wußte nichts mehr von sich, eine Stunde lang — oh, länger als eine Stunde! Am nächsten Tag ging der Großvater und mit ihm das halbe Dorf auf die Hutweide, und an der Stelle, wo die Großmutter das Scheuel zuerst pusten, knirschen und schnauben gehört, lag ein großer, runder, weißer Stein, den — man schwor darauf — noch niemand da gesehen hatte. Nur der Hirtenbub behauptete steif und fest, daß der Stein von jeher da gewesen sei. Aber der Hirtenbub war dumm und ein halber Trottel. Der Stein wurde eingegraben, und heute noch machen die Leute einen Umweg, wenn sie an dem Platz, wo er liegt, vorüberkommen.

Ich nahm natürlich Partei gegen den Hirtenbuben. Ich wäre am liebsten gleich nach Trawnik, wo Anischa zu Hause war, gefahren, hätte die Hutweide besucht und den gespenstischen Stein ausgegraben. Und je entsetzter Anischa sich stellte über meine Tollkühnheit, desto mehr fühlte ich sie wachsen und verstieg mich zu den Versicherungen: «Ach, ich möchte, ich möchte, daß die ‹hlava› einmal mir nachgerollt käme! Ich würde nicht davonlaufen, o nein! o nein! Ich würde stehenbleiben — ich! Ich würde mich umsehen und der ‹hlava› dreimal nacheinander recht ins Gesicht das heilige Zeichen des Kreuzes machen. Da wäre sie gleich weg. Oh, ich fürchte mich nicht — ich weiß nicht, wie das ist, sich fürchten; ich habe eine große Courage!»

Es war viel Geflunker bei dieser Behauptung. Ich wußte sehr gut, was Furcht sei, denn in der Furcht vor dem Papa waren meine Schwester und ich aufgewachsen. Man hatte sie uns in der Kinderstube eingeflößt durch eine Drohung, die sich nie erfüllte, stets aber wirksam blieb: «Warte nur, ich sag's dem Papa, und dann werdet ihr sehen!»

Was wir sehen würden, blieb in ein Dunkel gehüllt, das unsere

Phantasie mit Schrecknissen bevölkerte. Kein Wunder. Den Zorn unseres Vaters zu erfahren wäre entsetzlich gewesen. Nicht nur kleinen, auch erwachsenen Leuten leuchtete das ein. So liebenswürdig Papa in guten Stunden sein konnte, so furchtbar in seinem unbegreiflich leicht gereizten Zorn. Da wurden seine blauen Augen starr und hatten den harten Glanz des Stahls, seine kraftvolle Stimme erhob sich dräuend — und vor diesen Augen, dieser Stimme hätten wir in den Boden versinken mögen, wenn wir uns auch nicht der geringsten Schuld bewußt waren.

Zum Schaden unseres Verhältnisses zu ihm ließ sich Papa in gereizter Stimmung manchmal zu dem unglückseligen Ausspruch hinreißen: «Nicht geliebt will ich sein, sondern gefürchtet!» Wie sehr er sich damit täuschte, lernten wir später einsehen; als Kinder nahmen wir die Sache als ausgemacht an und taten ihm den Willen, weit über seine eigene Erwartung. Wir zwei Schwestern zitterten und bebten vor ihm; die Brüder waren in seiner Nähe viel unbefangener, obwohl Pepi mit ihrer Drohung, sie der Strenge Papas zu überliefern, gegen sie besonders freigebig war.

Ich erinnere mich eines Tages, an dem meine Schwester das Mißgeschick erfuhr, beim Spielen mit dem Ball eine Fensterscheibe einzuschlagen. Nun war uns die peinlichste Sorgfalt für alles Zerbrechliche, das uns umgab, zum Gesetz gemacht worden, und die arme Kleine, die sich so schwer daran vergangen hatte, geriet in sinnlose Verzweiflung.

«Der Papa! Der Papa!» rief sie in Todesangst, kniete auf den Boden nieder, rang die Händchen, faltete sie und schluchzte herzzerreißend.

Wir umstanden sie betroffen und ratlos. Großmama, die neben uns wohnte, war auf Fritzis Geschrei herbeigeeilt, und sie und Pepinka sprachen der Armen Trost zu und bemühten sich, sie zu beruhigen. Ganz umsonst. Sie war schon blau im Gesicht, stoßweise rang sich der Atem aus ihrer Brust, in Bächen rannen die Tränen über ihre Wangen.

Großmama, sehr besorgt, tauschte leise einige Worte mit Pepi. Dann, nach einem neuen, vergeblichen Versuch, ihre kummervolle Enkelin zu beschwichtigen, verließ sie das Zimmer. Bald darauf betrat sie es wieder, und wer kam hinter ihr hergeschritten? Der unbewußte Urheber all dieses Leids und Schreckens — der Papa.

Lautlose Stille empfing ihn. Fritzi verstummte. Keines von uns regte sich. Der Blick des Vaters glitt über die Gruppe seiner bestürzten, angsterfüllten Kinder und blieb auf der kleinen Knienden haften. Sie war wie versteinert. Ihre prachtvollen braunen Augen starrten weitgeöffnet zum Vater empor; nur die Lippen des schmerzverzogenen Mundes zuckten. Und jetzt ließ sich eine überaus sanfte Stimme schmeichelnd, ja bittend vernehmen: «Fritzi, meine Fritzi, weine nicht! Meine Fritzi soll nicht weinen, meine Fritzi ist ja brav. Ich hab ja meine Fritzi lieb!» Und auf einmal sahen wir unsere Älteste hoch über uns erhoben in den Armen Papas und hörten sie wieder schluchzen, aber bei weitem nicht mehr so heftig wie früher.

Der Papa lachte: «Dummheit! Dummheit! Die Fritzi hat ein Fenster zerschlagen; das macht nichts. Der Papa ist ja gar nicht bös — der Papa ... Schau her, Fritzi, schau, was der Papa tut!»

Er ließ sich ihren Ball reichen und schleuderte ihn durch das nächste Doppelfenster, dessen beide Scheiben er, wie aus der Pistole geschossen, durchflog. Eine Sekunde schweigender Überraschung, und dann lag an die Schulter des Papas geschmiegt Fritzis selig lächelndes Gesichtchen. Sie weinte noch, aber Tränen heller Freude und Dankbarkeit. Und Papa tanzte mit seinem Töchterchen in den Armen im Zimmer herum, und wir jauchzten und jubelten ihm zu.

Ich indessen, gelehrig wie ich nun einmal war, machte mir eine Nutzanwendung aus dieser Begebenheit.

Unser Frühstück bestand aus Milch und aus Königskerzentee, von uns Himmelbrandtee genannt. Die Blüten, aus denen er bereitet wurde, sammelten wir auf unseren Spaziergängen selbst und fanden das Getränk köstlich. Leider wurde uns der Genuß dieser Delikatesse sehr vergällt durch den Anblick der Kannen, in denen man sie auftrug. Sie gehörten zu den Überbleibseln eines Vieux-Saxe-Käferservices, das heute ein Vermögen wert wäre. Damals hatte der Fluch des Veralteten sie getroffen. Auf der «herrschaftlichen Tafel» prangte modernes englisches Steingutgeschirr; die Tische der Dienerschaft und der Kinder besetzte man mit beschädigtem Vieux-Saxe. Ich fand das unwürdig, ich fand, daß auch wir etwas Modernes haben sollten, ich feindete besonders unsere Teekanne an mit ihrem defekten Schnabel und ihren grauslichen fliegenden Käfern. Der Moment schien mir, nach der Erfahrung, die wir gestern gemacht hatten, äußerst günstig, um ihr den Untergang zu bereiten.

So wartete ich nur, bis unsere Tassen alle gefüllt waren; dann holte ich aus . . . Ein Schlag — die alte Kanne wankte, stürzte, und die Käfer taten ihren letzten Flug — auf den Boden. Nun aber gestalteten sich die Folgen ganz anders, als ich es mir gedacht hatte. Meine Erwartung, daß Papa geholt werden und daß er sofort auch die Milchkanne zerschlagen würde, erlitt eine bittere Enttäuschung. Es kam unserer Pepinka dieses Mal nicht in den Sinn, eine höhere Instanz anzurufen. Sie wählte zur Bestrafung meines Angriffs auf die Sicherheit des Porzellans — das standrechtliche Verfahren.

AGATHA CHRISTIE

Aus der guten alten Zeit

Es ist schwer, sich auf seine erste Erinnerung zu besinnen. Ich erinnere mich genau an meinen dritten Geburtstag. Die Wichtigkeit meiner Person beherrschte mein Bewußtsein. Wir tranken Tee im Garten — in jenem Teil des Gartens, wo später zwischen zwei Bäumen eine Schaukel hin- und herschwingen sollte. Ich sehe einen Teetisch, bedeckt mit mancherlei Kuchen und meiner Geburtstagstorte, komplett mit Zuckerglasur und Kerzen in der Mitte. Drei Kerzen. Und dann eine aufregende Episode: eine winzige rote Spinne, so klein, daß ich sie kaum sehen kann, läuft über das weiße Tischtuch. Und Mutter sagt: «Es ist eine Glücksspinne, Agatha, eine Glücksspinne zu deinem Geburtstag . . .» Und dann verblaßt die Erinnerung bis auf die bruchstückhafte Reminiszenz eines endlosen Disputs über die Frage, wie viele Eclairs mein Bruder essen dürfte.

Die wunderschöne, sichere und doch so aufregende Welt der Kindheit. In meiner war es vielleicht der Garten, der mich mehr als alles andere gefangennahm und mir von Jahr zu Jahr mehr bedeutete. Schon in meiner frühesten Vorstellung bestand er aus drei verschiedenen Teilen.

Da war zunächst der Gemüsegarten — umschlossen von einer hohen Mauer, die an die Straße grenzte —, der mich nur insofern interessierte, als er Himbeeren und grüne Äpfel lieferte, die ich in großen Mengen verzehrte. Es war der Gemüsegarten und nicht mehr. Er besaß nichts, was mich hätte bezaubern können.

Dann gab es den eigentlichen Garten — eine Rasenfläche, die sich talwärts senkte und über die eine Anzahl höchst interessanter pflanzlicher Gebilde verstreut war: eine Steineiche, eine Zeder, ein besonders hoher Mammutbaum sowie zwei Tannen, die, ich weiß nicht mehr wie, etwas mit meinen Geschwistern zu tun hatten. Ich erinnere mich auch noch an einen von mir so genannten Terpentinbaum, der einen klebrigen, stark riechenden Saft absonderte, den ich sorgsam auf Blättern sammelte und für einen «sehr kostbaren Balsam» hielt. Und schließlich, als alles überbietende Pracht, die Rotbuche — der größte Baum im ganzen Garten und der liebenswürdige Spender von Bucheckern, die ich mit Vergnügen verspeiste.

Der dritte Teil war das Wäldchen. In meiner Vorstellung war es und ist es heute noch so groß wie ein richtiger Wald. Ein Pfad schlängelte sich durch das Gehölz, das hauptsächlich aus Eschen bestand und alles besaß, was zu einem Wald gehört: geheimnisvolles Dunkel, Schrecknis, heimliches Entzücken, Unzugänglichkeit und weite Ferne...

Der Pfad führte zum Tennis- oder Krocketplatz, der sich auf einem Plateau vor dem Speisezimmerfenster befand. Sobald man aus dem Wäldchen kam, war der Zauber dahin. Man war in die Welt des Alltags zurückgekehrt. Die Röcke hochgerafft und mit einer Hand festgehalten, spielten die Damen Krocket oder, Strohhüte auf den Köpfen, Tennis.

Wenn ich die Wonnen des «im Garten Spielens» ausgekostet hatte, kehrte ich in die Nursery, ins Kinderzimmer, zurück, wo mich Nursie, ein Fixpunkt meines Daseins, erwartete. Vielleicht spielte ich meine Spiele darum nur neben ihr und um sie herum, nie aber ganz mit ihr, weil sie eine alte Frau war und Rheuma hatte. Ich schuf mir eine eigene Welt und erfand mir meine eigenen Spielgefährten. Die erste Gruppe — die mir nur mehr als Name erinnerlich ist — war die der «Kätzchen». Ich weiß heute nicht mehr, wer die «Kätzchen» waren und ob ich selbst dazu gehörte. Eines hieß Klee, ein anderes Schwarznase, und es gab noch drei andere. Ihre Mutter hatte ich auf den Namen Mrs. Benson getauft.

Nursie war viel zu klug, um mit mir über sie zu reden oder auch nur zu versuchen, sich an den gemurmelten Gesprächen zu beteiligen, die zu ihren Füßen geführt wurden. Wahrscheinlich war sie froh, daß es mir so leichtfiel, mich allein zu unterhalten.

Und doch war es ein ganz furchtbarer Schock für mich, als ich eines Tages die Treppe vom Garten heraufkam, um meinen Tee zu trinken, und das Hausmädchen Susan sagen hörte:

«An Spielsachen scheint ihr nicht viel zu liegen, stimmt's? Womit spielt sie denn nun wirklich?» Und Nursies Antwort: «Ach, sie stellt sich vor, sie ist ein Kätzchen und spielt mit anderen Kätzchen.» Das Wissen, daß jemand — Nursie nicht ausgenommen — über meine Kätzchen Bescheid wußte, traf mich bis ins Innerste. Ich nahm mir vor, bei meinen Spielen nie wieder ein Wort laut werden zu lassen. Die Kätzchen waren meine Kätzchen und gehörten nur mir allein.

Natürlich muß ich Spielzeug gehabt haben. Ich muß sogar eine ganze Menge gehabt haben, denn ich war ein Kind, das zärtlich geliebt und sehr verwöhnt wurde. Ich erinnere mich an einige Puppen: an Phoebe, die ich nicht allzu sehr mochte, und an eine andere, die Rosalind hieß oder Rosy. Sie hatte lange goldblonde Haare, und ich fand sie ganz wunderschön, aber ich spielte nicht viel mit ihr. Die Kätzchen waren mir lieber.

Nach den Kätzchen kam Mrs. Green. Mrs. Green hatte hundert Kinder, und die für mich wichtigsten hießen Pudel, Hörnchen und Baum. Diese drei begleiteten mich bei allen meinen Heldentaten im Garten. Sie waren keine richtigen Kinder und keine richtigen Hunde, sondern eine nicht näher zu beschreibende Mischung aus beiden.

Wie alle gut erzogenen Kinder mußte auch ich einmal am Tag «einen Spaziergang machen». Das tat ich höchst ungern. Insbesondere war es mir zuwider, daß ich mir die Stiefelchen zuknöpfen mußte — eine leider unerläßliche Prozedur. Ich trödelte und ließ die Füße schleifen und stand es überhaupt nur durch, wenn Nursie mir Geschichten erzählte. Es waren insgesamt sechs Geschichten, die ihr Repertoire ausmachten und die all die Kinder der verschiedenen Familien, bei denen sie gedient hatte, in den Mittelpunkt stellten. Ich habe keine im Gedächtnis behalten, aber ich weiß noch, daß eine mit einem Tiger in Indien zu tun hatte, eine andere mit Affen und eine dritte mit einer Schlange. Es waren sehr aufregende Geschichten, und ich durfte mir aussuchen, welche ich hören wollte. Nursie wiederholte sie immer wieder, ohne das geringste Zeichen von Überdruß erkennen zu lassen.

Manchmal — und das war eine besondere Vergünstigung — durfte ich Nursie ihre schneeweiße Rüschenhaube abnehmen.

Irgendwie verlor sie damit ihren offiziellen Status und wurde zur Privatperson. Mit größter Vorsicht knüpfte ich ihr dann ein breites blaues Seidenband ins Haar — mit angehaltenem Atem, denn für eine Vierjährige ist es keine leichte Sache, eine Schleife zu binden. Dann trat ich einen Schritt zurück und rief begeistert: «Oh, Nursie, du bist wunderschön!»

Worauf sie lächelte und mit ihrer sanften Stimme erwiderte: «Bin ich das, mein Schätzchen?»

Nach dem Tee wurde ich in ein gestärktes Musselinkleid gesteckt und ging in den Salon hinunter, um Mutter Gelegenheit zu geben, mit mir zu spielen.

Der Reiz von Nursies Geschichten lag darin, daß es immer dieselben waren, so daß Nursie das beständige Element in meinem Leben darstellte, während Mutter mich damit bezauberte, daß sie immer neue Geschichten erzählte, und daß wir fast nie dasselbe Spiel zweimal spielten. Eine Geschichte, erinnere ich mich, handelte von einer Maus namens Hellauge. Hellauge hatte verschiedene Abenteuer zu bestehen, aber eines Tages teilte Mutter mir zu meinem Leidwesen mit, daß es keine Geschichte von Hellauge mehr zu erzählen gab. Ich war den Tränen nahe, als Mutter sagte: «Aber ich werde dir eine Geschichte von einer sonderbaren Kerze erzählen.» Ich bekam zwei Kapitel von der «sonderbaren Kerze» zu hören — eine Art Detektivgeschichte, wenn ich mich recht entsinne —, als wir unglücklicherweise Hausgäste bekamen, so daß Spiele und Geschichten vorübergehend in Vergessenheit gerieten. Als die Besucher wieder gingen und ich das Ende der Geschichte zu hören begehrte — sie war im aufregendsten Moment unterbrochen worden, als der Bösewicht gerade Gift in die Kerze rieb —, sah Mutter mich verständnislos an und schien die Sache völlig vergessen zu haben. Diese Fragment gebliebene Geschichte geht mir immer noch im Kopf herum.

Ich habe nur wenige Erinnerungen an meine Geschwister, was vermutlich damit zusammenhängt, daß sie im Internat waren. Mein Bruder war in Harrow, meine Schwester in Brighton in der Miss Lawrences' School. Mutter wurde als äußerst fortschrittlich angesehen, weil sie ihre Tochter in ein Pensionat schickte, und Vater als äußerst großzügig, weil er es gestattete. Aber Mutter liebte es, Experimente anzustellen.

Einst leidenschaftliche Verfechterin einer Ausbildung für Mädchen, hatte sie jetzt, in einer für sie charakteristischen Kehrtwendung, die entgegengesetzte Stellung bezogen. Bis zu seinem achten Lebensjahr sollte es keinem Kind erlaubt sein zu lesen; das wäre besser für die Augen und auch für den Verstand. Aber was mich betraf, scheiterten ihre Pläne. Wenn mir eine Geschichte vorgelesen wurde und sie mir gefiel, bat ich um das Buch und studierte die Seiten, die, zunächst unverständlich, dann allmählich doch einen Sinn ergaben. Wenn ich mit Nursie spazierenging, fragte ich sie, was die Aufschriften auf Ladenschildern und Plakatwänden bedeuteten. Und eines Tages stellte ich fest, daß ich ein Buch — *Der Engel der Liebe* hieß es — recht gut allein lesen konnte, was ich Nursie sogleich mit lauter Stimme demonstrierte.

«Ich fürchte, Ma'am», teilte Nursie Mutter am nächsten Tag mit, «Miss Agatha kann lesen.»

Mutter war sehr bekümmert — aber was sollte sie tun? Ich war noch keine fünf, und die Welt der Geschichtenbücher lag offen vor mir. Von da an waren Bücher meine liebsten Weihnachts- und Geburtstagsgeschenke.

Da ich nun lesen konnte, sollte ich auch schreiben lernen, meinte Vater. Das war nicht annähernd so vergnüglich. Immer noch tauchen abgegriffene Hefte in vergessenen Schubladen auf, voll Schnörkel und Schlingen oder wackligen Bs und Rs, die zu unterscheiden mir offenbar große Schwierigkeiten bereitete, weil ich lesen gelernt hatte, indem ich mir Worte, nicht Buchstaben einprägte.

Dann sagte Vater, ich könnte genausogut auch rechnen lernen, und so setzte ich mich jeden Morgen nach dem Frühstück auf die Fensterbank im Speisezimmer und hatte wesentlich mehr Spaß mit Zahlen als mit den widerspenstigen Buchstaben des Alphabets.

Vater war mit meinen Fortschritten zufrieden und stolz auf mich. Er überreichte mir ein kleines Büchlein mit «Problemen». Ich liebte die «Probleme». Es waren nur Rechenaufgaben — einfach, aber in faszinierender Verpackung. «John hat fünf Äpfel, George hat sechs; wenn John George zwei Äpfel wegnimmt, wie viele wird George am Abend noch haben?» Und so weiter. Wenn ich heute an diese Frage denke, drängt es mich, zu antworten:

«Hängt davon ab, ob George gern Äpfel ißt.» Damals aber schrieb ich eine Vier hin und hatte das Gefühl, ein schwieriges Problem gelöst zu haben. «Und John wird sieben haben», fügte ich aus eigenem Antrieb hinzu. Daß mir das Rechnen solchen Spaß machte, wunderte Mutter, die, wie sie offen zugab, nie mit Zahlen zurechtgekommen war.

Das nächste große Ereignis in meinem Leben war die Ankunft eines Kanarienvogels. Er hieß Goldie und wurde sehr zahm. Er hüpfte im Kinderzimmer herum, saß manchmal auf Nursies Haube und auch auf meinem Finger, wenn ich ihn rief. Er war nicht nur mein Vogel, er brachte mich auch auf die Idee zu einer neuen heimlichen Heldensage. Ihre Hauptfiguren hießen Dickie und Dicksmistress. Sie ritten auf Streitrossen durch das Land (den Garten), hatten große Abenteuer zu bestehen und entkamen den bösen Räubern stets nur mit knapper Not.

Eines Tages aber brach die Katastrophe herein. Goldie verschwand. Das Fenster war offen, die Tür des Käfigs aufgeklinkt. Offenbar war er fortgeflogen. Ich weinte den ganzen Tag. Der Käfig wurde vor das Fenster gestellt und ein Stück Zucker zwischen die Gitterstäbe geklemmt. Mutter und ich gingen im Garten herum und riefen: «Dickie, Dickie, Dickie!» Dem Hausmädchen wurde die sofortige Entlassung angedroht, weil sie grinsend äußerte: «Den hat bestimmt schon die Katze gefressen» und damit bei mir einen frischen Tränenstrom auslöste.

Ich war schon zu Bett gebracht worden, lag da, zog immer noch hin und wieder die Nase hoch und hielt Mutters Hand fest umklammert, als ein munteres kleines Piepsen ertönte. Dickie kam von der Gardinenstange heruntergeschwirrt. Er flog einmal im Zimmer herum und hüpfte dann in seinen Käfig. Oh, welch unendliches Entzücken! Den ganzen Tag — diesen ganzen nicht enden wollenden, trauervollen Tag — hatte Dickie auf der Gardinenstange gesessen.

Nach den Gepflogenheiten jener Tage nutzte Mutter die Gelegenheit.

«Siehst du nun», sagte sie, «wie dumm du warst? Du hast ganz umsonst geweint. Weine nie über etwas, bevor du ganz sicher bist.»
Ich versprach ihr, daß ich das nie wieder tun würde.

An meinem fünften Geburtstag bekam ich einen Hund. Es war das beseligendste Ereignis meines Lebens. So rauschhaft war meine Freude, daß ich kein Wort hervorbrachte. Ich konnte nicht einmal danke sagen. Ich konnte meinen wunderschönen Hund kaum ansehen. Ich wandte mich sogar von ihm ab. Ich mußte unbedingt allein sein, um mit dieser unglaublichen Glückseligkeit ins reine zu kommen. Ich zog mich, glaube ich, in die Toilette zurück — genau der richtige Ort, um in Ruhe nachzusinnen. Toiletten waren in jenen Tagen bequeme und sehr geräumige Anlagen. Ich klappte den schweren Mahagonideckel zu, setzte mich drauf, starrte blinden Auges auf den Stadtplan von Torquay, der an der Wand hing, und überließ mich meinen Vorstellungen.

Ich habe einen Hund . . . einen Hund . . . es ist ein Hund, der mir gehört . . . mein eigener Hund . . . es ist ein Yorkshire-Terrier . . . mein Hund . . . ganz allein mein Hund . . .

Mutter erzählte mir später, daß Vater sehr enttäuscht gewesen war über die Art, wie ich sein Geschenk in Empfang genommen hatte. «Ich dachte, das Kind würde sich freuen», sagte er. «Sie scheint sich überhaupt nichts aus dem Tier zu machen.»

Meine stets verständnisvolle Mutter meinte, daß ich ein wenig Zeit brauchte. «Sie kann es noch nicht so richtig fassen.»

Der vier Monate alte Yorkshire-Terrier war mittlerweile traurig in den Garten hinausgewandert, wo er sich unserem Gärtner, einem brummigen Mann namens Davey, anschloß. Der Hund war von einem Gelegenheitsgärtner gezüchtet worden, und als er sah, wie ein Spaten in die Erde getrieben wurde, kam er zu der Überzeugung, daß hier ein Ort war, wo er sich zu Hause fühlen konnte. Er setzte sich auf den Gartenweg und sah dem Graben aufmerksam zu.

Hier fand ich ihn ein wenig später, und hier knüpften wir unsere Bekanntschaft an. Wir waren beide schüchtern und konnten uns nur zögernd entschließen, einander entgegenzukommen. Aber noch bevor die Woche zu Ende ging, waren Tony und ich unzertrennlich. Tony war ein wunderbarer Hund für ein Kind; er war gutmütig, liebevoll und für alles zu haben. Ihm wurde die Auszeichnung zuteil, in meine neue heimliche Heldensage aufgenommen zu werden. Zu Dickie (Goldie, der Kanarienvogel) und Dicksmistress (ich) gesellte sich nun Lord Tony.

In diesen ersten Jahren erinnere ich mich weniger an meine Schwester als an meinen Bruder. Meine Schwester war nett zu mir, während mein Bruder mich mit Gör titulierte und von oben herab behandelte — so daß ich natürlich seine Gesellschaft suchte, wann immer er es mir erlaubte. Ganz deutlich erinnere ich mich noch, daß er weiße Mäuse hielt. Ich wurde Mr. und Mrs. Mäuserich und ihrer Familie vorgestellt. Nursie rümpfte die Nase. Sie stänken, sagte sie. Natürlich stanken sie.

Wir hatten schon einen Hund im Haus, einen alten Dandy Dinmont namens Scotty, der meinem Bruder gehörte. Mein Bruder, nach dem besten Freund meines Vaters in Amerika Louis Montant genannt, wurde nur Monty gerufen, und er und Scotty waren unzertrennlich. Fast schon automatisch mahnte Mutter: «Laß dich von dem Hund nicht abschlecken, Monty!» Monty, flach auf dem Fußboden neben Scottys Körbchen, den Arm liebevoll um den Hals des Hundes geschlungen, hörte gar nicht hin. «Der Hund riecht entsetzlich!» sagte Vater. Scotty war damals fünfzehn Jahre alt, und nur ein eingefleischter Hundenarr konnte diese Anschuldigung in Abrede stellen. «Rosen!» murmelte Monty zärtlich. «Nach Rosen riecht er!»

Doch ach! Scotty wurde das Opfer eines tragischen Unfalls. Langsam in seinen Bewegungen und halb blind begleitete er Nursie und mich auf unserem täglichen Spaziergang, als, während wir die Straße überquerten, der Karren eines Händlers um die Ecke geschossen kam und ihn überfuhr. Wir brachten ihn in einer Kutsche nach Hause, und Mutter schickte nach dem Tierarzt, aber wenige Stunden später starb Scotty. Monty war mit Freunden segeln gegangen. Mutter zerbrach sich den Kopf, wie sie es ihm beibringen sollte. Sie ließ den Kadaver ins Waschhaus legen und wartete unruhig auf die Rückkehr meines Bruders. Doch statt wie sonst gleich ins Haus zu kommen, ging er unglücklicherweise zuerst zum Waschhaus hinüber, weil er sich ein paar Werkzeuge holen wollte, die er brauchte. Dort fand er den toten Scotty. Er ging gleich wieder fort und muß stundenlang herumgelaufen sein. Erst kurz vor Mitternacht kam er heim. Unsere Eltern waren so verständnisvoll, daß sie über Scottys Ende gar nicht mit ihm sprachen. Er grub Scotty selbst ein Grab im Hundefriedhof in einer Ecke des Gartens, wo im Lauf der Jahre jeder unserer Hunde einen kleinen Grabstein mit seinem Namen bekam.

Mein Bruder, der dazu neigte, mich unbarmherzig zu hänseln, pflegte mich «dürres Huhn» zu nennen. Worauf ich ihm jedesmal den Gefallen tat, in Tränen auszubrechen. Warum mich diese Bezeichnung so wütend machte, weiß ich nicht. Da ich eine Heulsuse war, lief ich dann schluchzend zu Mutter: «Ich bin doch kein dürres Huhn, nicht wahr, Mutti?» Worauf Mutter sehr gelassen erwiderte: «Wenn du nicht geneckt werden willst, warum läufst du dann Monty immerzu nach?»

Auf diese Frage gab es keine Antwort, aber die Faszination, die mein Bruder auf mich ausübte, war so groß, daß ich mich nicht von ihm fernhalten konnte. Er war in einem Alter, in dem kleine Schwestern einem Jungen lästig fallen und auf die Nerven gehen. Manchmal war er so gnädig, mir Zugang zu seiner «Werkstatt» zu gewähren, wo er eine Drehbank stehen hatte, und mir zu gestatten, ihm Holzstücke und Werkzeuge zu halten und zu reichen. Aber früher oder später wurde das dürre Huhn aufgefordert zu verschwinden.

Einmal zeigte er sich mir so gewogen, daß er sich aus eigenen Stücken erbötig machte, mich in seinem Boot mitzunehmen. Er besaß ein kleines Dingi, mit dem er in der Tor Bay segelte. Zur allgemeinen Überraschung erhielt ich die Erlaubnis, mitzufahren. Nursie, die damals noch bei uns war, sprach sich entschieden gegen das Unternehmen aus, ihrer Meinung nach würde ich naß und schmutzig werden, mir das Kleid zerreißen, einen Finger einklemmen und fast sicher ertrinken. «Junge Herren wissen nicht, wie man auf ein kleines Mädchen aufpaßt.»

Mutter sagte, sie glaube, ich wäre vernünftig genug, um nicht ins Wasser zu fallen, und daß ich eine Erfahrung machen würde. Vielleicht wollte sie auch auf diese Weise Monty zeigen, wie hoch sie ihm seine ungewöhnliche Selbstlosigkeit anrechnete. Wir gingen also durch die Stadt und auf den Segelsteg. Monty brachte das Boot zur Treppe, und Nursie reichte mich zu ihm hinunter. Im letzten Augenblick bekam Mutter es mit der Angst zu tun.

«Du mußt vorsichtig sein, Monty. Sehr vorsichtig! Und bleib nicht zu lange weg. Du wirst doch gut auf sie aufpassen, nicht wahr?»

«Es wird ihr nichts passieren», gab mein Bruder, der sein großherziges Angebot vielleicht schon bereute, kurz zurück. Zu mir sagte er: «Bleib da sitzen, wo du bist, und verhalte dich ruhig. Und rühr um Gottes willen nichts an.»

Gestalten einer griechischen Tragödie gleich standen Mutter und Nursie am anderen Ende des Landestegs und blickten uns nach. Während Nursie, dem Weinen nahe, drohendes Unheil prophezeite, versuchte Mutter ihre Befürchtungen zu zerstreuen. Wahrscheinlich dachte sie daran, wie wenig seefest sie selbst war. «Ich glaube nicht, daß sie je wieder segeln gehen wird. Die See ist doch recht bewegt.» Ihr Ausspruch war nur allzu wahr. Grün im Gesicht, wurde ich wenig später wieder zurückgebracht, nachdem ich, wie mein Bruder es ausdrückte, dreimal «die Fische gefüttert» hatte. In höchstem Maß verärgert, setzte er mich an Land. Die Frauen wären doch alle gleich, meinte er.

Ashfield war unser Zuhause und wurde als solches angesehen; Ealing aber war ein begeisterndes Erlebnis. Es besaß die romantische Ausstrahlung eines fremden Landes. Eine seiner Herrlichkeiten war die Toilette — einschließlich des wunderbar großen Sitzbrettes aus Mahagoni. Wenn ich darauf saß, fühlte ich mich wie eine Königin auf dem Thron. Hierher zog ich mich des Morgens zurück, nahm feierlich Platz, neigte huldvoll mein Haupt, gewährte Audienzen, streckte meine Hand aus, um sie küssen zu lassen — bis ich dringend aufgefordert wurde, herauszukommen, weil auch andere die Toilette aufzusuchen wünschten. An der Wand hing eine farbige Karte von New York, die mich sehr interessierte. Es gab mehrere amerikanische Buntdrucke im Haus. Im Gastzimmer gab es einige, die mir besonders gut gefielen. Eines, «Wintersport» betitelt, zeigte einen Mann auf einer Eisdecke, der durch ein kleines Loch einen Fisch herauszog. Es schien mir ein eher trübseliger Sport zu sein.

Da Vater die Nichte seiner Stiefmutter (der englischen zweiten Frau seines amerikanischen Vaters) geheiratet hatte, und da er sie Mutter rief, während seine Gattin sie weiterhin Tantchen nannte, lautete ihre offizielle Bezeichnung «Omatante». In den letzten Jahren seines Lebens war mein Großvater ständig zwischen New York, wo seine Firma ihren Sitz hatte, und Manchester, wo sich die englische Niederlassung befand, hin- und hergependelt. Er war der Held einer typischen amerikanischen Erfolgsgeschichte. Als armer Junge war er aus Massachusetts nach New York gekommen, hatte als Laufbursche in einer Firma angefangen und es mit den Jahren zum Teilhaber gebracht. Er erwarb ein großes Vermögen. Hauptsächlich, weil er seinen Mitmenschen zu sehr vertraute, ließ mein Vater es dann aber dahinschwinden. Was noch übrigblieb, brachte mein Bruder im Eiltempo durch.

Nicht lange bevor er starb, hatte mein Großvater ein großes Haus in Cheshire gekauft. Er war damals schon ein kranker Mann, und seine zweite Frau wurde in verhältnismäßig jungen Jahren Witwe. Sie blieb eine Zeit in Cheshire wohnen, kaufte aber dann in Ealing ein Haus, das damals praktisch «auf dem Land» stand. Wie sie oft erzählte, gab es ringsum nur Felder. Als ich sie das erste Mal besuchen kam, konnte ich das kaum glauben. Ganze Reihen sauberer Häuschen erstreckten sich nach allen Richtungen.

Omas Haus und Garten übten eine besondere Faszination auf mich aus. Ich teilte das Kinderzimmer in mehrere «Territorien» auf. Der vordere Teil hatte ein Erkerfenster und auf dem Fußboden einen gestreiften Läufer, er wurde von mir «Murielzimmer» genannt (vielleicht, weil man diese Art Fenster damals «Oriels» nannte). Der hintere Teil, mit einem Brüsseler Teppich ausgelegt, war der Speisesaal. Verschiedene Matten und Linoleumflecken wies ich anderen «Räumen» zu. Vor mich hinmurmelnd schritt ich geschäftig und wichtigtuerisch von einem Raum meines Hauses zum anderen.

Nicht weniger faszinierend war Omatantes Bett, ein riesiges Himmelbett aus Mahagoni, eingeschlossen von roten Damastvorhängen. Es war ein Federbett, und früh am Morgen, bevor ich mich anzog, kam ich ins Zimmer gehuscht und hüpfte hinein. Oma war schon um sechs Uhr wach und hieß mich immer freundlich willkommen. Unten war der Salon, voll von Möbeln mit reicher Intarsienarbeit und Meißener Porzellan. Wegen des draußen errichteten Observatoriums war der Raum aber in immerwährende Düsternis gehüllt. Der Salon wurde nur bei Einladungen benützt. Daneben lag das Frühstückszimmer, wo sich meistens eine Nähmamsell aufhielt. Dabei fällt mir jetzt ein, daß Nähmamsellen in jenen Tagen das unvermeidliche Zubehör eines Haushalts darstellten. Zwischen ihnen allen bestanden gewisse Ähnlichkeiten: sie hatten normalerweise sehr feine Manieren, lebten in beengten Verhältnissen und wurden von der Dame des Hauses und der Familie mit ausgesuchter Höflichkeit, vom Personal hingegen höchst unliebenswürdig behandelt. Sie bekamen ihr Essen aufs Zimmer und waren, soweit ich mich entsinnen kann, nicht imstande, Kleider zu liefern, die paßten. Alle waren entweder zu eng oder hingen in losen Falten herunter. Die Antwort auf allfällige Bemängelungen lautete für gewöhnlich: «Ach ja, aber Miss James hat so ein schweres Leben gehabt!»

Im Speisezimmer verbrachte Oma ihr Leben in viktorianischer Behaglichkeit. Sie saß entweder am großen Mitteltisch in einem enormen Ledersessel und schrieb Briefe oder ruhte in einem großen Samtfauteuil vor dem Kamin. Auf den Tischen, auf dem Sofa und auf einigen Stühlen türmten sich Bücher — Bücher, die hier ihren Platz hatten, und solche, die aus lose gebundenen Paketen hervorguckten. Oma kaufte immerzu Bücher, für sich und für Geschenke, und am Ende wurden die Bücher zuviel für sie, und sie vergaß, wem sie sie hatte schicken wollen. Oder sie entdeckte, daß «der liebe kleine Junge von Mr. Bennett», von ihr unbemerkt, achtzehn geworden war und sich kaum noch für *Die Jungens von St. Guldred's* oder *Timothy Tigers Abenteuer* interessieren dürfte.

Eines der großen morgendlichen Ereignisse war Omas Visite der Speisekammer, die neben der Seitentür lag, die in den Garten führte. Ich war immer gleich zur Stelle, und dann rief Oma: «Was kann ein kleines Mädchen hier nur wollen?» Erwartungsvoll stand das kleine Mädchen da und spähte in die Tiefen der Kammer. Reihen von Gläsern mit Marmeladen und Eingemachtem, Kisten mit Datteln, Obstkonserven, Feigen, Reineclauden, Kirschen, kandierte Angelikawurzel, Päckchen mit Rosinen und Korinthen, pfundweise Butter und Säcke voll Zucker, Tee und Mehl. Hier wurden alle Lebensmittel aufbewahrt und jeden Tag im Hinblick auf den Speisezettel feierlich herausgegeben. Auch wurde eine gründliche Untersuchung darüber vorgenommen, auf welche Weise die Zuteilungen des vergangenen Tages verwertet worden waren. Oma hielt offene Tafel für alle, war jedoch jeglicher Verschwendung abhold. War für den Bedarf des Tages gesorgt, und erwies sich die Rechnung des vergangenen Tages als zufriedenstellend, öffnete Oma ein Glas Reineclauden, und ich lief fröhlich und mit vollen Händen in den Garten hinaus.

Wie sonderbar ist es doch, wenn man an seine Kindheit zurückdenkt, daß das Wetter an bestimmten Orten immer das gleiche zu sein scheint. In Torquay ist es immer ein Herbst- oder Winternachmittag. Im Kamin brennt ein Feuer, auf dem Kamingitter hängt Wäsche zum Trocknen, und draußen wirbeln Blätter durch die Luft oder manchmal auch — das war besonders aufregend — Schneeflocken. Im Garten in Ealing ist es immer Sommer, ein zumeist heißer Sommer. Ich spüre noch, wie mir, wenn ich durch die Seitentür gehe, die trockene heiße Luft entgegenschlägt. Auch dieser kleine Flecken grünen Rasens, von Rosenbäumchen eingeschlossen, war eine Welt für sich. Das wichtigste waren die Rosen. Die verblühten Köpfchen wurden täglich entfernt, die anderen Rosen geschnitten, ins Haus gebracht und in vielen kleinen Vasen arrangiert. Oma war unmäßig stolz auf ihre Rosen; ihre Größe und Schönheit schrieb sie dem Inhalt der Nachttöpfe zu. «Flüssiger Dünger, meine Liebe — es gibt nichts Besseres! Niemand hat solche Rosen wie ich!»

Sonntags kamen meine andere Großmutter und für gewöhnlich ein oder zwei Onkel zum Mittagessen. Es war ein herrlicher viktorianischer Tag. Oma Boehmer, die Mutter meiner Mutter, kurz Oma B. genannt, traf gegen elf Uhr ein. Sie keuchte ein wenig, weil sie sehr korpulent war, noch beleibter als Omatante. Nachdem sie, aus London kommend, eine Aufeinanderfolge von Zügen und Omnibussen durchgestanden hatte, dachte sie zunächst nur daran, ihre Knopfstiefel loszuwerden. Ihr Dienstmädchen Harriet pflegte sie auf diesen Reisen zu begleiten. Harriet kniete vor ihr nieder, um ihr die Stiefel auszuziehen und sie durch ein Paar bequemer Pantoffeln zu ersetzen. Dann ließ sich Oma B. mit einem tiefen Seufzer am Speisezimmertisch nieder, und die zwei Schwestern widmeten sich ihren Sonntagvormittag-Geschäften. Diese bestanden aus langwierigen und komplizierten Abrechnungen. Oma B. erledigte eine große Anzahl Einkäufe im «Army and Navy»-Kaufhaus in der Victoria Street. Das «Army and Navy»-Kaufhaus war für beide Schwestern der Mittelpunkt der Welt. Listen, Preise und Rechnungen wurden von den beiden frohgestimmt und eingehend überprüft. Sie unterhielten sich über die

Qualität der Waren: «Es hätte dir auch nicht gefallen, Margaret. Keine gute Qualität — kein Vergleich mit dem letzten pflaumenfarbigen Samt.» Dann holte Omatante ihre große Geldtasche hervor, die mir immer ehrfürchtige Scheu einflößte und die ich als äußeres und sicheres Zeichen immensen Reichtums ansah. Das mittlere Fach enthielt eine Menge Goldsovereigns, und der Rest war prall mit Halfcrowns und Sixpence gefüllt — da und dort fand sich auch ein Fünfshillingstück. Nun wurden die Rechnungen für Reparaturen und kleine Einkäufe beglichen. Das «Army and Navy»-Kaufhaus lieferte natürlich auf Rechnung — ich glaube, daß Omatante stets ein Geldgeschenk einschloß, um Oma B.s Zeitaufwand und Mühe abzugelten. Die Schwestern waren einander zugetan, aber es gab auch reichlich Streitigkeiten und Eifersüchteleien zwischen den beiden Frauen. Es machte ihnen beiden Spaß, die andere zu hänseln und ihr eins auszuwischen. Oma B. war, nach eigenen Angaben, die Schönheit der Familie gewesen. Omatante pflegte das abzustreiten. «Mary (oder Polly, wie sie sie nannte) hatte ein hübsches Gesicht, das schon», sagte sie, «aber meine Figur hatte sie natürlich nicht. Männer legen Wert auf eine gute Figur.»

Nachdem die sonntägliche Rechnerei beendet und die Liste der Besorgungen für die kommende Woche fertiggestellt war, erschienen die Onkel. Onkel Ernest bekleidete eine Stellung im Innenministerium, und Onkel Harry war Direktor des «Army and Navy»-Kaufhauses. Der älteste Onkel, Onkel Fred, befand sich bei seinem Regiment in Indien. Der Tisch wurde gedeckt und das Sonntagessen aufgetragen.

Ein monumentaler Braten, dann Kirschtorte mit Sahne, ein Riesenstück Käse und schließlich Obst — serviert auf den schönsten Desserttellern, die man sich vorstellen kann. Ich habe sie noch; achtzehn, glaube ich, von den ursprünglichen vierundzwanzig, und für mehr als sechzig Jahre ist das gar nicht so schlecht. Die Ränder sind hellgrün, mit goldenen Bogen verziert, und in der Mitte eines jeden Tellers ist eine andere Frucht zu sehen. Meine liebste Frucht war und ist heute noch die Feige, eine saftige, purpurrote Feige. Für meine Tochter Rosalind war es immer die Stachelbeere, eine ungewöhnlich große und delikate Stachelbeere. Dazu gab es auch noch einen herrlichen Pfirsich, rote Johannisbeeren, weiße Johannisbeeren, Himbeeren, Erdbeeren und viele andere. Der Höhepunkt des Mahls war gekommen, sobald diese Teller, jeder mit Spitzendecken und Fingernapf, auf den Tisch gestellt wurden. Jetzt mußte einer nach dem anderen raten, welche Frucht auf seinem Teller zu sehen war. Warum uns dieses Spiel so viel Spaß machte, kann ich heute nicht mehr sagen, aber es war immer ein aufregender Augenblick, und wenn man richtig riet, hatte man das Gefühl, etwas höchst Anerkennenswertes vollbracht zu haben. Nach solch lukullischem Mahl wurde geschlafen. Omatante zog sich auf ihren Fauteuil vor dem Kamin zurück. Oma B. ließ sich auf dem weinfarbenen Ledersofa nieder, und über ihre gewaltigen Formen wurde ein Afghan gebreitet. Was die Onkel machten, weiß ich nicht mehr. Kann sein, daß sie spazierengingen, vielleicht zogen sie sich aber auch nur in den Salon zurück. Das Frühstückszimmer konnten sie nicht benützen, weil es das Heiligtum von Miss Grant war, die damals die Stellung einer Nähmamsell bekleidete. «So ein trauriger Fall, meine Liebe», pflegte Oma ihren Freundinnen zuzuflüstern, «so ein armes Geschöpf, deformiert, nur ein einziger Ausgang, wie beim Huhn!» Dieser Satz fesselte mich immer wieder, weil ich nicht wußte, was er bedeutete. Von was für einem Ausgang war da die Rede?

Nachdem alle außer mir zumindest eine Stunde fest geschlafen hatten — ich pflegte mich vorsichtig im Schaukelstuhl zu schaukeln —, wurde «Schulmeister» gespielt. Sowohl Onkel Harry wie auch Onkel Ernest taten sich in diesem Spiel hervor. Wir saßen alle in einer Reihe, und wer immer Schulmeister war, schritt, mit einem Knüppel aus Zeitungspapier bewaffnet, vor uns auf und ab und schleuderte uns in barschem Ton Fragen entgegen: «Wann wurde die Nadel erfunden? Wie hieß die dritte Frau Heinrichs VIII.? Auf welche Weise kam William Rufus zu Tode? Von welchen Krankheiten wird der Weizen befallen?» Wer eine richtige Antwort gab, rückte um einen Platz vor, wer sie verfehlte, rückte zurück. Das war wohl der viktorianische Vorläufer der Quizspiele, die uns heutzutage so viel Spaß machen. Anschließend setzten sich die Onkel ab, sie hatten ihre Pflichten gegenüber Mutter und Tante erfüllt. Oma B. blieb noch zum Tee, dann kam der schreckliche Augenblick, wenn Harriet mit den Knopfstiefeln erschien und sich daran machte, die

Füße ihrer Herrin hineinzupressen. Bejammernswert war es, dabei zuzusehen, und es muß schrecklich gewesen sein, die Tortur über sich ergehen zu lassen. Oma B.s arme Knöchel waren am Ende des Tages angeschwollen wie Puddinge. Um die Knöpfe mit Hilfe eines Stiefelknöpfers in ihre Löcher zu zwängen, bedurfte es angestrengten und quälenden Kneifens und Quetschens, das ihr spitze Schmerzensschreie entlockte. Oh, diese Knopfstiefel! Warum trug man sie nur? Wurden sie von Ärzten empfohlen? War es ein sklavisches Opfer, das man der Mode brachte? Ich weiß, es hieß, Stiefel wären gut für Kinderfüße, um die Knöchel zu stützen und zu stärken, aber dieses Argument ließ sich doch kaum auf eine alte Dame von siebzig anwenden!

Ealing hatte in jener Zeit die gleichen charakteristischen Merkmale wie Cheltenham oder Leamington Spa. Der «frischen Luft» und der Vorteile wegen, die die Nähe Londons bot, versammelte sich dort eine große Zahl pensionierter Armee- und Marineoffiziere. Oma führte ein in jeder Hinsicht gesellschaftsbezogenes Leben — sie war zeit ihres Lebens eine gesellige Frau. Ihr Haus war immer voll von alten Obersten und Generälen, für die sie Westen und Jacken bestickte und Bettsocken strickte: «Ich hoffe, Ihre Frau wird nichts dagegen haben», sagte sie, wenn sie ihnen die Geschenke überreichte, «ich möchte keine Scherereien haben!» Die alten Herren gaben galante Antworten und entfernten sich, stolz auf die Wirkung ihrer männlichen Reize, mit dem Gefühl, immer noch ein ganzer Kerl zu sein. Ihr verstaubt-schneidiges Auftreten schüchterte mich ein. Ich fand die Scherze, die mich belustigen sollten, überhaupt nicht witzig, und ihre listig-schelmische, spöttische Art machte mich nervös.

«Und was möchte die junge Dame zum Nachtisch? Etwas Süßes für die kleine Süße? Ein Pfirsich vielleicht? Oder eine von diesen goldenen Reineclauden, die so gut zu deinen blonden Locken passen?»

Rot vor Verlegenheit bat ich um einen Pfirsich.

«Und welcher Pfirsich soll es sein? Such dir einen aus.»

«Bitte», murmelte ich, «ich möchte den größten und den besten.»

Brüllendes Gelächter. Ohne es zu wissen, schien ich eine witzige Bemerkung gemacht zu haben.

«Du darfst nie das größte Stück verlangen», erklärte mir Nursie später. «Das klingt gefräßig.»

Ich war bereit zuzugeben, daß es gefräßig klang, aber was war daran so spaßig?

Wenn es um gutes Betragen in der Gesellschaft ging, war Nursie in ihrem Element.

«Du mußt schneller essen. Nimm doch einmal an, du würdest, wenn du erwachsen bist, bei einem Herzog dinieren.»

Nichts erschien mir unwahrscheinlicher, aber ich schloß die Möglichkeit nicht aus.

«Dort wird es einen Butler geben und mehrere Lakaien, und im gegebenen Moment nehmen sie dir den Teller weg, ob du nun aufgegessen hast oder nicht.»

Der Gedanke ließ mich erblassen, und ich nahm energisch meinen Hammelbraten in Angriff.

Nursie wußte häufig Episoden aus dem Leben der Aristokratie zu erzählen. Sie spornten meinen Ehrgeiz an. Ich wollte unbedingt eines Tages den Titel Lady führen dürfen. Aber Nursies gesellschaftliches Wissen machte mir einen Strich durch die Rechnung.

«Das wirst du niemals dürfen», sagte sie.

«Niemals?» Ich war entsetzt.

«Niemals», sagte Nursie, eine Realistin reinsten Wassers. «Um eine Lady Agatha zu sein, müßtest du schon so geboren werden. Du müßtest die Tochter eines Herzogs, eines Marquis oder eines Earls sein. Wenn du einen Herzog heiratest, wirst du Herzogin, aber nur, weil dein Mann diesen Titel besitzt. Das hat dann nichts mit deiner Geburt zu tun.»

Darüber sollte man sich schon früh im Leben klarwerden, das ist wichtig. Es gibt Dinge, die man einfach nicht haben kann — natürliche Locken im Haar, schwarze Augen (wenn man blaue hat) oder eben den Titel einer Lady Agatha.

Im großen und ganzen halte ich den Snobismus meiner Kindheit, also den meiner Geburt, für erträglicher als den des Reichtums oder den intellektuellen Snobismus. Der intellektuelle Snobismus scheint mir heute eine besondere Form von Neid und Mißgunst hervorzubringen. Die Eltern sind entschlossen, alles zu tun, um ihre Sprößlinge brillieren zu lassen. «Wir haben große Opfer gebracht, um dir eine gute Erziehung zu ermöglichen», sagen sie. Das Kind fühlt sich schuldbeladen, wenn es ihre Hoffnungen nicht erfüllen kann. Die Leute sind so schrecklich sicher, daß alles nur eine Frage der günstigen Gelegenheit ist — nicht der natürlichen Eignung.

Ich glaube, daß die viktorianischen Eltern vernünftiger dachten und mehr Verständnis für ihre Kinder hatten und für das, was sie brauchten, um ein glückliches und erfolgreiches Leben zu führen. Man bemühte sich weit weniger, mit den Nachbarn Schritt zu halten. Die Viktorianer beurteilten ihre Kinder leidenschaftslos und schätzten ihre Fähigkeiten realistisch ein. Aus A. würde offensichtlich eine «Schönheit», aus B. der Kopf der Familie werden, C. würde unansehnlich bleiben und war ganz gewiß kein intellektueller Typ. Für Sozialarbeit war sie noch am besten geeignet ... Natürlich lagen sie manchmal falsch, aber im großen und ganzen funktionierte das System.

Im Gegensatz zum Großteil unserer Freunde waren wir nicht sehr wohlhabend. Als Amerikaner hielt man Vater automatisch für «reich». Man hielt alle Amerikaner für reich. In Wahrheit war er einigermaßen gut situiert. Wir hatten weder einen Butler noch einen Lakai. Wir hatten keinen Wagen mit Kutscher und Pferden. Wir hatten drei Dienstboten, für jene Zeit ein Minimum. Wenn ich mich an einem feuchten Tag mit einer Freundin zum Tee treffen wollte, ging ich in Regenmantel und Galoschen zweieinhalb Kilometer zu Fuß. Für ein Kind wurde keine Mietkutsche bestellt, außer wenn es in einem empfindlichen Kleid zu einer großen Party ging.

Andererseits waren die Mahlzeiten, die den Gästen in unserem Haus vorgesetzt wurden, unglaublich aufwendig nach modernen Maßstäben — heute müßte man einen Chef- und einen Hilfskoch dazu engagieren. Unlängst fiel mir das Menü einer unserer Dinnerparties (für zehn Personen) in die Hände. Die Speisenfolge begann mit (nach Wahl) klarer oder eingemachter Suppe, dann gab es gekochten Steinbutt oder Schollenfilet, darauf ein Sorbet, anschließend Hammelrücken und — eigentlich nicht ganz passend — Hummermayonnaise. Zum Nachtisch wurden Pudding Diplomatique, Charlotte Russe und Obst serviert. All diese Arbeit bewältigte Jane ohne jede Hilfe.

Bei uns war es meine Schwester, die schon früh als «Kopf der Familie» anerkannt wurde. Die Vorsteherin ihrer Schule in Brighton riet, sie an das Women's College in Girton gehen zu lassen. Vater nahm den Vorschlag ungnädig auf. «Wir wollen aus Madge keinen Blaustrumpf machen», meinte er. «Sie soll ihre Ausbildung in Paris erhalten.» Also fuhr meine Schwester nach Paris, äußerst befriedigt, da sie keinerlei Lust hatte, nach Girton zu gehen. Sie war witzig, sehr unterhaltsam, schlagfertig und erfolgreich in allem, was sie anpackte. Mein Bruder, ein Jahr jünger als sie, besaß großen persönlichen Charme. Er hatte eine Vorliebe für Literatur, war aber nicht sonderlich intelligent. Meine Eltern waren sich, glaube ich, darüber im klaren, daß er «der Schwierige» sein würde. Er interessierte sich für Maschinenbau. Vater hatte gehofft, er würde in eine Bank eintreten, erkannte jedoch, daß ihm die notwendigen Voraussetzungen für eine erfolgreiche Karriere fehlten. Also begann er mit Maschinenbau — und kam auch da nicht weit, weil ihm die Mathematik Schwierigkeiten machte.

Was mich betrifft, wurde ich stets, wenn auch auf nette Weise, als die «Langsame» angesehen. Meine Mutter und meine Schwester reagierten ungewöhnlich schnell — ich kam da nicht mit. Außerdem sprach ich undeutlich. Es fiel mir immer schwer, in Worte zu fassen, was ich sagen wollte. «Agatha ist so schrecklich langsam», hieß es. Das war die Wahrheit, ich wußte es und akzeptierte es. Es störte mich nicht, und es kränkte mich nicht. Ich hatte mich damit abgefunden, «die Langsame» zu sein. Ich war schon über zwanzig, als mir klar wurde, daß der Bildungsstand bei uns daheim ungewöhnlich hoch gewesen war und ich genauso schnell oder noch schneller als der Durchschnitt reagierte. Meine Aussprache ist immer noch undeutlich. Wahrscheinlich ist das einer der Gründe, warum ich Schriftstellerin geworden bin.

ERNST HEIMERAN

Bei Tisch

Till machte eine tiefe Verbeugung, Christiane einen Knicks, worauf uns der Besuch zu so wohlerzogenen Kindern beglückwünschte. «Es passiert», entgegneten wir, und dann setzten wir uns zu Tisch. Wir essen derzeit an einem runden Tisch, da ist die Sitzordnung eigentlich gleichgültig. Die Kinder aber achten scharf darauf, daß sie unmittelbar neben die Mutter zu sitzen kommen. Daher gab es gleich zu Beginn der Mahlzeit einen pädagogischen Zwischenfall, weil für den Onkel Doktor (der weder ein rechter Onkel noch ein richtiger Doktor ist) zwischen Hausfrau und Hausherrn gedeckt war, so daß Christiane ihren angestammten Platz besetzt fand. Schweigend, als könne dies nur aus Versehen geschehen sein, begann sie ihr Lätzchen, ihr silbernes Becherchen und ihr kleines Besteck umzuordnen, wurde aber belehrt, heute säße sie eben anders, basta.

Das zur Zeit unserer Eltern jede Erziehungsmaßregel abschließende, keinen Widerspruch zulassende Basta hat seine unfehlbare pädagogische Wirkung heutzutage stark eingebüßt; jedenfalls machte Christiane ein tiefgeschmerztes Gesicht. Sie zog die Augenbrauen hoch, die Mundwinkel herunter und verwandelte sich so im Handumdrehen in die bekannte beleidigte Leberwurst. Auch dem Onkel Doktor entging dieses Mienenspiel nicht; gutmütig wechselte er Platz, worauf die Leberwurst sich wieder in die vergnügte Christiane zurückverwandelte.

«Bedanke dich wenigstens», sagte ich.

«Danke, Onkel», gehorchte die kleine Schauspielerin, «es ist rührend von dir.» Und sie streichelte ihm die (wie immer schlechtrasierte) Wange. Obgleich das wohlweislich nur mit den äußersten Fingerspitzen geschah, schmolz der Onkel unter dieser Liebkosung völlig dahin, erklärte sich sofort bereit, Christiane zu heiraten, und schenkte ihr, sozusagen als Anzahlung, einen goldenen Drehbleistift, den er von der Uhrkette nestelte. Er hätte ihr womöglich auch die Kette und wer weiß was noch alles dazu geschenkt, wenn wir Eltern nicht Einhalt geboten hätten.

Die Suppe wurde sehr heiß aufgetragen, wie es sich gehört; aber heiße Suppen verführen dazu, daß man im Teller herumplätschert, dem zum Munde geführten Löffel Kühlung zubläst und ihn, vorsichtshalber, nicht einnimmt, sondern ausschlürft — lauter Unschicklichkeiten; und wir bangten für unsere Zöglinge. Wir hätten eher um Onkel Doktor bangen sollen, denn er tat all das, was man nicht tun soll.

«Macht weiter», mahnte die Mutter die Kinder, die den Onkel anstaunten.

«Mich holt ihr doch nicht ein», erwiderte der fröhlich. Nun aber langten die Kinder mit einem Eifer zu, wie wir ihn mit allen unseren Ermahnungen noch nie zuwege gebracht hatten. Vor allem Till, der aufreizend traumverloren zu essen pflegt, schlug ein staunenswertes Tempo an und ging, zwar etwas verkleckert, als erster durchs Ziel.

«Ich bin der König!» rief er und hielt sein Zinnschüsselchen triumphierend in die Höhe.

«Du hast auch weniger gehabt», sagte Christiane. «Eigentlich bin ich der König!»

Wir unterbrachen die Thronstreitigkeiten mit dem Hinweis, daß kleine Kinder bei Tisch nicht soviel schwätzen sollten; früher hätten Kinder bei Tisch überhaupt kein Wort sagen dürfen!

«Nicht einmal bitte und danke?» erkundigte sich Christiane listig, und Onkel Doktor lachte unpädagogisch. Wir zeigten, nach dem uralten, freilich längst durchschauten Rezept der Ablenkung, auf ein Segelboot, das drunten auf dem See kreuzte. Christiane sprang auf und trat ans Fenster, um besser zu sehen.

«Seit wann steht man bei Tisch ungefragt auf?» erkundigte ich mich, nicht etwa um eine Antwort zu empfangen, sondern um meiner Erziehungspflicht Genüge zu leisten. Ich frage mich ja, warum gerade die traulichen Tischzeiten so mit Erziehungsaufgaben belastet sind, über die noch dazu jeder Erzieher andere Ansichten hat. Um wenigstens zwischen uns Eltern eine gemeinsame pädagogische Operationsbasis zu schaffen, haben wir die Tischregeln unserer beiderseitigen Elternhäuser miteinander verschmolzen, so etwa:

1. Nach der Familie meiner Frau darf edler Wein geschlürft, ja geradezu gegurgelt werden, wofür es gemäß meiner Haussitte erlaubt sein soll, die Sauce aus Kompottschüsseln auszutrinken, sofern man vorher angemeldet hat: «Schaut mal alle nicht her!»

2. Würstchen dürfen nach Mutterrecht beim Abendessen mit der Hand angefaßt werden, dafür dürfen es nach Vaterrecht Rettichscheiben auch.

3. Auf Hefekuchen wird Gelee gestrichen, sofern man eins hat, wobei sich beide Teile bewußt sind, daß dies in den beiderseitigen Elternhäusern als Verschwendung gegolten hätte.

4. Das Sprechen mit vollem Mund ist nicht grundsätzlich zu verbieten, sondern so zu üben, daß es nicht anstößig wirkt; am anstößigsten erscheint es den Vertragspartnern, jemandem auf eine Frage bei Tisch minutenlang kauend die Antwort schuldig zu bleiben.

5. Was auf den Tisch kommt, muß von allen Familienmitgliedern gegessen werden, ausgenommen Dinge, die ausdrücklich ins freie Belieben gestellt sind (wie zum Beispiel Milchhaut) oder erst Erwachsenen anstehen (zum Beispiel Senf). Und so weiter.

Auf Senf werde ich noch zurückkommen. Es wurde nämlich unterdessen Fisch aufgetragen. Um es ehrlich zu sagen: es gab nicht Fisch, es gab Kabeljau, den wir als Kinder ebensowenig als Fisch ansprachen wie Äpfel als Obst. Wir waren immer sehr empört, wenn es irgendwo hieß, es gäbe Obstkuchen, und es war dann nur ein gewöhnlicher Apfelkuchen. Obst, das sind Aprikosen, Trauben, Pfirsiche, etwas, was man nicht immer und überall haben kann; und Fisch, das sind vor allem Forellen oder gespickter Hecht, Karpfen, Salm, Zander und Lachs oder die nahe, aber darum so ferne Renke drunten vom See, nach Art der Müllerin, nicht aber der weitgereiste Allerweltskabeljau, den ich an sich herzlich gern esse, ebenso wie Apfelkuchen: aber heimlich weiß ich doch darüber Bescheid. Man weiß doch schließlich auch, daß ein Haferflockenkotelett kein Kotelett und ein falscher Schlagrahm eben falsch ist, so gut derlei munden mag; man will ja nicht die Sache angreifen, sondern nur die Ausdrucksweise richtigstellen und das ganz bei sich. Ich würde mich hüten, darüber bei Tisch zu sprechen und gar vor den Kindern, denn bekanntlich soll man während des Essens überhaupt nicht über das Essen reden, es sei denn Gutes. Dies, finden wir, sei erlaubt, ja geradezu erwünscht.

Wir hörten es infolgedessen gerne, als Till angesichts einer großen Schüssel Kartoffeln in Entzücken ausbrach.

«Fröschli», jubelte er — wenn er zärtlich wird, tituliert er seine Schwester als Frosch —, «es gibt Erdäpfeli!»

«Und Senf, Müggeli», erwiderte Christiane begeistert.

Der Kosename Müggeli, angeblich aus Müsli, Mäuschen, nicht etwa aus Mücke oder kleiner Muck entstanden, ist mir etymologisch etwas dunkel; aber die Sache mit dem Senf ist mir ganz klar, leider. Ich habe da nämlich vor Jahren ein pädagogisches Experiment angestellt, das völlig mißglückte und nicht mehr gutzumachen ist.

Christiane hatte schon als Dreijährige ein unbändiges Verlangen nach Senf bekundet, so daß ich mich seinerzeit zu einer Gewaltkur entschloß, um ihr das ewige vergebliche Bitten um Senf gründlich abzugewöhnen. Als sie wieder einmal so flehte, sie doch den Senf versuchen zu lassen, strich ich ihr ein ganzes Löffelchen voll in den Mund — und seitdem ißt sie Senf geradezu leidenschaftlich!

Die Froschmüggeler widmeten sich also mit besonderer Hingabe ihren Erdäpfeln und einer Andeutung von Senf — denn ganz können wir darin nicht mehr zurück —, während wir Erwachsenen uns mehr an den Kabeljau hielten. Onkel Doktor hantierte besonders gewandt mit dem etwas glitschigen Material, wobei es ihm nicht darauf ankam, dazwischen auch einmal das Fischmesser an den Mund zu führen, wenn die Fischgabel übersetzt erschien. Und obgleich dies sozusagen equilibristisch entschuldbar und zu übersehen war, Christiane wunderte sich.

«Aha», sagte sie gedankenvoll, «mit dem Fischmesser ist das etwas anderes als mit dem gewöhnlichen Messer, gelt, Mummi?»

Der Onkel sah auf, aber nicht, weil er sich betroffen fühlte — sogar Menschen, die laut schmatzen, bemerken das bestenfalls an anderen —, sondern weil ihm die Anrede Mummi lustig vorkam. Wir erläuterten sie ihm als eine Kreuzung zwischen Mammi und Mutti, «wenn ihr die Mammi besonders lieb habt, sagt ihr

Mummi, nicht wahr?» verlangte ich zu hören. «Nein», protestierten die Kinder, «dann heißt die Mutti Bibeli!» Und sie stimmten ein Liedchen an, das da lautet: «Bibeli, Bibeli, al vostra Bibeli» und so unaufhörlich fort. «Genug, genug», wehrte sich das Bibeli. Denn erstens: bei Tisch singt man nicht. Und zweitens: ist das noch Respekt, wenn Kinder ihre Mutter Bibeli, Hühnchen also, titulieren? Unseren Eltern wären die Haare zu Berge gestanden!

«Ach was nicht gar», beteuerte der Onkel, «schon in den Jugenderinnerungen eines alten Mannes wird eine Mutter Henne gerufen; und das zu Zeiten des alten Goethe!»

Der Onkel Doktor ist literarisch sehr beschlagen, und er fand auch gleich heraus, daß das sonderbare «al vostra Bibeli» samt der Melodie dieses Kindergesanges dem Refrain eines alten Landsknechtsliedes nachgebildet sei, in dem es heißt: *alami presente, al vostra signori.*

«Lernt ihr denn Landknechtslieder in der Schule?» fragte er ganz erstaunt.

«Nein, zu Haus», erwiderte Till trocken.

«Wir gehen doch noch gar nicht zur Schule, Onkel», kicherte Christiane.

«Respekt, Respekt», sagte der Onkel — wobei offenblieb, ob der Respekt den Kindern oder den Eltern gelten sollte.

Zum Nachtisch gab es eine Süßspeise, mit einigen Monatserdbeeren verziert, die genau ausgezählt und verteilt wurden; denn wir halten es beim Nachtisch mit der Gleichheit für alle. Zwei überzählige Beeren wurden ausgelost. Ich trage zu diesem Zwecke immer zwei niedliche Würfelchen in der Tasche; die höchsten Augenzahlen gewinnen. Das ist immer ein großer Spaß, der den Genuß jeder Mahlzeit bedeutend erhöht. Diesmal war das Glück bei den Kindern, die es sich aber nicht nehmen ließen, ihre Gewinne dem Bibeli abzutreten.

«Mund auf, Augen zu!» riefen sie, und dann stopften sie ihrer Mutter die beiden zerquetschten Beeren in den Mund, der dankend «ah» machte, obwohl er vermutlich mehr Finger als Frucht zu schmecken bekam.

«So, und nun verabschiedet euch und haltet euer Mittagsschläfchen», mahnte die Mutter.

Damit löste sich die rührende Szene leider in Tränen auf. «Schämt euch doch», sagte ich.

«Wir können uns doch nicht den ganzen Tag schämen», schluchzte Till. Dann zogen sie ab.

«Köstlich sind eure beiden», sagte der Onkel.

Wir fanden das offen gestanden ja auch. Aber wir dürfen's natürlich nicht so laut sagen.

JOHANN WOLFGANG VON GOETHE

Kindheit

Am 28sten August 1749, mittags mit dem Glockenschlage zwölf, kam ich in Frankfurt am Main auf die Welt. Die Konstellation war glücklich: die Sonne stand im Zeichen der Jungfrau und kulminierte für den Tag; Jupiter und Venus blickten sie freundlich an, Merkur nicht widerwärtig, Saturn und Mars verhielten sich gleichgültig; nur der Mond, der soeben voll ward, übte die Kraft seines Gegenscheins um so mehr, als zugleich seine Planetenstunde eingetreten war. Er widersetzte sich daher meiner Geburt, die nicht eher erfolgen konnte, als bis diese Stunde vorübergegangen.

Diese guten Aspekten, welche mir die Astrologen in der Folgezeit sehr hoch anzurechnen wußten, mögen wohl Ursache an meiner Erhaltung gewesen sein: denn durch Ungeschicklichkeit der Hebamme kam ich für tot auf die Welt, und nur durch vielfache Bemühungen brachte man es dahin, daß ich das Licht erblickte. Dieser Umstand, welcher die Meinigen in große Not versetzt hatte, gereichte jedoch meinen Mitbürgern zum Vorteil, indem mein Großvater, der Schultheiß Johann Wolfgang Textor, daher Anlaß nahm, daß ein Geburtshelfer angestellt und der Hebammen-Unterricht eingeführt oder erneuert wurde; welches denn manchem der Nachgebornen mag zu gute gekommen sein.

Wenn man sich erinnern will, was uns in der frühsten Zeit der Jugend begegnet ist, so kommt man oft in den Fall, dasjenige, was wir von andern gehört, mit dem zu verwechseln, was wir wirklich aus eigner anschauender Erfahrung besitzen. Ohne also hierüber eine genaue Untersuchung anzustellen, welche ohnehin zu nichts führen kann, bin ich mir bewußt, daß wir in einem alten Hause wohnten, welches eigentlich aus zwei durchgebrochenen Häusern bestand. Eine turmartige Treppe führte zu unzusammenhängenden Zimmern, und die Ungleichheit der Stockwerke war

75

durch Stufen ausgeglichen. Für uns Kinder, eine jüngere Schwester und mich, war die untere weitläufige Hausflur der liebste Raum, welche neben der Türe ein großes hölzernes Gitterwerk hatte, wodurch man unmittelbar mit der Straße und der freien Luft in Verbindung kam. Einen solchen Vogelbauer, mit dem viele Häuser versehen waren, nannte man ein Geräms. Die Frauen saßen darin, um zu nähen und zu stricken; die Köchin las ihren Salat; die Nachbarinnen besprachen sich von daher miteinander, und die Straßen gewannen dadurch in der guten Jahreszeit ein südliches Ansehen. Man fühlte sich frei, indem man mit dem Öffentlichen vertraut war. So kamen auch durch diese Gerämse die Kinder mit den Nachbarn in Verbindung, und mich gewannen drei gegenüber wohnende Brüder von Ochsenstein, hinterlassene Söhne des verstorbenen Schultheißen, gar lieb und beschäftigten und neckten sich mit mir auf mancherlei Weise.

Die Meinigen erzählten gern allerlei Eulenspiegeleien, zu denen mich jene sonst ernsten und einsamen Männer angereizt. Ich führe nur einen von diesen Streichen an. Es war eben Topfmarkt gewesen, und man hatte nicht allein die Küche für die nächste Zeit mit solchen Waren versorgt, sondern auch uns Kindern dergleichen Geschirr im kleinen zu spielender Beschäftigung eingekauft. An einem schönen Nachmittag, da alles ruhig im Hause war, trieb ich im Geräms mit meinen Schüsseln und Töpfen mein Wesen, und da weiter nichts dabei herauskommen wollte, warf ich ein Geschirr auf die Straße und freute mich, daß es so lustig zerbrach. Die von Ochsenstein, welche sahen, wie ich mich daran ergötzte, daß ich so gar fröhlich in die Händchen patschte, riefen: Noch mehr! Ich säumte nicht, sogleich einen Topf und, auf immer fortwährendes Rufen: Noch mehr!, nach und nach sämtliche Schüsselchen, Tiegelchen, Kännchen gegen das Pflaster zu schleudern. Meine Nachbarn fuhren fort, ihren Beifall zu bezeigen, und ich war höchlich froh, ihnen Vergnügen zu machen. Mein Vorrat aber war aufgezehrt, und sie riefen immer: Noch mehr! Ich eilte daher stracks in die Küche und holte die irdenen Teller, welche nun freilich im Zerbrechen noch ein lustigeres Schauspiel gaben; und so lief ich hin und wieder, brachte einen Teller nach dem andern, wie ich sie auf dem Topfbrett der Reihe nach erreichen konnte, und weil sich jene gar nicht zufrieden gaben, so stürzte ich alles, was ich von Geschirr erschleppen konnte, in gleiches Verderben. Nur später erschien jemand, zu hindern und zu wehren. Das Unglück war geschehen, und man hatte für so viel zerbrochene Töpferware wenigstens eine lustige Geschichte, an der sich besonders die schalkischen Urheber bis an ihr Lebensende ergötzten.

Meines Vaters Mutter, bei der wir eigentlich im Hause wohnten, lebte in einem großen Zimmer hinten hinaus, unmittelbar an der Hausflur, und wir pflegten unsere Spiele bis an ihren Sessel, ja, wenn sie krank war, bis an ihr Bett hin auszudehnen. Ich erinnere mich ihrer gleichsam als eines Geistes, als einer schönen, hagern, immer weiß und reinlich gekleideten Frau. Sanft, freundlich, wohlwollend ist sie mir im Gedächtnis geblieben.

Wir hatten die Straße, in welcher unser Haus lag, den Hirschgraben nennen hören; da wir aber weder Graben noch Hirsche sahen, so wollten wir diesen Ausdruck erklärt wissen. Man erzählte sodann, unser Haus stehe auf einem Raum, der sonst außerhalb der Stadt gelegen, und da, wo jetzt die Straße sich befinde, sei ehemals ein Graben gewesen, in welchem eine Anzahl Hirsche unterhalten worden. Man habe diese Tiere hier bewahrt und genährt, weil nach einem alten Herkommen der Senat alle Jahre einen Hirsch öffentlich verspeiset, den man dann für einen solchen Festtag hier im Graben immer zur Hand gehabt, wenn auch auswärts Fürsten und Ritter der Stadt ihre Jagdbefugnis verkümmerten und störten oder wohl gar Feinde die Stadt eingeschlossen oder belagert hielten. Dies gefiel uns sehr, und wir wünschten, eine solche zahme Wildbahn wäre auch noch bei unsern Zeiten zu sehen gewesen.

Die Hinterseite des Hauses hatte, besonders aus dem oberen Stock, eine sehr angenehme Aussicht über eine beinah unabsehbare Fläche von Nachbargärten, die sich bis an die Stadtmauern verbreiteten. Leider aber war, bei Verwandlung der sonst hier befindlichen Gemeindeplätze in Hausgärten, unser Haus und noch einige andere, die gegen die Straßenecke zu lagen, sehr verkürzt worden, indem die Häuser vom Roßmarkt her weitläufige Hintergebäude und große Gärten sich zueigneten, wir aber uns durch eine ziemlich hohe Mauer unseres Hofes von diesen so nah gelegenen Paradiesen ausgeschlossen sahen.

Im zweiten Stock befand sich ein Zimmer, welches man das Gartenzimmer nannte, weil man sich daselbst durch wenige Gewächse vor dem Fenster den Mangel eines Gartens zu ersetzen gesucht hatte. Dort war, wie ich heranwuchs, mein liebster, zwar nicht trauriger, aber doch sehnsüchtiger Aufenthalt. Über jene Gärten hinaus, über Stadtmauern und Wälle sah man in eine schöne fruchtbare Ebene: es ist die, welche sich nach Höchst hinzieht. Dort lernte ich Sommerszeit gewöhnlich meine Lektionen, wartete die Gewitter ab und konnte mich an der untergehenden Sonne, gegen welche die Fenster gerade gerichtet waren, nicht satt sehen. Da ich aber zu gleicher Zeit die Nachbarn in ihren Gärten wandeln und ihre Blumen besorgen, die Kinder spielen, die Gesellschaften sich ergötzen sah, die Kegelkugeln rollen und die Kegel fallen hörte, so erregte dies frühzeitig in mir ein Gefühl der Einsamkeit und einer daraus entspringenden Sehnsucht, das, dem von der Natur in mich gelegten Ernsten und Ahnungsvollen entsprechend, seinen Einfluß gar bald und in der Folge noch deutlicher zeigte.

Die alte, winkelhafte, an vielen Stellen düstere Beschaffenheit des Hauses war übrigens geeignet, Schauer und Furcht in kindlichen Gemütern zu erwecken. Unglücklicherweise hatte man noch die Erziehungsmaxime, den Kindern frühzeitig alle Furcht vor dem Ahnungsvollen und Unsichtbaren zu benehmen und sie an das Schauderhafte zu gewöhnen. Wir Kinder sollten daher allein schlafen, und wenn uns dieses unmöglich fiel und wir uns sacht aus den Betten hervormachten und die Gesellschaft der Bedienten und Mägde suchten, so stellte sich, in umgewandtem Schlafrock und also für uns verkleidet genug, der Vater in den Weg und schreckte uns in unsere Ruhestätte zurück. Die daraus entspringende üble Wirkung denkt sich jedermann. Wie soll derjenige die Furcht loswerden, den man zwischen ein doppelt Furchtbares einklemmt? Meine Mutter, stets heiter und froh und andern das gleiche gönnend, erfand eine bessere pädagogische Auskunft. Sie wußte ihren Zweck durch Belohnungen zu erreichen. Es war die Zeit der Pfirsichen, deren reichlichen Genuß sie uns jeden Morgen versprach, wenn wir Nachts die Furcht überwunden hätten. Es gelang, und beide Teile waren zufrieden ...

Gewöhnlich hielten wir uns in allen unseren Freistunden zur Großmutter, in deren geräumigem Wohnzimmer wir hinlänglich

Platz zu unseren Spielen fanden. Sie wußte uns mit allerlei Kleinigkeiten zu beschäftigen und mit allerlei guten Bissen zu erquicken. An einem Weihnachtsabende jedoch setzte sie allen ihren Wohltaten die Krone auf, indem sie uns ein Puppenspiel vorstellen ließ und so in dem alten Hause eine neue Welt erschuf. Dieses unerwartete Schauspiel zog die jungen Gemüter mit Gewalt an sich; besonders auf den Knaben machte es einen sehr starken Eindruck, der in eine große, langdauernde Wirkung nachklang.

Die kleine Bühne mit ihrem stummen Personal, die man uns anfangs nur vorgezeigt hatte, nachher aber zu eigner Übung und dramatischer Belebung übergab, mußte uns Kindern um so viel werter sein, als es das letzte Vermächtnis unserer guten Großmutter war, die bald darauf durch zunehmende Krankheit unseren Augen erst entzogen und dann für immer durch den Tod entrissen wurde. Ihr Abscheiden war für die Familie von desto größerer Bedeutung, als es eine völlige Veränderung in dem Zustande derselben nach sich zog.

Solange die Großmutter lebte, hatte mein Vater sich gehütet, nur das mindeste im Hause zu verändern oder zu erneuern; aber man wußte wohl, daß er sich zu einem Hauptbau vorbereitete, der nunmehr auch sogleich vorgenommen wurde. In Frankfurt, wie in mehreren alten Städten, hatte man bei Aufführung hölzerner Gebäude, um Platz zu gewinnen, sich erlaubt, nicht allein mit dem ersten, sondern auch mit den folgenden Stocken überzubauen; wodurch denn freilich besonders enge Straßen etwas Düsteres und Ängstliches bekamen. Endlich ging ein Gesetz durch, daß, wer ein neues Haus von Grund auf baue, nur mit dem ersten Stock über das Fundament herausrücken dürfe, die übrigen aber senkrecht aufführen müsse. Mein Vater, um den vorspringenden Raum im zweiten Stock auch nicht aufzugeben, wenig bekümmert um äußeres architektonisches Ansehen und nur um innere gute und bequeme Einrichtung besorgt, bediente sich, wie schon mehrere vor ihm getan, der Ausflucht, die oberen Teile des Hauses zu unterstützen und von unten herauf einen nach dem anderen wegzunehmen und das Neue gleichsam einzuschalten, so daß, wenn zuletzt gewissermaßen nichts von dem Alten übrigblieb, der ganz neue Bau noch immer für eine Repara-

tur gelten konnte. Da nun also das Einreißen und Aufrichten allmählich geschah, so hatte mein Vater sich vorgenommen, nicht
aus dem Hause zu weichen, um desto besser die Aufsicht zu
führen und die Anleitung geben zu können: denn aufs Technische
des Baues verstand er sich ganz gut; dabei wollte er aber auch
seine Familie nicht von sich lassen.

Diese neue Epoche war den Kindern sehr überraschend und
sonderbar. Die Zimmer, in denen man sie oft enge genug gehalten
und mit wenig erfreulichem Lernen und Arbeiten geängstigt, die
Gänge, auf denen sie gespielt, die Wände, für deren Reinlichkeit
und Erhaltung man sonst so sehr gesorgt, alles das vor der Hacke
des Maurers, vor dem Beile des Zimmermanns fallen zu sehen,
und zwar von unten herauf, und indessen oben auf unterstützten
Balken gleichsam in der Luft zu schweben und dabei immer noch
zu einer gewissen Lektion, zu einer bestimmten Arbeit angehal-
ten zu werden — dieses alles brachte eine Verwirrung in den
jungen Köpfen hervor, die sich so leicht nicht wieder ins Gleiche
setzen ließ. Doch wurde die Unbequemlichkeit von der Jugend
weniger empfunden, weil ihr etwas mehr Spielraum als bisher
und manche Gelegenheit, sich auf Balken zu schaukeln und auf
Brettern zu schwingen, gelassen ward.

Hartnäckig setzte der Vater die erste Zeit seinen Plan durch;
doch als zuletzt auch das Dach teilweise abgetragen wurde und,
ungeachtet alles übergespannten Wachstuches von abgenomme-
nen Tapeten, der Regen bis zu unseren Betten gelangte, so entschloß er sich, obgleich ungern, die Kinder wohlwollenden Freunden, welche sich schon früher dazu erboten hatten, auf eine Zeitlang zu überlassen und sie in eine öffentliche Schule zu schicken.

Dieser Übergang hatte manches Unangenehme: denn indem
man die bisher zu Hause abgesondert, reinlich, edel, obgleich
streng gehaltenen Kinder unter eine rohe Masse von jungen Ge-
schöpfen hinunterstieß, so hatten sie vom Gemeinen, Schlechten,
ja Niederträchtigen ganz unerwartet alles zu leiden, weil sie aller
Waffen und aller Fähigkeit ermangelten, sich dagegen zu schützen...

Noch eine allgemeine Bemerkung steht hier an der rechten
Stelle, daß nämlich bei dem Emporwachsen der Kinder aus den
gesitteten Ständen ein sehr großer Widerspruch zum Vorschein

kommt, ich meine den, daß sie von Eltern und Lehrern ange-
mahnt und angeleitet werden, sich mäßig, verständig, ja vernünftig zu betragen, niemandem aus Mutwillen oder Übermut ein
Leids zuzufügen und alle gehässigen Regungen, die sich an ihnen
entwickeln möchten, zu unterdrücken; daß nun aber im Gegenteil, während die jungen Geschöpfe mit einer solchen Übung
beschäftigt sind, sie von andern das zu leiden haben, was an
ihnen gescholten wird und höchlich verpönt ist. Dadurch kommen die armen Wesen zwischen dem Naturzustande und dem der
Zivilisation gar erbärmlich in die Klemme und werden, je nachdem die Charakter sind, entweder tückisch oder gewaltsam auf-
brausend, wenn sie eine Zeitlang an sich gehalten haben.

Doch anstatt hier ernsthafte, ja rügende Betrachtungen einzu-
mischen, wende ich lieber meinen Blick von jenen schönen Zeiten
hinweg; denn wer wäre imstande, von der Fülle der Kindheit
würdig zu sprechen!

KATHERINE MANSFIELD

Das Puppenhaus

Als die liebe alte Mrs. Hay nach ihrem Aufenthalt bei den Burnells in die Stadt zurückkehrte, schickte sie den Kindern ein Puppenhaus. Es war so groß, daß der Fuhrmann und Pat es in den Hof trugen, und dort blieb es stehen, abgestellt auf zwei Holzkisten neben der Tür zur Futterkammer. Dort konnte es keinen Schaden nehmen, denn es war Sommer. Und vielleicht würde sich der Geruch verloren haben, wenn die Zeit kam, es hereinzuholen. Denn wirklich, der Geruch nach Farbe, der von diesem Puppenhaus ausströmte («Reizend von der alten Mrs. Hay natürlich, ganz reizend und großzügig», aber der Geruch nach Farbe war nach Tante Beryls Ansicht genug, um jedermann ernstlich krank zu machen. Schon bevor die Sackleinwand heruntergenommen war. Und erst, als sie ab war ...

Da stand das Puppenhaus, ein dunkles, öliges Spinatgrün, hellgelb abgesetzt. Seine beiden massiven, aufs Dach geklebten kleinen Schornsteine waren rot und weiß bemalt, und die Tür, glänzend gelb lackiert, glich einem Stück Karamel. Vier Fenster, richtige Fenster, wurden durch breite grüne Streifen in Scheiben unterteilt. Eine winzige Veranda war auch da, tatsächlich, gelb gestrichen, mit großen, eingetrockneten Farbtropfen, die über den Rand hingen.

Trotzdem: ein makelloses kleines Haus! Wer könnte sich wohl an dem Geruch stören? Er war ein Teil der Freude, ein Teil des Neuen!

«Schnell, mach's doch mal einer auf!»

Der Haken an der Seite war verklemmt. Pat stemmte ihn mit seinem Taschenmesser auf, und die ganze Hausfront klappte auf und — da stand man nun und schaute in ein und demselben Augenblick in den Salon und ins Eßzimmer, in die Küche und in die beiden Schlafzimmer. So sollte sich jedes Haus öffnen! Warum öffneten sich nicht alle Häuser ebenso? Wieviel aufregender, als durch einen Türspalt auf einen armseligen kleinen Flur mit Hutständer und zwei Schirmen zu spähen! Das ist es, was man gern über ein Haus wissen möchte, nicht wahr, wenn man die Hand auf den Türklopfer legt? Vielleicht ist das die Art und Weise, wie Gott mitten in der Nacht die Häuser öffnet, wenn ER mit einem Engel einen ruhigen Rundgang unternimmt...

«Oh-oh!» Es klang, als wären Burnells Kinder verzweifelt. Es war zu wunderbar, es war zuviel für sie. Nie im Leben hatten sie etwas dergleichen gesehen. Alle Zimmer waren tapeziert. Bilder waren an den Wänden, auf die Tapete gemalte, komplett mit Goldrahmen. Ein roter Teppich bedeckte alle Böden mit Ausnahme der Küche; rote Plüschsessel im Salon, grüne im Eßzimmer; Tische, Betten mit richtigem Bettzeug, eine Wiege, ein Ofen, eine Anrichte mit winzigen Tellern und einem großen Krug. Was Kezia jedoch am meisten gefiel, was sie mehr als alles andre liebte, das war die Lampe. Sie stand mitten auf dem Eßzimmertisch, eine kostbare kleine bernsteingelbe Lampe mit einer weißen Glocke. Sie war sogar gefüllt, fixfertig zum Anzünden, obwohl man sie natürlich nicht anzünden konnte. Aber innen war etwas, das wie Petroleum aussah und sich bewegte, wenn man es schüttelte.

Puppenvater und Puppenmutter streckten sich im Salon so steif aus, als wären sie ohnmächtig geworden, und ihre beiden kleinen Kinder, die im oberen Stockwerk schliefen, waren eigentlich zu groß für das Puppenhaus. Sie sahen nicht so aus, als gehörten sie dazu. Doch die Lampe war einwandfrei. Sie schien Kezia anzulächeln und zu sagen: «Ich wohne hier.» Die Lampe war echt.

Am nächsten Morgen konnten Burnells Kinder kaum schnell genug in die Schule gehen. Sie brannten darauf, es jedem zu erzählen, zu beschreiben und, hm, mit ihrem Puppenhaus zu prahlen, ehe die Schulglocke läutete.

«Ich erzähl's», sagte Isabel, «weil ich die Älteste bin. Ihr zwei könnt später mitreden. Aber ich will es zuerst erzählen!»

Darauf ließ sich nichts erwidern. Isabel war herrschsüchtig, aber sie hatte immer recht, und Lottie und Kezia kannten zu gut die Vorrechte, die damit verbunden waren, wenn man die Älteste war.

Sie streiften durch die dichten Butterblumen am Straßenrand und sagten nichts.

«Und ich darf auch aussuchen, wer zuerst kommt und es anschaut! Mutter hat gesagt, ich darf!»

Denn es war abgemacht worden, daß sie, solange das Puppenhaus auf dem Hof stand, die Mädchen in der Schule auffordern durften, zum Anschauen zu kommen, immer zwei auf einmal. Natürlich nicht, um zum Tee zu bleiben oder durchs Haus zu trampeln, sondern um ruhig im Hof zu stehen, während Isabel auf die Schönheiten aufmerksam machte und Lottie und Kezia zufrieden aussahen . . .

Aber wie sehr sie sich auch beeilten — als sie den geteerten Zaun am Spielplatz der Knaben erreicht hatten, begann die Glocke zu schrillen. Sie hatten gerade noch Zeit, ihre Hüte herunterzureißen und sich in Reih und Glied zu stellen, ehe die Namen aufgerufen wurden. Einerlei! Isabel versuchte es auszugleichen, indem sie sehr überlegen und geheimnisvoll dreinsah und den Mädchen neben sich hinter der vorgehaltenen Hand zuflüsterte: «Muß euch in der Pause was erzählen!»

Die Pause kam, und Isabel wurde umringt. Die Mädchen aus ihrer Klasse rauften sich beinah darum, den Arm um sie zu legen und mit ihr wegzugehen, schmeichelnd zu lächeln und ihre beste Freundin zu sein. Sie hielt förmlich hof unter den hohen Kiefern am Rande des Spielplatzes. Die kleinen Mädchen drängten sich nah heran, stießen einander an und kicherten. Und die einzigen beiden, die außerhalb des Kreises standen, waren die zwei, die immer außerhalb standen: die kleinen Kelveys. Sie hüteten sich, den Burnells zu nahe zu kommen.

Es verhielt sich nämlich so, daß die Schule, die Burnells Kinder besuchten, durchaus nicht die Art Schule war, die ihre Eltern ausgesucht haben würden, hätten sie die Wahl gehabt. Aber sie hatten keine Wahl. Es war die einzige Schule auf Meilen in der Runde. Und die Folge war, daß alle Kinder der Nachbarschaft, die kleinen Mädchen des Richters, die Töchter des Doktors und die Kinder des Kaufmanns und des Milchmanns zwangsläufig miteinander Umgang hatten. Gar nicht davon zu reden, daß eine gleich große Anzahl derber, grober kleiner Jungen dabei war. Doch irgendwo mußte ein Strich gezogen werden. Er wurde bei den Kelveys gezogen. Viele Kinder einschließlich der Burnells durften nicht einmal mit ihnen sprechen. Sie gingen mit erhobenem Kopf an den Kelveys vorüber, und da sie in allem, was das Benehmen betraf, den Ton angaben, wurden die Kelveys von allen gemieden. Sogar die Lehrerin hatte einen besonderen Tonfall für sie und ein besonderes Lächeln für die andern Kinder, wenn Lil Kelvey mit einem Strauß furchtbar gewöhnlich aussehender Blumen zu ihr ans Pult trat.

Die kleinen Kelveys waren die Kinder einer munteren, schwer arbeitenden kleinen Waschfrau, die im Tagelohn von Haus zu Haus ging. Das war übel genug. Wo aber war Mr. Kelvey? Niemand wußte etwas Genaues. Doch es hieß, er sei im Gefängnis. Sie waren also die Töchter einer Waschfrau und eines Zuchthäuslers. Sehr netter Umgang für andrer Leute Kinder! Und sie sahen auch so aus. Weshalb Mrs. Kelvey sie so auffällig anzog, war schwer zu verstehen. Die Wahrheit war, daß sie in «Abgelegtes» gekleidet waren, das ihr die Leute geschenkt hatten, für die sie arbeitete. Lil zum Beispiel, ein stämmiges reizloses Kind mit großen Sommersprossen, kam in einem Kleid in die Schule, das aus einer grünen Kunststoffdecke der Familie Burnell und roten Plüschärmeln aus den Vorhängen der Familie Logan bestand. Ihr Hut, der oben über ihrer hohen Stirn thronte, war ein Hut für Erwachsene — einst das Eigentum der Postbeamtin, Miss Lecky. Er war hinten hochgeschlagen und mit einer großen, scharlachroten Feder verziert. Wie eine kleine Vogelscheuche sah sie aus! Es war unmöglich, nicht über sie zu lachen. Und ihre kleine Schwester, «unsre Else», trug ein langes weißes Kleid, fast wie ein Nachthemd, und ein Paar Jungenstiefel. Aber was auch immer unsre Else trug, sie würde stets seltsam aussehen. Sie war ein winziges, engbrüstiges Kind mit kurzgeschorenem Haar und riesengroßen, ernsten Augen — eine kleine weiße Eule. Niemand hatte sie je lachen sehen; sie sprach kaum jemals. Sie ging durchs Leben, indem sie sich an Lil festhielt, einen Zipfel von Lils Rock in der Hand zusammenknüllend. Wohin Lil ging, folgte ihr unsre Else. Auf dem Spielplatz und auf der Straße zur und von der Schule marschierte Lil vorneweg, und Else hielt sich hintendran. Nur wenn unsre Else was wollte oder außer Atem war, zog oder zupfte sie an Lils Rock, und Lil blieb stehen und drehte sich um. Die Kelveys hielten zusammen!

Jetzt lungerten sie am Außenrand herum; man konnte nicht verhindern, daß sie zuhörten. Als die kleinen Mädchen sich umdrehten und spöttisch lachten, setzte Lil, wie üblich, ihr albernes, verschämtes Lachen auf, unsre Else aber starrte nur.

Und Isabels Stimme fuhr sehr stolz zu erzählen fort. Der Teppich machte großen Eindruck, aber auch die Betten mit dem richtigen Bettzeug und der Herd mit der Tür an der Bratröhre. Als sie fertig war, platzte Kezia los: «Du hast die Lampe vergessen, Isabel!»

«O ja», sagte Isabel. «Und eine winzig kleine Lampe ist da, ganz aus gelbem Glas gemacht; mit einer weißen Glasglocke steht sie auf dem Eßzimmertisch. Man kann sie nicht von einer richtigen unterscheiden!»

«Die Lampe ist das schönste von allem!» rief Kezia. Sie fand, daß Isabel bei weitem nicht genug von der Lampe hermachte. Doch niemand achtete auf sie. Isabel wählte zwei Mädchen aus, die am Nachmittag mit ihnen kommen und das Puppenhaus anschauen sollten. Sie wählte Emmie Cole und Lena Logan. Und als die übrigen erfuhren, daß sie alle an die Reihe kommen sollten, konnten sie gar nicht nett genug zu Isabel sein. Eine nach der andern umarmte Isabel und zog sie mit sich fort. Sie mußten ihr etwas zuflüstern, ein Geheimnis. «Isabel ist meine Freundin!»

Nur die kleinen Kelveys gingen unbeachtet weg; für sie gab es nichts mehr zu hören.

Die Tage vergingen, und als immer mehr Kinder das Puppenhaus sahen, verbreitete sich sein Ruhm. Es wurde zum einzigen Gesprächsstoff, es war «der letzte Schrei». Nur die eine Frage gab es: «Hast du Burnells Puppenhaus gesehen? Oh, ist es nicht süß?» — «Was, du hast es noch nicht gesehen? Also hör mal!»

Sogar die Mittagspause benutzten sie, um darüber zu sprechen. Die kleinen Mädchen saßen unter den Kiefern und aßen ihre dick mit Hammelfleisch belegten Sandwiches und große, mit Butter bestrichene Scheiben Weißbrot, und immer saßen, so nah sie nur konnten, die Kelveys da, unsre Else sich an Lil festhaltend, und hörten ebenfalls zu, während sie ihr Marmeladenbrot aus einem Stück Zeitungspapier aßen, das von großen roten Klecksen aufgeweicht war.

«Mutter», fragte Kezia, «kann ich die Kelveys auffordern, nur dies eine Mal?»

«Bestimmt nicht, Kezia!»

«Aber warum nicht?»

«Geh, Kezia; du weißt ganz gut, warum nicht.»

Schließlich hatten es alle gesehen, ausgenommen die beiden Kelveys. An jenem Tag erlahmte der Gesprächsstoff etwas. Es war während der Mittagspause. Die Kinder standen in einer Gruppe unter den Kiefern, und plötzlich, als sie die Kelveys erblickten, die wie immer abseits saßen und aus ihrem Zeitungspapier aßen, beschlossen sie, ekelhaft zu ihnen zu sein. Emmie Cole begann mit dem Getuschel. «Lil Kelvey wird mal ein Dienstbolzen, wenn sie erwachsen ist!»

«Oh — oh! Wie furchtbar!» sagte Isabel Burnell und zwinkerte Emmie zu.

Emmie schluckte sehr bedeutungsvoll und nickte zu Isabel hinüber, wie sie es bei ähnlichen Gelegenheiten an ihrer Mutter beobachtet hatte.

«Es ist wahr — es ist wahr — es ist wahr», sagte sie.

Dann zwinkerte Lena Logan mit ihren kleinen Augen. «Soll ich sie fragen?» flüsterte sie.

«Wetten, daß du's nicht tust?» sagte Jessie May.

«Pah, ich habe keine Angst», sagte Lena. Plötzlich quietschte sie und tanzte vor den andern Mädchen herum. «Gebt acht! Gebt auf mich acht!» rief Lena. Und schnurrend und schlitternd und einen Fuß nach sich ziehend kicherte Lena hinter der vorgehaltenen Hand und ging zu den Kelveys.

Lil sah von ihrem Essen hoch. Schnell stopfte sie den Rest weg. Unsre Else hörte auf zu kauen. Was würde jetzt geschehen?

«Ist es wahr, daß du ein Dienstbolzen wirst, wenn du erwachsen bist, Lil Kelvey?» fragte Lena schrill.

Totenstille. Statt einer Antwort sah Lil sie nur mit ihrem albernen, verschämten Lächeln an. Sie schien die Frage überhaupt nicht übelzunehmen. Was für ein Reinfall für Lena! Die Mädchen begannen zu kichern.

Das konnte Lena nicht ertragen. Sie stemmte die Hände in die Seite und schoß vor: «Ätsch, dein Vater ist im Gefängnis», zischte sie boshaft.

Es war so großartig, so etwas gesagt zu haben, daß die kleinen Mädchen allesamt furchtbar aufgeregt und ganz wild vor Freude davonstoben. Jemand fand einen langen Strick, und sie spielten Seilspringen. Und noch nie waren sie so hoch gesprungen, noch nie waren sie so schnell drunter durchgelaufen, und nie hatten sie so wagemutige Dinge unternommen wie an jenem Morgen.

Am Nachmittag holte Pat die Burnell-Kinder mit dem Buggy ab, und sie fuhren nach Hause. Es waren Gäste da. Isabel und Lottie liebten es, wenn Gäste da waren, und sie gingen hinauf, um die Schürzen zu wechseln. Aber Kezia stahl sich zur Küchentür hinaus. Niemand war zu sehen. Sie begann, auf dem großen weißen Hoftor hin- und herzupendeln. Als sie die Straße entlangschaute, sah sie zwei Pünktchen. Sie wurden größer, sie kamen auf sie zu. Jetzt konnte sie sehen, daß eins vorneweg und das andre dicht dahinter ging. Jetzt konnte sie sehen, daß es die Kelveys waren. Kezia hörte auf zu pendeln. Sie glitt vom Tor herunter, als wollte sie fortlaufen. Dann zögerte sie. Die Kelveys kamen näher, und neben ihnen ging — in die Länge gezogen — ihr Schatten und reichte quer über die Straße, so daß ihre Köpfe über die Butterblumen hüpften.

«Hallo!» rief sie den vorübergehenden Kelveys zu.

Sie waren so verdutzt, daß sie stehenblieben.

Lil setzte ihr albernes Lächeln auf.

Unsre Else starrte.

«Ihr könnt kommen und euch unser Puppenhaus ansehen, wenn ihr wollt», sagte Kezia und schleifte einen Zeh über den Boden. Doch da wurde Lil rot und schüttelte entschieden den Kopf.

«Warum nicht?» fragte Kezia.

Lil schnaufte, dann sagte sie: «Deine Ma hat zu unsrer Ma gesagt, ihr sollt nicht mit uns sprechen.»

«Ach so», sagte Kezia. Sie wußte nicht, was sie erwidern sollte.

«Es macht nichts, ihr könnt trotzdem kommen und unser Puppenhaus ansehen. Los! Niemand sieht's!»

Aber Lil schüttelte den Kopf noch heftiger.

«Möchtet ihr nicht?» fragte Kezia.

Plötzlich zupfte und zerrte es an Lils Rock. Sie drehte sich um. Unsre Else sah sie mit großen, flehenden Augen an; sie hatte die

Stirn kraus gezogen und wollte hineingehen. Einen Augenblick sah Lil unsre Else sehr unsicher an. Doch da zupfte unsre Else sie wieder am Rock. Sie machte ein paar Schritte. Kezia ging voran. Wie zwei kleine streunende Katzen folgten sie ihr über den Hof dorthin, wo das Puppenhaus stand.

«Da ist es!» sagte Kezia.

Eine Pause entstand. Lil atmete laut, sie schnarchte fast; unsre Else war stumm wie ein Stein.

«Ich werde es für euch öffnen», sagte Kezia freundlich. Sie machte den Haken auf, und sie schauten hinein.

«Hier ist der Salon, und hier ist das Eßzimmer, und das hier ist die ...»

«Kezia!»

Oh, wie sie zusammenzuckten!

«Kezia!»

Es war Tante Beryls Stimme. Sie drehten sich um. In der Küchentür stand Tante Beryl und riß die Augen auf, als könne sie nicht glauben, was sie sah.

«Wie kannst du es wagen, die Kelveys in den Hof zu holen?» rief ihre kalte, zornige Stimme. «Du weißt so gut wie ich, daß ihr nicht mit ihnen sprechen sollt! Lauft weg, Kinder, lauft sofort weg! Und kommt nicht wieder her!» rief Tante Beryl. Und sie trat in den Hof und scheuchte sie hinaus, als wären sie Hühner.

«Schert euch sofort weg!» rief sie kalt und stolz.

Nicht nötig, es ihnen zweimal zu sagen. Lil glühte vor Scham, schrumpfte zusammen und huschelte wie ihre Mutter von dannen; unsre Else war benommen; irgendwie gelang es ihnen, den großen Hof zu überqueren und sich durch das weiße Tor zu zwängen.

«Du böses, ungehorsames Mädchen!» sagte Tante Beryl erbittert zu Kezia und schlug das Puppenhaus zu.

Ihr Nachmittag war schlecht gewesen. Ein Brief war von Willie Brent gekommen, ein entsetzlicher, bedrohlicher Brief, in dem es hieß, wenn sie ihn nicht am Abend in Pulmans Buschwald treffen würde, käme er an die Vordertür, um nach dem Grund zu fragen. Doch jetzt, nachdem sie die kleinen Ratten, die Kelveys, fortgeschüchtert und Kezia tüchtig ausgescholten hatte, war ihr leichter ums Herz. Der schaurige Druck war weg. Summend ging sie wieder ins Haus.

Als die Kelveys ganz außer Sehweite der Burnells waren, setzten sie sich zum Ausruhen auf ein großes rotes Kanalrohr am Straßenrand. Lils Wangen glühten noch; sie nahm den Hut mit der Feder ab und hielt ihn auf den Knien. Träumerisch blickten beide auf die Koppel, über den Bach und zu der Gruppe von Akazien, wo Logans Kühe standen und darauf warteten, gemolken zu werden. Was dachten die beiden wohl?

Plötzlich drängte sich unsre Else nah an ihre Schwester heran. Die zornige Dame hatte sie inzwischen vergessen. Sie hob den Finger und strich über die Feder ihrer Schwester; sie lächelte ihr seltsames Lächeln.

«Ich habe die kleine Lampe gesehen», sagte sie leise.

Dann waren sie beide wieder still.

GUY DE MAUPASSANT

Simons Papa

Das Mittagsgeläut verklang. Die Tür des Schulhauses öffnete sich, und die Knaben drängten heraus. Statt sich aber wie sonst zu zerstreuen und zum Essen heimzulaufen, blieben sie nach einigen Schritten stehen, traten zusammen und begannen wie die Vögel zu zwitschern.

Heute war nämlich Simon, der Sohn der Blanchotte, in die Klasse eingetreten.

All diese Knaben hatten in ihren Familien über die Blanchotte reden hören; obwohl man die Frau allgemein gern hatte, sprachen die Mütter untereinander in einem halb geringschätzigen, halb mitleidigen Ton von ihr; die Kinder wußten den Grund dieser Geringschätzung nicht, aber den Ton hatten sie sich gemerkt.

Simon selbst kannten sie kaum, denn er ging nie aus und rannte nicht mit ihnen auf der Dorfstraße oder am Flußufer herum. So einer ist nie beliebt. Und nun standen die Knaben da und zwitscherten wie die Vögel.

Ein bestimmtes Wort erklang immer wieder und wurde hier mit Schadenfreude, dort mit Staunen ausgesprochen. Ein Bursche von vierzehn Jahren, ein «Großer» also, hatte es ihnen zugeflüstert und dabei vielsagend mit den Augen gezwinkert — dies Wort: «Wißt ihr ... der Simon ... der hat überhaupt keinen Papa.»

Jetzt erschien der Sohn der Blanchotte auf der Schwelle der Schultür. Er war ein blasser Junge von sieben oder acht Jahren, sauber gekleidet; er wirkte schüchtern, beinah linkisch.

Nun er sich eben auf den Heimweg begeben wollte, drängte der Schwarm seiner Mitschüler heran. Sie umringten ihn, zwitscherten ohne Pause und warfen ihm höhnische Blicke zu, als führten sie etwas im Schilde. Er blieb überrascht und befangen stehen und begriff nicht, was sie von ihm wollten. Jener Bursche aber, der die

Neuigkeit verbreitet hatte, fragte ihn stolz und siegesgewiß: «Wie heißt du denn, du?»

Er antwortete: «Simon.»

«Simon, und wie weiter?» forschte der andre.

Der Kleine wiederholte verwirrt: «Simon.»

Der Bursche schrie ihn an: «Man sagt Simon und noch was dazu — das ist doch kein Name: bloß Simon.»

Er, schon dem Weinen nahe, erklärte zum drittenmal: «Ich heiße Simon.»

Die Schlingel brachen in ein Gelächter aus. Der Bursche krähte triumphierend: «Ihr seht also, daß er keinen Papa hat.»

Eine lange Stille folgte. All die Kinder waren aufs höchste erstaunt über diese sonderbare, unglaubliche und gräßliche Sache — ein Junge, der keinen Vater hat; sie starrten ihn an wie ein Wundertier, und der Grund der Verachtung, die ihre Mütter daheim der Blanchotte gegenüber hegten, wurde ihnen jetzt klar.

Simon hatte sich gegen einen Baum gelehnt, um nicht umzusinken; er stand wie zerschmettert da. Er wollte das aufklären. Aber er wußte nicht, was er ihnen antworten könnte, um diese ungeheuerliche Tatsache, daß er keinen Vater hatte, zu widerlegen. Schließlich schrie er ihnen mit fahlem Gesicht aufs Geratewohl zu: «Ich habe doch einen.»

«Wo ist er denn?» fragte jener Bursche.

Simon schwieg; er wußte es nicht. Die Kinder ringsum lachten sehr angeregt; es waren Kinder vom Lande und grausam wie das Hühnervieh, das ja auch mit herzlicher Lust ein krankes Huhn über den Hof zu hetzen pflegt. Simons Blick aber fiel plötzlich auf einen Nachbarjungen, den Sohn einer Witwe, den er immer nur allein mit seiner Mutter gesehen hatte.

«Und du genauso», sagte er, «du hast auch keinen Papa.»

«Doch», antwortete ihm der andre, «ich habe wohl einen.»

«Wo ist er denn?» fragte Simon rasch.

«Er ist tot», erklärte der Knabe mit Stolz, «er ist auf dem Friedhof.»

Ein Beifallsgemurmel ging durch die Rotte der Taugenichtse, als ob der Vater ihres Kameraden nur deshalb auf dem Friedhof läge, um diesen gegenüber dem anderen zu erhöhen, der überhaupt keinen aufweisen konnte. Und diese Straßenjungen, deren Väter überwiegend Bösewichter, Trinker, Diebe und die Plage ihrer Frauen waren, drängten heran und rückten mehr und mehr zusammen, als ob sie, die ehelich geborenen, den anderen da, der außerhalb des Gesetzes stand, zwischen sich ersticken wollten. Einer von ihnen, der dicht an Simon herantrat, streckte ihm hurtig die Zunge heraus und schrie ihm zu: «Keinen Papa! Keinen Papa!»

Simon packte ihn mit beiden Händen an den Haaren, trat ihm mit den Füßen gegen die Beine und biß ihn scharf in die Backe. Darauf folgte ein wildes Durcheinander. Die beiden Kampfhähne wurden getrennt, und Simon lag alsbald verprügelt, gezaust, zerschunden an der Erde. Die Schlingel waren auf ihre Kosten gekommen. Als Simon aufstand und sich mechanisch die völlig verschmutzte Bluse abklopfte, schrie ihm einer zu: «Nun geh also und sag's deinem Papa!»

Simon war zumute, als zerbräche etwas in seinem Herzen. Sie waren stärker als er, sie hatten ihn geschlagen, und er konnte es ihnen nicht heimzahlen; überdies war es richtig, was sie behaupteten: er hatte wirklich keinen Papa. Mit aller Wut kämpfte er ein paar Sekunden lang gegen die Tränen, die heraufdrängten. Aber der Druck in seiner Kehle verstärkte sich, und also begann er mit zusammengebissenen Zähnen zu schluchzen. Noch gelang es ihm, das Weinen zu unterdrücken.

Inzwischen hatte sich ringsum ein Triumphgeheul erhoben. Sie fingen an, ihn wie Wilde beim Kriegstanz zu umkreisen, sie faßten in vollem Lauf ihre Hände und wiederholten im Chor: «Keinen Papa! Keinen Papa!»

Simon hörte plötzlich auf zu schluchzen. Eine verstörte Wut packte ihn. Jawohl, es gab hier Steine genug: er raffte welche zusammen und schleuderte sie mit aller Kraft gegen seine Peiniger. Zwei oder drei wurden getroffen und rannten heulend davon; und der Simon sah so entsetzlich drein, daß die übrigen Angst bekamen. Feige, wie die Masse einem bis zum Äußersten entschlossenen Menschen gegenüber ist, stoben sie auseinander und ergriffen die Flucht.

Der kleine vaterlose Junge, der allein zurückblieb, entfernte sich nach den Feldern hinüber. Er begann zu laufen, denn soeben war ihm etwas eingefallen. Kaum bedachte er es, so stand in seinem

Kopfe ein großer Entschluß fest. Er wollte sich im Fluß ertränken. Er erinnerte sich nämlich an dies: Vor acht Tagen hatte sich ein armer Teufel, ein Bettler, aus Verzweiflung ins Wasser gestürzt. Simon war dabeigewesen, als man ihn herausfischte; der arme Kerl hatte sehr abstoßend, schmutzig und garstig ausgesehen; dennoch war dem Knaben der beruhigte Ausdruck, der auf den bleichen bärtigen Wangen und in den offenstehenden stillen Augen gelegen hatte, aufgefallen. Das war wunderlich gewesen. Neben ihm hatte jemand gesagt: «Er ist tot.» Und ein andrer fügte hinzu: «Der ist jetzt gut dran.» Also, Simon wollte sich ertränken, weil er keinen Papa hatte. Er wollte es genauso machen wie jener arme Teufel, dem weiter nichts gefehlt hatte als Geld.

Er kam zum Ufer und sah das Wasser strömen. Ein paar Fische glitten in der klaren Flut dahin. Manchmal schnellten sie sich über den Wasserspiegel und schnappten nach Mücken. Simon wischte sich die Nässe aus den Augen, um es sich anschauen zu können, denn ihr Treiben fesselte ihn bereits. Bisweilen aber — wie in den Pausen eines Sturmes unvermittelt heftige Windstöße heranbrausen, die alle Bäume knarren lassen und sich wieder ins Weite verlieren — tauchte der bitterliche Gedanke wieder in ihm auf: Ich will mich ertränken, weil ich keinen Papa habe.

Das Wetter war schön. Über dem Gras lag warmer Sonnenschein. Das Wasser blinkte wie ein Spiegel. Simon überfiel eine wohlige Erschlaffung, wie sie auf Tränen folgt. Er hätte sich ins warme Gras legen mögen, um zu schlafen.

Ein winziger grüner Frosch sprang zu seinen Füßen. Simon versuchte ihn zu fangen. Der Frosch entwischte. Er griff von neuem zu. Er verfehlte ihn dreimal hintereinander. Endlich packte er ihn an den Enden seiner Beine. Es war zum Lachen, wie das Tierchen zappelte, um freizukommen. Erst zog es sich auf seine langen Beine zurück. Darauf, mit einem plötzlichen Ruck, machte es sie lang und straff wie zwei Stäbchen. Die Augen waren so rund und hatten einen goldenen Kreis, und mit seinen Vorderfüßen griff es wie mit richtigen Händen in die Luft. Er erinnerte Simon an ein Spielzeug, das aus schmalen Holzbrettchen, die im Zickzack aufeinandergenagelt waren, bestand: durch einen ähnlichen Ruck konnte man die kleinen Soldatenfiguren, die obendrauf steckten, zum Exerzieren bringen.

Danach dachte er an zu Hause und an seine Mutter. Die Verzweiflung kehrte zurück, und er fing wieder an zu weinen. Ein Schaudern fuhr ihm über die Glieder; er sank in die Knie und sprach sein Gebet, wie er es vor dem Schlafengehen zu tun pflegte. Aber er kam nicht bis zum Amen, denn die Tränen flossen ihm so reich, so strömend, daß sie ihm Gesicht und Mund überschwemmten. Er dachte nichts mehr; nichts war mehr da für ihn; das Weinen erfüllte ihn ganz.

Plötzlich legte sich eine schwere Hand auf seine Schulter, und eine tiefe Stimme fragte: «Na, was hast du denn, kleiner Mann? Was ist denn los?»

Simon wandte sich um. Ein großer Handwerksgesell stand vor ihm und sah ihn freundlich an. Er hatte einen Bart und schwarzes Kraushaar. Der Knabe schluchzte mit nassen Augen: «Sie haben mich gehauen ... weil ich ... ich ... keinen ... keinen Papa habe.»

«Was ist das?» machte der Mann und mußte lächeln, «jeder Mensch hat doch einen.»

Simon stieß krampfhaft immer wieder die gleichen bekümmerten Worte hervor: «Ich ... ich ... hab' keinen.»

Darauf wurde der Handwerksgesell ernst; er hatte gemerkt, wer da vor ihm saß, nämlich der Sohn der Blanchotte; obwohl er erst seit kurzem in der Gegend arbeitete, hatte er doch von ihr und ihrer Geschichte gehört.

«Sei brav und beruhige dich, mein Junge», sagte er. «Komm mit mir zu deiner Mama. Wirst schon doch noch 'nen Papa bekommen.»

Sie machten sich auf. Der Große hielt den Kleinen an der Hand, und der Mann lächelte jetzt wieder, denn er hatte durchaus nichts dagegen, sich die Blanchotte einmal anzuschauen; man hatte ihm erzählt, daß sie eine der hübschesten Frauen dieser Gegend wäre; und er hatte vielleicht noch andre Gedanken über sie im Kopf, die nicht einmal besonders schön waren.

Sie langten bei einem schmucken weißen Häuschen an.

«Wir sind da», sagte der Junge, und er rief: «Mama!»

Eine Frau erschien. Der Handwerksgesell hörte sofort auf zu lächeln, als er sie sah. Diese große blasse Frau, die aufrecht und streng auf der Türschwelle stehenblieb, würde nicht ein zweites Mal mit sich scherzen lassen. Eingeschüchtert und die Mütze in der Hand stotterte er: «Sehen Sie, Madame, ich bring' Ihnen da Ihren kleinen Burschen zurück. Er wäre ja beinah ins Wasser gefallen.»

Simon aber sprang seiner Mutter um den Hals und schluchzte unter neuen Tränen: «Nein, Mama, ich wollte ins Wasser gehen, weil die andern mich gehauen haben ... mich gehauen haben ... weil ich keinen ... keinen Papa habe.»

Eine brennende Röte übergoß das Gesicht der jungen Frau. Dies Wort hatte sie bis ins Herz getroffen. Mit einer leidenschaftlichen Bewegung riß sie das Kind an sich. Tränen sprangen ihr aus den Augen und rannen nieder. Der Mann stand verlegen an seiner Stelle und wußte nicht, ob er gehen oder bleiben sollte. Aber blitzschnell lief Simon zu ihm hinüber und fragte: «Wollen Sie mein Papa sein?»

Eine schwere Stille folgte. Die Blanchotte lehnte sich wortlos, wie in Scham und Pein, gegen die Mauer und drückte beide Hände aufs Herz. Das Kind ahnte, daß es keine Antwort bekommen würde, und fügte hinzu: «Wenn Sie es nicht wollen, so geh' ich wieder hin, und dann bin ich wirklich im Wasser.»

Der Handwerksgesell suchte zu scherzen und erwiderte lachend: «Nun, ich will es ja.»

«Und wie heißt du», fragte der Knabe, «damit ich den andern antworten kann, wenn sie deinen Namen wissen wollen.»

«Philipp», antwortete der Mann.

Simon schwieg einen Augenblick, um sich diesen Namen genau einzuprägen. Dann breitete er völlig getröstet die Arme aus und sagte: «Also gut, Philipp, du bist mein Papa.»

Der Geselle hob ihn von der Erde empor und küßte ihn ungestüm auf beide Backen. Darauf eilte er mit langen Schritten davon.

Als der Junge am nächsten Morgen in die Klasse kam, empfing ihn ein spöttisches Gelächter; aber bei Schulschluß, als die Burschen wieder anfangen wollten, warf ihnen Simon diese Worte an den Kopf, und er sprach sie, als hielte er einen Stein in der Faust: «Mein Papa heißt Philipp.»

Ein Freudengeheul brach von allen Seiten los.

«Wieso Philipp? — Welcher Philipp? — Was ist denn das, Philipp? — Wo hast du ihn dir gestohlen, deinen Philipp?»

Simon antwortete nicht. Unerschütterlich trotzte er ihnen, Auge in Auge. Mochten sie ihn wieder quälen, fortlaufen würde er nicht. Der Lehrer befreite ihn und brachte ihn auf den Heimweg.

Seit drei Monaten schon machte der große Handwerksgesell Philipp seine Spaziergänge am Hause der Blanchotte vorüber. Bisweilen, wenn er sie am Fenster bei ihrer Näharbeit erblickte, faßte er sich ein Herz und sprach sie an. Sie antwortete ihm dann ebenso höflich wie ernst. Es fiel kein Scherzwort zwischen ihnen. Auch lud sie ihn nie ein hereinzukommen. Er bildete sich zwar ein, daß sie, sobald sie mit ihm sprach, ein wenig mehr Farbe auf die Wangen bekam.

Übrigens ist ein guter Ruf, der verlorenging, kein guter Ruf mehr, und hinfällig bleibt er überdies für alle Zeit. Und also fing man bereits an, über die beiden zu klatschen.

Simon hielt sich derweil zu seinem neuen Papa, er liebte ihn sehr und machte mit ihm fast jeden Abend nach getaner Arbeit einen Gang. Unter den Schulkameraden ging er munter und selbstsicher den eigenen Weg. Er sprach nicht mit ihnen.

Eines Tages jedoch sagte jener Bursche, der ihn damals als erster angegriffen hatte, zu ihm: «Du hast gelogen, du hast keinen Papa, der Philipp heißt.»

«Wie das?» fragte Simon erregt.

Der Bursche rieb sich die Hände und erklärte: «Wenn du einen hättest, so müßte er doch der Mann deiner Mama sein.»

Simon begriff, daß dies durchaus richtig gedacht war, und wurde unruhig. Dennoch antwortete er: «Er ist trotzdem mein Papa.»

«Alles schön und gut», grinste der Bursche, «er ist aber nicht dein Papa *ganz und gar.*»

Der Sohn der Blanchotte senkte den Kopf und ging nachdenklich davon. Er wandte sich zur Schmiede des Meisters Loizon hinüber, in der sein Philipp arbeitete.

Die Schmiede lag im Schatten breitkroniger Bäume. Drinnen war es finster; doch warf die Glut der Esse ihren roten Widerschein auf die nackten Arme der fünf Schmiedegesellen, die mit gewaltigem Lärm auf ihren Amboß loshämmerten. Sie standen aufgereckt, umlodert wie Dämonen, und hielten die Augen auf das glühende Eisen gerichtet, das sie bearbeiteten; und ihre schwerfälligen Gedanken stiegen und fielen mit ihren Hämmern.

Simon trat unbemerkt ein und zog seinen Freund sachte am Ärmel. Der wandte sich um. Darauf unterbrach man die Arbeit. Auch die anderen Gesellen schauten aufmerksam herüber. In der plötzlich eingetretenen Stille erhob sich Simons helles Kinderstimmchen:

«Hör einmal, Philipp, da ist ein Bursche, der sagt immerzu, daß du nicht *ganz und gar* mein Papa bist.»

«Weshalb denn nicht?» fragte der Handwerksgesell.

Der Junge erwiderte in aller Unschuld: «Weil du nicht der Mann meiner Mama bist.»

Niemand lachte. Philipp reckte sich und lehnte die Stirn an seine starken Hände, die den aufgestützten Hammer umklammert hielten. Er dachte nach. Seine vier Kameraden sahen ihn an, und Simon stand, wie ein Zwerg zwischen Riesen, und wartete mit pochendem Herzen auf die Entscheidung.

Nach einer Weile sagte einer von den Gesellen zu Philipp: «Sie ist trotz allem eine gute und anständige Frau, die Blanchotte, tapfer und ordentlich bei allem Unglück. Sie würde eine ehrenwerte Frau abgeben für einen ehrlichen Kerl.»

«Durchaus richtig», sagten die drei anderen.

Der Geselle fuhr fort: «Ist es ein Verbrechen von dieser Frau gewesen, daß sie nachgegeben hat? Man hat ihr die Ehe versprochen, und ich kenne mehr als eine, die man heute hochachtet und der es ehedem genauso gegangen ist.»

«So ist es», nickten die drei Männer.

Er fügte noch hinzu: «Wie sie sich abgemüht hat, die Arme, um ihren Jungen ganz allein aufzuziehen, und wie sie geweint hat, seit sie überhaupt nicht mehr ausgeht, wenn man die Kirche nicht rechnet, das weiß ja nur einer, und das ist unser Herrgott.»

«Auch wahr», sagten die anderen.

Darauf hörte man eine Weile nichts als den Blasebalg, der ins Feuer fauchte. Auf einmal beugte sich Philipp zu Simon nieder: «Sag deiner Mama, daß ich sie heute abend sprechen möchte.» Und er hob den Jungen auf seine Schultern.

Dann wandte er sich wieder der Arbeit zu. Fünf Hammerschläge dröhnten, als wäre es ein einziger Schlag. Und also hämmerten sie auf das Eisen bis zum Abend, stark, gewaltig und in freudiger Lust. Wie aber das Glockengedröhn einer Kathedrale an Feiertagen über das Gebimmel der kleineren Glocken dahinhallt, so übertönte Philipps Hammer, von Sekunde zu Sekunde niedersausend, das Getöse der anderen. Mit strahlenden Augen schmiedete er, aufrecht und funkenumsprüht.

Der Himmel war sternklar, als er an die Haustür der Blanchotte pochte. Er trug unter seinem Sonntagskittel ein sauberes Hemd und war frisch rasiert. Die junge Frau erschien auf der Schwelle. Sie sagte bekümmert: «Es ist mir nicht recht, daß Sie bei einbrechender Nacht kommen, Herr Philipp.»

Er suchte nach einer Antwort, stotterte und stand verwirrt vor ihr.

Sie fuhr fort: «Sie begreifen wohl, daß es nicht gut ist, wenn man über mich spricht.»

Plötzlich faßte er sich. «Es handelt sich darum», sagte er, «ob Sie meine Frau werden wollen!»

Es kam keine Antwort. Dann aber vernahm er im Dunkel des Hausflurs ein Geräusch, als ob jemand sich anlehnen müßte oder umsinken würde. Er trat schnell ein; und Simon, der im Bett lag, hörte den Laut eines Kusses und sodann ein paar leise Worte seiner Mama.

Gleich darauf wurde er von seinem Freunde aus dem Bett gehoben, und dieser Freund, der ihn auf seinen starken Armen hielt, sagte zu ihm: «Du sollst deinen Kameraden erzählen, daß dein Papa der Philipp Rémy ist, der Schmied, und daß er alle bei den Ohren nehmen wird, die dir was tun wollen.»

Am nächsten Morgen, als die Schüler in der Klasse versammelt waren, vor Beginn des Unterrichts, stand der kleine Simon auf, blaß und mit bebenden Lippen. «Mein Papa», sagte er mit heller Stimme, «das ist der Philipp Rémy, der Schmied, und er hat mir versprochen, daß er alle bei den Ohren nehmen wird, die mir was tun wollen.»

Diesmal lachte keiner, denn man kannte den Philipp Rémy, den Schmied, recht gut. Das war ein Papa, auf den jedermann hätte stolz sein können.

UNA TROY

Nenn mich nicht Vater!

Matthew Hogan war der einzige Zeitungshändler in Kilmuc. Sein
Laden an der Kreuzung der beiden Dorfstraßen war wohl klein,
aber ausreichend für die Bedürfnisse des lesenden Publikums. In
einer Ecke standen Bücherregale mit den Büchern der Bezirksleih-
bibliothek, und von hier aus bemühte sich Matthew eifrig und
freudig darum, das kulturelle Niveau des Dorfes zu heben, während sich seine Schwester Johanna um den anderen, etwas lukra-
tiveren Teil des Geschäftes kümmerte.

Matthew war ein zufriedener Junggeselle; Johanna versorgte
ihn glänzend, ohne die Schwierigkeiten und Probleme zu verur-
sachen, die er von einer Frau zu erwarten hätte. Wie es sich für
einen Bibliothekar gehörte, war er ein gebildeter Mann, und er
war jederzeit bereit, über alle erdenklichen Themen zu reden
und zu diskutieren. Man hörte ihm allgemein respektvoll zu,
und es spielte keine Rolle, daß er sich seinen Ruf mehr durch
seine Redekunst als durch den Inhalt seiner Reden erworben
hatte. Er verfügte über einen ausgedehnten Wortschatz, und er
zitierte bei jeder passenden Gelegenheit lateinische oder griechi-
sche Sprichworte, die seine Zuhörer zwar nicht verstanden, aber
die sie sehr beeindruckten, weil Matthew mit langsamer, gewich-
tiger Stimme sprach und weil er seine Worte mit schwungvollen
Gesten illustrierte. Er hatte leicht gerundete Schultern, ein
langes, dünnes Gesicht und einen schmalen grauen Kopf. Er
hatte die Angewohnheit, dauernd seinen Kneifer auf der breiten
Nase hin und her zu rücken. Wenn er mit eifrigem Ernst auf
seine Zuhörer einsprach, gewannen sie den Eindruck, daß er die
Weisheit in Person war.

Als er älter wurde (er war jetzt fast sechzig), zog er sich mehr
und mehr von der brutalen Gegenwart in den Charme der Vergan-

genheit zurück. Seine Kleidung wurde altmodischer, und er begann eine breite Seidenkrawatte zu tragen und Tabak zu schnupfen, lediglich um sich den Gebräuchen des 18. Jahrhunderts anzupassen. Rotwein konnte er sich nicht leisten, aber er trank Bier am Samstagabend im Wirtshaus Hurley aus einem Deckelkrug, der nur für ihn persönlich bestimmt war.

Infolge seines kulturellen Niveaus war seine gesellschaftliche Stellung im Dorf sehr hoch. Nur einmal war sie fast erschüttert worden, und selbst jetzt erinnerte er sich noch schaudernd an das schallende Gelächter, als die einmalige Abweichung von seinem sittlichen Lebenswandel bekannt wurde.

Selbst Johanna ließ ihn bei dieser Gelegenheit im Stich. «Wie konntest du nur?» sagte sie. «Du und Bridget Monaghan! Oh, Matthew, wie war das nur möglich?»

Er konnte ihr seinen Sündenfall nicht erklären, er konnte ihn selbst nicht verstehen. *«Errare humanum est»*, sagte er. *«Video meliora proboque, deteriora sequor»*, und darauf wußte sie natürlich nichts zu antworten.

Die Zeit heilt alle Wunden, und schließlich heilte sie auch die Wunde in Matthews stolzer Seele. Neun Jahre waren seit seinem bedauerlichen Fehltritt vergangen, und er hatte das unglückselige Resultat nie gesehen; er erinnerte sich an den Zwischenfall nur noch gelegentlich, wenn seine Leber ihm zu schaffen machte.

An diesem schönen Maimorgen fühlte er sich besonders wohl. Er summte mit krächzender Stimme, während er aus seinem dunklen Laden auf die sonnenbeschienene Straße blickte. Heute war die Wochenzeitung des Bezirks erschienen, in der ein Artikel von ihm über das Comeragh-Gebirge stand, den er während des Frühstücks mehrere Male durchgelesen hatte. Heute abend bei Hurley würden sich bestimmt alle darüber unterhalten. Während er Bücher in die Regale einordnete, repetierte er einige besonders schöne Sätze. «Manch ein kristallklares Bächlein fließt lächelnd durch die Landschaft. Der Brachvogel ruft überm Moor, an dessen Busen sich der einsame, wie ein Juwel schimmernde Bergsee schmiegt... Lerchen steigen jubilierend zu Gott im Himmel empor...» Und dann: *«Rusticus expectat dum defluat amnis.»* Dieser letzte Satz klang sehr gut und natürlich.

Ein kleines Mädchen betrat den Laden. Matthew machte sich

nichts aus Kindern. Die meisten waren unhöflich und hatten keinen Respekt, ein trauriges Zeichen dafür, daß die Eltern heutzutage nicht streng genug waren. Aber dieses Kind schien wenigstens ruhig und sauber zu sein. Sie trug ein rosa Kleid und wiegte eine rosa Puppe liebevoll im Arm.

«Nun, mein Kind?» fragte er milde.

Das kleine Mädchen sah schweigend zu ihm auf. Ein stumpfsinniges Kind. «Also was willst du, Kind?» fragte Matthew etwas schärfer. «Miss Hogan wird dir die Zeitung geben, oder wolltest du ein Buch für deine Mutter?»

«Nein, danke», erwiderte das kleine Mädchen und fuhr fort, ihn anzustarren. Johanna starrte ihn ebenfalls an. Und jetzt starrte sie auf die Kleine. «Wenn du nichts willst, geh nach Hause», sagte Matthew ärgerlich und wandte sich seinen Büchern zu. Aber Johanna flüsterte mit einer merkwürdigen Stimme: «Oh, Matthew!» Das kleine Mädchen blieb unentwegt stehen; schließlich sagte es leise und unsicher: «Ich will aber etwas.»

Matthew wandte sich ungeduldig von ihm ab.

«Bitte frag das Kind, was es will», sagte er zu Johanna. Er war ziemlich ärgerlich, weil Johanna starr und mit weit offenem Mund hinterm Ladentisch stand.

Die Augen des kleinen Mädchens wurden groß und rund. Es blinzelte ein paar Mal. Eine kleine Träne stahl sich in jedes der beiden riesigen Augen und rollte langsam über ihre Wangen.

«Ich will meinen Vater», sagte es.

«Das Kind hat sich verlaufen», meinte Matthew mit übertriebener Besorgnis. «Würdest du schnell zum Schutzmann laufen, Johanna? Ich werde mich inzwischen um den Laden kümmern.»

Aber Johanna rührte sich nicht von der Stelle, und das Kind sagte etwas Furchtbares: «Kennst du mich nicht, Vater?»

Ein kalter Schauer rann über Matthews Rücken. Seine lange Dichtermähne stand im wahrsten Sinne des Wortes zu Berge. Er fragte heiser: «Was?»

«Kennst du mich nicht, Vater? Ich bin Pansy Monaghan.»

Pansy war gekränkt. Er hätte sie sofort erkennen sollen; das taten sie doch alle — es war die Stimme des Blutes, oder so was Ähnliches. Er schien ein sehr dummer alter Mann zu sein.

Johanna zitterte am ganzen Körper.

«Ich hab's sofort gewußt, Matthew», sagte sie. «Vom ersten Augenblick an. Sie sieht genau aus wie du.»

Das kleine Mädchen hatte lockiges Haar, rosige Wangen, große Augen und einen runden Mund.

«Mach dich nicht lächerlich», brummte Matthew.

Wieder füllten sich die großen braunen Augen mit Tränen. Aber dieses Mal waren die Tränen nicht groß genug, um herunterzurollen. Pansy zwinkerte heftig, aber es half nichts.

«Freust du dich denn nicht, mich zu sehen, Vater?» fragte sie mit rührender Stimme.

Mrs. Dent und Dick Brown erschienen bei der Ladentür, um sich ihre Zeitungen zu holen. Matthew packte das entsetzliche Kind bei der bittend ausgestreckten Hand, zog es in die Küche und schlug die Tür hinter sich zu.

«So», sagte er. «Wer hat dich hergeschickt?»

Die Szene verlief nicht so, wie sie sollte, aber Pansy gab sich große Mühe, einen Erfolg zu erzielen.

«Ich dachte, du würdest mich gern kennenlernen wollen; ich dachte, du wärest einsam und hättest Sehnsucht nach mir, Vater.»

Matthew machte weder einen einsamen noch einen sehnsüchtigen Eindruck, als er groß und schwitzend vor seiner Tochter stand. Pansy sah zu ihm auf, dann senkte sie schnell ihren Blick. Sie flüsterte: «Ich bin so müde.» Sie ließ die schmalen Schultern hängen; selbst die Puppe baumelte müde an ihrer schwachen Hand.

Johanna kam herein und sagte: «Dick kümmert sich um den Laden. Ich dachte, daß ich vielleicht besser mit dieser Sache fertig werden kann als du, Matthew.» Dann wandte sie sich energisch an Pansy: «Setz dich, Kind, und erzähl uns, warum du hergekommen bist.»

Pansy wies mit der Puppe auf Matthew.

«Um meinen Vater zu finden.»

«Sag dem Kind, es soll aufhören, mich auf diese lächerliche Art anzureden», schrie Matthew.

Johanna sah ihn kalt an.

«Ist es so lächerlich, Matthew?» Sie wandte sich wieder zu Pansy. «Und was willst du jetzt, nachdem du ihn gefunden hast?»

Pansy preßte ihre Hände zusammen.

«O Vater, könnten wir nicht alle zusammen glücklich sein — wie früher? Wir drei! Mutti — meine Mama — weint jede Nacht, weil ihr das Herz bricht.»

Matthew wich in sprachlosem Entsetzen von ihr zurück.

«Ihre Wangen werden bleich, sie wird jeden Tag dünner.» Jennifer fiel unbeachtet von Pansys Schoß auf den Fußboden. «Sie sitzt am Fenster und wartet und wartet . . .» Pansy zögerte, weil sie sich fragte, ob sie ein drittes Mal «und wartet» sagen sollte. Sie entschied sich dagegen. «Sie sagt mir nie, worauf sie wartet, aber ich weiß es; sie wartet auf dich. Wenn du nicht bald kommst, wird sie . . . wird sie . . .» Pansy starrte auf Jennifer, deren lebloser Körper sie auf einen guten Gedanken brachte. «Bald wird sie kalt und tot daliegen.»

Matthew konnte noch immer nicht sprechen. Seine Augen traten aus ihren Höhlen, sein Hals zuckte krampfhaft. Johanna sagte ruhig: «Du mußt müde von dem weiten Weg sein, Pansy. Du wohnst in Doon, nicht wahr?»

«Ja, furchtbar weit fort. Drei Meilen! Aber ich *mußte* kommen.»

«Drei Meilen, das ist ein langer Weg für ein kleines Mädchen.»

«Ja.» Draußen am Rinnstein stand ein Fahrrad, das sie sich, ohne um Erlaubnis zu fragen, von einer Nachbarin geborgt hatte. «Ich glaube, meine Füße bluten.»

Johanna besah sich Pansys feste Schuhe und die sauberen weißen Socken. Sie verbiß das Lachen und sagte ernst: «Ich kann kein Blut sehen.»

«Das kann man auch nicht sehen, aber ich kann es fühlen. Sie bluten bestimmt.»

«Du möchtest doch sicher gern ein Glas Milch und Kekse haben?»

«Süße Kekse?»

«Schokoladenkekse.»

«Schokoladenkekse eß' ich *sehr* gern.» Sie beobachtete Johanna, während sie einen Krug von der Anrichte nahm und ihr ein Glas Milch eingoß. «Wer sind Sie?» Sie sah Matthew an. «Sind Sie seine Frau?»

«Ich bin seine Schwester.»

«Aha», sagte Pansy und gab Jennifer mit ihrem staubigen Schuh einen leichten Tritt. «Dann bist du also meine Tante», erklärte sie plötzlich und lächelte.

«Großer Gott», sagte Matthew, aber Johanna ging mit den Keksen in der Hand dicht an ihm vorbei und zischte: «Sei still, Matthew!»

«Soll ich nicht Tantchen zu dir sagen?»

«Du kannst mich Miss Hogan nennen.»

«Warum?»

«Weil ich so heiße.»

Pansy fand das irgendwie unlogisch, aber sie war zu sehr mit ihren Keksen beschäftigt, um der Sache auf den Grund zu gehen. «Wie viele darf ich nehmen?» fragte sie.

«Nimm dir, soviel du willst.»

«Ich könnte eine Menge essen, ich bin nämlich sehr hungrig», sagte Pansy versonnen.

«Nicht erstaunlich, nach dem langen Spaziergang.»

«Nicht wegen des Spaziergangs.» Über Milch und Keksen hatte Pansy ihren künstlerischen Ehrgeiz vergessen, aber jetzt war sie wieder mit ganzem Herzen bei der Sache. «Ich bin immer hungrig, und Mutti — meine Mama — auch.» Ihre Unterlippe begann zu zittern, und sie warf einen Blick auf Matthew. «Wir sind sehr arm. Wir haben kein Geld, um Essen zu kaufen.»

Matthew wurde plötzlich aktiv. Er ging mit großen Schritten auf Pansy zu, zog einen Pfundschein aus der Tasche und warf ihn ihr zu.

«Hier, hier! Deshalb haben sie dich doch hergeschickt, nicht wahr? Wirst du jetzt endlich gehen?»

«Du bist ein Narr, Matthew», sagte Johanna.

Pansy starrte mit großen Augen auf den Geldschein. Mary hatte den Kindern streng verboten, Geldgeschenke anzunehmen, aber Mary war weit fort. Pansy konnte sich nicht vorstellen, wie viele Filme, Filmzeitschriften, Süßigkeiten und Limonade dieser Reichtum repräsentierte — er überstieg ihre kühnsten Hoffnungen. Sie nahm die Pfundnote ehrfürchtig in die Hand, faltete sie sorgfältig und steckte sie in ihre kleine bestickte Kleidertasche. Sie sah Matthew bewundernd an. Es wurde ihr zum erstenmal klar, was für ein erstrebenswerter Vater er war; sie begann die Stimme des Blutes zu hören. Sie sagte: «Du mußt sehr reich sein.» Dann kam ihr ein glorreicher Gedanke. «Ich bin wohl deine Erbin?»

«Geh in den Laden zurück, Matthew, und laß uns allein», schlug

Johanna vor, «und versuch dich an das zu erinnern, was du so oft zu mir gesagt hast.»

«Was?»

«*Macte animo*», sagte Johanna.

An diesem Abend ging Johanna aus und kam erst um zehn Uhr abends zurück. Sie fand Matthew verzagt vor dem ausgebrannten Küchenofen sitzen. Sie machte sich geschäftig daran, das Feuer wieder anzuzünden; dann setzte sie einen Kessel Wasser auf, und erst als der Tee auf dem Tisch stand und sie Matthew gegenüber saß, erzählte sie ihm, weshalb sie so lange fortgeblieben war.

«Ich war bei den Monaghans», begann sie.

«So, so», sagte er mit einem schwachen Lächeln. «Das war sehr lieb von dir, Johanna, wirklich sehr lieb. Aber leider wird es nicht viel Sinn haben, sie haben sich vorgenommen, mich gründlich zu schröpfen.» Die Tasse und die Untertasse klapperten in seiner zitternden Hand. «Aber es wird ihnen nicht gelingen», sagte er heftig, «das laß ich mir nicht gefallen. Was können sie mir tun? Ich frage dich: Was können sie tun?»

«Natürlich gar nichts», sagte Johanna, «und sie haben auch nicht die Absicht. Bitte, nimm dich in acht, Matthew, du hast Tee in deine Untertasse geschüttet. Ich habe Mary kennengelernt; sie ist die Älteste und ein sehr nettes Mädchen. Ein nettes, vernünftiges Mädchen», lobte Johanna. «Mary war sehr ärgerlich, als sie hörte, was Pansy getan hat. Scheinbar hat Pansy vorige Woche hier in Kilmuc einen Film gesehen, in dem die Wiedervereinigung eines Vaters mit seiner kleinen Tochter stattgefunden hat. Das Kind in diesem Film hat die Familie wieder zusammengebracht, und Pansy sah sich in der Rolle der jungen Heldin. Aber leider fand sie, daß du eine schlechte Besetzung für den Vater bist.»

Matthew stöhnte.

«Mir ist nicht zum Lachen zumute, Johanna.»

«Nein? Kannst du den Humor der Situation nicht erkennen?»

«Nein, durchaus nicht.»

«Vielleicht kann man das auch nicht von dir verlangen. Pansy war von deinem Geschenk tief beeindruckt, und sie hofft, dich recht bald wiederzusehen.»

«Das kommt gar nicht in Frage, Johanna.»

«Reg dich nicht auf, Matthew, sie wird nicht wiederkommen,

weil Mary es ihr streng verboten hat.» Johanna machte eine Pause. «Ich weiß allerdings nicht, ob Pansy ein sehr folgsames Kind ist.»

«Sie ist ein gräßliches Kind.»

«Sie ist deine Tochter, Matthew.»

«Dafür kann ich nichts.» Er bemerkte Johannas Blick und stotterte: «Ich . . . ich . . . ich hab' dir doch schon hundertmal erzählt, daß es einzig und allein die Schuld von Bridget Monaghan gewesen ist.»

«Sie muß, vom biologischen Standpunkt aus gesehen, eine höchst ungewöhnliche Frau sein.» Johanna räusperte sich kurz. «Mary war sehr böse, als sie hörte, daß Pansy eine Pfundnote von dir angenommen hat. Sie befahl Pansy, dir das Geld sofort zurückzugeben. Pansy sagte, sie hätte es leider verloren, und als Beweis zeigte sie uns ein Loch in ihrer Tasche. Ich habe mit meinen eigenen Augen gesehen, wie sie das Loch gewaltsam mit den Fingern vergrößert hat. Ich fürchte, das Kind nimmt's mit der Wahrheit nicht sehr genau», sagte sie seufzend.

«Was kann man denn von diesem Kind erwarten?» fragte Matthew böse.

Johanna warf ihm einen bedeutungsvollen Blick zu.

«Sehr richtig, Matthew, was kann man von ihm erwarten . . .» Sie stand auf, um das Geschirr abzuräumen. «Zerbrich dir nicht weiter den Kopf; die ganze Sache war nur eine Kinderei.»

Im allgemeinen konnte man sich auf Johannas Urteil verlassen, aber man durfte ihr keine Vorwürfe machen, daß sie Pansy unterschätzt hatte. Es war schon vielen so gegangen.

Als sie Matthew am nächsten Morgen einen Briefumschlag überreichte, der zwei Zehnshillingnoten enthielt, hatte er das Gefühl, daß man den unangenehmen Zwischenfall jetzt beruhigt vergessen könnte. Zweifellos hatte ihn das kleine Mädchen im rosa Kleid nicht im Auftrag seiner Familie belästigt. Er war Johanna dankbar, daß sie der Sache auf den Grund gegangen war und ihn beruhigen konnte; er sagte nicht viel, sondern brachte seine Dankbarkeit dadurch zum Ausdruck, daß er ihr seinen ganzen Artikel über das Comeragh-Gebirge mit sonorer Stimme vorlas.

Der Inhalt des Briefumschlages stimmte Johanna traurig, weil sie wußte, wie schwer das Geld verdient worden war. Gleichzeitig bewunderte sie den Stolz der Familie Monaghan, und sie hoffte von ganzem Herzen, daß sich der schuldige Teil — nämlich Pansy — an den vielen Süßigkeiten, die sie sich bestimmt mit ihrem heimlichen Schatz gekauft hatte, gründlich den Magen verderben würde.

Eine Woche später hatte Matthew seine Tochter wieder völlig vergessen, wie er es seit dem unglückseligen Tag ihrer Geburt getan hatte. Endlich hatte er wieder das Gefühl, daß *omnia bona bonis.* Als er zwei Wochen später durchs Dorf ging und freundlich seine Nachbarn begrüßte, tauchte sie plötzlich an seiner Seite auf. Dieses Mal war sie in Blau und hatte eine blaugekleidete Puppe im Arm. Sie sagte süß: «Guten Morgen, Vater!»

Matthew blieb einen Augenblick wie angewurzelt stehen, dann ging er mit großen Schritten weiter, ohne ihre Anwesenheit zur Kenntnis zu nehmen. Sie trippelte ihm nach und sagte nochmals, dieses Mal etwas lauter: «Guten Morgen, Vater!»

Er blieb stehen, weil er es nicht dulden konnte, daß sie ihn hier auf offener Straße ansprach. Er sah sie wütend an und zischte ihr zu: «Wie kannst du es wagen, mir zu folgen? Hat dir deine Schwester nicht verboten, zu mir zu kommen?»

«Ja, Vater.»

«Nenn mich nicht so ... Warum gehorchst du deiner Schwester nicht?»

«Sie ist nur meine Schwester, aber du bist mein Vater.»

«Ich bin *nicht* dein Vater.»

«Mutti sagt, daß du mein Vater bist.»

Matthew war außer sich: «Und ich befehle dir, mich in Ruhe zu lassen.»

Pansy antwortete nicht. Sie hatte bereits gelernt, daß es unter Umständen vorteilhafter ist zu schweigen, als zu streiten.

«Du wirst bestraft werden», sagte Matthew giftig. Er sah sich hilflos um. Wie konnte er diese Pest nur loswerden? «Ich sag's dem Polizisten, der wird dich ins Gefängnis tun.»

Diese Drohung machte keinen Eindruck auf Pansy.

«Deine Schwester wird dich bestrafen.»

«Ja, aber nicht sehr», meinte sie.

«Doch, sie wird dir eine gehörige Tracht Prügel geben.»

«Das kann sie nicht, weil ich hysterisch werde», erklärte Pansy. «Deshalb kann ich niemals sehr bestraft werden. Mit mir müssen sie sehr vorsichtig sein, ich bin nämlich übersensibel», fügte sie stolz hinzu.

Die Leute waren bereits in kleinen Gruppen auf der Straße stehen geblieben, und Matthew sah, daß in einem gegenüberliegenden Haus ein Vorhang etwas zur Seite gezogen wurde. Er schauderte, dann sagte er unfreundlich: «Was willst du?» Pansy konnte auch unfreundlich sein, wenn sie glaubte, mit Höflichkeit nichts zu erreichen. «Ich habe Hunger», sagte sie.

«Du hast keinen Hunger.»

«Doch — nicht auf gewöhnliche Sachen, aber auf das», sagte Pansy.

Sie standen vor dem Schaufenster des Kolonialwarenhändlers William Bates, und Pansy zeigte auf einen Mandelkuchen mit Zuckerguß.

«Ich hab' dir doch voriges Mal Geld gegeben.»

«Das hab' ich ausgegeben.»

Selbst auf dem Höhepunkt seines Elends war Matthew erschüttert über diesen neuen Beweis von Pansys Verkommenheit.

«Das kannst du doch noch nicht ausgegeben haben.»

«Doch; es ist alles so teuer.» Sie machte eine kleine Pause, dann sagte sie mit erhobener Stimme: «Vater!»

«Wirst du fortgehen, wenn ich dir Geld gebe?»

«Ja.»

«Und wirst du aufhören, mich Vater zu nennen?»

«Ja.»

Matthew gab ihr drei Shilling. Wenn es nicht zu ihrem Nachteil war, hielt Pansy ihr Wort. Sie sagte höflich: «Vielen Dank, Mr. Hogan», und verließ ihn, um sich Kuchen zu kaufen.

Danach wurde sein Leben zur Hölle. Matthew wußte nie, wann ein Kind mit einer Puppe neben ihm auftauchen, ihn mit feuchten braunen Augen fixieren und von ihrem Magen reden würde. Eine Zeitlang rührte er sich während des Tages nicht mehr aus seiner Behausung, aber auch das half ihm nichts. Nachdem ihn die kleine Hexe ein paar Wochen lang in Ruhe gelassen hatte, erschien sie eines Tages weiß gekleidet, mit einer weißen Puppe im Arm, vor seinem Laden. Pansy machte keinen Versuch, den Laden zu betreten; sie blieb einfach vor der Tür stehen und starrte mit großen feuchten Augen ins Innere.

Matthew stand wie angewurzelt, mit hängendem Unterkiefer, im Laden. Er hörte Johannas besorgte Frage, ob er krank sei, aber es war ihm unmöglich, ihr zu antworten. Er erhob eine zitternde Hand und wies nach draußen. Johanna guckte durchs Fenster und sagte: «So eine Frechheit — der werde ich die Meinung sagen!» «Nein, nein.» Matthew sprang auf die Tür zu. Er konnte nicht zulassen, daß Johanna Zeugin seiner Niederlage wurde. «Ich werde schon mit ihr fertig werden, Johanna.»

Er sah wütend auf Pansy hinunter und mußte sich Gewalt antun, sie nicht zu schlagen. Er zischte mit zusammengebissenen Zähnen: «Wenn du es wagst, in die Nähe meines Hauses zu kommen, geb' ich dir nichts — keinen Penny — verstanden?»

Pansy sagte ganz mit Recht, daß es ihr seit geraumer Zeit unmöglich gewesen wäre, sich ihm irgendwo anders zu nähern.

«Wenn ich dir auf der Straße begegnen würde, würde ich dir vielleicht etwas geben — aber höchstens alle zwei Wochen.»

Pansy wußte aus Erfahrung, wann der Zeitpunkt gekommen war, ihre Opfer nicht weiter zu quälen. «Also gut», sagte sie. Nach kurzem Zögern fuhr sie fort: «Willst du mir von heute an Geld geben, ja?»

Das konnte er nicht tun, weil Johanna ihn beobachtete.

«Nein.»

«Also gut . . . Vater.»

«Und wenn du mich jemals wieder so nennst, geb' ich dir kein Geld.»

«Also gut», sagte Pansy zum dritten Mal und ging leicht enttäuscht die Straße hinunter. Bei Bates gab es Milchschokolade, nur zwei Pence das Stück. Er hätte ihr doch wenigstens zwei Pence geben können. Sie hatte mit mindestens sechs Stück gerechnet, aber sie wußte, daß ihre Armut nur vorübergehend war und daß sie in Zukunft ein ständiges Einkommen haben würde, wenn sie es nur einigermaßen gescheit anfing.

Matthew tat in dieser Nacht kein Auge zu, sondern dachte in hilfloser Wut über seine Niederlage nach. Es war zu lächerlich, daß man sich von einem Kind erpressen lassen mußte — es war einfach grotesk, phantastisch, aber leider wahr.

Als der Morgen dämmerte, schlief er endlich ein und träumte, daß Pansy auf seinem Bett säße und daß die grauenhafte Puppe Jennifer ihren gemalten Mund öffnete und «Vater» zu ihm sagte.

BRIGITTE SCHWAIGER

Die Nacht mit dem Vater

Ich habe ja gesagt, ich fahre mit. Weil er so erwartungsvoll geschaut hat, und der Himmel blau, da fragt er doch immer: Kinder,
habt ihr etwas vor? Und dann möchte er, daß wir uns freuen,
wenn er mit uns etwas unternimmt. Aber keine von uns will mit
ihm fahren, weil er einen doch immer nur ausfragt, was für ein
Baum das ist und was für ein Verkehrszeichen, und dann wird
man belehrt, oder Gertrud muß sich ans Steuer setzen, und er
sagt, wie gut Gertrud schon fährt, daß es unglaublich ist, und
dann redet er ihr doch immer drein und erklärt uns das Autofah-
ren, weil er glaubt, er muß uns ständig bilden. Deshalb ist er im
Urlaub meistens allein im Gebirge, und er fragt auch manchmal:
Warum muß ich immer allein verreisen? Wir sagen es ihm nicht,
weil wir ihn nicht kränken wollen. Und jetzt hat er wieder sieben
Tage Urlaub, und er hat unsere Mutter gar nicht gefragt, ob sie mit-
kommt, weil er weiß, sie hat etwas zu tun, was sie nur in seiner
Abwesenheit erledigen kann im Haus. Zimmer ausmalen lassen
oder den Schlosser holen, oder sie hängt die Ölbilder im Vorhaus
um. Und wenn der Vater sagt, er fährt jetzt ins Gebirge, dann hat
er auf der Autokarte schon alle Orte angekreuzt, durch die er
fahren wird, und eine Liste hat er von den Freunden, die er besuchen wird, und dann werden es immer weniger Orte und immer
weniger Freunde, und zum Schluß sagt er, wir haben keine Freunde mehr, daran ist Mutter schuld, und im Gebirge wird es auch
immer teurer, und beim Skifahren kommt man sich vor wie bei
einer Zirkusvorstellung, die man selbst bezahlen muß, und dann
bleibt er zu Hause. Aber mir tut das leid für ihn, und wie er heute
früh das Schlafzimmerfenster aufgemacht hat, damit die Früh-
lingsluft hereinkommt und er genug Licht hat beim Schnurrbart-
schneiden, sagt er: Fahren wir nach Zell am See? Und wirklich er-

wartungsvoll schaut er mich dabei an. Da wird er mir fast sympathisch, manchmal, und ich habe gesagt: Ja. Die Mutter war froh und hat uns gleich einen gemeinsamen Koffer gepackt, und die Gertrud hat dabei zugeschaut, und auf einmal sagt er, sie soll auch mitkommen, weil sie ohnehin so ein träges Element ist, und die Mutter hat gefunden, das ist eine gute Idee, und sie haben noch einen Koffer vom Dachboden heruntergeholt, und bis zum Deutschen Eck hat die Gertrud das Auto gelenkt, und er hat ihr dreingeredet, und zu mir hat er Trampel gesagt, weil ich meinen Paß nicht gleich gefunden habe, und ich habe schon wieder alles bereut. Obwohl er dann auf der Skipiste wieder sehr charmant war, so wie immer, wenn wir zusammen unter Fremden sind, und er hat gesagt, wir sollen ihm nicht immer nachfahren und ihm nicht immer zurufen: Papa! Er möchte ja mit den anderen Damen, die vor dem Skilift Schlange stehen, ein wenig Konversation machen und ihre Psychologie studieren, und wir haben ihn dann sogar gesiezt, und auf der Jausenstation hat er erlaubt, daß wir rauchen, hat uns sogar Feuer gegeben mit Zündhölzern, die er eigens für uns beim Wirt geholt hat. Wir waren einfach seine begleitenden Damen. Das haben wir auch ausgenützt und mehrere Krüge Steintee bestellt, und Marlboro, und er hat alles bezahlt, obwohl er sonst immer jammert, daß wir zuviel kosten, und er war fast wie ein fremder Kavalier. Und morgen kommt Bob. Er hat sich in Zell am See in unserer Frühstückspension per Telegramm angekündigt, weil ihm die Mutter am Telefon gesagt hat, daß wir über Ostern hier sind, und jetzt darf ich nicht mehr mit der Gertrud im Zimmer schlafen, sondern muß das Bett freimachen für Bob, und ich muß ins Zimmer von Papa, und ich meine, ich habe ihn ja sehr gern, aber irgendwie ist es unangenehm, ich kann es nicht erklären und kann auch nicht darüber reden, weil sie sonst wieder sagen, ich spinne. Ich weiß, ich kann vom Bob nicht erwarten, daß er sich zu seinem Schwiegervater legt. Das ist ganz klar. Außerdem ist er ein Engländer. Obwohl, einmal waren wir mit dem Onkel Guido auf Urlaub, da habe ich mit der Tante Irmgard das Zimmer geteilt, und der Onkel Guido hat beim Papa geschlafen, weil die Tante Irmgard sagt, sie kann im Winterurlaub mit ihrem Mann nicht das Zimmer teilen, er lüftet nie, aus Angst vor einer Lungenentzündung, und der Papa schläft auch gern bei geschlossenen Fenstern, weil er in der Nacht immer friert, das hat den Onkel Guido und ihn verbunden, aber der Bob und mein Vater reden ja kaum miteinander, weil ein Engländer sich nicht herabläßt, deutsch zu sprechen, auch wenn er es kann, und wir wissen, daß der Bob alles versteht, was wir reden, nur spricht er immer englisch, und mein Vater findet das arrogant, und obwohl er selbst gut englisch kann, läßt er sich nicht herab, dieses Spiel mitzumachen, wie er es ausdrückt, und so verständigen sie sich meistens nur durch Handzeichen, oder die Gertrud übersetzt. Ich könnte ja ein Einzelzimmer bekommen für die Zeit, die der Bob in Zell am See ist. Aber das kostet zu viel Geld, würde mein Vater sagen, und überhaupt würde er dann wissen, daß ich nicht bei ihm schlafen will, dann käme es zur Sprache, und es wäre nur peinlich.

Zweimal habe ich mich auf der Schmittenhöhe so richtig hinfallen lassen in der vereisten Kurve, und jedesmal hat mir das Steißbein wehgetan, aber gebrochen war nichts. Weil sie mich ja mit einem gebrochenen Bein gleich ins Spital einliefern müssen, und dort hätte ich ein Zimmer für mich allein, oder wenigstens mit anderen Frauen. Und beim Abendessen war mir so heiß, und dann wieder kalt, und mein Mund ganz merkwürdig trocken. Auch Kopfschmerzen habe ich gespürt, bis in den Rücken. Aber sie haben es einfach ignoriert. Die Gertrud ist jetzt ganz euphorisch. Man hört es durch die dünnen Zimmerwände, wie sie drüben singt. *To know, know, know him is to love, love, love him.* Seit Weihnachten war sie vollkommen still, weil sie geglaubt hat, der Bob holt sie nie wieder nach England, die Ehe wird nun endgültig geschieden, und jetzt braucht der blöde Kerl nur ein Telegramm zu schicken, daß er morgen kommt, und schon ist alles verziehen. Sie wäscht sich die Haare und schminkt sich. Braun ist sie auch schon geworden. Bei ihr geht das schnell. Ich werde nur rot im Gesicht, die Lippen springen mir auf, und wenn der Sonnenbrand vorbei ist, bin ich wieder blaß. Sie hat auch so ein ernstes Gesicht, daß man sie ernst nimmt, denn sie sieht wirklich gescheit aus. Sie ist aber dumm, und ich bin zwar erst zwölfeinhalb, aber immer witzig und schlagfertig. Das habe ich von meinem Vater. Die Gertrud ist ja gar nicht seine Tochter. Meine Mutter hat sie in die Ehe mitgebracht.

Und ich bin auch so klein und zart wie der Papa. Da muß man Witze reißen, damit man nicht übersehen wird. Und der Vater versteht meine Witze, obwohl die Gertrud sie nie versteht, weil sie keinen Humor hat. Manchmal ist mein Vater richtig stolz auf mich, weil ich gerade einen Witz gemacht habe, den er selbst auf der Zunge gehabt hat. Da sieht er dann, daß ich seiner würdig bin. Aber er stellt auch die Gertrud immer sehr stolz vor als seine Tochter, eben weil sie so attraktiv ist, und er lobt sie, aus Höflichkeit wahrscheinlich, weil sie nicht seine leibliche Tochter ist, und mit mir geht er kritisch um, eben weil er mich mehr liebt, das muß es sein. Schläfst du schon, hat er jetzt gefragt, wie er ins Zimmer gekommen ist, und ich habe mich unter der Tuchent eingeringelt, ganz regelmäßig atme ich, damit er merkt, ich bin schon bewußtlos. Aber er stellt seine Sachen sehr laut auf den Fußboden, und die Schuhe zieht er ächzend aus und stellt sie unters Fenster, und mit dem Waschzeug scheppert er herum, seift sich den Hals und die Ohren ein und gurgelt, schneuzt sich ins Wasser und spuckt, ohne den geringsten Gedanken daran, daß ich aufwachen könnte. Man weiß bei ihm nie, ob er etwas mit Absicht tut oder aus Zerstreutheit.

Er hat so dünne Beine. Rote Knie und Krampfadern. Mir muß er ja nicht gefallen, aber meine Mutter sagt, nackt sind alle Männer häßlich, und es ärgert sie oft, daß er den ganzen Sonntag halbnackt im Haus herumläuft. Da sagt sie immer, er soll sich etwas anziehen, sonst wird er sich verkühlen. Aber hier im Zimmer ist es warm, und er weiß ja nicht, daß ich alles sehe. Man möchte ja nicht hinschauen, aber er hat das große Licht aufgedreht, weil er jetzt nicht Strom sparen muß, hier ist ja alles inklusive, und er benimmt sich, als wäre er allein, dabei hat er einen Gast im Zimmer. Der Gast ist König, heißt es bei uns daheim, wenn wir von seinen Kriegsfreunden aus Berlin, die wir nicht mögen, wieder Besuch erwarten. Da muß unsere Mutter groß aufkochen und mit ansehen, wie sie bis nach Mitternacht mit unserem Vater Kognak trinken, obwohl er Alkohol immer bereuen muß am nächsten Tag, und sie nehmen gar keine Rücksicht, die Deutschen sind so, und mein Vater sagt, sie sind zusammen im Schützengraben gelegen, und wir Weiber können das nicht verstehen.

Jetzt hat er endlich das Licht abgedreht und sich neben mich gelegt, aber er zieht dauernd an seiner Tuchent herum, wie wenn sie ihm zu kurz wäre, dabei ist er zwei Zentimeter kleiner als ich, und mir ist sie lang genug. Er seufzt jetzt auch, wie wenn er schreckliche Gedanken hätte. Meine Mutter an meiner Stelle wäre längst aufgewacht. Sie würde ihn jetzt fragen, ob er eine Wärmflasche will oder ein Gespräch. Aber ich schlafe tief. Ich bin ja noch ein Kind und das sagt er ja oft: Mein Gott, die Kinder haben einen guten Schlaf.

Jetzt hat er herübergegriffen und mir die Hand auf den Rücken gelegt. Ich finde, das ist eine Frechheit, wenn ich doch schlafe. Er könnte mir das Gesicht streicheln, meinetwegen, oder die Haare, weil ich sein schlafendes Kind bin. Aber auf den Rücken greift er mir nur, damit ich aufwache. Und ich mag jetzt nicht mit ihm reden. Reden können wir ja morgen auf der Schmittenhöhe.

COLETTE

Die Wahlhelferin

Als ich acht, neun und zehn Jahre alt war, wendete mein Vater sich der Politik zu. Er verstand es, zu gefallen und zu kämpfen, aus dem Stegreif zu sprechen und Anekdoten zu erzählen — er hätte vielleicht ein Abgeordnetenhaus verführen und erobern können, wie er eine Frau bestrickte. Aber genau wie seine grenzenlose Freigebigkeit uns alle ruinierte, verblendete ihn ein kindliches Vertrauen. Er glaubte an die Ehrlichkeit seiner Parteifreunde und an die Anständigkeit seines Gegners, im vorliegenden Fall Monsieur Merlou. Pierre Merlou, später für kurze Zeit Minister, verdrängte meinen Vater aus den Provinzialständen und stach ihn bei der Kandidatur für die Abgeordnetenkammer aus; dafür bin ich der Asche Seiner Exzellenz noch heute dankbar.

Die Stellung eines kleinen Steuerbeamten im Departement Yonne konnte einen einbeinigen Hauptmann der Zuaven, der springlebendig und von Menschenfreundlichkeit besessen war, nicht befriedigen noch ihn im seelischen Gleichgewicht erhalten. Sowie das Wort «Politik» sein Ohr mit gefährlichem Klang berührte, dachte er: «Ich werde das Volk durch Belehrung erobern! Ich werde die Jugend und die Kinder im geheiligten Namen der Naturgeschichte, der Physik und der Chemie anrufen, ich werde die Projektionslaterne und das Mikroskop schwingen und in den Dorfschulen bildende und unterhaltende Farbdrucke verteilen, auf denen der Rüsselkäfer, zwanzigfach vergrößert, den bienengroß gezeichneten Geier in den Schatten stellt . . . Ich werde volkstümliche Vorträge über den Alkoholismus halten, aus denen Poyaudin und Forterrat, hartnäckige Säufer, bekehrt und in Tränen gebadet, weggehen sollen!»

So geschah es. Der abgenützte, offene kleine Wagen und die alte schwarze Stute beluden sich zur Zeit der Wahlen mit der Projektionslaterne, mit bunten Bildern, Probiergläsern, knieförmig gebogenen Röhren, mit dem zukünftigen Kandidaten, seinen Krücken und mir. Ein kalter und ruhiger Herbst bleichte den wolkenlosen Himmel. Wenn es bergauf ging, fiel die Stute in Schritt; dann sprang ich zur Erde, pflückte in den Hecken blaue Schlehen und korallenfarbige Pfaffenkäppchen und suchte weiße, unter den Köpfen rosige Champignons. Aus den schütteren Wäldern, an denen wir entlangfuhren, drang der Duft frischer Trüffeln und modernder Blätter.

Ein schönes Leben begann für mich. In den Dörfern lud das erst vor einer Stunde geleerte Schulzimmer die Zuhörerschaft auf seine abgenützten Bänke ein; die schwarze Tafel, Gewichte und Maße, der traurige Geruch schmutziger Kinder, alles war mir vertraut. Eine Petroleumlampe schwankte am Ende ihrer Kette und erleuchtete die Gesichter derer, die da kamen, um ernst und argwöhnisch dem Vortrag zu lauschen. Die Anstrengung des Zuhörens faltete die Stirnen und öffnete gequälte Münder. Fern von ihnen, auf der Estrade mit wichtigen Ämtern betraut, fühlte ich mich stolz wie ein Kind, das dem Jongleur die Gipseier, den seidenen Schal und die Dolche mit ihrer blauen Klinge zu überreichen hat.

Verblüfftes Stillschweigen, daraufhin schüchterner Applaus begrüßten das Ende der «belehrenden Plauderei». Ein Bürgermeister in Stiefeln gratulierte meinem Vater, als ob er eben einer schimpflichen Verurteilung entgangen wäre. An der Schwelle des leeren Saales warteten Kinder auf den «Herrn, der nur ein Bein hat». Die kalte Nachtluft legte sich um mein erhitztes Gesicht wie ein feuchtes Taschentuch, getränkt mit einem starken Geruch von dampfender Erde, Stall und Eichenrinde. Die angespannte Stute, schwarz wie die Nacht ringsum, wieherte uns entgegen; im Lichtkreis von einer der beiden Laternen bewegte sich der gehörnte Schatten ihres Kopfes . . . Mein freigebiger Vater verließ seine traurigen Zuhörer jedoch nicht, ohne zumindest die Honoratioren des Dorfes zu einem Glas Wein eingeladen zu haben. In der nächsten Schenke kochte Wein auf der Glut; in seinem rötlichen Gischt schwammen Zitronenschalen und Zimtstücke. Wenn ich an den würzigen Duft denke, fühle ich heute noch ein Wohlbehagen in

der Nase . . . Mein Vater gestattete sich als wackerer Südländer nur
Sodawasser, während seine Tochter . . .
«Das kleine Fräuleinchen wird sich wohl mit einem Fingerhut
voll heißem Wein aufwärmen!»
Ein Fingerhut voll? Ich hielt das Glas hin, und wenn der Wirt
den Schnabelkrug zu bald wieder hob, rief ich: «Bis zum Rand!»
und fügte hinzu: «Prosit! Auf Ihr Wohl.» Dann stieß ich an, hob
den Ellbogen, klopfte mit dem leeren Glas auf den Tisch, wischte
mir mit dem Handrücken den Schnurrbart aus gezuckertem Bur-
gunder ab und sagte, indem ich das Glas aufs neue an den Krug
heranschob: «Das tut wohl, wo immer es hinfließt!» Kurz, ich
wußte, wie man sich gut benimmt.

Meine ländliche Höflichkeit erheiterte die Trinker, die dann mit
einemmal in meinem Vater ihresgleichen zu erblicken begannen
— von dem einen Bein abgesehen; sie fanden ihn jetzt «unterhaltsam, vielleicht ein bißchen närrisch» . . . Die peinliche Vorstellung
endete mit Gelächter und freundschaftlichem Schulterklopfen.
Ungeheuerliche Geschichten wurden erzählt, die Stimmen klangen so rauh, daß man zuweilen glauben konnte, es belle einer
jener Schäferhunde, die das ganze Jahr im Freien verbringen. Der
Lärm umgab mich wohlig; völlig betrunken schlief ich, den Kopf
auf dem Tisch, ein. Schwere Bauernarme hoben mich schließlich
auf und legten mich zärtlich in den Wagen, wohl eingewickelt in
den roten Kaschmirschal, der nach Iris und meiner Mutter roch.

Zehn Kilometer, manchmal fünfzehn, eine richtige Reise unter
den flimmernden Sternen des Winterhimmels, im Trab der mit
Hafer vollgestopften Stute . . . Gibt es wirklich Menschen, die
kühl bleiben und keinen kindlichen Schluchzer im Halse ersticken
müssen, wenn sie nachts auf der gefrorenen Landstraße den
Schritt eines Pferdes hören oder das Kläffen eines jagenden Fuch-
ses, das Lachen eines vom Licht der Laternen aufgeschreckten
Käuzchens? . . .

Die ersten Male erstaunte meine Mutter bei unserer Heimkehr
meine verklärte Erschöpftheit; sie legte mich schnell zu Bett und
machte meinem Vater Vorwürfe wegen meiner Müdigkeit. Eines
Abends aber entdeckte sie in meinem Blick eine allzu burgundi-
sche Laune und in meinem Atem das Geheimnis meiner Fröhlichkeit. Ach! . . .

Das Wägelchen fuhr am nächsten Morgen ohne mich fort; am Abend kehrte es zurück, um nicht wieder wegzufahren.

«Hast du deine Vorträge aufgegeben?» fragte einige Tage später meine Mutter den Vater.

Er warf mir einen melancholischen und zugleich schmeichelhaften Blick zu, zuckte die Achseln und rief: «Weiß Gott! Du hast mir meinen besten Wahlhelfer genommen...»

THEODOR STORM

Das Lisei

Es war ein trüber Herbsttag; einzelne gelbe Blätter sanken schon zur Erde; über mir in der Luft schrien ein paar Strandvögel, die ans Haff hinausflogen; kein Mensch war zu sehen noch zu hören. Langsam schritt ich durch das Unkraut, das auf den Steigen wucherte, bis ich einen schmalen Steinhof erreicht hatte, der den Garten von dem Hause trennte. — Richtig! Dort oben schauten zwei große Fenster in den Hof herab, aber hinter den kleinen in Blei gefaßten Scheiben war es schwarz und leer, keine Puppe war zu sehen. Ich stand eine Weile, mir wurde ganz unheimlich in der mich rings umgebenden Stille.

Da sah ich, wie unten die schwere Hoftür von innen eine Handbreit geöffnet wurde, und zugleich lugte auch ein schwarzes Köpfchen daraus hervor.

«Lisei!» rief ich.

Sie sah mich groß mit ihren dunklen Augen an. «B'hüt Gott!» sagte sie; «hab i doch nit gewußt, was da außa rumkraxln tät! Wo kommst denn du daher?»

«Ich? — Ich geh spazieren, Lisei! — Aber sag mir, spielt ihr denn schon jetzt Komödie?»

Sie schüttelte lachend den Kopf.

«Aber was machst du denn hier?» fragte ich weiter, indem ich über den Steinhof zu ihr trat.

«I wart auf den Vater», sagte sie; «er ist ins Quartier, um Band und Nagel zu holen; er macht's halt firti für heut abend.»

«Bist du denn ganz allein hier, Lisei?»

«O nei; du bist ja aa no da!»

«Ich meine», sagte ich, «ob nicht deine Mutter oben auf dem Saal ist?»

Nein, die Mutter saß in der Herberge und besserte die Puppenkleider aus; das Lisei war hier ganz allein.

«Hör», begann ich wieder, «du könntest mir einen Gefallen tun; es ist unter eueren Puppen einer, der heißt Kasperl; den möcht ich gar zu gern einmal in der Nähe sehen.»

«Den Wurstl meinst?» sagte Lisei und schien sich eine Weile zu bedenken. «Nu, es ging scho; aber g'schwind mußt sein, eh denn der Vater wieder da ist!»

Mit diesen Worten waren wir schon ins Haus getreten und liefen eilig die steile Wendeltreppe hinauf. — Es war fast dunkel in dem großen Saale; denn die Fenster, welche sämtlich nach dem Hofe hinaus lagen, waren von der Bühne verdeckt; nur einzelne Lichtstreifen fielen durch die Spalten des Vorhangs.

«Komm!» sagte Lisei und hob seitwärts an der Wand die dort aus einem Teppich bestehende Verkleidung in die Höhe; wir schlüpften hindurch, und da stand ich in dem Wundertempel. — Aber, von der Rückseite betrachtet, und hier in der Tageshelle, sah er ziemlich kläglich aus; ein Gerüst aus Latten und Brettern, worüber einige buntbekleckste Leinwandstücke hingen: das war der Schauplatz, auf welchem das Leben der heiligen Genoveva so täuschend an mir vorübergegangen war. —

Doch ich hatte mich zu früh beklagt; dort, an einem Eisendraht, der von einer Kulisse nach der Wand hinübergespannt war, sah ich zwei der wunderbaren Puppen schweben; aber sie hingen mit dem Rücken gegen mich, so daß ich sie nicht erkennen konnte.

«Wo sind die anderen, Lisei?» fragte ich; denn ich hätte gern die ganze Gesellschaft auf einmal mir besehen.

«Hier im Kast'l», sagte Lisei und klopfte mit ihrer kleinen Faust auf eine im Winkel stehende Kiste; «die zwei da sind scho zug'richt; aber geh nur her dazu und schau's dir a; er ist scho dabei, dei Freund, der Kasperl!»

Und wirklich, er war es selber. «Spielt denn der heute abend auch wieder mit?» fragte ich.

«Freili, der is allimal dabei!»

Mit untergeschlagenen Armen stand ich und betrachtete meinen lieben, lustigen Allerweltskerl. Da baumelte er, an sieben Schnüren aufgehenkt; sein Kopf war vornübergesunken, daß seine großen Augen auf den Fußboden stierten und ihm die rote Nase wie ein breiter Schnabel auf der Brust lag. «Kasperle, Kasperle», sagte ich bei mir selber, «wie hängst du da elendiglich!» Da antwortete es ebenso: «Wart nur, liebs Brüderl, wart nur bis heut abend!» — War das auch nur so in meinen Gedanken oder hatte Kasperl selbst zu mir gesprochen? —

Ich sah mich um. Das Lisei war fort; sie war wohl vor die Haustür, um die Rückkehr ihres Vaters zu überwachen. Da hörte ich sie eben noch von dem Ausgang des Saales rufen: «Daß d' mir aber nit an die Puppen rührst!» — — Ja — nun konnte ich es aber doch nicht lassen. Leise stieg ich auf eine neben mir stehende Bank und begann erst an der einen, dann an der anderen Schnur zu ziehen; die Kinnladen fingen an zu klappen, die Arme hoben sich, und jetzt fing auch der wunderbare Daumen an, ruckweise hin und her zu schießen. Die Sache machte gar keine Schwierigkeit; ich hatte mir die Puppenspielerei doch kaum so leicht gedacht. — Aber die Arme bewegten sich nur nach vorn und hinten aus; und es war doch gewiß, daß Kasperle sie in dem neulichen Stück auch seitwärts ausgestreckt, ja daß er sie sogar über dem Kopf zusammengeschlagen hatte! Ich zog an allen Drähten, ich versuchte mit der Hand die Arme abzubiegen; aber es wollte nicht gelingen. Auf einmal tat es einen leisen Krach im Innern der Figur. «Halt!» dachte ich. «Hand vom Brett! Da hättest du können Unheil anrichten!»

Leise stieg ich wieder von meiner Bank herab, und zugleich hörte ich auch Lisei von außen in den Saal treten.

«G'schwind, g'schwind!» rief sie und zog mich durch das Dunkel an die Wendeltreppe hinaus. «'s is eigentli nit recht», fuhr sie fort, «daß i di eilassn hab; aber, gel, du hast doch dei Gaudi g'habt!»

Ich dachte an den leisen Krach von vorhin. «Ach, es wird ja nichts gewesen sein!» Mit dieser Selbsttröstung lief ich die Treppe hinab und durch die Hintertür ins Freie.

So viel stand fest, der Kasper war doch nur eine richtige Holzpuppe; aber das Lisei — was das für eine allerliebste Sprache führte! Und wie freundlich sie mich gleich zu den Puppen mit hinaufgenommen hatte! — Freilich, und sie hatte es ja auch selbst gesagt, daß sie es so heimlich vor ihrem Vater getan, das war nicht völlig in der Ordnung. Unlieb — zu meiner Schande muß ich's gestehen — war diese Heimlichkeit mir grade nicht; im Gegenteil, die Sache bekam für mich dadurch noch einen würzigen Beigeschmack, und es muß ein recht selbstgefälliges Lächeln auf meinem Gesicht gestanden haben, als ich durch die Linden- und Kastanienbäume des Gartens wieder nach dem Bürgersteig hinabschlenderte.

Allein zwischen solchen schmeichelnden Gedanken hörte ich von Zeit zu Zeit vor meinem inneren Ohr immer jenen leisen Krach im Körper der Puppe; was ich auch vornahm, den ganzen Tag über konnte ich diesen, jetzt aus meiner eigenen Seele herauftönenden unbequemen Laut nicht zum Schweigen bringen.

Es hatte sieben Uhr geschlagen; im Schützenhofe war heute, am Sonntag abend, alles besetzt; ich stand diesmal hinten, fünf Schuh hoch über dem Fußboden, auf dem Doppeltschillingsplatze. Die Talglichter brannten in den Blechlampetten, der Stadtmusikus und seine Gesellen fiedelten; der Vorhang rollte in die Höhe.

Ein hochgewölbtes gotisches Zimmer zeigte sich. Vor einem aufgeschlagenen Folianten saß im langen schwarzen Talar der Doktor Faust und klagte bitter, daß ihm all seine Gelehrsamkeit so wenig einbringe; keinen heilen Rock habe er mehr am Leibe, und vor Schulden wisse er sich nicht zu lassen; so wolle er denn jetzt mit der Hölle sich verbinden. — «Wer ruft nach mir?» ertönte zu seiner Linken eine furchtbare Stimme von der Wölbung des Gemaches herab. — «Faust, Faust, folge nicht!» kam eine andere feine Stimme von der Rechten. — Aber Faust verschwor sich den höllischen Gewalten. — «Weh, weh deiner armen Seele!» Wie ein seufzender Windeshauch klang es von der Stimme des Engels; von der Linken schallte eine gellende Lache durchs Gemach. Da klopfte es an die Tür. «Verzeihung, Eure Magnifizenz!» Fausts Famulus Wagner war eingetreten. Er bat, ihm für die grobe Hausarbeit die Annahme eines Gehilfen zu gestatten, damit er sich besser aufs Studieren legen könne. «Es hat sich», sagte er, «ein junger Mann bei mir gemeldet, welcher Kasperl heißt und gar fürtreffliche Qualitäten zu besitzen scheint.» — Faust nickte gnädig mit dem Kopf und sagte: «Sehr wohl, lieber Wagner, diese Bitte sei Euch gewährt.» Dann gingen beide miteinander fort.

«Pardauz!» rief es; und da war er. Mit einem Satz kam er auf die Bühne gesprungen, daß ihm das Felleisen auf dem Buckel hüpfte.

123

«Gott sei gelobt!» dachte ich; «er ist noch ganz gesund: er springt noch ebenso wie vorigen Sonntag in der Burg der schönen Genoveva!» Und seltsam, so sehr ich ihn am Vormittage in meinen Gedanken nur für eine schmähliche Holzpuppe erklärt hatte, mit seinem ersten Worte war der ganze Zauber wieder da. Emsig spazierte er im Zimmer auf und ab. «Wenn mich jetzt mein Vater Papa sehen tät», rief er, «der würd sich was Rechts freuen! Immer pflegt er zu sagen: ‹Kasperl, mach, daß du dein Sach in Schwung bringst!› — O jetzund hab ich's in Schwung, denn ich kann mein Sach haushoch werfen!» — Damit machte er Miene, sein Felleisen in die Höhe zu schleudern; und es flog auch wirklich, da es am Draht gezogen wurde, bis an die Deckenwölbung hinauf; aber — Kasperles Arme waren an seinem Leibe klebengeblieben; es ruckte und ruckte, aber sie kamen um keine Handbreit in die Höhe.

Kasperl sprach und tat nichts weiter. — Hinter der Bühne entstand eine Unruhe, man hörte leise, aber heftig sprechen, der Fortgang des Stückes war augenscheinlich unterbrochen.

Mir stand das Herz still; da hatten wir die Bescherung! Ich wäre gern fortgelaufen, aber ich schämte mich. Und wenn gar dem Lisei meinetwegen etwas geschähe!

Da begann Kasperl auf der Bühne plötzlich ein klägliches Geheule, wobei ihm Kopf und Arme schlaff herunterhingen, und der Famulus Wagner erschien wieder und fragte ihn, warum er denn so lamentiere.

«Ach, mei Zahnerl, mei Zahnerl!» schrie Kasperl.

«Guter Freund», sagte Wagner, «so laß Er sich einmal in das Maul sehen!» — Als er ihn hierauf bei der großen Nase packte und ihm zwischen die Kinnladen hineinschaute, trat auch der Doktor Faust wieder in das Zimmer. — «Verzeihen Eure Magnifizenz», sagte Wagner, «ich werde diesen jungen Mann in meinem Dienst nicht gebrauchen können; er muß sofort in das Lazarett geschafft werden!»

«Is das a Wirtshaus?» fragte Kasperle.

«Nein, guter Freund», erwiderte Wagner, «das ist ein Schlachthaus. Man wird Ihm dort einen Weisheitszahn aus der Haut schneiden, und dann wird Er seiner Schmerzen ledig sein.»

«Ach, du liebs Herrgottl», jammerte Kasperl, «muß mi arms Viecherl so ein Unglück treffen! Ein Weisheitszahnerl, sagt Ihr, Herr Famulus? Das hat noch keiner in der Famili gehabt! Da geht's wohl auch mit meiner Kasperlschaft zu End?»

«Allerdings, mein Freund», sagte Wagner, «eines Dieners mit Weisheitszähnen bin ich baß entraten; die Dinger sind nur für uns gelehrte Leute. Aber Er hat ja noch einen Bruderssohn, der sich auch bei mir zum Dienst gemeldet hat. Vielleicht», und er wandte sich gegen den Doktor Faust, «erlauben Eure Magnifizenz!»

Der Doktor Faust machte eine würdige Drehung mit dem Kopf.

«Tut, was Euch beliebt, mein lieber Wagner», sagte er; «aber stört mich nicht weiter mit Euren Lappalien in meinem Studium der Magie!»

«Heere, mei Gutester», sagte ein Schneidergesell, der vor mir auf der Brüstung lehnte, zu seinem Nachbar, «das geheert ja nicht zum Stück; ich kenn's, ich hab es vor ä Weilchen erst in Seifersdorf gesehn.» — Der andere aber sagte nur: «Halt's Maul, Leipziger!» und gab ihm einen Rippenstoß.

Auf der Bühne war indessen Kasperle, der zweite, aufgetreten. Er hatte eine unverkennbare Ähnlichkeit mit seinem kranken Onkel, auch sprach er ganz genau wie dieser; nur fehlte ihm der bewegliche Daumen, und in seiner großen Nase schien er kein Gelenk zu haben.

Mir war ein Stein vom Herzen gefallen, als das Stück nun ruhig weiterspielte, und bald hatte ich alles um mich her vergessen. Der teuflische Mephistopheles erschien in seinem feuerfarbenen Mantel, das Hörnchen vor der Stirn, und Faust unterzeichnete mit seinem Blute den höllischen Vertrag:

«Vierundzwanzig Jahre sollst du mir dienen; dann will ich dein sein mit Leib und Seele.»

Hierauf fuhren beide in des Teufels Zaubermantel durch die Luft davon. Für Kasperle kam eine ungeheure Kröte mit Fledermausflügeln aus der Luft herab. «Auf dem höllischen Sperling soll ich nach Parma reiten?» rief er, und als das Ding wackelnd mit dem Kopf nickte, stieg er auf und flog den beiden nach.

Ich hatte mich ganz hinten an die Wand gestellt, wo ich besser über alle die Köpfe vor mir hinwegsehen konnte. Und jetzt rollte der Vorhang zum letzten Aufzug in die Höhe.

Endlich ist die Frist verstrichen. Faust und Kasper sind beide wieder in ihrer Vaterstadt. Kasper ist Nachtwächter geworden; er geht durch die dunklen Straßen und ruft die Stunden ab:

«Hört, ihr Herrn, und laßt euch sagen,
Meine Frau hat mich geschlagen;
Hüt't euch vor dem Weiberrock!
Zwölf ist der Klock! Zwölf ist der Klock!»

Von fern hört man eine Glocke Mitternacht schlagen. Da wankt Faust auf die Bühne; er versucht zu beten; aber nur Heulen und Zähneklappern tönt aus seinem Halse. Von oben ruft eine Donnerstimme:

«Fauste, Fauste, in aeternum damnatus es!»

Eben fuhren im Feuerregen drei schwarzhaarige Teufel herab, um sich des Armen zu bemächtigen, da fühlte ich eins der Bretter zu meinen Füßen sich verschieben. Als ich mich bückte, um es zurechtzubringen, glaubte ich aus dem dunklen Raume unter mir ein Geräusch zu hören; ich horchte näher hin; es klang wie das Schluchzen einer Kinderstimme. — «Lisei!» dachte ich; «wenn es Lisei wäre!» Wie ein Stein fiel meine ganze Untat mir wieder aufs Gewissen; was kümmerte mich jetzt der Doktor Faust und seine Höllenfahrt!

Unter heftigem Herzklopfen drängte ich mich durch die Zuschauer und ließ mich seitwärts an dem Brettergerüst herabgleiten. Rasch schlüpfte ich in den darunter befindlichen Raum, in welchem ich an der Wand entlang ganz aufrecht gehen konnte; aber es war fast dunkel, so daß ich mich an den überall untergestellten Latten und Balken stieß. «Lisei!» rief ich. Das Schluchzen, das ich eben noch gehört hatte, wurde plötzlich still; aber dort in dem tiefsten Winkel sah ich etwas sich bewegen. Ich tastete mich weiter bis an das Ende des Raumes, und — da saß sie, zusammengekauert, das Köpfchen in den Schoß gedrückt.

Ich zupfte sie am Kleide. «Lisei», sagte ich leise, «bist du es? Was machst du hier?»

Sie antwortete nicht, sondern begann wieder vor sich hin zu schluchzen.

«Lisei», fragte ich wieder; «was fehlt dir? So sprich doch nur ein einziges Wort!»

Sie hob den Kopf ein wenig. «Was soll i da red'n!» sagte sie; «du weißt's ja von selber, daß du den Würstl hast verdreht.»

«Ja, Lisei!» antwortete ich kleinlaut; «ich glaub es selber, daß ich das getan habe.»

«Ja, du! — Und i hab dir's doch g'sagt!»

«Lisei, was soll ich tun?»

«Nu, halt nix!»

«Aber was soll denn daraus werden?»

«Nu, halt aa nix!» Sie begann wieder laut zu weinen. «Aber i — wenn i z' Haus komm — da krieg i die Peitsch'n!»

«Du die Peitsche, Lisei!» — Ich fühlte mich ganz vernichtet. «Aber ist dein Vater denn so strenge?»

«Ach, mei guts Vaterl!» schluchzte Lisei.

Also die Mutter! O wie ich, außer mir selber, diese Frau haßte, die immer mit ihrem Holzgesicht an der Kasse saß!

Von der Bühne hörte ich Kasperl, den zweiten, rufen: «Das Stück ist aus! Komm, Gret'l, laß uns Kehraus tanzen!» Und in demselben Augenblicke begann auch über unseren Köpfen das Scharren und Trappeln mit den Füßen, und bald polterte alles von den Bänken herunter und drängte sich dem Ausgang zu; zuletzt kam der Stadtmusikus mit seinen Gesellen, wie ich aus dem Tönen des Brummbasses hörte, mit dem sie beim Fortgehen an den Wänden anstießen. Dann allmählich wurde es still, nur hinten auf der Bühne hörte man noch die Tendlerschen Eheleute miteinander reden und wirtschaften. Nach einer Weile kamen auch sie in den Zuschauerraum; sie schienen erst an den Musikantenpulten, dann an den Wänden die Lichter auszuputzen, denn es wurde allmählich immer finsterer.

«Wenn i nur wüßt, wo die Lisei abblieben ist!» hörte ich Herrn Tendler zu seiner an der gegenüberliegenden Wand beschäftigten Frau hinüberrufen.

«Wo soll't sie sein!» rief diese wieder; «'s ist 'n störrig Ding; ins Quartier wird sie gelaufen sein!»

«Frau», antwortete der Mann, «du bist auch zu wüst mit dem Kind gewesen; sie hat doch halt so a weichs Gemüt!»

«Ei was», rief die Frau; «ihr' Straf muß sie hab'n; sie weiß recht gut, daß die schöne Marionett noch von mei'm Vater selig ist! Du wirst sie nit wieder kurieren, und der zweit' Kasper ist doch halt nur ein Notknecht!»

Die lauten Wechselreden hallten in dem leeren Saale wider. Ich hatte mich neben Lisei hingekauert; wir hatten uns bei den Händen gefaßt und saßen mäuschenstille.

«G'schieht mir aber schon recht», begann wieder die Frau, die eben grade über unseren Köpfen stand, «warum hab ich's gelitten, daß du das gotteslästerlich Stück heute wieder aufgeführt hast! Mein Vater selig hat's nimmer wollen in seinen letzten Jahren!»

«Nu, nu, Resel!» rief Herr Tendler von der anderen Wand; «dein Vater war ein b'sondrer Mann. Das Stück gibt doch allfort eine gute Kassa; und ich mein', es ist doch auch a Lehr und Beispiel für die vielen Gottlosen in der Welt!»

«Ist aber bei uns zum letztenmal heut geb'n. Und nu red mir nit mehr davon!» erwiderte die Frau.

Herr Tendler schwieg. — Es schien jetzt nur noch ein Licht zu brennen, und die beiden Eheleute näherten sich dem Ausgang.

«Lisei», flüsterte ich, «wir werden eingeschlossen.»

«Laß!» sagte sie, «i kann nit, i geh nit furt!»

«Dann bleib ich auch!»

«Aber dei Vater und Mutter!»

«Ich bleib doch bei dir!»

Jetzt wurde die Tür des Saales zugeschlagen; dann ging's die Treppe hinab, und dann hörten wir, wie draußen auf der Straße die große Haustür abgeschlossen wurde.

Da saßen wir denn. Wohl eine Viertelstunde saßen wir so, ohne auch nur ein Wort miteinander zu reden. Zum Glück fiel mir ein, daß sich noch zwei Heißewecken in meiner Tasche befanden, die ich für einen meiner Mutter abgebettelten Schilling auf dem Herweg gekauft und über all dem Schauen ganz vergessen hatte. Ich steckte Lisei den einen in ihre kleinen Hände; sie nahm ihn schweigend, als verstehe es sich von selbst, daß ich das Abendbrot besorge, und wir schmausten eine Weile. Dann war auch das zu Ende. — Ich stand auf und sagte: «Laß uns hinter die Bühne gehen; da wird's heller sein; ich glaub, der Mond scheint draußen!» Und Lisei ließ sich geduldig durch die kreuz und quer stehenden Latten von mir in den Saal hinausleiten.

Als wir hinter der Verkleidung in den Bühnenraum geschlüpft waren, schien dort vom Garten her das helle Mondlicht in die Fenster.

An dem Drahtseil, an dem am Vormittag nur die beiden Puppen gehangen hatten, sah ich jetzt alle, die vorhin im Stück aufgetreten waren. Da hing der Doktor Faust, mit seinem scharfen blassen Gesicht, der gehörnte Mephistopheles, die drei kleinen schwarzhaarigen Teufelchen, und dort neben der geflügelten Kröte waren auch die beiden Kasperls. Ganz stille hingen sie da in der bleichen Mondscheinbeleuchtung; fast wie Verstorbene kamen sie mir vor. Der Hauptkasperl hatte zum Glück wieder seinen breiten Nasenschnabel auf der Brust liegen, sonst hätte ich geglaubt, daß seine Blicke mich verfolgen müßten.

Nachdem Lisei und ich eine Weile, nicht wissend, was wir beginnen sollten, an dem Theatergerüst umhergestanden und -geklettert waren, lehnten wir uns nebeneinander auf die Fensterbank. — Es war Unwetter geworden; am Himmel, gegen den Mond, stieg eine Wolkenbank empor; drunten im Garten konnte man die Blätter zu Haufen von den Bäumen wehen sehen.

«Guck», sagte Lisei nachdenklich, «wie's da aufig'schwomma kimmt! Da kann mei alte gute Bas' nit mehr vom Himm'l abi schaun.»

«Was für eine alte Bas', Lisei?» fragte ich.

«Nu, wo i g'west bin, bis sie halt g'storb'n ist.»

Dann blickten wir wieder in die Nacht hinaus. — Als der Wind gegen das Haus und auf die kleinen undichten Fensterscheiben stieß, fing hinter mir an dem Drahtseil die stille Gesellschaft mit ihren hölzernen Gliedern an zu klappern. Ich drehte mich unwillkürlich um und sah nun, wie sie, vom Zugwind bewegt, mit den Köpfen wackelten und die steifen Arm' und Beine durcheinanderregten. Als aber plötzlich der kranke Kasperl seinen Kopf zurückschlug und mich mit seinen weißen Augen anstierte, da dachte ich, es sei doch besser, ein wenig an die Seite zu gehen.

Unweit vom Fenster, aber so, daß die Kulissen dort vor dem Anblick dieser schwebenden Tänzer schützen mußten, stand die große Kiste; sie war offen; ein paar wollene Decken, vermutlich zum Verpacken der Puppen bestimmt, lagen nachlässig darüber hingeworfen.

Als ich mich eben dorthin begeben hatte, hörte ich Lisei vom Fenster her so recht aus Herzensgrunde gähnen.

«Bist du müde, Lisei?» fragte ich.

«O nein», erwiderte sie, indem sie ihre Ärmchen fest zusammenschränkte; «aber i frier halt!»

Und wirklich, es war kalt geworden in dem großen leeren Raume, auch mich fror. «Komm hierher!» sagte ich, «wir wollen uns in die Decken wickeln.»

Gleich darauf stand Lisei bei mir und ließ sich geduldig von mir in die eine Decke wickeln; sie sah aus wie eine Schmetterlingspuppe, nur daß oben noch das allerliebste Gesichtchen herausguckte. «Weißt», sagte sie und sah mich mit zwei großen müden Augen an, «i steig ins Kistl, da hält's warm!»

Das leuchtete auch mir ein; im Verhältnis zu der wüsten Umgebung winkte hier sogar ein traulicher Raum, fast wie ein dichtes Stübchen. Und bald saßen wir armen törichten Kinder wohlverpackt und dicht aneinandergeschmiegt in der hohen Kiste. Mit Rücken und Füßen hatten wir uns gegen die Seitenwände gestemmt; in der Ferne hörten wir die schwere Saaltür in den Falzen klappen; wir aber saßen ganz sicher und behaglich.

«Friert dich noch, Lisei?» fragte ich.

«Ka bisserl!»

Sie hatte ihr Köpfchen auf meine Schulter sinken lassen; ihre Augen waren schon geschlossen. «Was wird mei guts Vaterl —» lallte sie noch; dann hörte ich an ihren gleichmäßigen Atemzügen, daß sie eingeschlafen war.

Ich konnte von meinem Platze aus durch die oberen Scheiben des einen Fensters sehen. Der Mond war aus seiner Wolkenhülle wieder hervorgeschwommen, in der er eine Zeitlang verborgen gewesen war; die alte Bas' konnte jetzt wieder vom Himmel herunterschauen, und ich denke wohl, sie hat's recht gern getan. Ein Streifen Mondlicht fiel auf das Gesichtchen, das nahe an dem meinen ruhte; die schwarzen Augenwimpern lagen wie seidene Fransen auf den Wangen, der kleine rote Mund atmete leise, nur mitunter zuckte noch ein kurzes Schluchzen aus der Brust herauf; aber auch das verschwand; die alte Bas' schaute gar so mild vom Himmel. — Ich wagte mich nicht zu rühren. «Wie schön müßte es sein», dachte ich, «wenn das Lisei deine Schwester wäre, wenn sie dann immer bei dir bleiben könnte!» Denn ich hatte keine Geschwister, und wenn ich auch nach Brüdern kein Verlangen trug, so hatte ich mir doch oft das Leben mit einer Schwester in meinen Gedanken ausgemalt und konnte es nie begreifen, wenn meine Kameraden mit denen, die sie wirklich besaßen, in Zank und Schlägerei gerieten.

Ich muß über solchen Gedanken doch wohl eingeschlafen sein; denn ich weiß noch, wie mir allerlei wildes Zeug geträumt hat. Mir war, als säße ich mitten in dem Zuschauerraum; die Lichter an den Wänden brannten, aber niemand außer mir saß auf den leeren Bänken. Über meinem Kopf, unter der Balkendecke des Saales, ritt Kasperl auf dem höllischen Sperling in der Luft herum und rief einmal übers andere: «Schlimms Brüderl! Schlimms Brüderl!» oder auch mit kläglicher Stimme: «Mein Arm! Mein Arm!»

Da wurde ich von einem Lachen aufgeweckt, das über meinem Kopf erschallte; vielleicht auch von dem Lichtschein, der mir plötzlich in die Augen fiel. «Nun seh mir einer dieses Vogelnest!» hörte ich die Stimme meines Vaters sagen, und dann etwas barscher: «Steig heraus, Junge!»

Das war der Ton, der mich stets mechanisch in die Höhe trieb. Ich riß die Augen auf und sah meinen Vater und das Tendlersche Ehepaar an unserer Kiste stehen; Herr Tendler trug eine brennende Laterne in der Hand. Meine Anstrengung, mich zu erheben, wurde indessen durch Lisei vereitelt, die, noch immerfort schlafend, mit ihrer ganzen kleinen Last mir auf die Brust gesunken war. Als sich aber jetzt zwei knochige Arme ausstreckten, um sie aus der Kiste herauszuheben, und ich das Holzgesicht der Frau Tendler sich auf uns niederbeugen sah, da schlug ich die Arme so ungestüm um meine kleine Freundin, daß ich dabei der guten Frau fast ihren alten italienischen Strohhut vom Kopf gerissen hätte.

«Nu nu, Bub!» rief sie und trat einen Schritt zurück; ich aber, aus unserer Kiste heraus, erzählte mit geflügelten Worten und ohne mich dabei zu schonen, was am Vormittag geschehen war.

«Also, Madame Tendler», sagte mein Vater, als ich mit meinem Bericht zu Ende war, und machte zugleich eine sehr verständliche Handbewegung, «da könnten Sie es mir ja wohl überlassen, dieses Geschäft allein mit meinem Jungen abzumachen.»

«Ach ja, ach ja!» rief ich eifrig, als wenn mir soeben der angenehmste Zeitvertreib verheißen wäre.

Lisei war indessen auch erwacht und von ihrem Vater auf den

Arm genommen worden. Ich sah, wie sie die Arme um seinen Hals schlang und ihm bald eifrig ins Ohr flüsterte, bald ihm zärtlich in die Augen sah oder wie beteuernd mit dem Köpfchen nickte. Gleich darauf ergriff auch der Puppenspieler die Hand meines Vaters. «Lieber Herr», sagte er, «die Kinder bitten füreinander. Mutter, du bist ja auch nit gar so schlimm! Lassen wir es diesmal halt dabei!»

Madame Tendler sah indes noch immer unbeweglich aus ihrem großen Strohhut. «Du magst selbst schauen, wie du ohne den Kasperl fertig wirst!» sagte sie mit einem strengen Blick auf ihren Mann.

In dem Antlitz meines Vaters sah ich ein gewisses lustiges Augenzwinkern, das mir Hoffnung machte, es werde das Unwetter diesmal so an mir vorüberziehen; und als er jetzt sogar versprach, am anderen Tage seine Kunst zur Herstellung des Invaliden aufzubieten, und dabei Madame Tendlers italienischer Strohhut in die holdseligste Bewegung geriet, da war ich sicher, daß wir beiderseits im trocknen waren.

Bald marschierten wir unten durch die dunklen Gassen, Herr Tendler mit der Laterne voran, wir Kinder Hand in Hand den Alten nach. — Dann: «Gut Nacht, Paul! Ach, will i schlaf'n!» Und weg war das Lisei; ich hatte gar nicht gemerkt, daß wir schon bei unseren Wohnungen angekommen waren.

PATRICK F. MCMANUS

Angst vorm Dunkeln

In meinen frühen Jahren, als ich noch unter zehn war, dachte ich oft daran, wegzulaufen und in die Fremdenlegion einzutreten. Die Uniform war hübsch, und die Vorstellung, auf Pferden und Kamelen quer durch die Wüste zu reiten, gefiel mir. Nur eins beunruhigte mich, die Frage nämlich, ob die Fremdenlegionäre Nachtlichter zugeteilt bekamen. Meine Abenteuerlust hatte ihre Grenzen. Ich konnte mir mühelos einen kampferprobten Sergeant ausmalen, der seinem Kompanieführer Meldung erstattet: «Sieht mulmig aus, Sir. Wir haben weder Proviant noch Trinkwasser, und die Munition geht auch zur Neige. Was noch schlimmer ist — es fehlt uns an Brennstoff für die Nachtlichter der Leute.» Bei meinem Glück wäre ich sicher als erster betroffen und könnte mein Nachtlicht nicht mehr anzünden.

Natürlich erkannte ich, daß die Angst vor der Dunkelheit ein ernster Charakterfehler war. Da mein Charakter sowieso ein Übermaß an Fehlern aufwies, machte mir dieser eine weitere nicht viel aus. Trotzdem wollte ich nicht, daß meine Freunde etwas über meine Angst vor der Dunkelheit herausfanden, und gab mir jede erdenkliche Mühe, dieses Geheimnis für mich zu behalten. Zum Beispiel, als Ronnie Ditmeyer zu uns auf die Farm herauskam, um bei mir zu übernachten.

Ronnie hatte kaum den Fuß ins Haus gesetzt, als er auch schon mit dem Vorschlag herausrückte, er und ich sollten hinter dem Haus im Garten schlafen. Seinen Worten nach hatte er in der Stadt häufig im Garten genächtigt, doch dies war die erste Gelegenheit für ihn, es auch auf dem Land auszuprobieren.

«Na klar», sagte ich. «Gut. Du meinst, im Dunkeln. Draußen im Freien schlafen. Das macht bestimmt Spaß. Es stört dich doch nicht, wenn schwarze Spinnen überall auf dir herumkrabbeln, nicht wahr, Ronnie?»

«Ihr habt in eurem Garten schwarze Spinnen?»

Leider hatte meine bösartige Schwester, genannt der Troll, unser Gespräch belauscht und kam angesaust, um ihren Senf dazuzugeben und uns gegeneinander aufzuhetzen. «Was erzählst du Ronnie da? In unserem Garten gibt's doch überhaupt keine schwarzen Spinnen, du Quatschkopf!»

«Es gibt doch welche», beharrte ich nervös.

«Ma!» brüllte der Troll. «Haben wir schwarze Spinnen im Garten?»

Mom, stets bereit, zu meiner Verteidigung herbeizueilen, steckte den Kopf aus der Küche. «Nein, natürlich nicht. Wie kommt ihr bloß auf solchen Unsinn?»

«Na, siehst du», sagte der Troll.

«Ich dachte, es gäbe welche», wandte ich mich schwach lächelnd an Ronnie.

«Prima», meinte er, «dann können wir ja heute nacht doch draußen schlafen.»

«Ich wüßte nicht, was dagegen sprechen sollte», erwiderte ich. «Wenn du nicht zufällig etwas gegen Giftschlangen hast. Ist dir schon mal jemand mit 'nem Schlangenbiß untergekommen? Erst schwellen sie an zu 'ner großen, dicken, scheußlichen Kugel, und dann werden sie blau und grün und gelb, und dann fängt's an, richtig schlimm zu werden.»

«Mein Dad sagt, hier in der Gegend gibt's gar keine Giftschlangen», konterte Ronnie. «Also brauchen wir uns deswegen auch keine Gedanken zu machen.»

«Wir sollten schon, finde ich», verteidigte ich mich.

«Quatsch, natürlich nicht», mischte sich nun der Troll ein. «Hier gibt's weit und breit keine Giftschlangen — nicht mal bei Dunkelheit!» Sie kicherte hinterhältig — typisch Troll.

«Ma!» brüllte ich. «Der Troll ärgert mich. Sag ihr, sie soll uns in Ruhe lassen!»

«Nenn deine Schwester nicht immer der Troll», ermahnte mich meine Mutter. «Verschwinde, Trudy, laß die Jungen allein!»

Der Troll räumte gemächlich das Feld, heimtückisch grinsend. «Hoffentlich schlaft ihr gut da draußen ... im Dunkeln. In der Zeitung steht, es wird eine mondlose, stockfinstere Nacht. So heißt's im Wetterbericht, hihi, hihi!»

Mondlos, stockfinster — das hatte mir gerade noch gefehlt. Und dazu Ronnie, der unbedingt im Freien übernachten wollte. Das Ganze nahm unabänderlich seinen Lauf. Wir holten ein paar alte Laken und Decken vom Speicher für das Nachtlager unter freiem Himmel.

Heller Wahnsinn! Ich erwog, Ronnie schwören zu lassen, daß er Stillschweigen bewahren würde, und ihm dann meine erbärmliche Angst vor der Dunkelheit zu beichten. Wahrscheinlich hätte er dafür Verständnis.

«Ich muß dir was Komisches erzählen», sagte Ronnie. «Neulich wollte ich Fred Phelps überreden, mit mir draußen zu übernachten, und da hat er erklärt, das könnte er nicht, er hätte Angst im Dunkeln. Ein großer, starker Kerl wie Fred und dann so 'ne feige Memme, das traut ihm doch keiner zu, oder? Er hat mir sogar 'nen Eid abgenommen, daß ich's keinem Menschen weitersage.»

«Fred ist außerdem auch noch doof», bemerkte ich. Soviel zu meiner Idee.

Ronnie und ich trafen unsere Vorbereitungen für dieses schwachsinnige Vorhaben, die Nacht im Freien zu verbringen. Wir breiteten tatsächlich Laken und Decken auf einer alten Plane aus. Wenn ich meine geheuchelte Begeisterung für das Unternehmen auch nur etwas dämpfte, würde Ronnie sofort mißtrauisch. Dann gäbe es im kommenden Herbst in der Schule gleich zwei Ausgestoßene, nämlich Fred Phelps und mich, sobald Ronnie es ausposaunte, daß wir zwei feige Memmen Angst vor der Dunkelheit hätten. Der arme Fred hatte seinen guten Ruf bereits eingebüßt; der meine stand bedenklich auf der Kippe.

Natürlich brauchte ich nichts weiter als ein winzig kleines Nachtlicht. Etwas von der Größe einer Geburtstagskuchenkerze würde vollauf genügen — vier bis fünf Zentimeter lang, mehr nicht. Freilich wurde jeder identifizierbare Beleuchtungskörper Ronnie veranlassen, mir ein paar scharfe Fragen zu stellen, etwa: «Was tust du denn mit der Taschenlampe und diesem Riesenvorrat an Batterien?» Selbst wenn ich im Besitz von solchen Riesenvorräten an Batterien gewesen wäre, hätte ich das nicht riskieren können.

«Was hältst du davon, wenn wir uns schlafen legen?» fragte Ronnie. «Es ist schon dunkel.»

«Ich seh's», erwiderte ich.

Sehnsüchtig schaute ich zu unserem Haus hinauf, wo die Lichter eins nach dem anderen gelöscht wurden, als meine Mutter ihre abschließende Runde machte. Sie öffnete die Hintertür und rief: «Ich gehe jetzt ins Bett. Ist bei euch beiden alles in Ordnung?» «Bestens», sagte Ronnie.

«Klar», bekräftigte ich.

Mom ging wieder nach drinnen, und Minuten später wurde das letzte Licht auf unserer Seite des Hauses ausgeknipst. Ronnie und ich befanden uns nun völlig im Dunkeln! Dies war nicht nur die genau abgegrenzte Dunkelheit, die in einem Schlafzimmer herrscht, sondern ein unermeßlicher schwarzer Ozean.

«Kennst du die Geschichte von dem Fremden, den sie wegen Landdiebstahl oder so was gehenkt haben und der als Geist immer noch hier durch die Gegend irrt auf der Suche nach Rache?» fragte Ronnie.

«Ja, hab ich auch gehört.»

«Stell dir vor, mein Dad hat gesehen, wie er eines Nachts ganz in der Nähe über ein Feld gewandert ist. Es war neblig und...»

Das war's! Wieso war ich nicht früher darauf gekommen? Ich schälte mich aus den Decken und teilte Ronnie mit, ich sei gleich zurück. «Ich hab's Zähneputzen vergessen!» Ich sauste zum Haus. Im Badezimmer zog ich an der Schnur für die Deckenbeleuchtung, wartete eine Weile und schlenderte dann wieder nach draußen. Geschafft! Aus dem erleuchteten Badezimmerfenster fiel ein hübsches Lichtrechteck auf den Rasen, genau neben meinen Schlafplatz.

«Du hast das Licht im Badezimmer brennen lassen», bemerkte Ronnie.

«O Schande! Und das muß mir passieren! Na ja, so 'n bißchen Licht schadet doch nicht.»

«Die Geistergeschichte macht sich besser, wenn's stockfinster ist», meinte Ronnie. «Also jedenfalls hat der Geist...»

Er faselte weiter von dem Geist und seinen Untaten. Ich lächelte schläfrig und glitt allmählich ins Reich der Träume hinüber, nicht ohne mich kurz zu vergewissern, ob das tröstliche Lichtrechteck noch da war.

Ohne jede Vorwarnung schob sich plötzlich ein drohender Schatten über die helle Fläche. Was war das? Ich drehte mich um und sah hinauf zum Badezimmerfenster. Nein! Dort stand der Troll, wie eingerahmt, in Silhouette, so daß ich ihr Gesicht nicht sehen konnte. Doch ich wußte genau, daß sie mit diesem gewissen hinterhältigen Grinsen in meine Richtung starrte. Langsam streckte sie die Hand nach der Lichtschnur aus. Nein! Bitte, tu's nicht! Sie schwang die Schnur spielerisch hin und her und dann — zapp! Das Licht war aus. Durch die Dunkelheit hörte ich es schwach — ein hohles Hohngelächter. Mit Sicherheit hatte sie sämtliche Türen im Haus längst verschlossen. Trolle gehen stets gründlich zu Werke.

Jetzt blieb also nichts weiter übrig, als die Nacht durchzuleiden. Bei mir hatte der Troll jede Hoffnung auf Schlaf brutal zunichte gemacht. Flüsternd verfluchte ich sie: Möge sich eine Vipernatter in deiner Wäschekommode verkriechen!

Ein freundlicher Wind fegte die Wolken weg, und ein paar Sterne kamen hervor. Sternenlicht war immerhin besser als gar nichts. Ich nahm mehrere kleine, schwarze Gebilde wahr, die zwischen den Sternen hin und her huschten.

«Und nachdem der Geist die beiden Jungen abgemurkst hatte ...» Ronnie unterbrach seine Gruselgeschichte. «He, was sind denn das für schwarze Gebilde, die zwischen den Sternen rumflitzen?»

«Nur ein paar Fledermäuse», antwortete ich.

«Fledermäuse!» schrie Ronnie. «Ich kann Fledermäuse nicht ausstehen! Rasch, laß uns reingehen!»

«Zu spät. Der Troll hat sämtliche Türen abgeschlossen.»

«Au weia. Was sollen wir denn da machen?»

«Ich hab nichts gegen Fledermäuse», erklärte ich. «Aber wenn sie dir Schrecken einjagen, kannst du dich ja unter der Decke verstecken. Manchmal kriechen Fledermäuse auch gern unter Bettdecken, aber wenn ich sie bei so was erwische, verscheuche ich sie sofort!» Ich betrachtete das zitternde Häufchen Elend unter den Laken. «Ich bleibe sowieso wach.»

LUDWIG THOMA

Besserung

Wie ich in die Ostervakanz gefahren bin, hat die Tante Fanny gesagt: «Vielleicht kommen wir zum Besuch zu deiner Mutter. Sie hat uns so dringend eingeladen, daß wir sie nicht beleidigen dürfen.»

Und Onkel Pepi sagte, er weiß es nicht, ob es geht, weil er so viel Arbeit hat, aber er sieht es ein, daß er den Besuch nicht mehr hinausschieben darf. Ich fragte ihn, ob er nicht lieber im Sommer kommen will, jetzt ist es noch so kalt, und man weiß nicht, ob es nicht auf einmal schneit. Aber die Tante sagte: «Nein, deine Mutter muß böse werden, wir haben es schon so oft versprochen.» Ich weiß aber schon, warum sie kommen wollen; weil wir auf Ostern das Geräucherte haben und Eier und Kaffeekuchen, und Onkel Pepi ißt so furchtbar viel. Daheim darf er nicht so, weil Tante Fanny gleich sagt, ob er nicht an sein Kind denkt.

Sie haben mich an den Postomnibus begleitet, und Onkel Pepi hat freundlich getan und hat gesagt, es ist auch gut für mich, wenn er kommt, daß er den Aufruhr beschwichtigen kann über mein Zeugnis.

Es ist wahr, daß es furchtbar schlecht gewesen ist, aber ich finde schon etwas zum Ausreden. Dazu brauche ich ihn nicht.

Ich habe mich geärgert, daß sie mich begleitet haben, weil ich mir Zigarren kaufen wollte für die Heimreise, und jetzt konnte ich nicht. Der Fritz war aber im Omnibus und hat zu mir gesagt, daß er genug hat, und wenn es nicht reicht, können wir im Bahnhof in Mühldorf noch Zigarren kaufen.

Im Omnibus haben wir nicht rauchen dürfen, weil der Oberamtsrichter Zirngiebl mit seinem Heinrich darin war, und wir haben gewußt, daß er ein Freund vom Rektor ist und ihm alles verschuftet.

Der Heinrich hat ihm gleich gesagt, wer wir sind. Er hat es ihm in das Ohr gewispert, und ich habe gehört, wie er bei meinem Namen gesagt hat: «Er ist der Letzte in unserer Klasse und hat in der Religion auch einen Vierer.»

Da hat mich der Oberamtsrichter angeschaut, als wenn ich aus einer Menagerie bin, und auf einmal hat er zu mir und zum Fritz gesagt:

«Nun, ihr Jungens, gebt mir einmal eure Zeugnisse, daß ich sie mit dem Heinrich dem seinigen vergleichen kann.»

Ich sagte, daß ich es im Koffer habe, und er liegt auf dem Dach vom Omnibus. Da hat er gelacht und hat gesagt, er kennt das schon. Ein gutes Zeugnis hat man immer in der Tasche. Alle Leute im Omnibus haben gelacht, und ich und der Fritz haben uns furchtbar geärgert, bis wir in Mühldorf ausgestiegen sind.

Der Fritz sagte, es reut ihn, daß er nicht gesagt hat, bloß die Handwerksburschen müssen dem Gendarm ihr Zeugnis hergeben. Aber es war schon zu spät. Wir haben im Bahnhof Bier getrunken, da sind wir wieder lustig geworden und sind in die Eisenbahn eingestiegen.

Wir haben vom Kondukteur ein Rauchcoupé verlangt und sind in eines gekommen, wo schon Leute darin waren. Ein dicker Mann ist am Fenster gesessen, und an seiner Uhrkette war ein großes, silbernes Pferd.

Wenn er gehustet hat, ist das Pferd auf seinem Bauch getanzt und hat gescheppert. Auf der anderen Bank ist ein kleiner Mann gesessen mit einer Brille, und er hat immer zu dem Dicken gesagt, Herr Landrat, und der Dicke hat zu ihm gesagt, Herr Lehrer. Wir haben es aber auch so gemerkt, daß er ein Lehrer ist, weil er seine Haare nicht geschnitten gehabt hat.

Wie der Zug gegangen ist, hat der Fritz eine Zigarre angezündet und den Rauch auf die Decke geblasen, und ich habe es auch so gemacht.

Eine Frau ist neben mir gewesen, die ist weggerückt und hat mich angeschaut, und in der anderen Abteilung sind die Leute aufgestanden und haben herübergeschaut. Wir haben uns furchtbar gefreut, daß sie alle so erstaunt sind, und der Fritz hat recht laut gesagt, er muß sich von dieser Zigarre fünf Kisten bestellen, weil sie so gut ist.

Da sagte der dicke Mann: «Bravo, so wachst die Jugend her», und der Lehrer sagte: «Es ist kein Wunder, was man lesen muß, wenn man die verrohte Jugend sieht.» Wir haben getan, als wenn es uns nichts angeht, und die Frau ist immer weitergerückt, weil ich so viel ausgespuckt habe. Der Lehrer hat so giftig geschaut, daß wir uns haben ärgern müssen, und der Fritz sagte, ob ich weiß, woher es kommt, daß die Schüler in der ersten Lateinklasse so schlechte Fortschritte machen, und er glaubt, daß die Volksschulen immer schlechter werden. Da hat der Lehrer furchtbar gehustet, und der Dicke hat gesagt, ob es heute kein Mittel nicht mehr gibt für freche Lausbuben.

Der Lehrer sagte, man darf es nicht mehr anwenden wegen der falschen Humanität, und weil man gestraft wird, wenn man einen bloß ein bißchen auf den Kopf haut.

Alle Leute im Wagen haben gebrummt: «Das ist wahr», und die Frau neben mir hat gesagt, daß die Eltern dankbar sein müssen, wenn man solchen Burschen ihr Sitzleder verhaut. Und da haben wieder alle gebrummt, und ein großer Mann in der anderen Abteilung ist aufgestanden und hat mit einem tiefen Baß gesagt: «Leider, leider gibt es keine vernünftigen Öltern nicht mehr.»

Der Fritz hat sich gar nichts daraus gemacht und hat mich mit dem Fuß gestoßen, daß ich auch lustig sein soll. Er hat einen blauen Zwicker aus der Tasche genommen und hat ihn aufgesetzt und hat alle Leute angeschaut und hat den Rauch durch die Nase gehen lassen.

Bei der nächsten Station haben wir uns Bier gekauft und wir haben es schnell ausgetrunken. Dann haben wir die Gläser zum Fenster hinausgeschmissen, ob wir vielleicht einen Bahnwärter treffen.

Da schrie der große Mann: «Diese Burschen muß man züchtigen», und der Lehrer schrie: «Ruhe, sonst bekommt ihr ein paar Ohrfeigen!» Der Fritz sagte: «Sie können's schon probieren, wenn Sie eine Schneid haben.» Da hat sich der Lehrer nicht getraut, und er hat gesagt: «Man darf keinen mehr auf den Kopf hauen, sonst wird man selbst gestraft.» Und der große Mann sagte: «Lassen Sie es gehen, ich werde diese Burschen schon kriegen.»

Er hat das Fenster aufgemacht und hat gebrüllt: «Konduktör, Konduktör!»

Der Zug hat gerade gehalten, und der Kondukteur ist gelaufen, als wenn es brennt. Er fragte, was es gibt, und der große Mann sagte: «Die Burschen haben Biergläser zum Fenster hinausgeworfen. Sie müssen arretiert werden.»

Aber der Kondukteur war zornig, weil er gemeint hat, es ist ein Unglück geschehen, und es war gar nichts.

Er sagte zu dem Mann: «Deswegen brauchen Sie doch keinen solchen Spektakel nicht zu machen.» Und zu uns hat er gesagt: «Sie dürfen es nicht tun, meine Herren.» Das hat mich gefreut, und ich sagte: «Entschuldigen Sie, Herr Oberkondukteur, wir haben nicht gewußt, wo wir die Gläser hinstellen müssen, aber wir schmeißen jetzt kein Glas mehr hinaus.» Der Fritz fragte ihn, ob er keine Zigarre nicht will, aber er sagte, nein, weil er keine so starken nicht raucht.

Dann ist er wieder gegangen, und der große Mann hat sich hingesetzt und hat gesagt, er glaubt, der Kondukteur ist ein Preuße. Alle Leute haben wieder gebrummt, und der Lehrer sagte immer: «Herr Landrat, ich muß mich furchtbar zurückhalten, aber man darf keinen mehr auf den Kopf hauen.»

Wir sind weitergefahren, und bei der nächsten Station haben wir uns wieder ein Bier gekauft. Wie ich es ausgetrunken habe, ist mir ganz schwindlig geworden, und es hat sich alles zu drehen angefangen. Ich habe den Kopf zum Fenster hinausgehalten, ob es mir nicht besser wird. Aber es ist mir nicht besser geworden, und ich habe mich stark zusammengenommen, weil ich glaubte, die Leute meinen sonst, ich kann das Rauchen nicht vertragen.

Es hat nichts mehr geholfen, und da habe ich geschwind meinen Hut genommen.

Die Frau ist aufgesprungen und hat geschrien, und alle Leute sind aufgestanden, und der Lehrer sagte: «Da haben wir es.» Und der große Mann sagte in der anderen Abteilung: «Das sind die Burschen, aus denen man die Anarchisten macht.»

Mir ist alles gleich gewesen, weil mir so schlecht war.

Ich dachte, wenn ich wieder gesund werde, will ich nie mehr Zigarren rauchen und immer folgen und meiner lieben Mutter keinen Verdruß nicht mehr machen. Ich dachte, wieviel schöner möchte es sein, wenn es mir jetzt nicht schlecht wäre, und ich hätte ein gutes Zeugnis in der Tasche, als daß ich jetzt den Hut in der Hand habe, wo ich mich hineingebrochen habe.

Fritz sagte, er glaubt, daß es mir von einer Wurst schlecht geworden ist.

Er wollte mir helfen, daß die Leute glauben, ich bin ein Gewohnheitsraucher.

Aber es war mir nicht recht, daß er gelogen hat.

Ich war auf einmal ein braver Sohn und hatte einen Abscheu gegen die Lüge.

Ich versprach dem lieben Gott, daß ich keine Sünde nicht mehr tun wollte, wenn er mich wieder gesund werden läßt. Die Frau neben mir hat nicht gewußt, daß ich mich bessern will, und sie hat immer geschrien, wie lange sie den Gestank noch aushalten muß.

Da hat der Fritz den Hut aus meiner Hand genommen und hat ihn zum Fenster hinausgehalten und hat ihn ausgeleert. Es ist aber viel auf das Trittbrett gefallen, daß es geplatscht hat, und wie der Zug in der Station gehalten hat, ist der Expeditor hergelaufen und hat geschrien: «Wer ist die Sau gewesen? Herrgottsakrament, Kondukteur, was ist das für ein Saustall?»

Alle Leute sind an die Fenster gestürzt und haben hinausgeschaut, wo das schmutzige Trittbrett gewesen ist. Und der Kondukteur ist gekommen und hat es angeschaut und hat gebrüllt: «Wer war die Sau?»

Der große Herr sagte zu ihm: «Es ist der nämliche, der mit den Bierflaschen schmeißt, und Sie haben es ihm erlaubt.»

«Was ist das mit den Bierflaschen?» fragte der Expeditor.

«Sie sind ein gemeiner Mensch», sagte der Kondukteur, «wenn Sie sagen, daß ich es erlaubt habe, daß er mit die Bierflaschen schmeißt.»

«Was bin ich?» fragte der große Herr.

«Sie sind ein gemeiner Lügner», sagte der Kondukteur, «ich habe es nicht erlaubt.»

«Tun Sie nicht so schimpfen», sagte der Expeditor, «wir müssen es mit Ruhe abmachen.»

Alle Leute im Wagen haben durcheinandergeschrien, daß wir solche Lausbuben sind, und daß man uns arretieren muß. Am lautesten hat der Lehrer gebrüllt, und er hat immer gesagt, er ist selbst ein Schulmann. Ich habe nichts sagen können, weil mir so schlecht war, aber der Fritz hat für mich geredet, und er hat den Expeditor gefragt, ob man arretiert werden muß, wenn man auf einem Bahnhof eine giftige Wurst kriegt. Zuletzt hat der Expeditor gesagt, daß ich nicht arretiert werde, aber, daß das Trittbrett gereinigt wird, und ich muß es bezahlen. Es kostet eine Mark. Dann ist der Zug wieder gefahren, und ich habe immer den Kopf zum Fenster hinausgehalten, daß es mir besser wird.

In Endorf ist der Fritz ausgestiegen, und dann ist meine Station gekommen.

Meine Mutter und Ännchen waren auf dem Bahnhof und haben mich erwartet.

Es ist mir noch immer ein bißchen schlecht gewesen und ich habe so Kopfweh gehabt.

Da war ich froh, daß es schon Nacht war, weil man nicht gesehen hat, wie ich blaß bin. Meine Mutter hat mir einen Kuß gegeben und hat gleich gefragt: «Nach was riechst du, Ludwig?» Und Ännchen fragte: «Wo hast du deinen Hut, Ludwig?» Da habe ich gedacht, wie traurig sie sein möchten, wenn ich ihnen die Wahrheit sage, und ich habe gesagt, daß ich in Mühldorf eine giftige Wurst gegessen habe, und daß ich froh bin, wenn ich einen Kamillentee kriege.

Wir sind heimgegangen, und die Lampe hat im Wohnzimmer gebrannt, und der Tisch war aufgedeckt.

Unsere alte Köchin Theres ist hergelaufen, und wie sie mich gesehen hat, da hat sie gerufen: «Jesus Maria, wie schaut unser Bub aus? Das kommt davon, weil Sie ihn so viel studieren lassen, Frau Oberförster.»

Meine Mutter sagte, daß ich etwas Unrechtes gegessen habe, und sie soll mir schnell einen Tee machen. Da ist die Theres geschwind in die Küche, und ich habe mich auf das Kanapee gesetzt.

Unser Bürschel ist immer an mich hinaufgesprungen und hat mich abschlecken gewollt. Und alle haben sich gefreut, daß ich da bin. Es ist mir ganz weich geworden, und wie mich meine liebe Mutter gefragt hat, ob ich brav gewesen bin, habe ich gesagt, ja, aber ich will noch viel braver werden.

Ich sagte, wie ich die giftige Wurst drunten hatte, ist mir eingefallen, daß ich vielleicht sterben muß, und daß die Leute meinen, es ist nicht schade darum. Da habe ich mir vorgenommen, daß ich jetzt anders werde und alles tue, was meiner Mutter Freude macht, und viel lerne und nie keine Strafe mehr heimbringe, daß sie alle auf mich stolz sind.

Ännchen schaute mich an und sagte: «Du hast gewiß ein furchtbar schlechtes Zeugnis heimgebracht, Ludwig?»

Aber meine Mutter hat es ihr verboten, daß sie mich ausspottet, und sie sagte: «Du sollst nicht so reden, Ännchen, wenn er doch krank war und sich vorgenommen hat, ein neues Leben zu beginnen. Er wird es schon halten und mir viele Freude machen.» Da habe ich weinen müssen, und die alte Theres hat es auch gehört, daß ich vor meinem Tod solche Vorsätze genommen habe. Sie hat furchtbar laut geweint und hat geschrien: «Es kommt von dem vielen Studieren, und sie machen unsern Buben noch kaputt.» Meine Mutter hat sie getröstet, weil sie gar nicht mehr aufgehört hat.

Da bin ich ins Bett gegangen, und es war so schön, wie ich darin gelegen bin. Meine Mutter hat noch bei der Tür reingeleuchtet und hat gesagt: «Erhole dich recht gut, Kind.» Ich bin noch lange aufgewesen und habe gedacht, wie ich jetzt brav sein werde.

GOTTFRIED KELLER

Kinderverbrechen

Gleich dem Chorus in den Schauspielen der Alten hatte ich von meiner frühesten Jugend an das Leben und die Ereignisse im nachbarlichen Haus betrachtet und war ein allezeit aufmerksamer Teilnehmer. Ich ging ab und zu, setzte mich in eine Ecke oder stand mitten unter den Handelnden und Lärmenden, wenn etwas vorfiel. Ich holte die Bücher hervor und verlangte, wessen ich von den Sehenswürdigkeiten bedurfte, oder spielte mit den Schmucksachen der Frau Margret. Alle die mannigfaltigen Personen, welche in das Haus kamen, kannten mich, und jeder war freundlich gegen mich, weil dieses meiner Beschützerin so behagte. Ich aber machte nicht viele Worte, sondern gab acht, daß nichts von den geschehenen Dingen meinen Augen und Ohren entging. Mit all diesen Eindrücken beladen, zog ich dann über die Gasse wieder nach Hause und spann in der Stille unserer Stube den Stoff zu großen träumerischen Geweben aus, wozu die erregte Phantasie den Einschlag gab. Sie verflochten sich mir mit dem wirklichen Leben, daß ich sie kaum von demselben unterscheiden konnte.

Daraus nur mag ich mir unter anderem eine Geschichte erklären, welche ich ungefähr in meinem siebenten Jahre anrichtete und die ich sonst gar nicht begreifen könnte. Ich saß einst hinter dem Tische, mit irgendeinem Spielzeuge beschäftigt, und sprach dazu einige unanständige, höchst rohe Worte vor mich hin, deren Bedeutung mir unbekannt war und die ich auf der Straße gehört haben mochte. Eine Frau saß bei meiner Mutter und plauderte mit ihr, als sie die Worte hörte und meine Mutter aufmerksam darauf machte. Sie fragte mich mit ernster Miene, wer mich diese Sachen gelehrt hätte, insbesondere die fremde Frau drang in mich, worüber ich mich verwunderte, einen Augenblick nachsinnend, und dann den Namen eines Knaben nannte, den ich in der Schule zu sehen pflegte. Sogleich fügte ich noch zwei oder drei andere hinzu, sämtlich Jungen von zwölf bis dreizehn Jahren, mit denen ich kaum noch ein Wort gesprochen hatte. Einige Tage darauf behielt mich der Lehrer zu meiner Verwunderung nach der Schule zurück, sowie jene vier angegebenen Knaben, welche mir wie halbe Männer vorkamen, da sie an Alter und Größe mir weit vorgeschritten waren. Ein geistlicher Herr erschien, welcher gewöhnlich den Religionsunterricht gab und sonst der Schule vorstand, setzte sich mit dem Lehrer an einen Tisch und hieß mich neben ihn sitzen. Die Knaben hingegen mußten sich vor dem Tische in eine Reihe stellen und harrten der Dinge, die da kommen sollten. Sie wurden nun mit feierlicher Stimme gefragt, ob sie gewisse Worte in meiner Gegenwart ausgesprochen hätten; sie wußten nichts zu antworten und waren ganz erstaunt. Hierauf sagte der Geistliche zu mir: «Wo hast du die bewußten Dinge gehört von diesen Buben?» Ich war sogleich wieder im Zuge und antwortete unverweilt mit trockener Bestimmtheit: «Im Brüderleinsholze!» Dieses ist ein Gehölz, eine Stunde von der Stadt entfernt, wo ich in meinem Leben nie gewesen war, das ich aber oft nennen hörte. «Wie ist es dabei zugegangen, wie seid ihr dahin gekommen?» fragte man weiter. Ich erzählte, wie mich die Knaben eines Tages zu einem Spaziergang überredet und in den Wald hinaus mitgenommen hätten, und ich beschrieb einläßlich die Art, wie etwa größere Knaben einen kleineren zu einem mutwilligen Streifzug mitnehmen. Die Angeklagten gerieten außer sich und beteuerten mit Tränen, daß sie teils seit langer Zeit, teils gar nie in jenem Gehölze gewesen seien, am wenigsten mit mir! Dabei sahen sie mit erschrecktem Hasse auf mich, wie auf eine böse Schlange, und wollten mich mit Vorwürfen und Fragen bestürmen, wurden aber zur Ruhe gewiesen und ich aufgefordert, den Weg anzugeben, welchen wir gegangen. Sogleich lag derselbe deutlich vor meinen Augen, und angefeuert durch den Widerspruch und das Leugnen eines Märchens, an welches ich nun selbst glaubte, da ich mir sonst auf keine Weise den wirklichen Bestand der gegenwärtigen Szene erklären konnte, gab ich nun Weg und Steg an, die an den Ort führten. Ich kannte den Weg nur vom flüchtigen Hörensagen, und obgleich ich kaum darauf gemerkt hatte, stellte sich nun jedes Wort zur rechten Zeit ein. Ferner erzählte ich, wie wir unterwegs Nüsse heruntergeschlagen, Feuer gemacht und gestohlene Kartoffeln gebraten, auch einen Bauernjungen jämmerlich durchgebleut hätten, welcher uns hindern wollte. Im Walde angekommen, kletterten meine Gefährten auf hohe Tannen und jauchzten in der Höhe, den Geistlichen und den Lehrer mit Spitznamen benennend. Diese Spitznamen hatte ich, über das Äußere der beiden Männer nachsinnend, längst im eigenen Herzen ausgeheckt, aber nie verlautbart; bei dieser Gelegenheit brachte ich sie zugleich an den Mann, und der Zorn der Herren war ebenso groß als das Erstaunen der vorgeschobenen Knaben. Nachdem sie wieder von den Bäumen heruntergekommen, schnitten sie große Ruten und forderten mich auf, auch auf ein Bäumchen zu klettern und oben die Spottnamen auszurufen. Als ich mich weigerte, banden sie mich an einen Baum fest und schlugen mich so lange mit den Ruten, bis ich alles aussprach, was sie verlangten, auch jene unanständigen Worte. Indessen ich rief, schlichen sie sich hinter meinem Rücken davon; ein Bauer kam in demselben Augenblick heran, hörte meine unsittlichen Reden und packte mich bei den Ohren. «Wart ihr bösen Buben!» rief er, «diesen hab' ich!» und hieb mir einige Streiche. Dann ging er ebenfalls weg und ließ mich stehen, während es schon dunkelte. Mit vieler Mühe riß ich mich los und suchte den Heimweg in dem dunklen Wald. Allein ich verirrte mich, fiel in einen tiefen Bach, in welchem ich bis zum Ausgang des Waldes teils schwamm, teils watete und so, nach Bestehung mancher Gefährde, den rechten Weg fand. Doch wurde ich noch von einem großen Ziegenbock angegriffen, bekämpfte denselben mit einem rasch ausgerissenen Zaunpfahl und schlug ihn in die Flucht.

Noch nie hatte man in der Schule eine solche Beredsamkeit an mir bemerkt wie bei dieser Erzählung. Es kam niemand in den Sinn, etwa bei meiner Mutter anfragen zu lassen, ob ich eines Tages durchnäßt und nächtlich nach Hause gekommen sei. Dagegen brachte man mit meinem Abenteuer in Zusammenhang, daß der eine und der andere der Knaben nachgewiesenermaßen die Schule geschwänzt hatte, gerade um die Zeit, welche ich angab. Man glaubte meiner großen Jugend sowohl wie meiner Erzählung; diese fiel ganz unerwartet und unbefangen aus dem blauen

Himmel meines sonstigen Schweigens. Die Angeklagten wurden unschuldig verurteilt als verwilderte, bösartige junge Leute, da ihr hartnäckiges und einstimmiges Leugnen und ihre gerechte Entrüstung und Verzweiflung die Sache noch verschlimmerten; sie erhielten die härtesten Schulstrafen, wurden auf die Schandbank gesetzt und überdies noch von ihren Eltern geprügelt und eingesperrt.

Soviel ich mich dunkel erinnere, war mir das angerichtete Unheil nicht nur gleichgültig, sondern ich fühlte eher noch eine Befriedigung in mir, daß die poetische Gerechtigkeit meine Erfindung so schön und sichtbar abrundete, daß etwas Auffallendes geschah, gehandelt und gelitten wurde, und das infolge meines schöpferischen Wortes. Ich begriff gar nicht, wie die mißhandelten Jungen so lamentieren und erbost sein konnten gegen mich, da der treffliche Verlauf der Geschichte sich von selbst verstand und ich hieran so wenig etwas ändern konnte als die alten Götter am Fatum.

Die Betroffenen waren sämtlich, was man schon in der Kinderwelt rechtliche Leute nennen könnte, ruhige, gesetzte Knaben, welche bisher keinen Anlaß zu scharfem Tadel gegeben und aus denen seither stille und arbeitsame junge Bürger geworden. Um so tiefer wurzelte in ihnen die Erinnerung an meine Teufelei und das erlittene Unrecht, und als sie es jahrelang nachher mir vorhielten, erinnerte ich mich ganz genau wieder an die vergessene Geschichte, und fast jedes Wort ward wieder lebendig. Erst jetzt quälte mich der Vorfall mit verdoppelter nachhaltiger Wut, und sooft ich daran dachte, stieg mir das Blut zu Kopf, und ich hätte mit aller Gewalt die Schuld auf jene leichtgläubigen Inquisitoren schieben, ja sogar die plauderhafte Frau anklagen mögen, welche auf die verpönten Worte gemerkt und nicht geruht hatte, bis ein bestimmter Ursprung derselben nachgewiesen war. Drei der ehemaligen Schulgenossen verziehen mir und lachten, als sie sahen, wie mich die Sache nachträglich beunruhigte, und sie freuten sich, daß ich zu ihrer Genugtuung mich alles einzelnen so wohl erinnerte. Nur der vierte, der viel Mühe mit dem Leben hatte, konnte niemals einen Unterschied machen zwischen der Kinderzeit und dem späteren Alter und trug mir die angetane Unbilde so nach, als ob ich sie erst heute, mit dem Verstand eines Erwachsenen, begangen hätte. Mit dem tiefsten Hasse ging er an mir vorüber, und wenn er mir beleidigende Blicke zuwarf, so vermochte ich sie nicht zu erwidern, weil das frühe Unrecht auf mir ruhte und keiner es vergessen konnte.

Meine Mutter kaufte mir nur äußerst wenig Spielzeug, immer und einzig darauf bedacht, jeden Heller für meine Zukunft zu sparen, und erachtete in ihrem Sinne jede Ausgabe für überflüssig, welche nicht unmittelbar für das Notwendigste geopfert wurde. Sie suchte mich dafür durch fortwährende mündliche Unterhaltungen zu beschäftigen und erzählte mir tausend Dinge aus ihrem vergangenen Leben sowohl wie aus dem Leben anderer Leute, indem sie in unserer Einsamkeit selbst eine süße Gewohnheit darin fand. Aber diese Unterhaltung, sowie das Treiben im wunderlichen Nachbarhaus konnte doch zuletzt meine Stunden nicht ausfüllen, und ich bedurfte eines sinnlichen Stoffes, welcher meiner Gestaltungslust anheimgegeben war. So war ich bald darauf angewiesen, mir mein Spielzeug selbst zu schaffen. Das Papier, das Holz, die gewöhnlichen Aushelfer in diesem Falle, waren schnell abgebraucht, besonders da ich keinen Mentor hatte, welcher mich mit Handgriffen und Künsten bekannt machte. Was ich so bei den Menschen nicht fand, das gab mir die stumme Natur. Ich sah aus der Ferne bei andern Knaben, daß sie artige kleine Naturaliensammlungen besaßen, besonders Steine und Schmetterlinge, und von ihren Lehrern und Vätern angeleitet wurden, dergleichen selbst auf ihren Ausflügen zu suchen. Ich ahmte dieses nun auf eigene Faust nach und begann gewagte Reisen längs der Bach- und Flußbette zu unternehmen, wo ein buntes Geschiebe an der Sonne lag. Bald hatte ich eine gewichtige Sammlung glänzender und farbiger Mineralien beisammen, Glimmer, Quarze und solche Steine, welche mir durch ihre abweichende Form auffielen. Glänzende Schlacken, aus Hüttenwerken in den Strom geworfen, hielt ich ebenfalls für wertvolle Stücke, Glasflüsse für Edelsteine, und der Trödelkram der Frau Margret lieferte mir einigen Abfall an polierten Marmorscherben und halb durchsichtigen Alabasterschnörkeln, welche überdies noch eine antiquarische Glorie durchdrang. Für diese Dinge verfertigte ich Fächer und Behälter und legte ihnen wunderlich beschriebene

Zettel bei. Wenn die Sonne in unser Höfchen schien, so schleppte ich den ganzen Schatz hinunter, wusch Stück für Stück in dem kleinen Brünnlein und breitete sie nachher an der Sonne aus, um sie zu trocknen, mich an ihrem Glanze erfreuend. Dann ordnete ich sie wieder in die Schachteln und hüllte die glänzendsten Dinge sorglich in Baumwolle, welche ich aus den großen Ballen am Hafenplatz und beim Kaufhaus gezupft hatte. So trieb ich es lange Zeit; allein es war nur der äußere Schein, der mich erbaute, und als ich sah, daß jene Knaben für jeden Stein einen bestimmten Namen besaßen und zugleich viel Merkwürdiges, was mir unzugänglich war, wie Kristalle und Erze, auch ein Verständnis dafür gewannen, welches mir durchaus fremd war, so starb mir das ganze Spiel ab und betrübte mich. Dazumal konnte ich nichts Totes und Weggeworfenes um mich liegen sehen; was ich nicht brauchen konnte, verbrannte ich hastig oder entfernte es weit von mir; so trug ich eines Tages die sämtliche Last meiner Steine mit vieler Mühe an den großen Strom hinaus, versenkte sie in die Wellen und ging ganz traurig und niedergeschlagen nach Hause.

Nun versuchte ich es mit den Schmetterlingen und Käfern. Meine Mutter verfertigte mir ein Garn und ging oft selbst mit mir auf die Wiesen hinaus; denn die Einfachheit und Billigkeit dieser Spiele leuchteten ihr ein. Ich fing zusammen, wessen ich habhaft werden konnte, und setzte eine Unzahl Raupen in Gefangenschaft. Allein ich kannte die Speise dieser letzteren nicht und wußte sie sonst nicht zu behandeln, so daß kein Schmetterling aus meiner Zucht hervorging. Die lebendigen Schmetterlinge aber, welche ich fing wie die glänzenden Käfer, machten mir saure Mühe mit dem Töten und dem Unversehrterhalten; denn die zarten Tiere behaupteten eine zähe Lebenskraft in meinen mörderischen Händen, und bis sie endlich leblos waren, fand sich Duft und Farbe zerstört und verloren, und es ragte auf meinen Nadeln eine zerfetzte Gesellschaft erbarmungswürdiger Märtyrer. Schon das Töten an sich selbst ermüdete mich und regte mich zu sehr auf, indem ich die zierlichen Geschöpfe nicht leiden sehen konnte. Dieses war keine unkindliche Empfindsamkeit; mir widerwärtige oder gleichgültige Tiere konnte ich so gut mißhandeln wie alle Kinder; es war vielmehr ein ungerechtes Mitgefühl für diese bunteren Kreaturen, denen ich wohlgewogen war. Jeder der unseligen Reste machte mich um so melancholischer, als er das Denkmal eines im Freien zugebrachten Tages und Abenteuers war. Die Zeit von seiner Gefangennehmung bis zu seinem qualvollen Tode war ein Schicksal, welches mich mitberührte, und die stummen Überbleibsel redeten eine vorwurfsvolle Sprache zu mir. Auch diese Unternehmung scheiterte endlich, als ich zum ersten Male eine große Menagerie sah. Sogleich faßte ich den Entschluß, eine solche anzulegen, und baute eine Menge Käfige und Zellen. Mit vielem Fleiß wandelte ich dazu kleine Kästchen um, verfertigte deren aus Pappe und Holz und spannte Gitter von Draht oder Zwirn davor, je nach der Stärke des Tieres, welches dafür bestimmt war. Der erste Insasse war eine Maus, welche mit eben der Umständlichkeit, mit welcher ein Bär installiert wird, aus der Mausefalle in ihren Kerker hinübergeleitet wurde. Dann folgte ein junges Kaninchen; einige Sperlinge, eine Blindschleiche, eine größere Schlange, mehrere Eidechsen verschiedener Farbe und Größe; ein mächtiger Hirschkäfer mit vielen andern Käfern schmachteten bald in den Behältern, welche ordentlich aufeinandergetürmt waren. Mehrere große Spinnen versahen in Wahrheit die Stelle der wilden Tiger für mich, da ich sie entsetzlich fürchtete und nur mit großem Umschweife gefangen hatte. Mit schauerlichem Behagen betrachtete ich die Wehrlosen, bis eines Tages eine Kreuzspinne aus ihrem Käfig brach und mir rasend über Hand und Kleid lief. Der Schrecken vermehrte jedoch mein Interesse an der kleinen Menagerie, und ich fütterte sie sehr regelmäßig, führte auch andere Kinder herbei und erklärte ihnen die Bestien mit großem Pomp. Ein junger Weih, welchen ich erwarb, war der große Königsadler, die Eidechsen, Krokodile und die Schlangen wurden sorgsam aus ihren Tüchern hervorgehoben und einer Puppe um die Glieder gelegt. Dann saß ich wieder stundenlang allein vor den trauernden Tieren und betrachtete ihre Bewegungen. Die Maus hatte sich längst durchgebissen und war verschwunden, die Blindschleiche war längst zerbrochen, sowie die Schwänze sämtlicher Krokodile, das Kaninchen war mager wie ein Gerippe und hatte doch keinen Platz mehr in seinem Käfig, alle übrigen Tiere starben ab und machten mich melancholisch, so daß ich beschloß, sie alle zu töten und zu begraben. Ich nahm ein dünnes langes Eisen, machte es glühend und drang mit zitternder

Hand damit durch die Gitter und begann ein greuliches Blutbad anzurichten. Aber die Geschöpfe waren mir alle lieb geworden, auch erschreckte mich das Zucken des zerstörten Organismus und ich mußte innehalten. Ich eilte in den Hof hinunter, machte eine Grube unter dem Vogelbeerbäumchen, worin ich die ganze Sammlung, tote, halbtote und lebende, in ihren Kasten kopfüber warf und eilig verscharrte. Meine Mutter sagte, als sie es sah, ich hätte die Tiere nur wieder ins Freie tragen sollen, wo ich sie geholt hätte, vielleicht wären sie dort wieder gesund geworden. Ich sah dies ein und bereute meine Tat; der Rasenplatz war aber lange eine schauerliche Stätte für mich, und ich wagte nie jener kindlichen Neugierde zu gehorchen, welche es immer antreibt, etwas Vergrabenes wieder auszugraben und anzusehen.

MARK TWAIN

Tom Sawyer

«Tom!»

Keine Antwort.

«Tom!»

Tiefes Schweigen.

«Wo der Junge nun wieder steckt, möcht' ich wissen. Du — Tom!» Die alte Dame zog ihre Brille gegen die Nasenspitze herunter und starrte darüber weg im Zimmer herum, dann schob sie sie rasch wieder empor und spähte darunter her nach allen Seiten aus. Nie und nimmer würde sie die Brille so entweiht haben, daß sie durch die geheiligten Gläser hindurch nach einem so geringfügigen Gegenstand geschaut hätte, wie ein kleiner Junge einer ist. War es doch ihre Staatsbrille, der Stolz ihres Herzens, die sie sich nur der Zierde und Würde halber zugelegt, keineswegs zur Benutzung. Einen Moment lang schien sie verblüfft, daß sie nichts entdecken konnte, dann ertönte wiederum ihre Stimme, nicht gerade ärgerlich, aber doch laut genug, um gehört zu werden: «Wart, wenn ich dich kriege, ich —»

Sie beendete den Satz nicht, denn sie war inzwischen ans Bett getreten, unter welchem sie energisch mit dem Besen herumstöberte. Sie förderte jedoch nichts zutage als die alte Katze, die wegen der Störung sehr entrüstet schien.

«So was wie den Jungen gibt's nicht wieder!»

Sie trat unter die offene Haustür und ließ den Blick über die Tomaten und Kartoffeln schweifen. Kein Tom zu sehen! Jetzt erhob sich ihre Stimme zu einem Schall, der für eine beträchtliche Entfernung berechnet war:

«Holla — du — To-m!»

Ein schwaches Geräusch hinter ihr veranlaßte sie, sich umzudrehen, und zwar eben noch zu rechter Zeit, um einen kleinen, schmächtigen Jungen mit raschem Griff am Zipfel seiner Jacke zu erwischen und eine offenbar geplante Flucht zu verhindern.

«Na, natürlich! An die Speisekammer hätte ich denken müssen! Was hast du drinnen wieder angestellt?»

«Nichts.»

«Nichts? Na, seh mal einer! Betracht mal deine Hände, he, und was klebt denn da um deinen Mund?»

«Das weiß ich doch nicht, Tante!»

«So, aber ich weiß es. Marmelade ist's, du Schlingel, und gar nichts anderes. Hab' ich dir nicht schon hundertmal gesagt, wenn du mir *die* nicht in Ruhe ließest, wollt' ich dich ordentlich gerben? Was? Hast du's vergessen? Reich mir mal das Stöckchen da!»

Schon schwebte die Gerte in der Luft, die Gefahr war dringend.

«Himmel, sieh doch mal hinter dich, Tante!»

Die alte Dame fuhr herum, wie von der Tarantel gestochen, und packte instinktiv ihre Röcke, um sie in Sicherheit zu bringen. Gleichzeitig war der Junge mit einem Satz aus ihrem Bereich, kletterte wie ein Eichkätzchen über den hohen Bretterzaun und war im nächsten Moment verschwunden. Tante Polly sah ihm einen Augenblick verdutzt, wortlos nach, dann brach sie in leises Lachen aus.

«Hol den Jungen der und jener! Kann ich denn nie gescheit werden? Hat er mir nicht schon Streiche genug gespielt, daß ich mich endlich einmal vor ihm in acht nehmen könnte! Aber, wahr ist's, alte Narren sind die schlimmsten, die's gibt, und ein alter Pudel lernt keine neuen Kunststückchen mehr. Der Junge steckt voller Satanspossen, aber, lieber Gott, er ist meiner toten Schwester einziger und ich hab' nicht das Herz, ihn zu hauen. Jedesmal, wenn ich ihn durchlasse, zwickt mich mein Gewissen ganz grimmig, und hab' ich ihn einmal tüchtig vorgenommen, dann — ja dann will mir das alte, dumme Herz beinahe brechen. Heut' wird sich der Bengel nun wohl nicht mehr blicken lassen, wird die Schule schwänzen, denk' ich, und ich werd' ihm wohl für morgen irgendeine Strafarbeit geben müssen. Ihn am Sonnabend, wenn alle Jungen frei haben, arbeiten zu lassen, ist fürchterlich hart, namentlich für Tom, der die Arbeit mehr scheut als irgendwas sonst, aber ich muß meine Pflicht tun an dem Jungen, wenigstens einigermaßen, ich *muß*, sonst bin ich sein Verderben!»

Tom, der, wie Tante Polly sehr richtig geraten, die Schule schwänzte, ließ sich am Nachmittag nicht mehr blicken, sondern trieb sich draußen herum und vergnügte sich königlich dabei. Gegen Abend erschien er dann wieder, kaum zur rechten Zeit vor dem Abendessen, um Jim, dem kleinen Niggerjungen, helfen zu können, das nötige Holz für den nächsten Tag kleinzumachen. Dabei blieb ihm aber Zeit genug, Jim sein Abenteuer zu erzählen, während dieser neun Zehntel der Arbeit tat. Toms jüngerer Bruder, oder besser Halbbruder, Sidney, hatte seinen Teil am Werk, das Zusammenlesen der Holzspäne, schon besorgt. Er war ein fleißiger, ruhiger Junge, nicht so unbändig und abenteuerlustig wie Tom. Während dieser sich das Abendessen schmecken ließ und dazwischen bei günstiger Gelegenheit Zuckerstückchen stibitzte, stellte Tante Polly ein, wie sie glaubte, äußerst schlaues und scharfes Kreuzverhör mit ihm an, um ihn zu verderbenbringenden Geständnissen zu verlocken. Wie so manche andere arglos-schlichte Seele glaubte sie an ihr Talent für die schwarze, geheimnisvolle Kunst der Diplomatie. Es war der stolzeste Traum ihres kindlichen Herzens, und die allerdurchsichtigsten kleinen Kniffe, deren sie sich bediente, schienen ihr wahre Wunder an Schlauheit und List. So fragte sie jetzt:

«Tom, es war wohl ziemlich warm in der Schule?»

«Ja, Tante.»

«Sehr warm, nicht?»

«Ja, Tante.»

«Hast du nicht Lust gehabt, schwimmen zu gehen?»

Wie ein warnender Blitz durchzuckte es Tom. Hatte sie Verdacht? Er suchte in ihrem Gesicht zu lesen, das verriet nichts. So sagte er:

«N-ein, Tante — das heißt, nicht viel.»

Die alte Dame streckte die Hand nach Toms Hemdkragen aus, befühlte den und meinte:

«Jetzt ist dir's doch nicht mehr zu warm, oder?»

Und dabei bildete sie sich ein, bildete sich wirklich und wahrhaftig ein, sie habe den trockenen Zustand besagten Hemdes entdeckt, ohne daß eine menschliche Seele ahne, worauf sie zielte. Tom aber wußte genau, woher der Wind wehte, so kam er der mutmaßlichen nächsten Wendung zuvor.

«Ein paar von uns haben die Köpfe unter die Pumpe gehalten — meiner ist noch naß, sieh!»

Tante Polly empfand es sehr unangenehm, daß sie diesen belastenden Beweis übersehen und sich so im voraus aus dem Felde hatte schlagen lassen. Ihr kam eine neue Eingebung. «Tom, du hast doch wohl nicht deinen Hemdkragen abnehmen müssen, den ich dir angenäht habe, um dir auf den Kopf pumpen zu lassen, oder? Knöpf doch mal deine Jacke auf!»

Aus Toms Antlitz war jede Spur von Sorge verschwunden. Er öffnete die Jacke, der Kragen war fest und sicher angenäht.

«Daß dich! Na, mach dich fort. Ich hätte Gift drauf genommen, daß du heut' mittag schwimmen gegangen bist. Wollen's gut sein lassen. Dir geht's diesmal wie der verbrühten Katze, du bist besser, als du aussiehst — aber nur diesmal, Tom, nur diesmal!»

Halb war's ihr leid, daß alle ihre angewandte Schlauheit so ganz umsonst gewesen, und halb freute sie sich, daß Tom doch einmal wenigstens, gleichsam unversehens, in den Gehorsam hineingestolpert war.

Da sagte Sidney: «Ja aber, Tante, hast du denn den Kragen mit schwarzem Zwirn aufgenäht?»

«Schwarz? Nein, er war weiß, soviel ich mich erinnere, Tom!»

Tom aber wartete das Ende der Unterredung nicht ab. Wie der Wind war er an der Tür, rief beim Abgehen Sid noch ein freundschaftliches «Wart, das sollst du mir büßen» zu und war verschwunden.

An sicherem Orte untersuchte er drauf zwei eingefädelte Nähnadeln, die er in das Futter seiner Jacke gesteckt trug, die eine mit weißem, die andre mit schwarzem Zwirn, und brummte vor sich hin:

«Sie hätt's nie gemerkt, wenn's der dumme Kerl, der Sid, nicht verraten hätte. Zum Kuckuck! Einmal nimmt sie weißen und einmal schwarzen Zwirn, wer kann das behalten. Aber Sid soll seine Keile schon kriegen; der soll mir nur kommen!»

Tom war mitnichten der Musterjunge seines Heimatortes — es gab aber einen solchen, und Tom kannte und verabscheute ihn rechtschaffen.

Zwei Minuten später, oder in noch kürzerer Zeit, hatte er alle seine Sorgen vergessen. Nicht, daß sie weniger schwer waren oder weniger auf ihm lasteten als eines Mannes Sorgen auf eines Mannes Schultern, nein durchaus nicht, aber ein neues mächtiges Interesse zog seine Gedanken ab, gerade wie ein Mann die alte Last und Not in der Erregung eines neuen Unternehmens vergessen kann. Dieses starke und mächtige Interesse war eine eben errungene, neue Methode im Pfeifen, die ihm ein befreundeter Nigger kürzlich beigebracht hatte und die er nun ungestört üben wollte. Die Kunst bestand darin, daß man einen hellen, schmetternden Vogeltriller hervorzubringen sucht, indem man in kurzen Zwischenpausen während des Pfeifens mit der Zunge den Gaumen berührt. Wer von den Lesern jemals ein Junge gewesen ist, wird genau wissen, was ich meine. Tom hatte sich mit Fleiß und Aufmerksamkeit das Ding baldigst zu eigen gemacht und schritt nun die Hauptstraße hinunter, den Mund voll tönenden Wohllauts, die Seele voll stolzer Genugtuung. Ihm war ungefähr zumute wie einem Astronomen, der einen neuen Stern entdeckt hat, doch glaube ich kaum, daß die Freude des glücklichen Entdeckers der seinen an Größe, Tiefe und ungetrübter Reinheit gleichkam.

Die Sommerabende waren lang. Noch war's nicht dunkel geworden. Toms Pfeifen verstummte plötzlich. Ein Fremder stand vor ihm, ein Junge, nur vielleicht einen Zoll größer als er selbst. Die Erscheinung eines Fremden irgendwelchen Alters oder Geschlechtes war ein Ereignis in dem armen kleinen Städtchen St. Petersburg. Und dieser Junge war noch dazu sauber gekleidet — sauber gekleidet an einem Wochentag! Das war einfach geradezu unfaßlich, überwältigend! Seine Mütze war ein niedliches, zierliches Ding, seine dunkelblaue, dicht zugeknöpfte Tuchjacke nett und tadellos; auch die Hosen waren ohne Flecken. Schuhe hatte er an, Schuhe, und es war doch heute erst Freitag, noch zwei ganze Tage bis zum Sonntag! Um den Hals trug er ein seidenes Tuch geschlungen. Er hatte so etwas Zivilisiertes, so etwas Städtisches an sich, das Tom in die innerste Seele schnitt. Je mehr er dieses Wunder von Eleganz anstarrte, je mehr er die Nase rümpfte über den «erbärmlichen Schwindel», wie er sich innerlich ausdrückte, desto schäbiger und ruppiger dünkte ihm seine eigene Ausstattung. Keiner der Jungen sprach. Wenn der eine sich bewegte, bewegte sich auch der andere, aber immer nur seitwärts im

Kreise herum. So standen sie einander gegenüber, Angesicht zu Angesicht, Auge in Auge.

Schließlich sagte Tom: «Ich kann dich unterkriegen!»

«Probier's einmal!»

«N — ja, ich kann.»

«Nein, du kannst nicht.»

«Und doch!»

«Und doch nicht!»

«Ich kann's.»

«Du kannst's nicht.»

«Kann's.»

«Kannst's nicht.»

Ungemütliche Pause. Dann fing Tom wieder an: «Wie heißt du?»

«Geht dich nichts an.»

«Will dir schon zeigen, daß mich's angeht.»

«Nun, so zeig's doch.»

«Wenn du noch viel sagst, tu' ich's.»

«Viel — viel — *viel!* Da! Nun komm 'ran!»

«Ach, du hältst dich wohl für furchtbar gescheit, was? Du Putzaff'! Ich könnt' dich ja unterkriegen mit einer Hand, auf den Rücken gebunden, wenn ich nur wollt'!»

«Na, warum *tust* du's denn nicht? Du *sagst's* doch immer nur!»

«Wart, ich tu's, wenn du dich mausig machst!»

«Ja, sagen kann das jeder, aber tun — tun ist was andres.»

«Aff' du! Du meinst wohl, du seist was Rechtes? — Puh, was für ein Hut!»

«Guck woanders hin, wenn er dir nicht gefällt. Schlag ihn doch runter. Der aber, der's tut, wird den Himmel für 'ne Baßgeig' ansehen!»

«Lügner, Prahlhans!»

«Selber!»

«Maulheld! Gelt, du willst dir die Hände schonen?»

«Oh — geh heim!»

«Wart, wenn du noch mehr von deinem Blödsinn verzapfst, so nehm' ich einen Stein und schmeiß ihn dir an deinem Kopf entzwei.»

«Ei, natürlich — schmeiß nur!»

«Ja, ich tu's!»

«Na, warum denn nicht gleich? Warum wartest du denn noch? Warum *tust* du's nicht? Ätsch, du hast Angst!»

«Ich hab' keine Angst.»

«Doch, doch!»

«Nein, ich hab' keine.»

«Du hast welche!»

Erneute Pause, verstärktes Anstarren und langsames Umkreisen. Plötzlich standen sie Schulter an Schulter. Tom sagte:

«Mach dich weg von hier!»

«Mach dich selber weg!»

«Ich nicht!»

«Ich gewiß nicht!»

So standen sie nun fest gegeneinander gepreßt, jeder als Stütze ein Bein im Winkel vor sich gegen den Boden stemmend, und schoben, stießen und drängten sich gegenseitig mit aller Gewalt, einander mit wutschnaubenden, haßerfüllten Augen anstarrend. Keiner aber vermochte dem andern einen Vorteil abzugewinnen. Nachdem sie so schweigend gerungen hatten, bis beide ganz heiß und glühendrot geworden waren, ließen sie wie auf Verabredung langsam und vorsichtig nach, und Tom sagte:

«Du bist ein Feigling und ein Aff' dazu. Ich sag's meinem großen Bruder, der haut dich mit seinem kleinen Finger krumm und lahm, wart nur!»

«Was liegt mir an deinem großen Bruder! Meiner ist noch viel größer, wenn der ihn nur anbläst, fliegt er über den Zaun, ohne daß er weiß, wie!» (Beide Brüder existierten nur in der Einbildung.)

«Das ist gelogen!»

«Was weißt denn du?»

Tom zog nun mit seiner großen Zehe eine Linie in den Staub und sagte: «Da spring rüber, und ich hau dich, daß du deinen Vater nicht von einem Kirchturm unterscheiden kannst!»

Der neue Junge sprang sofort, ohne sich zu besinnen, hinüber und rief:

«Jetzt komm endlich 'ran und tu's und hau, aber prahl nicht länger!»

«Reiz mich nicht, nimm dich in acht!»

«Na, nun mach aber, jetzt bin ich's müde! Warum kommst du nicht!»

«Weiß Gott, jetzt tu' ich's für zwei Cents!»

Flink zog der fremde Junge zwei Münzen aus der Tasche und hielt sie Tom herausfordernd unter die Nase.

Tom schlug sie zu Boden.

Im nächsten Moment wälzten sich die Jungen fest umschlungen im Staub, krallten einander wie Katzen, rissen und zerrten sich an den Haaren und Kleidern, bleuten und zerkratzten sich die Gesichter und Nasen und bedeckten sich mit Schmutz und Ruhm. Nach ein paar Minuten nahm der sich wälzende Klumpen Gestalt an, und in dem Staub des Kampfes wurde Tom sichtbar, der rittlings auf dem neuen Jungen saß und denselben mit den Fäusten bearbeitete.

«Schrei ‹genug›», mahnte er.

Der Junge rang nur stumm, um sich zu befreien, und weinte vor Zorn und Wut.

«Schrei ‹genug›», mahnte Tom noch einmal und drosch lustig weiter.

Endlich stieß der Fremde ein halb ersticktes «Genug» hervor.

Tom ließ ihn sogleich los und sagte: «Jetzt hast du's, das nächstemal paß auf, mit wem du anbindest!»

Der fremde Junge rannte heulend davon, sich den Staub von den Kleidern klopfend. Gelegentlich sah er sich um, ballte wütend die Fäuste und drohte, was er Tom alles tun wolle, wenn er ihn «wieder erwische». Tom antwortete darauf nur mit Hohngelächter und machte sich, wonnetrunken ob der vollbrachten Heldentat, in entgegengesetzter Richtung auf. Sobald er aber den Rücken gewandt hatte, hob der besiegte Junge einen Stein, schleuderte ihn Tom nach und traf ihn gerade zwischen den Schultern; dann gab er schleunigst Fersengeld und lief davon wie ein Hase. Tom wandte sich um und setzte hinter dem Verräter her, bis zu dessen Haus, wodurch er herausfand, wo dieser wohnte. Er pflanzte sich vor das Gitter hin und forderte den Feind auf, herauszukommen und den Streit aufzunehmen, der aber weigerte sich und schnitt ihm nur Grimassen durch das Fenster. Endlich kam die Mutter des Feindes zum Vorschein, schalt Tom einen bösen, ungezogenen, gemeinen Buben und hieß ihn sich fortmachen. Tom trollte sich also, brummte aber, er wolle es dem Affen schon noch zeigen.

Erst sehr spät kam er nach Hause, und als er vorsichtig zum Fenster hineinklettern wollte, stieß er auf einen Hinterhalt in Gestalt der Tante. Als diese dann den Zustand seiner Kleider gewahrte, gedieh ihr Entschluß, seinen freien Sonnabend in einen Sträflingstag bei harter Arbeit zu verwandeln, zu eiserner Festigkeit.

ANTON TSCHECHOW

Knaben

«Wolodja ist gekommen!» rief jemand im Hof.

«Der junge Herr Woloditschka ist gekommen!» kreischte Natalja und lief ins Speisezimmer. «Ach, du lieber Gott!» Die ganze Familie Koroljow, die von Stunde zu Stunde auf ihren Wolodja gewartet hatte, stürzte zu den Fenstern. Vor dem Tor hielt ein breiter Schlitten, und von dem Dreigespann weißer Pferde stieg dichter Dampf auf. Der Schlitten war leer, weil Wolodja schon im Flur stand und sich mit roten, durchfrorenen Fingern die Kapuze aufband. Sein Gymnasiastenmantel, seine Mütze, seine Galoschen und sein Haar an den Schläfen waren mit Reif bedeckt, und vom Kopf bis zu den Füßen verbreitete er einen so schmackhaften Frostgeruch, daß man, wenn man ihn sah, am liebsten gefroren und «Brr!» gerufen hätte. Die Mutter und die Tante eilten herbei, um ihn zu umarmen und zu küssen; Natalja warf sich ihm zu Füßen und begann, ihm die Filzstiefel auszuziehen; die Schwestern erhoben ein Geheul; die Türen knarrten und schlugen zu, und Wolodjas Vater, in Hemdsärmeln und eine Schere in der Hand, lief in die Diele und rief geängstigt:

«Wir haben dich schon gestern erwartet! War die Fahrt angenehm? Hast du sie gut überstanden? Herr Gott, laßt ihn doch seinen Vater begrüßen! Bin ich etwa nicht sein Vater, wie?»

«Wau, wau!» bellte im Baß Mylord, der riesige schwarze Hund, während er mit dem Schweif auf Wände und Möbelstücke schlug.

Alles verschmolz zu einem einzigen frohen Gelärme, das etwa zwei Minuten dauerte. Als der erste Freudenausbruch vorüber war, bemerkte die Familie Koroljow, daß außer Wolodja noch ein kleiner Mensch in der Diele stand, in Tücher, Schals und Kapuzen gewickelt und mit Reif bedeckt; regungslos stand er in der Ecke, in dem Schatten, den ein großer Fuchspelz warf.

«Wer ist denn das, Woloditschka?» fragte die Mutter flüsternd. «Ach!» besann sich Wolodja. «Ich habe die Ehre vorzustellen: hier mein Kollege Tschetschewizyn, Schüler der zweiten Klasse. Ich habe ihn als Gast mitgebracht.» «Sehr angenehm, seien Sie herzlich willkommen!» sagte der Vater freudig. «Entschuldigen Sie, ich bin in häuslichem Aufzug, ohne Jacke. Bitte sehr! Natalja, hilf Herrn Tschetschewizyn beim Ausziehen. Ach, du lieber Himmel, so jagt doch diesen Hund davon! Er ist die reine Gottesgeißel!»

Kurz darauf saßen Wolodja und sein Freund Tschetschewizyn, betäubt von dem lärmenden Empfang und noch immer rosig vor Kälte, bei Tisch und tranken Tee. Die Wintersonne drang durch den Schnee und die Eisblumenmuster an den Fenstern, zitterte auf dem Samowar und badete ihre reinen Strahlen in der Spülschale. Im Zimmer war es warm, und die Knaben fühlten, wie in ihren durchfrorenen Körpern Wärme und Frost einander kitzelten und einander nicht nachgeben wollten.

«Nun, jetzt haben wir bald Weihnachten!» sagte in singendem Tonfall der Vater, während er sich aus dunkelrötlichem Tabak eine Zigarette drehte. «Und es ist gar nicht lange her, daß es Sommer war und daß Mutter weinte, als sie Abschied von dir nehmen mußte. Und jetzt bist du wieder da. — Die Zeit vergeht und schon kommt das Alter auf einen zu. Herr Tschibissow, essen Sie, ich bitte Sie, genieren Sie sich nicht! Bei uns gibt's keine Zeremonien.»

Die drei Schwestern Wolodjas, Katja, Sonja und Mascha — die älteste von ihnen war elf Jahre alt —, saßen beim Tisch und verwandten keinen Blick von ihrem neuen Bekannten. Tschetschewizyn war von gleichem Alter und Wuchs wie Wolodja, aber nicht so üppig und blaß, sondern mager, dunkelhäutig und mit Sommersprossen übersät. Er hatte borstiges Haar, schmale Augen, dicke Lippen, überhaupt sah er sehr unhübsch aus, und hätte er nicht Gymnasiastenuniform getragen, man hätte ihn nach dem Äußeren für den Sohn einer Köchin halten können. Er war mürrisch, schwieg immerzu und lächelte nie. Als die Mädchen ihn zu Gesicht bekamen, dachten sie sogleich, dies müsse wohl ein sehr kluger und gelehrter Mensch sein. Er sann die ganze Zeit über etwas nach und war so sehr mit seinen Gedanken beschäftigt, daß er, wenn man ihn etwas fragte, zusammenzuckte, den Kopf schüttelte und bat, man möge die Frage wiederholen.

Die Mädchen hatten bemerkt, daß auch Wolodja, sonst immer fröhlich und gesprächig, diesmal wenig redete, überhaupt nicht lächelte und nicht einmal froh darüber zu sein schien, daß er nach Hause gekommen war. Während sie beim Tee saßen, wandte er sich ein einziges Mal an die Schwestern, und auch das waren sonderbare Worte. Er wies mit dem Finger auf den Samowar und sagte:

«Aber in Kalifornien trinkt man nicht Tee, sondern Gin.»

Auch er hing irgendwelchen Gedanken nach, und nach den Blicken zu schließen, die er von Zeit zu Zeit mit seinem Freund Tschetschewizyn tauschte, waren diese Gedanken beiden Knaben gemeinsam.

Nach dem Tee gingen alle ins Kinderzimmer. Der Vater und die Mädchen setzten sich zum Tisch und widmeten sich von neuem der Arbeit, die durch die Ankunft der Knaben unterbrochen worden war. Sie verfertigten aus buntem Papier Blumen und Fransen für den Weihnachtsbaum. Das war eine anziehende, geräuschvolle Beschäftigung. Jede neuverfertigte Blume wurde von den Mädchen begeistert begrüßt, ja sogar mit Rufen des Erschauerns, als ob diese Blume vom Himmel gefallen wäre; auch der liebe Papa geriet in Entzücken, warf aber manchmal die Schere zu Boden, aus Ärger darüber, daß sie stumpf war. Mama kam mit höchst sorgenvollem Gesicht ins Kinderzimmer gelaufen und fragte:

«Wer hat meine Schere? Hast du mir schon wieder die Schere genommen, Iwan Nikolajitsch?»

«O Herr und Gott, nicht einmal eine Schere bekommt man hier!» antwortete Iwan Nikolajitsch mit weinerlicher Stimme, lehnte sich auf seinem Stuhl zurück und nahm die Pose eines beleidigten Menschen an, doch nach einer Minute war er wieder eitel Entzücken.

Bei seinen bisherigen Besuchen daheim hatte sich Wolodja ebenfalls an den Vorbereitungen für den Christbaumschmuck beteiligt oder war in den Hof gelaufen, um zuzusehen, wie der Kutscher und der Hirte einen Schneehügel aufbauten, aber jetzt schenkten er und Tschetschewizyn dem bunten Papier keine Beachtung und gingen kein einziges Mal in den Stall, sondern saßen am Fenster und flüsterten miteinander; dann schlugen sie gemeinsam den Atlas auf und betrachteten eine der Karten.

«Zuerst nach Perm», sprach Tschetschewizyn leise. «Dann nach Tjumen. Dann Tomsk... dann... dann... Kamtschatka. Von dort werden uns die Samojeden in Kähnen über die Beringstraße fahren... und da hast du auch schon Amerika. Dort gibt es viele Pelztiere.»

«Und Kalifornien?» fragte Wolodja.

«Kalifornien liegt weiter unten. Wenn wir einmal in Amerika sind, ist Kalifornien nicht mehr sehr weit. Unsere Nahrung können wir uns durch Jagd und Raub beschaffen.»

Tschetschewizyn wich den Schwestern seines Freundes den ganzen Tag aus und warf ihnen scheele Blicke zu. Nach dem Abendtee geschah es, daß man ihn für etwa fünf Minuten mit den Mädchen allein ließ. Es war peinlich, zu schweigen. Hart räusperte er sich, strich mit der rechten Handfläche über die linke Hand, blickte Katja finster an und fragte:

«Haben Sie den ‹Lederstrumpf› gelesen?»

«Nein. Hören Sie, können Sie Schlittschuh laufen?»

In seine Gedanken versunken, beantwortete Tschetschewizyn diese Frage nicht, sondern blies nur die Backen auf und gab einen Seufzer von sich, als wäre ihm sehr heiß. Noch einmal hob er den Blick zu Katja und sagte:

«Wenn eine Bisonherde über die Pampas läuft, zittert die Erde, während die Mustangs scheuen, ausfetzen und wiehern.»

Tschetschewizyn lächelte traurig und fügte hinzu: «Und die Indianer überfallen Eisenbahnzüge. Am schlimmsten aber sind die Moskitos und die Termiten.»

«Was ist denn das?»

«Eine Art Ameisen, nur mit Flügeln. Sie beißen sehr heftig. Wissen Sie, wer ich bin?»

«Herr Tschetschewizyn.»

«Nein. Ich bin Montigomo Habichtskralle, der Häuptling der Unbesiegten.»

Die völlig unverständlichen Worte Tschetschewizyns und der Umstand, daß er ständig mit Wolodja zu flüstern hatte und daß Wolodja nicht spielte, sondern immer über etwas nachdachte — all das schien den Mädchen rätselhaft und seltsam. Die beiden älteren, Katja und Sonja, begannen mit scharfem Blick die Knaben zu beobachten. Als die Jungen am Abend in ihr Zimmer gegangen waren, stahlen sich die Mädchen zur Tür und belauschten das Gespräch. Oh, was sie da erfuhren! Die Knaben hatten den Plan, nach Amerika zu fliehen und dort Gold zu suchen; für die Reise war schon alles bereit: eine Pistole, zwei Messer, Zwieback, ein Vergrößerungsglas zum Feuermachen, ein Kompaß und vier Rubel Bargeld. Sie erfuhren, daß die Knaben einige tausend Werst zu Fuß zurücklegen und unterwegs mit Tigern und Wilden kämpfen mußten; dann galt es, Gold und Elfenbein zu gewinnen, Feinde zu töten, Seeräuber zu werden, Gin zu trinken und endlich schöne Frauen zu heiraten und Plantagen zu bewirtschaften. Wolodja und Tschetschewizyn redeten und unterbrachen einander immer wieder in ihrem Eifer. Sich selbst nannte Tschetschewizyn dabei «Montigomo Habichtskralle», und für Wolodja hatte er den Namen «mein bleichgesichtiger Bruder».

«Paß auf, daß du Mama nichts verrätst», sprach Katja zu Sonja, als sie mit ihr zu Bett ging. «Wolodja wird uns aus Amerika Gold und Elfenbein mitbringen, und wenn du Mama etwas sagst, läßt man ihn nicht fort.»

Am Tag vor dem Heiligen Abend studierte Tschetschewizyn den ganzen Tag die Karte Asiens und machte sich Notizen, während Wolodja matt, mit geschwollenem Gesicht, als hätte ihn eine Biene gestochen, düster durch die Zimmer schritt und nichts aß.

Einmal blieb er sogar vor dem Heiligenbild im Kinderzimmer stehen, bekreuzigte sich und sagte: «O Herr, vergib mir meine Sünden! O Herr, beschütze meine arme, unglückliche Mama!»

Gegen Abend brach er in Tränen aus. Als er schlafen ging, umarmte er lange Zeit seinen Vater, die Mutter und die Schwestern. Katja und Sonja wußten, was los war, aber Mascha, die jüngste, verstand nichts, entschieden gar nichts.

Am Heiligen Abend standen Katja und Sonja frühmorgens leise auf und gingen, um zuzusehen, wie die Knaben nach Amerika entfliehen würden. Sie schlichen sich zu der Tür.

«Du willst also nicht mitkommen?» fragte Tschetschewizyn zornig. «Sag: kommst du mit?»

«O Gott!» weinte Wolodja leise. «Wie soll ich denn mitkommen? Mir tut Mama so leid!»

«Mein bleichgesichtiger Bruder, ich bitte dich: komm mit! Du hast doch versprochen mitzukommen und mich selbst verlockt, und wenn es ernst wird, wirst du feige?»

«Ich, ich bin nicht feige, aber mir, mir tut Mama leid.»

«Sprich: Kommst du mit oder nicht?»

«Ich komme mit, nur warte ein wenig. Ich möchte noch eine Zeit zu Hause bleiben.»

«Dann gehe ich allein!» entschied Tschetschewizyn. «Ich schlage mich schon ohne dich durch. Und du wolltest Tiger jagen und kämpfen! Wenn das so ist, gib mir meine Zündstifte zurück!»

Wolodja brach in Tränen aus; er weinte so bitterlich, daß die Schwestern es nicht aushielten und ebenfalls weinten. Stille trat ein.

«Du kommst also nicht?» fragte Tschetschewizyn noch einmal.

«Ich ko . . . komme.»

«Dann zieh dich an!»

Und um Wolodja zu überreden, pries Tschetschewizyn Amerika, brüllte wie ein Tiger, ahmte einen Dampfer nach, fluchte und versprach, alles Elfenbein und alle Löwen- und Tigerfelle Wolodja zu überlassen.

Dieser magere, dunkelhäutige Junge mit dem borstigen Haar und den Sommersprossen erschien den Mädchen ungewöhnlich und bemerkenswert. Das war ein Held, ein entschlossener, furchtloser Mensch, und er brüllte so, daß man, wenn man vor der Tür stand, wahrhaftig hätte glauben können, er sei ein Tiger oder Löwe.

Als die Mädchen in ihr Zimmer zurückgekehrt waren und sich ankleideten, sagte Katja, die Augen voll Tränen: «Ach, ich habe solche Angst!»

Bis zwei Uhr, als man sich zu Tisch setzte, war alles ruhig, aber beim Essen stellte sich plötzlich heraus, daß die Knaben nicht zu Hause waren. Man schickte ins Gesindehaus, in den Stall, in das Nebengebäude zu dem Verwalter — und die beiden waren nirgends. Man fragte im Dorf nach und fand sie auch dort nicht. Auch den Tee nahmen sie später ohne die Knaben ein, und als sie sich zum Abendessen setzten, war Mama sehr beunruhigt; sie weinte sogar. Nachts suchten sie abermals im Dorf und gingen mit Laternen an den Fluß. O Gott, was für ein Durcheinander das war!

Am nächsten Tag kam der Landpolizist und schrieb im Speisezimmer etwas auf.

Die liebe Mama weinte.

Doch da stand ein großer Schlitten vor der Freitreppe, und von dem Dreigespann weißer Pferde stieg Dampf auf.

«Wolodja ist gekommen!» rief jemand im Hof.

«Der junge Herr Woloditschka ist gekommen!» kreischte Natalja und lief ins Speisezimmer.

Und Mylord begann im Baß zu bellen: «Wau! Wau!» Es stellte sich heraus, daß man die Knaben in der Stadt, in einem Gasthof, festgehalten hatte — dort waren sie nämlich umhergegangen und hatten überall gefragt, wo Pulver verkauft werde. Sobald Wolodja in die Diele trat, schluchzte er und fiel der Mutter um den Hals, die Mädchen dachten, zitternd vor Entsetzen, daran, was jetzt geschehen werde; sie hörten, wie der liebe Papa Wolodja und Tschetschewizyn in sein Arbeitszimmer führte, wo er lange mit ihnen sprach; und auch die Mama sprach und weinte.

«Ist denn so etwas möglich?» redete Papa den Jungen ins Gewissen.

«Verhüte Gott, daß man es im Gymnasium erfährt, sonst schließt man euch aus. Und Sie sollten sich schämen, Herr Tschetschewizyn! Das ist nicht gut, mein Freund! Sie sind der Rädelsführer, und ich hoffe, daß Sie von Ihren Eltern bestraft werden. Ist denn so etwas möglich? Wo habt ihr übernachtet?»

«Im Bahnhof!» erwiderte Tschetschewizyn stolz.

Wolodja lag dann im Bett, und man legte ihm ein in Essig getränktes Tuch auf den Kopf. Ein Telegramm wurde abgeschickt, und am nächsten Tag kam eine Dame, Tschetschewizyns Mutter, und führte ihren Sohn fort.

Als Tschetschewizyn wegfuhr, war sein Gesicht hart und anmaßend, und beim Abschied von den Mädchen sprach er kein einziges Wort; er nahm nur Katjas Heft und schrieb zur Erinnerung hinein:

«Montigomo Habichtskralle.»

NICHOLAS GAGE

Elenis Kinder

Es dämmerte schon, als wir durch die Vororte von Worcester fuhren, wo unser neues Zuhause sein würde. Wir erwarteten so etwas wie Athen, die einzige große Stadt, die wir je gesehen hatten. Aber obwohl Worcester 1949 mit 200 000 Einwohnern die zweitgrößte Stadt Neuenglands war, beeindruckte es uns nicht.

Plötzlich fuhr Vater eine der Seitenstraßen hinauf und hielt vor einem dreistöckigen Holzhaus, einem riesigen beige-braunen Bau, der an einer abschüssigen, von Bäumen beschatteten Straße stand. Das Haus war schmucklos bis auf einen Vorsprung links neben der Tür, wo sich drei Erkerfenster übereinander und eine kleine Veranda mit quadratischen Säulen, ebenfalls dreifach übereinander, befanden, denn jedes Stockwerk dieser dreigeschossigen Miethäuser ist genau wie die anderen beiden.

Wir hatten kein Auge für architektonische Einzelheiten, als wir aus dem Auto stolperten, denn meine Patin rannte aus dem Seiteneingang und die Auffahrt hinunter. Sie trocknete sich die Hände an der Schürze und rief: «Meine armen Kinder, meine Seelen!» Beim Anblick von uns Kindern, die Eugenia zuletzt am Tage, als sie Griechenland verließ, im Beisein unserer Mutter gesehen hatte, brach sie in Tränen aus, was bewirkte, daß auch Olga zu schluchzen begann.

Vater kam herauf und sagte streng: «Das reicht, *Kumbara*. Ich will nicht, daß sich meine Kinder aufregen. Bringen wir die Koffer rein und zeigen wir ihnen das Haus.»

Während Olga an Eugenias üppigem Busen weinte, schaute Kanta meine Patin genau an. Sie staunte, wie sich die schwarz gekleidete Bäuerin mit dem schwarzen Kopftuch, das ihre Haare verbarg, verändert hatte. Jetzt war das Kopftuch verschwunden, und Eugenia hatte kurzes Haar, das ihre Schultern berührte. Sie trug

169

ein schickes braunes amerikanisches Kleid und am Handgelenk eine goldene Uhr. Dieses elegante Detail versetzte Kanta einen Stich, und sie dachte: «Meine Mutter hatte kein Brot zu essen, während meine *Kumbara* in Amerika war und eine goldene Uhr trug.»

Während sich die andern mit den Koffern abmühten, kletterte ich, einem unwiderstehlichen Drang folgend, der seit New York immer stärker geworden war, zurück auf den Fahrersitz, und ein höchst befriedigender Trompetenstoß der Hupe ließ alle zusammenfahren.

«Laß das!» schrie Olga, und meine Patin zog mich aus dem Auto und drückte mich an sich. «Mein kostbares Kind», sagte sie, immer noch weinend. «Komm ins Haus, damit ich dich anschauen kann.»

Sie führte uns die Auffahrt hinauf und durch einen Seiteneingang, hinter dem sich ein kleiner Korridor und eine Treppe verbarg, die in die oberen Stockwerke führte, wo andere Familien wohnten. Durch eine Tür gelangte man in einen winzigen Flur und in unsere Küche. Wir blieben stehen und starrten. Olga konnte ihre Augen nicht von dem Linoleumboden mit dem gelben Muster wenden — wie ein Teppich aus goldenen Blättern. Unsere Küche im Dorf hatte einen Fußboden aus Lehm gehabt.

Während wir mit offenem Mund dastanden und staunten, sahen wir eine hübsche junge Frau mit rundem Gesicht, die uns beobachtete. Eugenia stellte sie uns als Chrysoula Tatsis vor, und wir begriffen, daß dies die erste Griechin war, die aus unserem Dorf nach Amerika ausgewandert war. Chrysoula, «die Goldene», war 1936 erst sechzehn Jahre alt gewesen, als Leo Tatsis, der Besitzer eines Lebensmittelgroßhandels in Worcester, nach Lia gekommen war, sie geheiratet und fortgelockt hatte.

Als Frau eines wohlhabenden Mannes, der zwanzig Jahre älter war, hatte sich Chrysoula als aufgeweckt und klug erwiesen und die Sprache und amerikanischen Sitten schnell gelernt. Alle anderen griechischen Einwanderer, die später kamen, und besonders deren Frauen betrachteten sie als Vorbild und Schiedsrichterin in Geschmacksfragen in diesem neuen Land. Sie kannte sich mit Dingen wie Frisiersalons und Seidenstrümpfe aus. Am allerwichtigsten war jedoch — wie unser Vater oft bemerkte —, daß sich

Chrysoula dem Leben in Amerika angepaßt hatte, ohne ihrem moralischen Ansehen zu schaden. Chrysoula Tatsis sah man nicht mit Hosen auf der Straße wie manche Schlampen in Amerika, sagte er oft, und wies meine Schwestern an, sie sich zum Vorbild zu nehmen als eine Frau, die in diesem Land leben konnte, ohne ihre Tugend zu gefährden.

Wir schauten Chrysoula ehrfürchtig an, ihr freundliches aufrichtiges Gesicht, ihr hübsch gewelltes Haar mit bescheidenem Knoten, ihr seidenes grünes Kleid, ihre Lippen mit einem Hauch von Rosa. Sie begrüßte uns ruhig und ein bißchen schüchtern. Sie wollte unser gefühlvolles Wiedersehen mit unserer Patin nicht stören.

Als wir unsere Blicke schließlich von Chrysoula losrissen, um uns in der Küche umzusehen, trat Eugenia als Führerin auf und zeigte Kanta und Olga die Wunder der modernen amerikanischen Technologie. «Schaut, meine Schätzchen», sagte sie. «Das ist ein Kühlschrank. Man stellt Essen hinein anstatt auf das Fensterbrett, und es wird nicht schlecht und fängt nicht an zu riechen. Und schaut hier», sagte sie und öffnete den Ofen. «Jetzt kocht ihr nicht mehr über einem Feuer, und ihr braucht nicht mehr zum Bäcker zu gehen und zu bezahlen, um eine Pfanne voll Bohnen oder *pastitsjo* gekocht zu bekommen, weil ihr euer eigenes Essen hier in eurem eigenen Ofen garen könnt.»

«Das bedeutet, wir können jeden Tag Brot backen!» rief Kanta aus, die sich schrecklich nach dem Geschmack des knusprigen griechischen Brotes gesehnt hatte. Kanta lag mehr als uns übrigen an gutem Essen, obwohl sie nie dick wurde. Der Duft der Dinge, die im Ofen und auf dem Herd kochten, erinnerte uns daran, wie hungrig wir waren. Zum ersten Mal seit achtzehn Tagen atmeten wir die köstlichen Düfte von großen weißen Limabohnen in Knoblauch- und Tomatensauce, von würzigen grünen Bohnen, die mit Lammfleischwürfeln gekocht werden, von scharfem Ziegenkäse und mildem Olivenöl, von fettem flockigem Käse und Spinatkuchen ein. Plötzlich hatten wir alle einen Riesenhunger.

Aber die Wunder unserer Küche gingen weiter. Eugenia deutete auf eine tonnenförmige, weißglänzende Maschine auf Beinen mit zwei Walzen oben drauf. «Wäschewaschen ist nichts in Amerika», erklärte sie. «Anstatt die Wäsche auf Steinen neben dem Teich mit

Zweigen zu schlagen, wirft man die Sachen hier rein, wo eine Maschine sie sauber schlägt, und diese Rollen hier oben pressen sie fast trocken. Paßt bloß auf, daß ihr eure Finger nicht dazwischenkriegt», warnte sie und schaute mich und Fotini an. Wir schüttelten die Köpfe, unfähig, so viele neue technologische Wunder auf einmal aufzunehmen, aber Vater zeigte auf eine Tür zu einem anderen Raum.

«Olga, stell deinen Koffer dort rein», sagte er.

«Du meinst, das gehört uns auch noch?» rief sie aus und öffnete die Tür, hinter der sich ein Eckzimmer mit zwei Doppelbetten verbarg.

«Ja, und stell den anderen Koffer in dieses Zimmer», fuhr er fort, und wir eilten zu einer zweiten Tür und entdeckten noch ein weiteres Schlafzimmer, einen kleineren Raum mit einem Doppelbett.

«Aber das ist ja riesig!» rief Kanta aus. «In Griechenland braucht eine Familie nur einen Raum.»

Vater lächelte bescheiden. «Das gehört *alles* uns», sagte er. «Öffnet jede Tür, und was ihr seht, gehört uns.»

Die Hölle brach los. Außer der Tür, durch die wir in die Küche getreten waren, gab es noch vier weitere, und wir rannten umher und erforschten unser neues Zuhause. Die größte Überraschung war das Badezimmer, das zwischen den beiden Schlafzimmern lag. Im Hotel in Athen hatten wir bereits die Innentoiletten entdeckt, aber selbst unsere kultivierten Cousins, die dort in Reihenhäusern lebten, mußten eine Toilette auf dem Hof benutzen. Wir hatten nie erwartet, in einem Privathaus eine Toilette vorzufinden.

Wir rannten von einem Zimmer ins andere. Jedes war größer als das letzte. Das herrlichste war das Eßzimmer mit dem eingebauten Geschirrschrank, der Glastüren hatte, und daneben lag — hinter gewölbten Mahagonitüren — ein riesiger Raum, in dem die Stimmen widerhallten, die gute Stube. Unsere Stimmen hallten deshalb wider, weil das Zimmer bis auf ein paar Klappstühle leer war. Auch im Eßzimmer standen keine Möbel. «Ich wollte warten, bis ihr kommt, und dann erst Möbel kaufen», erklärte mein Vater.

Es machte uns nichts aus. Dieses Haus in Amerika kam uns wie ein Palast vor, gut genug für einen König. Die einzigen Häuser, die je unser Zuhause gewesen waren, waren unsere Steinhütte mit dem Lehmboden im Dorf gewesen, wo der Stall für die Tiere sich

gleich unter unserem einzigen Raum befand, und die Wellblech-
baracke im Flüchtlingslager, die wir mit anderen Familien teilten.

Als wir jede Ecke erforscht hatten und in die Küche zurückgekehrt waren, weinten Olga und Kanta, weil unsere Mutter, die ihr
Leben lang von Amerika geträumt hatte, dieses prächtige Zuhause nicht erleben konnte. Um uns abzulenken, wies Vater Eugenia und Chrysoula an, das Essen auf den mit Wachstuch bedeckten Tisch zu stellen. Bald war unser Kummer vergessen, als wir
das erste genießbare Mahl seit unserer Abreise aus Griechenland
in uns hineinstopften.

Anschließend schaute sich Vater unsere schmutzige Kleidung
an und versuchte, seinen Ekel zu verbergen. Er sagte, es sei Zeit
für uns, ein Bad zu nehmen und die neuen Pyjamas und die Unterwäsche anzuziehen, die er für uns gekauft hatte. Stolz zog er
die Kommodenschubladen im Schlafzimmer auf, um uns nagel-
neue Unterwäsche und Schlafanzüge zu zeigen, die in sauberen
Stapeln darin lagen. Chrysoula war ausgesandt worden, um die
Sachen für die Mädchen zu kaufen, und ihre Schlafanzüge waren
aus einem weichen, glänzenden Stoff, der mit kleinen zarten
Blümchen bedruckt war.

«Aber, die kann ich nicht tragen, *Patera!*» rief Olga aus. «Ich traue-
re um *Mana*. Ich werde fünf Jahre lang Schwarz tragen.»

«Ich auch!» kam Kantas Echo, nicht ganz so entschieden, während sie mit der Hand über den seidigen Stoff strich. «Diese
Farben kann ich nicht tragen.»

Unser Vater seufzte. «Zieht sie nur heute abend für mich an,
Kinder», sagte er. «Morgen können wir weiter darüber reden.»

Chrysoula demonstrierte einem faszinierten Publikum, wie
man die Badewanne mit Wasser füllte, und beschrieb, wie jeder
von uns im Wasser sitzen und den Körper von oben bis unten waschen würde. Olga wurde rot, aber Vater blieb eisern. Die amerikanische Tugend, die er vor allen anderen schätzte, war Reinlichkeit. Selbst als er auf seinen langen Besuchen in Griechenland
war, hatte er einmal in der Woche stolz in einer Zinnwanne vor
dem Kaminfeuer ein Bad genommen. Die Dorfbewohner, die
selten badeten, hielten dies für eine exzentrische und möglicherweise lebensgefährliche Gewohnheit.

Ohne mich wehren zu können, wurde ich dazu ausersehen, mich als erster den Gefahren der Badewanne auszusetzen. Als ich wieder auftauchte und mir in meinem gestreiften Schlafanzug mit den langen Hosen erwachsen und männlich vorkam, sah ich, daß die beiden früheren Partner meines Vaters, Nassio Economou und Christos Stathis, zu Besuch gekommen waren.

Ich starrte Nassio neugierig an. Schon im Dorf hatte ich Gerüchte über sein ausschweifendes Leben gehört. Jetzt, in seinem Nadelstreifenanzug und seiner Fliege, sah er wie einer der Dandys aus, die ich in Kolonaki, dem eleganten Athener Stadtteil, gesehen hatte. Christos Stathis dagegen hatte ein quadratisches, strenges Gesicht und einen Körperbau wie meine Patin. Eindeutig Bruder und Schwester, waren beide so robust und solide wie unsere Berge.

Aber Nassio musterte uns wie ein Käufer bei einer Pferdeauktion. Ich wurde immer nervöser und wartete auf sein Urteil. Wir schauten böse zurück.

Ich warf mich in die Brust, richtete mich zu meiner vollen Größe auf und versuchte, unter seinem prüfenden Blick nicht zu schwanken, als er mich von oben bis unten taxierte.

Er schnalzte mit der Zunge und wandte sich an meinen Vater, um sein Urteil zu sprechen. «Ananassaft!» verkündete er. «Laß ihn viermal am Tag Ananassaft trinken, Dr. Gage, dann wird er vielleicht noch normal groß. Sonst hast du einen Zwerg am Hals.»

«Der wächst schon noch! Mein Sohn hat noch Jahre Zeit zum Wachsen», giftete mein Vater zurück. «Aber für dich, kleiner Mann, besteht keine Hoffnung mehr.»

Nassio zuckte mit keiner Wimper. «Ich bin groß genug, wo's drauf ankommt», prahlte er.

«Nassio, um Himmels willen, nicht vor den Mädchen», flehte seine Frau.

«Denkst du denn, die wissen nicht Bescheid — sogar auf dem Dorf?» gab er zurück.

Ich sah, wie mein Vater vor Zorn rot anlief, und Christos Stathis sah es auch. Er legte eine Hand auf Nassios Schulter. «Hör auf», sagte er. «Wir sind hergekommen, um die Kinder zu begrüßen und zu hören, was es drüben Neues gibt, und nicht, um deinen Unsinn anzuhören.»

Vater beherrschte sich mühsam, und Nassio gab klein bei. Ich freute mich insgeheim, daß mein Vater mir so rasch zu Hilfe gekommen war.

Vom Sonnenlicht, das durch die Fenster hereinströmte, geblendet, erwachte ich am nächsten Morgen allein in dem riesigen Bett. Ich wartete auf das Schaukeln des Schiffes. Dann fiel mir ein, wo ich war. Bald roch ich einen köstlichen Duft, dem ich folgte, und fand meinen Vater in der Küche vor, der fachmännisch mit Fetakäse gefüllte Omelettes wendete und sie auf beiden Seiten perfekt vergoldete. Schwungvoll legte er eines vor mich auf den Teller, und ich konnte mir nichts Verführerischeres als diese goldene Wolke, aus der Käse sickerte, vorstellen. Bis ich den letzten Krümel verschlungen hatte, war ich überzeugt, daß mein Vater der beste Koch von ganz Worcester war.

Als wir alle mit dem Frühstück fertig waren, verkündete er: «Jetzt gehen wir in die Stadt und kaufen euch ein paar Sachen zum Anziehen, damit ihr wie Amerikaner ausseht.»

Bei dieser Neuigkeit wurde Kanta vor Aufregung rot. Ihr ganzes Leben lang hatte sie amerikanische Modeabbildungen aus den Zeitschriften, die ihr Vater manchmal schickte, gesammelt und in der Einsamkeit des Toilettenhäuschens davon geträumt. In ihrer Phantasie war sie nach der neuesten amerikanischen Mode gekleidet — in weichen, seidigen Stoffen in leuchtenden Farben —, und in ihren Träumen war ihr Haar stets kurz geschnitten und gewellt.

Olga dagegen protestierte sofort. Da sie die älteste war, fühlte sie sich dafür verantwortlich, daß die Wertmaßstäbe, die ihre Mutter ihr beigebracht hatte, aufrechterhalten wurden, und achtete darauf, daß auch ihre jüngeren Geschwister sich daran hielten. «Ich werde nur Schwarzes anziehen, *Patera!*» rief Olga aus. «Wir trauern um *Mana*, und ich werde fünf Jahre lang Schwarz tragen.»

«Wir werden versuchen, dir etwas zu kaufen, das an Schwarz herankommt», erwiderte mein Vater. «Du kannst diese Sachen nicht jeden Tag tragen. Du brauchst wenigstens ein gutes Kleid für die Kirche.»

«Kirche!» schrie Olga empört. «Kein Mädchen mit Selbstachtung, das älter als elf ist, läßt sich vor ihrem Hochzeitstag in der Kirche sehen. Das weißt du doch!»

«So ist es im Dorf, ich weiß, mein Kind», sagte unser Vater sanft. «Aber hier in Amerika ist alles ganz anders. Alle griechischen Mädchen gehen in die Kirche, wie die Männer und Frauen. Natürlich begleiten sie ihre Eltern, und sie sprechen nicht mit Männern, aber wenn du dein Gesicht in der Kirche zeigst, dann heißt das nicht, daß du schamlos bist. Nassio hatte recht — du mußt in Amerika neue Sitten lernen.»

«Also, *ich* gehe nicht in die Kirche», gab Olga zurück. «*Mana* brachte mir richtiges Verhalten bei, und ich werde sie ehren, indem ich tue, was sie mich gelehrt hat.»

Trotzdem zwängte sich auch Olga mit dem Rest in den DeSoto, um den Ausflug in die Geschäfte mitzumachen. Wir waren gespannt, unser neues Land bei Tageslicht zu sehen. Vater fuhr unsere abschüssige Straße, die Greendale Avenue, bis zur Ecke hinauf und bog dann links ein. «Dort wirst du mit Fotini zur Schule gehen», sagte er zu mir und zeigte auf ein riesiges rotes Backsteingebäude. «Du siehst, es liegt nur einen Steinwurf vom Haus entfernt. Ihr könnt also in zwei Minuten zum Mittagessen zu Hause sein.»

«Was ist mit Olga und mir, *Patera?*» erkundigte sich Kanta vom Rücksitz aus. «Werden wir auch zur Schule gehen?»

«Ihr habt Glück», sagte er. «Hier gibt es eine Schule, die sich Lamartine Street School nennt, wo Ausländer die englische Sprache lernen können — Einwanderer aus allen Ländern, sogar alte Leute. Aber man muß mindestens dreizehn Jahre alt sein, um hingehen zu dürfen. Die Kleinen müssen ins kalte Wasser springen, das heißt die öffentlichen Schulen besuchen.»

Im kalten Tageslicht kam mir Worcester nicht besonders freundlich vor. Nichts sah vertraut aus — keine alten Frauen mit schwarzen Kopftüchern, die aus den Fenstern lehnten, um zu tratschen, keine angemalten Olivenöldosen mit Basilikum und Geranien vor jeder Tür, keine runden Eisentische, an denen Männer über ihrem Kaffee saßen und die Welt an sich vorüberziehen ließen. Worcester, auf sieben Hügeln erbaut, schien eine endlose, verbarrikadierte Stadt aus häßlichen hölzernen Mietshäusern und noch häßlicheren Backsteinfabriken zu sein.

Hinter dem Stadtpark, sagte Vater, hinter den Läden und Banken, die ein grünes Viereck umgaben, lag der Bahnhof — Union

Station —, das Herz der geschäftigen Stadt, wo alle Schienen zusammenliefen. Und gegenüber dem Bahnhof befand sich der Diner mit dem Namen Terminal Lunch, den Nassio Economou fast geschenkt von einem bankrotten Spieler erworben hatte und wo er und Christos Stathis jetzt mit einem Geschäft eine Menge verdienten, das rechtmäßig auch unserem Vater gehören mußte.

Aber keiner von uns redete vom Terminal Lunch, denn wir hatten nur Augen für Sherer's Department Store, das palastartige Warenhaus auf der einen Seite des Stadtparks, wo, wie uns Vater versicherte, nur erstklassige amerikanische Bekleidung verkauft wurde.

Wie in einer Kirche flüsternd schlichen wir hinter ihm auf Zehenspitzen ins leuchtende, luxuriöse Innere, wo alles, wie es schien, noch am selben Morgen poliert worden war und das Licht von kristallenen Kronleuchtern sich in Seiden und Juwelen und den feinsten Lederwaren spiegelte. Wir rückten zusammen. Plötzlich wurde uns bewußt, wie grob der Stoff und wie häßlich die Farben unserer Kleidung waren und wie schwer unsere Dorfschuhe auf die weichen Teppiche in Schmuckfarben traten.

Unseren Vater schien es nicht zu stören, daß ihm diese kleine Schar häßlicher Entlein folgte. Er nickte und grüßte die Angestellten, die hinter den Tresen warteten, indem er freundlich und vertraut seinen Hut hob — ein Mann von Geschmack und Vornehmheit, ein Kunde, den man hier gerne sah.

Er führte uns zuerst in die Schuhabteilung im Erdgeschoß und gab jungen Männern in dreiteiligen Anzügen Anweisungen. Sie eilten herbei, um uns zu bedienen. Ich versuchte, meine derben Schuhe zu verstecken, indem ich meine Füße um die Stuhlbeine wand, aber am Ende hatten wir alle neue Straßenschuhe und auch ein Paar Hausschuhe, denn bei uns war es Brauch, die Schuhe an der Tür auszuziehen. Ich bekam braune Oxfords wie die meines Vaters. Die älteren Mädchen zogen ihre schwarzen Kreppsohlen-Schnürschuhe aus, um Schuhe mit hohen Absätzen anzuprobieren. Kanta erhielt blaue Slingpumps und war so begeistert, daß sie sie nicht einwickeln oder in einen Karton packen ließ, sondern an ihre Brust drückte. Olga wählte standhaft die einfachsten Schuhe, die es gab, und bekam schwarze.

Kleider und Anzüge gab es in den oberen Stockwerken, verkündete unser Vater mit einer Handbewegung, und wir folgten ihm in eine Kabine, die mit Spiegeln verkleidet war und wo uns ein junger Mann in Uniform erwartete. Zum ersten Mal sahen wir einen Aufzug. In Griechenland hatten uns die großen Spiegel und Schaufensterpuppen aus Gips im Kaufhaus Diamantopoulos beeindruckt und verwirrt, aber verglichen mit Sherer's amerikanischer Großzügigkeit kam uns das beste Geschäft Athens geradezu kläglich vor. Unser Vater winkte uns in den Aufzug, wo ein junger Mann, der wie ein Offizier der Armee gekleidet war, an einem Rad drehte, um uns himmelwärts zu befördern. Wir holten tief Luft und folgten ihm hinein, nur Olga blieb hilflos und starr draußen stehen.

«Rein mit dir, rein mit dir», zischte unser Vater. «Soll dich die ganze Welt für einen Bauerntrampel halten? Er wird dich nicht auffressen.» Zitternd folgte sie, und als sich die Türen schlossen und der Fahrstuhl in die Höhe ruckte, verschluckten wir die Schreie, die uns im Halse steckten.

In der Abteilung für Damenkleider betrachtete Olga die Fülle von leuchtend-bunten Kleidern, die vor ihr ausgebreitet waren, mit finsterem Blick, während Kanta vor der Vielfalt der amerikanischen Mode fast in Ohnmacht fiel. Olga akzeptierte schließlich widerwillig ein dunkelblaues Kleid mit winzigen weißen Punkten über der Brust. Kantas Wahl fiel auf ein hellblaues Kleid, das zu ihren neuen Schuhen paßte. Es hatte einen braunen Samtkragen und einen Faltenrock, und als sie es anzog, stellte Kanta fest, daß ihre magere Gestalt von all dem Essen, das sie in den vergangenen vierundzwanzig Stunden verschlungen hatte, einen kleinen Bauch angesetzt hatte. Unser Vater kaufte auch Wollmäntel für die Mädchen. Olga wählte einen dunkelbraunen, die anderen suchten sich Pastellfarben aus.

Nachdem Vater Fotini ein Kleid mit Puffärmeln und Spitze gekauft hatte, in dem sie wie ein dunkelhaariger Engel aussah, führte er uns in die Jungenabteilung, wo er in dieser geheimnisvollen englischen Sprache Anordnungen erteilte. Die herumschwebenden Verkäuferinnen brachten einen beigen Trenchcoat an, die haargenaue Miniatur eines Herrenmantels, und einen flotten braunen Anzug mit Lederaufsätzen an Schultern und Ärmeln. Das allerbeste aber: der Anzug hatte Hosen mit langen

Beinen! Es gab noch ein weißes Sporthemd, eine schmale, quergestreifte Strickkrawatte und ein paar gestreifte Polohemden für jeden Tag — aber das war nur der Zuckerguß auf der Torte. Das Wichtigste an der ganzen Sache war, daß ich plötzlich zur Mannheit und zu langen Hosen befördert worden war.

Mit vor Aufregung geröteten Wangen, Stapel von Schachteln und Tüten balancierend, die mit unserem neuen Staat gefüllt waren, erduldeten wir die Fahrt im Aufzug bis zum Erdgeschoß mit dem Selbstbewußtsein erfahrener Käufer. Als wir dem Ausgang zustrebten, rief eine Frauenstimme auf griechisch: «Christos Gatzoyiannis! Sind das etwa Ihre Kinder?»

Eine gut gekleidete Frau mittleren Alters mit rosigen Wangen eilte herbei und machte viel Wesens um uns, während Vater uns vorstellte. Sie bewunderte unsere Einkäufe und lobte unseren guten Geschmack, und dann sagte sie verschwörerisch zu unserem Vater: «Christo, darf ich mal kurz unter vier Augen mit Ihnen reden?»

Plötzlich mißtrauisch geworden, beobachteten wir, wie er mit der Frau außer Hörweite ging und aufmerksam zuhörte, während sie ihm etwas ins Ohr sagte. Dann antwortete er. Sie lächelte und tätschelte seine Hand. Wir tauschten entsetzte Blicke. Der gleiche Gedanke durchfuhr uns: Wir waren dem vom Krieg gebeutelten Europa entkommen, um zu unserem verwitweten Vater zu kommen, und hier war er, vielleicht schon von den Reizen dieser hinterhältigen Schmeichlerin eingefangen. Zweifellos hatte sie ein Auge auf unseren Vater und sein Vermögen und beabsichtigte, unsere Stiefmutter zu werden. Wir starrten sie mit einmütiger Empörung an.

In eisigem Schweigen fuhren wir nach Hause, und als wir unsere Einkäufe ins Haus trugen und Vater auf einen Stuhl sank und Olga bat, ihm eine Tasse Kaffee zu machen, regte sich keiner. Er drehte sich um und sah, daß wir ihn vorwurfsvoll anstarrten.

«Was ist los mit euch?» fragte er verdutzt. «Warum probiert ihr eure Sachen nicht an? Sind das nicht die schönsten Kleider, die ihr je gesehen habt?»

«Was bedeutet dir diese Frau?» fragte Olga schnippisch.

«Welche Frau?»

«Diese Mrs. Sigalos», zischte Kanta.

«Die Frau eines Freundes!» sagte er. «Warum schaut ihr mich alle so an?»

«Warum hat sie dich weggeschleppt und mit dir geflüstert?» wollte Olga wissen.

«Und warum hat sie deine Hand getätschelt?» fügte Kanta hinzu. «Wir haben es gesehen.»

Vater sackte noch tiefer auf seinem Stuhl zusammen. «Wenn ihr glaubt, daß zwischen mir und Mrs. Sigalos etwas ist — das könnt ihr vergessen», seufzte er. «Wie könnte ich nach eurer Mutter an eine andere Frau denken? Jetzt, wo sie tot ist, werde ich nie wieder heiraten — ihr braucht euch also keine Sorgen zu machen.»

«Warum hat diese Frau dann aber deine Hand getätschelt?» fragte Kanta hartnäckig weiter.

Er zuckte mit den Schultern und beschloß, die Wahrheit zu sagen. «Sie nahm mich beiseite, um mich zu fragen, ob ich für all diese Sachen, die ich euch gekauft habe, zahlen könnte. Sie bot an, mir Geld zu leihen. Ich dankte und sagte ihr, daß ich keinen Kredit brauche. Da hat sie mir die Hand getätschelt.»

«Aber warum um alles in der Welt hat sie dir Geld angeboten?» fragte Kanta verwundert. Wir machten alle große Augen. Jeder konnte sehen, daß unser Vater ein reicher Mann war, so, wie er sich kleidete und wie er mit den Verkäufern umging.

«Nun, sie hörte, daß ich keinen Job habe», sagte er, sich verteidigend.

«Keinen Job?» wiederholten wir.

«Aber du hast uns doch gesagt, daß du Koch in einem großen Restaurant bist!» ließ sich Fotini hören.

«Das war ich auch», sagte Vater. «Im Alpha Lunch. Gleich neben dem Rathaus. Aber die Lerner Company hat den Laden gekauft, um ein Bekleidungsgeschäft draus zu machen, und so mußte das Restaurant schließen, und ich bin im Moment ohne Arbeit.»

«Wie um Himmels willen konntest du uns dann all diese Sachen kaufen?» forschte Kanta wie ein Rechtsanwalt.

«Macht euch mal keine Sorgen, ich habe genug Geld», gab unser Vater zurück. «Ich bin überall kreditwürdig. Und außerdem bekomme ich Arbeitslosenunterstützung.»

«Was ist Arbeitslosenunterstützung?» fragte Olga mißtrauisch.

«Wenn man hier in Amerika die Arbeit verliert und nichts dafür kann, gibt einem die Regierung Geld, damit man über die Runden kommt, bis man eine neue Stelle hat», erklärte er. «Ich sag euch ja dauernd, dies ist ein großartiges Land. Nicht wie Griechenland. Aber euer Vater kann in jedem Restaurant in Worcester Arbeit kriegen, so gut ist sein Ruf. Ich könnte noch vor dem Mittagessen ein halbes Dutzend Angebote bekommen, wenn ich wollte. Wichtig ist aber, jetzt, wo ihr hier seid, die richtige Stelle zu bekommen — nicht weit von zu Hause, damit ich nach euch sehen kann. Genug Geld, damit wir gut leben können. Jeder Restaurantbesitzer in der Stadt hat mich gebeten, für ihn zu kochen, aber ich muß alles sorgfältig prüfen, damit ich die richtige Wahl treffe.»

«Hast du deshalb keine Möbel für das Wohnzimmer gekauft?» wollte Kanta wissen. «Weil dir das Geld ausgegangen ist?»

«Natürlich nicht!» rief Vater aus und wurde ärgerlich. «Ich hab nur gedacht, daß ihr mir beim Aussuchen der Möbel und Teppiche vielleicht gerne helfen würdet. Ich hätte alles auf Kredit kaufen können, wie heute die Kleider bei Sherer's. Jedes große Geschäft in Worcester weiß, daß ich äußerst kreditwürdig bin.»

«Wieviel schuldest du jetzt?» fragte Kanta beharrlich. «Was hast du für Schulden?»

«Was bist du — meine Bank?» knurrte er. «Zu deiner Information: Wenn du alles zusammenrechnest, einschließlich der Kosten für eure Überfahrt, die ganzen Einwanderungspapiere, was ich für dieses Haus gekauft habe, die Kleider, sonstige Kleinigkeiten, dann macht das — sagen wir, so ungefähr dreitausend Dollar.»

Dumpfes Schweigen, während wir alle über diese Summe nachgrübelten und in Drachmen umzurechnen versuchten — eine Aufgabe, die so astronomische Zahlen beinhaltete, daß wir sie ohne Bleistift und Papier unmöglich bewältigen konnten. Schließlich stand ich auf und berührte meinen Vater am Ärmel.

«Heißt das, daß du nicht reich bist?» fragte ich.

«Reich! Was ist reich?» explodierte er. «Ich habe meine Kinder hier, und das macht mich reich. Was brauche ich noch?» Er legte einen Arm um mich. «Ich bin ein reicher Mann, weil ich meinen guten Namen und meinen guten Ruf habe. Frage jeden in Worcester, wer der beste Koch im Umkreis ist, und sie werden sagen: Christy Gage. So nennen mich alle Amerikaner — ‹Christy Gage›. Ich sag dir was, mein Sohn. Morgen gehst du mit mir, wir schauen bei verschiedenen Restaurants vorbei, und du hilfst mir bei der Entscheidung, wo ich arbeiten soll. Du wirst sehen, wenn ein Mann einen guten Namen und geschickte Hände hat, dann braucht er nicht reich zu sein.»

In der Nacht, als ich im Bett lag und ihn heimlich durch meine Wimpern hindurch beobachtete, schien er länger als nötig vor den Ikonen auf dem Familienaltar zu verweilen. Ich studierte sein Gesicht und versuchte zu entziffern, ob er wirklich so zuversichtlich war, eine Stelle zu finden, wie er sagte. Meine Mutter hatte immer versprochen, daß uns unser Vater ein schönes Leben bereiten würde, wenn wir je nach Amerika kämen, und ich hoffte immer noch, daß sie recht hatte, aber die Offenbarungen dieses Tages hatten mich erschüttert. Im ersten Jahrzehnt meines Lebens hatte sich immer alles abrupt verschlechtert, wenn die Dinge sich zu bessern schienen, ein Muster, das mit der Festnahme meiner Mutter am Vorabend unserer Flucht und der Nachricht über ihre Ermordung seinen Höhepunkt erreicht hatte. Ich hatte mir eingeredet, daß dieses Muster in Amerika zerstört werden würde. Jetzt versicherte ich mir, daß mein Vater so einfach Arbeit finden würde, wie er sagte, und so gut zu uns sein würde, daß er damit das Versäumnis, uns nicht früher geholt zu haben, wiedergutmachte. Ich beobachtete ihn heimlich und versuchte, aus dem Ritual vor dem Zubettgehen seine Gefühle abzulesen.

Er bekreuzigte sich und betrachtete dann eine Fotografie an der Wand, die im Dorf aufgenommen worden war. Wir waren um unsere Mutter herum versammelt — die Mädchen blonde, barfüßige Gören, meine Mutter schlank und ernst unter ihrem schwarzen Kopftuch. Sein ganzes Leben lang war mein Vater der wohlhabende und angesehene abwesende Patriarch einer Familie gewesen, die auf der anderen Seite des Meeres lebte. Jetzt waren diese schattenhaften Kinder zu einer großen und sehr gegenwärtigen Verantwortung geworden. Ich wußte aus den Geschichten meiner Mutter, daß Christos Gatzoyiannis, ein Jugendlicher mit rosigen Backen, als er amerikanischen Boden betrat, nur eines im Sinn gehabt hatte, nämlich Geld zurückzuschicken, um seine Mutter und Brüder zu unterstützen und sich selbst schöne amerikanische Kleider zu kaufen. Etwas in der Art, wie er das alte Foto betrachtete, machte mir klar, was für ein Schlag es für ihn war, plötzlich Alleinerziehender und Ernährer von vier großen Kindern zu sein.

HERMANN HESSE

Kinderseele

Manchmal handeln wir, gehen aus und ein, tun dies und das, und es ist alles leicht und gleichsam unverbindlich, es könnte scheinbar alles auch anders sein. Und manchmal, zu anderen Stunden, könnte nichts anders sein, ist nichts unverbindlich und leicht, und jeder Atemzug, den wir tun, ist von Gewalten bestimmt und schwer von Schicksal.

Die Taten unseres Lebens, die wir die guten nennen und von denen zu erzählen uns leicht fällt, sind fast alle von jener ersten, «leichten» Art, und wir vergessen sie leicht. Andere Taten, von denen zu sprechen uns Mühe macht, vergessen wir nie mehr, sie sind gewissermaßen mehr unser als andere, und ihre Schatten fallen lang über alle Tage unseres Lebens.

Unser Vaterhaus, das groß und hell an einer hellen Straße lag, betrat man durch ein hohes Tor, und sogleich war man von Kühle, Dämmerung und steinern feuchter Luft umfangen. Eine hohe, düstere Halle nahm einen schweigsam auf, der Boden von roten Sandsteinfliesen führte leicht ansteigend gegen die Treppe, deren Beginn zuhinterst tief im Halbdunkel lag. Viele tausend Male bin ich durch dies hohe Tor gegangen, und niemals hatte ich acht auf Tor und Flur, Fliesen und Treppe; dennoch war es immer ein Übergang in eine andere Welt, in «unsere» Welt. Die Halle roch nach Stein, sie war finster und hoch, hinten führte die Treppe aus der dunklen Kühle empor und zu Licht und hellem Behagen. Immer aber war erst die Halle und die ernste Dämmerung da: etwas von Vater, etwas von Würde und Macht, etwas von Strafe und schlechtem Gewissen. Tausendmal ging man lachend hindurch. Manchmal aber trat man herein und war sogleich erdrückt und zerkleinert, hatte Angst, suchte rasch die befreiende Treppe.

Als ich elf Jahre alt war, kam ich eines Tages von der Schule her nach Hause, an einem von den Tagen, wo Schicksal in den Ecken lauert, wo leicht etwas passiert. An diesen Tagen scheint jede Unordnung und Störung der eigenen Seele sich in unserer Umwelt zu spiegeln und sie zu entstellen. Unbehagen und Angst beklemmen unser Herz, und wir suchen und finden ihre vermeintlichen Ursachen außer uns, sehen die Welt schlecht eingerichtet und stoßen überall auf Widerstände. Ähnlich war es an jenem Tage. Von früh an bedrückte mich — wer weiß woher? vielleicht aus Träumen der Nacht — ein Gefühl von schlechtem Gewissen, obwohl ich nichts Besonderes begangen hatte. Meines Vaters Gesicht hatte am Morgen einen leidenden und vorwurfsvollen Ausdruck gehabt, die Frühstücksmilch war lau und fad gewesen. In der Schule war ich zwar nicht in Nöte geraten, aber es hatte alles wieder einmal trostlos, tot und entmutigend geschmeckt und hatte sich vereinigt zu jenem mir schon bekannten Gefühl der Ohnmacht und Verzweiflung, das uns sagt, daß die Zeit endlos sei, daß wir ewig und ewig klein und machtlos und im Zwang dieser blöden, stinkenden Schule bleiben werden, Jahre und Jahre, und daß dies ganze Leben sinnlos und widerwärtig sei.

Auch über meinen derzeitigen Freund hatte ich mich heute geärgert. Ich hatte seit kurzem eine Freundschaft mit Oskar Weber, dem Sohn eines Lokomotivführers, ohne recht zu wissen, was mich zu ihm zog. Er hatte neulich damit geprahlt, daß sein Vater sieben Mark im Tag verdiene, und ich hatte aufs Geratewohl erwidert, der meine verdiene vierzehn. Daß er sich dadurch hatte imponieren lassen, ohne Einwände zu machen, war der Anfang der Sache gewesen. Einige Tage später hatte ich mit Weber einen Bund gegründet, indem wir eine gemeinsame Sparkasse anlegten, aus welcher später eine Pistole gekauft werden sollte. Die Pistole lag im Schaufenster eines Eisenhändlers, eine massive Waffe mit zwei bläulichen Stahlrohren. Und Weber hatte mir vorgerechnet, daß man nur eine Weile richtig zu sparen brauche, dann könne man sie kaufen. Geld gebe es ja immer, er bekomme sehr oft einen Zehner für Ausgänge oder sonst ein Trinkgeld, und manchmal finde man Geld auf der Gasse oder Sachen mit Geldeswert, wie Hufeisen, Bleistücke und anderes, was man gut verkaufen könne. Einen Zehner hatte er auch sofort für unsere Kasse hergegeben, und der hatte mich überzeugt und mir unseren ganzen Plan als möglich und hoffnungsvoll erscheinen lassen.

Indem ich an jenem Mittag unseren Hausflur betrat und mir in der kellerig kühlen Luft dunkle Mahnungen an tausend unbequeme und hassenswerte Dinge und Weltordnungen entgegenwehten, waren meine Gedanken mit Oskar Weber beschäftigt. Ich fühlte, daß ich ihn nicht liebte, obwohl sein gutmütiges Gesicht, das mich an eine Waschfrau erinnerte, mir sympathisch war. Was mich zu ihm hinzog, war nicht seine Person, sondern etwas anderes, ich könnte sagen sein Stand — es war etwas, das er mit fast allen Buben von seiner Art und Herkunft teilte: eine gewisse freche Lebenskunst, ein dickes Fell gegen Gefahr und Demütigung, eine Vertrautheit mit den kleinen praktischen Angelegenheiten des Lebens, mit Geld, mit Kaufläden und Werkstätten, Waren und Preisen, mit Küche und Wäsche und dergleichen. Solche Knaben wie Weber, denen die Schläge in der Schule nicht weh zu tun schienen und die mit Knechten, Fuhrleuten und Fabrikmädchen verwandt und befreundet waren, die standen anders und gesicherter in der Welt als ich; sie waren gleichsam erwachsener, sie wußten, wieviel ihr Vater im Tag verdiene, und wußten ohne Zweifel auch sonst noch vieles, worin ich unerfahren war. Sie lachten über Ausdrücke und Witze, die ich nicht verstand. Sie konnten überhaupt auf eine Weise lachen, die mir versagt war, auf eine dreckige und rohe, aber unleugbar erwachsene und «männliche» Weise. Es half nichts, daß man klüger war als sie und in der Schule mehr wußte. Es half nichts, daß man besser als sie gekleidet, gekämmt und gewaschen war. Im Gegenteil, ebendiese Unterschiede kamen ihnen zugute. In die «Welt», wie sie mir in dämmerndem Abenteuerschein vorschwebte, schienen mir solche Knaben wie Weber ganz ohne Schwierigkeiten eingehen zu können, während mir die «Welt» so sehr verschlossen war und jedes ihrer Tore durch unendliches Älterwerden, Schulesitzen, durch Prüfungen und Erzogenwerden mühsam erobert werden mußte. Natürlich fanden solche Knaben auch Hufeisen, Geld und Stücke Blei auf der Straße, bekamen Lohn für Besorgungen, kriegten in Läden allerlei geschenkt und gediehen auf jede Weise.

Ich fühlte dunkel, daß meine Freundschaft zu Weber und seiner Sparkasse nichts war als wilde Sehnsucht nach jener «Welt». An

Weber war nichts für mich liebenswert als sein großes Geheimnis, kraft dessen er den Erwachsenen näher stand als ich, in einer schleierlosen, nackteren, robusteren Welt lebte als ich mit meinen Träumen und Wünschen. Und ich fühlte voraus, daß er mich enttäuschen würde, daß es mir nicht gelingen werde, ihm sein Geheimnis und den magischen Schlüssel zum Leben zu entreißen. Eben hatte er mich verlassen, und ich wußte, er ging nun nach Hause, breit und behäbig, pfeifend und vergnügt, von keiner Sehnsucht, von keinen Ahnungen verdüstert.

Wie deutlich sehe ich, nach dreißig Jahren, jenes Treppenhaus wieder vor mir, mit den hohen, blinden Fenstern, die gegen die nahe Nachbarmauer gingen und so wenig Licht gaben, mit den weißgescheuerten, tannenen Treppen und Zwischenböden und dem glatten, harthölzernen Geländer, das durch meine tausend sausenden Abfahrten poliert war! So fern mir die Kindheit steht, und so unbegreiflich und märchenhaft sie mir im ganzen erscheint, so ist mir doch alles genau erinnerlich, was schon damals, mitten im Glück, in mir an Leid und Zwiespalt vorhanden war. Alle diese Gefühle waren damals im Herzen des Kindes schon dieselben, die sie immer blieben: Zweifel am eigenen Wert, Schwanken zwischen Selbstschätzung und Mutlosigkeit, zwischen weltverachtender Idealität und gewöhnlicher Sinneslust — und wie damals, so sah ich auch hundertmal später noch in diesen Zügen meines Wesens bald verächtliche Krankheit, bald Auszeichnung, habe zuzeiten den Glauben, daß mich Gott auf diesem qualvollen Wege zu besonderer Vereinsamung und Vertiefung führen wolle, und finde zu anderen Zeiten wieder in alledem nichts als die Zeichen einer schäbigen Charakterschwäche, einer Neurose, wie Tausende sie mühsam durchs Leben schleppen.

Wenn ich alle die Gefühle und ihren qualvollen Widerstreit auf ein Grundgefühl zurückführen und mit einem einzigen Namen bezeichnen sollte, so wüßte ich kein anderes Wort als: Angst. Angst war es, Angst und Unsicherheit, was ich in allen jenen Stunden des gestörten Kinderglücks empfand: Angst vor Strafe, Angst vor dem eigenen Gewissen, Angst vor Regungen meiner Seele, die ich als verboten und verbrecherisch empfand.

Auch in jener Stunde, von der ich erzähle, kam dies Angstgefühl wieder über mich, als ich in dem heller und heller werdenden

Treppenhaus mich der Glastür näherte. Es begann mit einer Beklemmung im Unterleib, die bis zum Halse emporstieg und dort zum Würgen oder zu Übelkeit wurde. Zugleich damit empfand ich in diesen Momenten stets, und so auch jetzt, eine peinliche Geniertheit, ein Mißtrauen gegen jeden Beobachter, einen Drang zu Alleinsein und Sichverstecken.

Mit diesem üblen und verfluchten Gefühl, einem wahren Verbrechergefühl, kam ich in den Korridor und in das Wohnzimmer. Ich spürte: es ist heute der Teufel los, es wird etwas passieren. Ich spürte es, wie das Barometer einen veränderten Luftdruck spürt, mit rettungsloser Passivität. Ach, nun war es wieder da, dies Unsägliche! Der Dämon schlich durchs Haus, Erbsünde nagte am Herzen, riesig und unsichtbar stand hinter jeder Wand ein Geist, ein Vater und Richter.

Noch wußte ich nichts, noch war alles bloß Ahnung, Vorgefühl, nagendes Unbehagen. In solchen Lagen war es oft das beste, wenn man krank wurde, sich erbrach und ins Bett legte. Dann ging es manchmal ohne Schaden vorüber, die Mutter oder Schwester kam, man bekam Tee und spürte sich von liebender Sorge umgeben, und man konnte weinen oder schlafen, um nachher gesund und froh in einer völlig verwandelten, erlösten und hellen Welt zu erwachen.

Meine Mutter war nicht im Wohnzimmer, und in der Küche war nur die Magd. Ich beschloß, zum Vater hinaufzugehen, zu dessen Studierzimmer eine schmale Treppe hinaufführte. Wenn ich auch Furcht vor ihm hatte, zuweilen war es doch gut, sich an ihn zu wenden, dem man so viel abzubitten hatte. Bei der Mutter war es einfacher und leichter, Trost zu finden; beim Vater aber war der Trost wertvoller, er bedeutete einen Frieden mit dem richtenden Gewissen, eine Versöhnung und ein neues Bündnis mit den guten Mächten. Nach schlimmen Auftritten, Untersuchungen, Geständnissen und Strafen war ich oft aus des Vaters Zimmer gut und rein hervorgegangen, bestraft und ermahnt zwar, aber voll neuer Vorsätze, durch die Bundesgenossenschaft des Mächtigen gestärkt gegen das feindliche Böse. Ich beschloß, den Vater aufzusuchen und ihm zu sagen, daß mir übel sei.

Und so stieg ich die kleine Treppe hinauf, die zum Studierzimmer führte. Diese kleine Treppe mit ihrem eigenen Tapetengeruch und dem trockenen Klang der hohlen, leichten Holzstufen war noch unendlich viel mehr als die Hausflur ein bedeutsamer Weg und ein Schicksalstor; über diese Stufen hatten viele wichtige Gänge mich geführt, Angst und Gewissensqual hatte ich hundertmal dort hinaufgeschleppt, Trotz und wilden Zorn, und nicht selten hatte ich Erlösung und neue Sicherheit zurückgebracht. Unten in unsrer Wohnung waren Mutter und Kind zu Hause, dort wehte harmlose Luft; hier oben wohnten Macht und Geist, hier waren Gericht und Tempel und das «Reich des Vaters».

Etwas beklommen wie immer drückte ich die altmodische Klinke nieder und öffnete die Tür halb. Der väterliche Studierzimmergeruch floß mir wohlbekannt entgegen: Bücher- und Tintenduft, verdünnt durch blaue Luft aus halboffenen Fenstern, weiße, reine Vorhänge, ein verlorener Faden von Kölnisch-Wasser-Duft und auf dem Schreibtisch ein Apfel. — Aber die Stube war leer.

Mit einer Empfindung halb von Enttäuschung und halb von Aufatmen trat ich ein. Ich dämpfte meinen Schritt und trat nur mit den Zehen auf, so wie wir hier oben manchmal gehen mußten, wenn der Vater schlief oder Kopfweh hatte. Und kaum war dies leise Gehen mir bewußt geworden, so bekam ich Herzklopfen und spürte verstärkt den angstvollen Druck im Unterleib und in der Kehle wieder. Ich ging schleichend und angstvoll weiter, einen Schritt und wieder einen Schritt, und schon war ich nicht mehr ein harmloser Besucher und Bittsteller, sondern ein Eindringling. Mehrmals schon hatte ich heimlich in des Vaters Abwesenheit mich in seine beiden Zimmer geschlichen, hatte sein geheimes Reich belauscht und erforscht und hatte zweimal auch etwas daraus entwendet.

Die Erinnerung daran war alsbald da und erfüllte mich, und ich wußte sofort: jetzt war das Unglück da, jetzt passierte etwas, jetzt tat ich Verbotenes und Böses. Kein Gedanke an Flucht! Vielmehr, ich dachte wohl daran, dachte sehnlich und inbrünstig daran, davonzulaufen, die Treppe hinab und in mein Stübchen oder in den Garten — aber ich wußte, ich werde das doch nicht tun, nicht tun können. Innig wünschte ich, mein Vater möchte sich im Nebenzimmer rühren und hereintreten und den ganzen grauenvollen Bann durchbrechen, der mich dämonisch zog und fesselte. O käme er doch! Käme er doch, scheltend meinetwegen, aber käme er nur, eh es zu spät ist!

Ich hustete, um meine Anwesenheit zu melden, und als keine Antwort kam, rief ich leise: «Papa!» Es blieb alles still, an den Wänden schwiegen die vielen Bücher, ein Fensterflügel bewegte sich im Winde und warf einen hastigen Sonnenspiegel über den Boden. Niemand erlöste mich, und in mir selber war keine Freiheit, anders zu tun, als der Dämon wollte. Verbrechergefühl zog mir den Magen zusammen und machte mir die Fingerspitzen kalt, mein Herz flatterte angstvoll. Noch wußte ich keineswegs, was ich tun würde. Ich wußte nur, es würde etwas Schlechtes sein.

Nun war ich beim Schreibtisch, nahm ein Buch in die Hand und las einen englischen Titel, den ich nicht verstand. Englisch haßte ich — das sprach der Vater stets mit der Mutter, wenn wir es nicht verstehen sollten und auch wenn sie Streit hatten. In einer Schale lagen allerlei kleine Sachen, Zahnstocher, Stahlfedern, Stecknadeln. Ich nahm zwei von den Stahlfedern und steckte sie in die Tasche, Gott weiß wozu, ich brauchte sie nicht und hatte keinen Mangel an Federn. Ich tat es nur, um dem Zwang zu folgen, der mich fast erstickt hätte, dem Zwang, Böses zu tun, mir selbst zu schaden, mich mit Schuld zu beladen. Ich blätterte in meines Vaters Papieren, sah einen angefangenen Brief liegen, ich las die Worte: «Es geht uns und den Kindern, Gott sei Dank, recht gut», und die lateinischen Buchstaben seiner Handschrift sahen mich an wie Augen.

Dann ging ich leise und schleichend in das Schlafzimmer hinüber. Da stand Vaters eisernes Feldbett, seine braunen Hausschuhe darunter, ein Taschentuch lag auf dem Nachttisch. Ich atmete die väterliche Luft in dem kühlen, hellen Zimmer ein, und das Bild des Vaters stieg deutlich vor mir auf, Ehrfurcht und Auflehnung stritten in meinem beladenen Herzen. Für Augenblicke haßte ich ihn und erinnerte mich seiner mit Bosheit und Schadenfreude, wie er zuweilen an Kopfwehtagen still und flach in seinem niederen Feldbett lag, sehr lang und gestreckt, ein nasses Tuch über der Stirn, manchmal seufzend. Ich ahnte wohl, daß auch er, der Gewaltige, kein leichtes Leben habe, daß auch ihm, dem Ehrwürdigen, Zweifel an sich selbst und Bangigkeit nicht unbekannt waren. Schon war mein seltsamer Haß verflogen, Mitleid und Rührung folgten ihm. Aber inzwischen hatte ich eine Schieblade der Kommode herausgezogen. Da lag Wäsche geschichtet und eine Flasche Kölnisches Wasser, das er liebte; ich wollte daran riechen, aber die Flasche war noch ungeöffnet und fest verstöpselt, ich legte sie wieder zurück. Daneben fand ich eine kleine runde Dose mit Mundpastillen, die nach Lakritze schmeckten, von denen steckte ich einige in den Mund. Eine gewisse Enttäuschung und Ernüchterung kam über mich, und zugleich war ich doch froh, nicht mehr gefunden und genommen zu haben.

Schon im Ablassen und Verzichten zog ich noch spielend an einer andern Lade, mit etwas erleichtertem Gefühl und mit dem Vorsatz, nachher die zwei gestohlenen Stahlfedern drüben wieder an ihren Ort zu legen. Vielleicht waren Rückkehr und Reue möglich, Wiedergutmachung und Erlösung. Vielleicht war Gottes Hand über mir stärker als alle Versuchung...

Da sah ich mit schnellem Blick noch eilig in den Spalt der kaum aufgezogenen Lade. Ach, wären Strümpfe oder Hemden oder alte Zeitungen darin gewesen! Aber da war nun die Versuchung, und sekundenschnell kehrte der kaum gelockerte Krampf und Angstbann wieder, meine Hände zitterten, und mein Herz schlug rasend. Ich sah in einer aus Bast geflochtenen, indischen oder sonst exotischen Schale etwas liegen, etwas Überraschendes, Verlockendes, einen ganzen Kranz von weiß bezuckerten, getrockneten Feigen!

Ich nahm ihn in die Hand, er war wundervoll schwer. Dann zog ich zwei, drei Feigen heraus, steckte eine in den Mund, einige in die Tasche. Nun waren alle Angst und alles Abenteuer doch nicht umsonst gewesen. Keine Erlösung, keinen Trost konnte ich mehr von hier fortnehmen, so wollte ich wenigstens nicht leer ausgehen. Ich zog noch drei, vier Feigen von dem Ring, der davon kaum leichter wurde, und noch einige, und als meine Taschen gefüllt und von dem Kranz wohl mehr als die Hälfte verschwunden war, ordnete ich die übriggebliebenen Feigen auf dem etwas klebrigen Ring lockerer an, so daß weniger zu fehlen schienen. Dann stieß ich, in plötzlichem hellen Schrecken, die Lade heftig zu und rannte davon, durch beide Zimmer, die kleine Stiege hinab und in mein Stübchen, wo ich stehen blieb und mich auf meinen kleinen Stehpult stützte, in den Knien wankend und nach Atem ringend.

Bald darauf tönte unsre Tischglocke. Mit leerem Kopf und ganz von Ernüchterung und Ekel erfüllt, stopfte ich die Feigen in mein

Bücherbrett, verbarg sie hinter Büchern und ging zu Tische. Vor der Eßzimmertür merkte ich, daß meine Hände klebten. Ich wusch sie in der Küche. Im Eßzimmer fand ich alle schon am Tisch warten. Ich sagte schnell guten Tag, der Vater sprach das Tischgebet, und ich beugte mich über meine Suppe. Ich hatte keinen Hunger, jeder Schluck machte mir Mühe. Und neben mir saßen meine Schwestern, die Eltern gegenüber, alle hell und munter und in Ehren, nur ich Verbrecher elend dazwischen, allein und unwürdig, mich fürchtend vor jedem freundlichen Blick, den Geschmack der Feigen noch im Munde. Hatte ich oben die Schlafzimmertür auch zugemacht? Und die Schublade?

Nun war das Elend da. Ich hätte mir die Hand abhauen lassen, wenn dafür meine Feigen wieder oben in der Kommode gelegen hätten. Ich beschloß, sie fortzuwerfen, sie mit in die Schule zu nehmen und zu verschenken. Nur daß sie wegkämen, daß ich sie nie wieder sehen müßte! «Du siehst heute schlecht aus», sagte mein Vater über den Tisch weg. Ich sah auf meinen Teller und fühlte seine Blicke auf meinem Gesicht. Nun würde er es merken. Er merkte ja alles, immer. Warum quälte er mich vorher noch? Mochte er mich lieber gleich abführen und meinetwegen totschlagen.

«Fehlt dir etwas?» hörte ich seine Stimme wieder. Ich log, ich sagte, ich habe Kopfweh.

«Du mußt dich nach Tisch ein wenig hinlegen», sagte er. «Wieviel Stunden habt ihr heute nachmittag?»

«Bloß Turnen.»

«Nun, turnen wird dir nicht schaden. Aber iß auch, zwinge dich ein bißchen! Es wird schon vergehen.»

Ich schielte hinüber. Die Mutter sagte nichts, aber ich wußte, daß sie mich anschaute. Ich aß meine Suppe hinunter, kämpfte mit Fleisch und Gemüse, schenkte mir zweimal Wasser ein. Es geschah nichts weiter. Man ließ mich in Ruhe. Als zum Schluß mein Vater das Dankgebet sprach: «Herr, wir danken dir, denn du bist freundlich, und deine Güte währet ewiglich», da trennte wieder ein ätzender Schnitt mich von den hellen, heiligen, vertrauensvollen Worten und von allen, die am Tische saßen; mein Händefalten war Lüge, und meine andächtige Haltung eine Lästerung.

Als ich aufstand, strich mir die Mutter übers Haar und ließ ihre Hand einen Augenblick auf meiner Stirn liegen, ob sie heiß sei. Wie bitter war das alles!

In meinem Stübchen stand ich dann vor dem Bücherbrett. Der Morgen hatte nicht gelogen, alle Anzeichen hatten recht gehabt. Es war ein Unglückstag geworden, der schlimmste, den ich je erlebt hatte. Schlimmeres konnte kein Mensch ertragen. Wenn noch Schlimmeres über einen kam, dann mußte man sich das Leben nehmen. Es war überhaupt besser, tot zu sein, als zu leben. Es war ja alles so falsch und häßlich. Ich stand und sann und griff zerstreut nach den verborgenen Feigen und aß davon, eine und mehrere, ohne es recht zu wissen.

Unsre Sparkasse fiel mir in die Augen, sie stand im Bord unter den Büchern. Es war eine Zigarrenkiste, die ich fest zugenagelt hatte; in den Deckel hatte ich mit dem Taschenmesser einen ungefügen Schlitz für die Geldstücke geschnitten. Er war schlecht und roh geschnitten, der Schlitz, Holzsplitter standen heraus. Auch das konnte ich nicht richtig. Ich hatte Kameraden, die konnten so etwas mühsam und geduldig und tadellos machen, daß es aussah wie vom Schreiner gehobelt. Ich aber pfuschte immer nur, hatte es eilig und machte nichts sauber fertig. So war es mit meinen Holzarbeiten, so mit meiner Handschrift und meinen Zeichnungen, so war es mit allem. Es war nichts mit mir. Und nun stand ich da und hatte wieder gestohlen, schlimmer als je. Auch die Stahlfedern hatte ich noch in der Tasche. Wozu? Warum hatte ich sie genommen — nehmen müssen? Warum mußte man, was man gar nicht wollte?

In der Zigarrenkiste klapperte ein einziges Geldstück, der Zehner von Oskar Weber. Seither war nichts dazugekommen. Auch diese Sparkassengeschichte war so eine meiner Unternehmungen! Alles taugte nichts, alles mißriet und blieb im Anfang stecken, was ich begann! Mochte der Teufel diese unsinnige Sparkasse holen! Ich mochte nichts mehr von ihr wissen.

Diese Zeit zwischen Mittagessen und Schulbeginn war an solchen Tagen wie heute immer mißlich und schwer herumzubringen. An guten Tagen, an friedlichen, vernünftigen, liebenswerten Tagen, war es eine schöne und erwünschte Stunde; ich las dann entweder in meinem Zimmer an einem Indianerbuch oder lief sofort nach Tisch wieder auf den Schulplatz, wo ich immer einige unternehmungslustige Kameraden traf, und dann spielten wir, schrien und rannten und erhitzten uns, bis der Glockenschlag uns in die völlig vergessene «Wirklichkeit» zurückrief. Aber an Tagen wie heute — mit wem wollte man da spielen und wie die Teufel in der Brust betäuben?

Ich stand am Fenster und schaute auf den kleinen Hinterhof des Nachbarhauses hinunter, wo Gerüststangen an der Mauer lehnten und in einem kleinen winzigen Garten ein paar Gemüsebeete grünten. Plötzlich hörte ich durch die Nachmittagsstille Glockenschläge hallen, fest und nüchtern in meine Visionen hinein, einen klaren, strengen Stundenschlag, und noch einen. Es war zwei Uhr, und ich schreckte aus den Traumängsten in die der Wirklichkeit zurück. Nun begann unsre Turnstunde, und wenn ich auch auf Zauberflügeln fort und in die Turnhalle gestürzt wäre, ich wäre doch schon zu spät gekommen. Wieder Pech! Das gab übermorgen Aufruf, Schimpfworte und Strafe. Lieber ging ich gar nicht mehr hin, es war doch nichts mehr gutzumachen. Vielleicht mit einer sehr guten, sehr feinen und glaubhaften Entschuldigung — aber es wäre mir in diesem Augenblick keine eingefallen, so glänzend mich auch unsre Lehrer zum Lügen erzogen hatten; ich war jetzt nicht imstande, zu lügen, zu erfinden, zu konstruieren. Besser war es, vollends ganz aus der Stunde wegzubleiben. Was lag daran, ob jetzt zum großen Unglück noch ein kleines kam!

Aber der Stundenschlag hatte mich geweckt und meine Phantasiespiele gelähmt. Ich war plötzlich sehr schwach, überwirklich sah mein Zimmer mich an, Pult, Bilder, Bett, Bücherschaft, alles geladen mit strenger Wirklichkeit, alles Zurufe aus der Welt, in der man leben mußte und die mir heute wieder einmal so feindlich und gefährlich geworden war. Wie denn? Hatte ich nicht die Turnstunde versäumt? Und hatte ich nicht gestohlen, jämmerlich gestohlen, und hatte die verdammten Feigen im Bücherbrett liegen, soweit sie nicht schon aufgegessen waren? Was ging mich jetzt der Verbrecher, der liebe Gott und das Jüngste Gericht an! Das würde alles dann schon kommen, zu seiner Zeit — aber jetzt, jetzt im Augenblick war es weit weg und war dummes Zeug, nichts weiter. Ich hatte gestohlen, und jeden Augenblick konnte das Verbrechen entdeckt werden. Vielleicht war es schon soweit, vielleicht hatte mein Vater droben schon jene Schublade gezogen und stand vor meiner Schandtat, beleidigt und erzürnt, und überlegte sich, auf welche Art mir der Prozeß zu machen sei. Ach, er war möglicherweise schon unterwegs zu mir, und wenn ich nicht sofort entfloh, hatte ich in der nächsten Minute schon sein ernstes Gesicht mit der Brille vor mir. Denn er wußte natürlich sofort, daß ich der Dieb war. Es gab keine Verbrecher in unserem Hause außer mir, meine Schwestern taten nie so etwas, Gott weiß warum. Aber wozu brauchte mein Vater da in seiner Kommode solche Feigenkränze verborgen zu haben?

Ich hatte mein Stübchen schon verlassen und mich durch die hintere Haustür und den Garten davongemacht. Die Gärten und Wiesen lagen in heller Sonne, Zitronenfalter flogen über den Weg. Alles sah jetzt schlimm und drohend aus, viel schlimmer als heute morgen. Oh, ich kannte das schon, und doch meinte ich es nie so qualvoll gespürt zu haben; wie da alles in seiner Selbstverständlichkeit und mit seiner Gewissensruhe mich ansah, Stadt und Kirchturm, Wiesen und Weg, Grasblüten und Schmetterlinge, und wie alles Hübsche und Fröhliche, was man sonst mit Freuden sah, nun fremd und verzaubert war! Ich kannte das, ich wußte, wie es schmeckt, wenn man in Gewissensangst durch die gewohnte Gegend läuft! Jetzt konnte der seltenste Schmetterling über die Wiese fliegen und sich vor meinen Füßen hinsetzen — es war nichts, es freute nicht, reizte nicht, tröstete nicht. Jetzt konnte der herrlichste Kirschbaum mir seinen vollsten Ast herbieten — es hatte keinen Wert, es war kein Glück dabei. Jetzt gab es nichts als fliehen, vor dem Vater, vor der Strafe, vor mir selber, vor meinem Gewissen, fliehen und rastlos sein, bis dennoch unerbittlich und unentrinnbar alles kam, was kommen mußte.

Ich lief und war ratlos, ich lief bergan und hoch bis zum Walde, und vom Eichenberg nach der Hofmühle hinab, über den Steg und jenseits wieder bergauf und durch Wälder hinan. Hier hatten wir unser letztes Indianerlager gehabt. Hier hatte letztes Jahr, als der Vater auf Reisen war, unsre Mutter mit uns Kindern Ostern gefeiert und im Wald und Moos die Eier für uns versteckt. Hier hatte ich einst mit meinen Vettern in den Ferien eine Burg gebaut, sie stand noch halb. Überall Reste von einstmals, überall Spiegel, aus denen mir ein andrer entgegensah, als der ich heute war! War ich das alles gewesen? So lustig, so zufrieden, so dankbar, so kameradschaftlich, so zärtlich mit der Mutter, so ohne Angst, so unbegreiflich glücklich? War das ich gewesen? Und wie hatte ich so werden können, wie ich jetzt war, so anders, so ganz anders, so böse, so voll Angst, so zerstört? Alles war noch wie immer, Wald und Fluß, Farnkräuter und Blumen, Burg und Ameisenhaufen, und doch alles wie vergiftet und verwüstet. Gab es denn gar keinen Weg zurück, dorthin, wo das Glück und die Unschuld war? Konnte es nie mehr werden, wie es gewesen war?

Ich lief und lief, den Schweiß auf der Stirn, und hinter mir lief meine Schuld und lief groß und ungeheuer der Schatten meines Vaters als Verfolger mit.

An mir vorbei liefen Alleen, sanken Waldränder hinab. Auf einer Höhe machte ich halt, abseits vom Weg, ins Gras geworfen, mit Herzklopfen, das vom Bergaufwärtsrennen kommen konnte, das vielleicht bald besser wurde. Unten sah ich Stadt und Fluß, sah die Turnhalle, wo jetzt die Stunde zu Ende war und die Buben auseinanderliefen, sah das lange Dach meines Vaterhauses. Dort war meines Vaters Schlafzimmer und die Schublade, in der die Feigen fehlten. Dort war mein kleines Zimmer. Dort würde, wenn ich zurückkam, das Gericht mich treffen. — Aber wenn ich nicht zurückkam?

Ich wußte, daß ich zurückkommen werde. Man kam immer zurück, jedesmal. Es endete immer so. Man konnte nicht fort, man konnte nicht nach Afrika fliehen oder nach Berlin. Man war klein, man hatte kein Geld, niemand half einem. Ja, wenn alle Kinder sich zusammentäten und einander hülfen! Sie waren viele, es gab mehr Kinder als Eltern. Aber nicht alle Kinder waren Diebe und Verbrecher. Wenige waren so wie ich. Vielleicht war ich der einzige. Aber nein, ich wußte, es kamen öfters solche Sachen vor wie meine — ein Onkel von mir hatte als Kind auch gestohlen und viele Sachen angestellt, das hatte ich irgendwann einmal erlauscht, heimlich aus einem Gespräch der Eltern, heimlich, wie man alles Wissenswerte erlauschen mußte. Doch das alles half mir nicht, und wenn jener Onkel selber da wäre, er würde mir auch nicht helfen! Er war jetzt längst groß und erwachsen, er war Pastor, und er würde zu den Erwachsenen halten und mich im Stich lassen. So waren sie alle. Gegen uns Kinder waren sie alle irgendwie falsch und verlogen, spielten eine Rolle, gaben sich anders, als sie waren. Die Mutter vielleicht nicht, oder weniger.

Ja, wenn ich nun nicht mehr heimkehren würde? Es könnte ja etwas passieren, ich konnte den Hals brechen oder ertrinken oder unter die Eisenbahn kommen. Dann sah alles anders aus. Dann brachte man mich nach Hause, und alles war still und erschrocken und weinte, und ich tat allen leid, und von den Feigen war nicht mehr die Rede. Ich wußte sehr gut, daß man sich selber das Leben nehmen konnte. Ich dachte auch, daß ich das wohl einmal tun würde, später, wenn es einmal ganz schlimm kam. Gut wäre es gewesen, krank zu werden, aber nicht bloß so mit Husten, sondern richtig todkrank, so wie damals, als ich Scharlachfieber hatte.

Inzwischen war die Turnstunde längst vorüber, und auch die Zeit war vorüber, wo man mich zu Hause zum Kaffee erwartete. Vielleicht riefen und suchten sie jetzt nach mir, in meinem Zimmer, im Garten und Hof, auf dem Estrich. Wenn aber der Vater meinen Diebstahl schon entdeckt hatte, dann wurde nicht gesucht, dann wußte er Bescheid.

Es war mir nicht möglich, länger liegenzubleiben. Das Schicksal vergaß mich nicht, es war hinter mir her. Ich nahm das Laufen wieder auf. Ich kam an einer Bank in den Anlagen vorüber, an der hing wieder eine Erinnerung, wieder eine, die einst schön und lieb gewesen war und jetzt wie Feuer brannte. Mein Vater hatte mir ein Taschenmesser geschenkt, wir waren zusammen spazierengegangen, froh und in gutem Frieden, und er hatte sich auf diese Bank gesetzt, während ich im Gebüsch mir eine lange Haselrute schneiden wollte. Und da brach ich im Eifer das neue Messer ab, die Klinge dicht am Heft, und kam entsetzt zurück. Ich war sehr unglücklich, wegen dem Messer und weil ich Scheltworte erwartete. Aber da hatte mein Vater nur gelächelt, mir leicht die Schulter berührt und gesagt: «Wie schade, du armer Kerl!» Wie hatte ich ihn da geliebt, wieviel ihm innerlich abgebeten! Und jetzt, wenn ich an das damalige Gesicht meines Vaters dachte, an seine Stimme, an sein Mitleid — was war ich für ein Ungeheuer, daß ich diesen Vater so oft betrübt, belogen und heute bestohlen hatte!

Als ich wieder in die Stadt kam, bei der oberen Brücke und weit von unserem Hause, hatte die Dämmerung schon begonnen. Aus einem Kaufladen, hinter dessen Glastür schon Licht brannte, kam ein Knabe gelaufen, er blieb plötzlich stehen und rief mich mit Namen an. Es war Oskar Weber. Niemand konnte mir ungelegener kommen. Immerhin erfuhr ich von ihm, daß der Lehrer mein Fehlen in der Turnstunde nicht bemerkt habe. Aber wo ich denn gewesen sei?

«Ach nirgends», sagte ich, «ich war nicht recht wohl.» Ich war schweigsam und zurückweisend, und nach einer Weile, die ich empörend lang fand, merkte er, daß er mir lästig sei. Jetzt wurde er böse.

«Laß mich in Ruh'», sagte ich kalt, «ich kann allein heimgehen.» «So?» rief er jetzt. «Ich kann gerade so gut allein gehen wie du, dummer Fratz! Ich bin nicht dein Pudel, daß du's weißt. Aber vorher möchte ich doch wissen, wie das jetzt eigentlich mit unserer Sparkasse ist! Ich habe einen Zehner hineingetan und du nichts.»

«Deinen Zehner kannst du wiederhaben, heute noch, wenn du Angst um ihn hast. Wenn ich dich nur nimmer sehen muß. Als ob ich von dir etwas annehmen würde!»

«Du hast ihn neulich gern genommen», meinte er höhnisch, aber nicht, ohne einen Türspalt zur Versöhnung offenzulassen.

Aber ich war heiß und böse geworden, alle in mir angehäufte Angst und Ratlosigkeit brach in hellen Zorn aus. Weber hatte mir nichts zu sagen! Gegen ihn war ich im Recht, gegen ihn hatte ich ein gutes Gewissen. Und ich brauchte jemand, gegen den ich mich fühlen, gegen den ich stolz und im Recht sein konnte. Alles Ungeordnete und Finstere in mir strömte wild in diesen Ausweg. Ich tat, was ich sonst so sorgfältig vermied, ich kehrte den Herrensohn heraus, ich deutete an, daß es für mich keine Entbehrung sei, auf die Freundschaft mit einem Gassenbuben zu verzichten. Ich sagte ihm, daß für ihn jetzt das Beerenessen in unserem Garten und das Spielen mit meinen Spielsachen ein Ende habe. Ich fühlte mich aufglühen und aufleben: ich hatte einen Feind, einen Gegner, einen, der schuld war, den man packen konnte. Alle Lebenstriebe sammelten sich in diese erlösende, willkommene, befreiende Wut, in die grimmige Freude am Feind, der diesmal nicht in mir selbst wohnte, der mir gegenüberstand, mich mit erschreckten, dann mit bösen Augen anglotzte, dessen Stimme ich hörte, dessen Vorwürfe ich verachten, dessen Schimpfworte ich übertrumpfen konnte.

Im anschwellenden Wortwechsel, dicht nebeneinander, trieben wir die dunkelnde Gasse hinab; da und dort sah man uns aus einer Haustüre nach. Und alles, was ich gegen mich selber an Wut und Verachtung empfand, kehrte sich gegen den unseligen Weber. Als er damit zu drohen begann, er werde mich dem Turnlehrer anzeigen, war es Wollust für mich: er setzte sich ins Unrecht, er wurde gemein, er stärkte mich.

Als wir in der Nähe der Metzgergasse handgemein wurden, blieben gleich ein paar Leute stehen und sahen unserm Handel zu. Wir hieben einander in den Bauch und ins Gesicht und traten mit den Schuhen gegeneinander. Nun hatte ich für Augenblicke alles vergessen, Kampfrausch beglückte mich, und wenn Weber auch stärker war als ich, so war ich flinker, klüger, rascher, feuriger. Wir wurden heiß und schlugen uns wütend. Als er mir mit einem verzweifelten Griff den Hemdkragen aufriß, fühlte ich mit Inbrunst den Strom kalter Luft über meine glühende Haut laufen.

Und im Hauen, Reißen und Treten, Ringen und Würgen hörten wir nicht auf, uns weiter mit Worten anzufeinden, zu beleidigen und zu vernichten, mit Worten, die immer glühender, immer törichter und böser, immer dichterischer und phantastischer wurden. Und auch darin war ich ihm über, war böser, dichterischer, erfinderischer. Sagte er Hund, so sagte ich Sauhund. Rief er Schuft, so schrie ich Satan. Wir bluteten beide, ohne etwas zu fühlen, und dabei häuften unsre Worte böse Zauber und Wünsche, wir empfahlen einander dem Galgen, wünschten uns Messer, um sie einander in die Rippen zu jagen und darin umzudrehen, wir beschimpften einer des andern Namen, Herkunft und Vater.

Es war das erste und einzige Mal, daß ich einen solchen Kampf im vollen Kriegsrausch bis zu Ende ausfocht, mit allen Hieben, allen Grausamkeiten, allen Beschimpfungen. Zugesehen hatte ich oft und mit grausender Lust diese vulgären, urtümlichen Flüche und Schandworte angehört; nun schrie ich sie selber heraus, als sei ich ihrer von klein auf gewohnt und in ihrem Gebrauch geübt. Tränen liefen mir aus den Augen und Blut über den Mund. Die

Welt aber war herrlich, sie hatte einen Sinn, es war gut zu leben, gut zu hauen, gut zu bluten und bluten zu machen.

Niemals vermochte ich in der Erinnerung das Ende dieses Kampfes wiederzufinden. Irgendeinmal war es aus, irgendeinmal stand ich allein in der stillen Dunkelheit, erkannte Straßenecken und Häuser, war nahe bei unserem Hause. Langsam floh der Rausch, langsam hörte das Flügelbrausen und Donnern auf, und Wirklichkeit drang stückweise vor meine Sinne, zuerst nur vor die Augen. Da der Brunnen. Die Brücke. Blut an meiner Hand, zerrissene Kleider, herabgerutschte Strümpfe, ein Schmerz im Knie, einer im Auge, keine Mütze mehr da — alles kam nach und nach, wurde Wirklichkeit und sprach zu mir. Plötzlich war ich tief ermüdet, fühlte meine Knie und Arme zittern, tastete nach einer Hauswand.

Und da war unser Haus. Gott sei Dank! Ich wußte nichts auf der Welt mehr, als daß dort Zuflucht war, Friede, Licht, Geborgenheit. Aufatmend schob ich das hohe Tor zurück.

Da mit dem Duft von Stein und feuchter Kühle überströmte mich plötzlich Erinnerung, hundertfach. O Gott! Es roch nach Strenge, nach Gesetz, nach Verantwortung, nach Vater und Gott. Ich hatte gestohlen. Ich war kein verwundeter Held, der vom Kampfe heimkehrte. Ich war kein armes Kind, das nach Hause findet und von der Mutter in Wärme und Mitleid gebettet wird. Ich war Dieb, ich war Verbrecher. Da droben war nicht Zuflucht, Bett und Schlaf für mich, nicht Essen und Pflege, nicht Trost und Vergessen. Auf mich wartete Schuld und Gericht.

Damals in der finstern abendlichen Flur und im Treppenhaus, dessen viele Stufen ich unter Mühen erklomm, atmete ich, wie ich glaube, zum erstenmal in meinem Leben für Augenblicke den kalten Äther, die Einsamkeit, das Schicksal. Ich sah keinen Ausweg, ich hatte keine Pläne, auch keine Angst, nichts als das kalte, rauhe Gefühl: «Es muß sein.» Am Geländer zog ich mich die Treppe hinauf. Vor der Glastür fühlte ich Lust, noch einen Augenblick mich auf die Treppe zu setzen, aufzuatmen, Ruhe zu haben. Ich tat es nicht, es hatte keinen Zweck. Ich mußte hinein. Beim Öffnen der Tür fiel mir ein, wie spät es wohl sei?

Ich trat ins Eßzimmer. Da saßen sie um den Tisch und hatten eben gegessen, ein Teller mit Äpfeln stand noch da. Es war gegen acht Uhr. Nie war ich ohne Erlaubnis so spät heimgekommen, nie hatte ich beim Abendessen gefehlt.

«Gott sei Dank, da bist du!» rief meine Mutter lebhaft. Ich sah, sie war in Sorge um mich gewesen. Sie lief auf mich zu und blieb erschrocken stehen, als sie mein Gesicht und die beschmutzten und zerrissenen Kleider sah. Ich sagte nichts und blickte niemand an, doch spürte ich deutlich, daß Vater und Mutter sich mit Blicken meinetwegen verständigten. Mein Vater schwieg und beherrschte sich; ich fühlte, wie zornig er war. Die Mutter nahm sich meiner an, Gesicht und Hände wurden mir gewaschen, Pflaster aufgeklebt, dann bekam ich zu essen. Mitleid und Sorgfalt umgab mich, ich saß still und tief beschämt, fühlte die Wärme und genoß sie mit schlechtem Gewissen. Dann ward ich zu Bett geschickt. Dem Vater gab ich die Hand, ohne ihn anzusehen.

Als ich schon im Bette lag, kam die Mutter noch zu mir. Sie nahm meine Kleider vom Stuhl und legte mir andere hin, denn morgen war Sonntag. Dann fing sie behutsam zu fragen an, und ich mußte von meiner Rauferei erzählen. Sie fand es zwar schlimm, schalt aber nicht und schien ein wenig verwundert, daß ich dieser Sache wegen so sehr gedrückt und scheu war. Dann ging sie.

Und nun, dachte ich, war sie überzeugt, daß alles gut sei. Ich hatte Händel ausgefochten und war blutig gehauen worden, aber das würde morgen vergessen sein. Von dem andern, dem Eigentlichen, wußte sie nichts. Sie war betrübt gewesen, aber unbefangen und zärtlich. Auch der Vater wußte also vermutlich noch nichts.

Und nun überkam mich ein furchtbares Gefühl von Enttäuschung. Ich merkte jetzt, daß ich seit dem Augenblick, wo ich unser Haus betreten hatte, ganz und gar von einem einzigen, sehnlichen, verzehrenden Wunsch erfüllt gewesen war. Ich hatte nichts anderes gedacht, gewünscht, ersehnt, als daß das Gewitter nun ausbrechen möge, daß das Gericht über mich ergehe, daß das Furchtbare zur Wirklichkeit werde und die entsetzliche Angst davor aufhöre. Ich war auf alles gefaßt, zu allem bereit gewesen. Mochte ich schwer gestraft, geschlagen und eingesperrt werden! Mochte er mich hungern lassen! Mochte er mich verfluchen und verstoßen! Wenn nur die Angst und Spannung ein Ende nahm!

Statt dessen lag ich nun da und konnte aufs neue warten und bangen. Sie hatten mir die zerrissenen Kleider, das lange Fortbleiben, das versäumte Abendessen vergeben, weil ich müde war und blutete und ihnen leid tat, vor allem aber, weil sie das andere nicht ahnten, weil sie nur von meinen Unarten, nichts von meinem Verbrechen wußten. Es würde mir doppelt schlimm gehen, wenn es ans Licht kam! Vielleicht schickte man mich, wie man früher einmal gedroht hatte, in eine Besserungsanstalt, wo man altes, hartes Brot essen und während der ganzen Freizeit Holz sägen und Stiefel putzen mußte, wo es Schlafsäle mit Aufsehern geben sollte, die einen mit dem Stock schlugen und morgens um vier Uhr mit kaltem Wasser weckten. Oder man übergab mich der Polizei?

Jedenfalls aber, es komme wie es möge, lag wieder eine Wartezeit vor mir. Noch länger mußte ich die Angst ertragen, noch länger mit meinem Geheimnis herumgehen, vor jedem Blick und Schritt im Hause zittern und niemand ins Gesicht sehen können.

Oder war es am Ende möglich, daß mein Diebstahl gar nicht bemerkt wurde? Daß alles blieb, wie es war? Daß ich mir alle diese Angst und Pein vergebens gemacht hatte? — Oh, wenn das geschehen sollte, wenn dies Unausdenkliche, Wundervolle möglich war, dann wollte ich ein ganz neues Leben beginnen, dann wollte ich Gott danken und mich dadurch würdig zeigen, daß ich Stunde für Stunde ganz rein und fleckenlos lebte! Was ich schon früher versucht hatte und was mir mißglückt war, jetzt würde es gelingen, jetzt war mein Vorsatz und Wille stark genug, jetzt nach diesem Elend, dieser Hölle voll Qual! Mein ganzes Wesen bemächtigte sich dieses Wunschgedankens und sog sich inbrünstig daran fest. Trost regnete vom Himmel, Zukunft tat sich blau und sonnig auf. In diesen Phantasien schlief ich endlich ein und schlief unbeschwert die ganze, gute Nacht hindurch.

Am Morgen war Sonntag, und noch im Bett empfand ich, wie den Geschmack einer Frucht, das eigentümliche, sonderbar gemischte, im ganzen aber so köstliche Sonntagsgefühl, wie ich es seit meiner Schulzeit kannte. Der Sonntagmorgen war eine gute Sache: Ausschlafen, keine Schule, Aussicht auf ein gutes Mittagessen, kein Geruch nach Lehrer und Tinte, eine Menge freie Zeit. Dies war die Hauptsache. Schwächer nur klangen andere, fremdere, fadere Töne hinein: Kirchgang oder Sonntagsschule, Familienspaziergang, Sorge um die schönen Kleider. Damit wurde der reine, gute, köstliche Geschmack und Duft ein wenig verfälscht und zersetzt — so, wie wenn zwei gleichzeitig gegessene Speisen nicht ganz zusammenpaßten, oder wie zuweilen Bonbons oder Backwerk, die man in kleinen Läden geschenkt bekam, einen fatalen leisen Beigeschmack von Käse oder von Erdöl hatten. Man aß sie, und sie waren gut, aber es war nichts Volles und Strahlendes, man mußte ein Auge dabei zudrücken. Nun, so ähnlich war meistens der Sonntag, namentlich wenn ich in die Kirche oder Sonntagsschule gehen mußte, was zum Glück nicht immer der Fall war. Der freie Tag bekam dadurch einen Beigeschmack von Pflicht und von Langeweile. Und bei den Spaziergängen mit der ganzen Familie passierte gewöhnlich irgend etwas, es gab Streit mit den Schwestern, man ging zu rasch oder zu langsam, man brachte Harz an die Kleider; irgendein Haken war meistens dabei.

Nun, das mochte kommen. Mir war wohl. Seit gestern war eine Masse Zeit vergangen. Vergessen hatte ich meine Schandtat nicht, sie fiel mir schon am Morgen wieder ein, aber es war nun so lange her, die Schrecken waren ferngerückt und unwirklich geworden. Ich hatte gestern meine Schuld gebüßt, wenn auch nur durch Gewissensqualen, ich hatte einen bösen, jammervollen Tag durchlitten. Nun war ich wieder zu Vertrauen und Harmlosigkeit geneigt und machte mir wenig Gedanken mehr. Ganz war es ja noch nicht abgetan, es klang noch ein wenig Drohung und Peinlichkeit nach, so wie in den schönen Sonntag jene kleinen Pflichten und Kümmernisse mit hineinklangen.

Beim Frühstück waren wir alle vergnügt. Es wurde mir die Wahl zwischen Kirche und Sonntagsschule gelassen. Ich zog, wie immer, die Kirche vor. Dort wurde man wenigstens in Ruhe gelassen und konnte seine Gedanken laufen lassen; auch war der hohe, feierliche Raum mit den bunten Fenstern oft schön und ehrwürdig, und wenn man mit eingekniffenen Augen durch das lange dämmernde Schiff gegen die Orgel sah, dann gab es manchmal wundervolle Bilder; die aus dem Finstern ragenden Orgelpfeifen erschienen oft wie eine strahlende Stadt mit hundert Türmen. Auch war es mir oft geglückt, wenn die Kirche nicht voll war, die ganze Stunde ungestört in einem Geschichtenbuch zu lesen.

Heute nahm ich keines mit und dachte auch nicht daran, mich um den Kirchgang zu drücken, wie ich es auch schon getan hatte. So viel klang von gestern abend noch in mir nach, daß ich gute und redliche Vorsätze hatte und gesonnen war, mich mit Gott, Eltern und Welt freundlich und gefügig zu vertragen. Auch mein Zorn gegen Oskar Weber war ganz und gar verflogen. Wenn er gekommen wäre, ich hätte ihn aufs beste aufgenommen.

Der Gottesdienst begann, ich sang die Choralverse mit, es war das Lied «Hirte deiner Schafe», das wir auch in der Schule auswendig gelernt hatten. Es fiel mir dabei wieder einmal auf, wie ein Liedervers beim Singen, und gar bei dem schleppend langsamen Gesang in der Kirche, ein ganz anderes Gesicht hatte als beim Lesen oder Hersagen. Beim Lesen war so ein Vers ein Ganzes, hatte einen Sinn, bestand aus Sätzen. Beim Singen bestand er nur noch aus Worten, Sätze kamen nicht zustande, Sinn war keiner da, aber dafür gewannen die Worte, die einzelnen, gesungenen, langhin gedehnten Worte, ein sonderbar starkes, unabhängiges Leben, ja, oft waren es nur einzelne Silben, etwas an sich ganz Sinnloses, die im Gesang selbständig wurden und Gestalt annahmen. In dem Vers «Hirte deiner Schafe, der von keinem Schlafe etwas wissen mag» war zum Beispiel heute beim Kirchengesang gar kein Zusammenhang und Sinn, man dachte auch weder an einen Hirten noch an Schafe, man dachte durchaus gar nichts. Aber das war keineswegs langweilig. Einzelne Worte, namentlich das «Schla-a-fe», wurden so seltsam voll und schön, man wiegte sich ganz darin, und auch das «mag» tönte geheimnisvoll und schwer, erinnerte an «Magen» und an dunkle, gefühlsreiche, halbbekannte Dinge, die man in sich innen im Leibe hat. Dazu die Orgel!

Und dann kam der Stadtpfarrer und die Predigt, die stets so unbegreiflich lang war, und das seltsame Zuhören, wobei man oft lange Zeit nur den Ton der redenden Stimme glockenhaft schweben hörte, dann wieder einzelne Worte scharf und deutlich samt ihrem Sinn vernahm und ihnen zu folgen bemüht war, solange es ging. Wenn ich nur im Chor hätte sitzen dürfen, statt unter all den Männern auf der Empore. Im Chor, wo ich bei Kirchenkonzerten schon gesessen war, da saß man tief in schweren, isolierten Stühlen, deren jeder ein kleines festes Gebäude war, und über sich hatte man ein sonderbar reizvolles, vielfältiges, netzartiges Gewölbe, und hoch an der Wand war die Bergpredigt in sanften Farben gemalt, und das blaue und rote Gewand des Heilands auf dem blaßblauen Himmel war so zart und beglückend anzusehen.

Manchmal knackte das Kirchengestühl, gegen das ich eine tiefe Abneigung hegte, weil es mit einer gelben, öden Lackfarbe gestrichen war, an der man immer ein wenig kleben blieb. Manchmal summte eine Fliege auf und gegen eines der Fenster, in deren Spitzbogen blaurote Blumen und grüne Sterne gemalt waren. Und unversehens war die Predigt zu Ende, und ich streckte mich vor, um den Pfarrer in seinen engen, dunklen Treppenschlauch verschwinden zu sehen. Man sang wieder, aufatmend und sehr laut, und man stand auf und strömte hinaus; ich warf den mitgebrachten Fünfer in die Opferbüchse, deren blecherner Klang so schlecht in die Feierlichkeit paßte, und ließ mich vom Menschenstrom mit ins Portal ziehen und ins Freie treiben.

Jetzt kam die schönste Zeit des Sonntags, die zwei Stunden zwischen Kirche und Mittagessen. Da hatte man seine Pflicht getan, man war im langen Sitzen auf Bewegung, auf Spiele oder Gänge begierig geworden oder auf ein Buch, und war völlig frei bis zum Mittag, wo es meistens etwas Gutes gab. Zufrieden schlenderte ich nach Hause, angefüllt mit freundlichen Gedanken und Gesinnungen. Die Welt war in Ordnung, es ließ sich in ihr leben. Friedfertig trabte ich durch Flur und Treppe hinauf.

In meinem Stübchen schien die Sonne. Ich sah nach meinen Raupenkästen, die ich gestern vernachlässigt hatte, fand ein paar neue Puppen, gab den Pflanzen frisches Wasser.

Da ging die Tür.

Ich achtete nicht gleich darauf. Nach einer Minute wurde die Stille mir sonderbar; ich drehte mich um. Da stand mein Vater. Er war blaß und sah gequält aus. Der Gruß blieb mir im Halse stecken. Ich sah: er wußte! Er war da. Das Gericht begann. Nichts war gut geworden, nichts abgebüßt, nichts vergessen! Die Sonne wurde bleich, und der Sonntagmorgen sank welk dahin.

Aus allen Himmeln gerissen starrte ich dem Vater entgegen. Ich haßte ihn, warum war er nicht gestern gekommen? Jetzt war ich auf nichts vorbereitet, hatte nichts bereit, nicht einmal Reue und

Schuldgefühl. — Und wozu brauchte er oben in seiner Kommode Feigen zu haben? Er ging zu meinem Bücherschrank, griff hinter die Bücher und zog einige Feigen hervor. Es waren wenige mehr da. Dazu sah er mich an, mit stummer, peinlicher Frage. Ich konnte nichts sagen. Leid und Trotz würgten mich. «Was ist denn?» brachte ich dann heraus. «Woher hast du diese Feigen?» fragte er, mit einer beherrschten, leisen Stimme, die mir bitter verhaßt war.

Ich begann sofort zu reden. Zu lügen. Ich erzählte, daß ich die Feigen bei einem Konditor gekauft hätte, es sei ein ganzer Kranz gewesen. Woher das Geld dazu kam? Das Geld kam aus einer Sparkasse, die ich gemeinsam mit einem Freunde hatte. Da hatten wir beide alles kleine Geld hineingetan, das wir je und je bekamen. Übrigens — hier war die Kasse. Ich holte die Schachtel mit dem Schlitz hervor. Jetzt war bloß noch ein Zehner darin, eben weil wir gestern die Feigen gekauft hatten.

Mein Vater hörte zu, mit einem stillen, beherrschten Gesicht, dem ich nichts glaubte.

«Wieviel haben denn die Feigen gekostet?» fragte er mit der zu leisen Stimme.

«Eine Mark und sechzig.»

«Und wo hast du sie gekauft?»

«Beim Konditor.»

«Bei welchem?»

«Bei Haager.»

Es gab eine Pause. Ich hielt die Geldschachtel noch in frierenden Fingern. Alles an mir war kalt und fror.

Und nun fragte er, mit einer Drohung in der Stimme: «Ist das wahr?»

Ich redete wieder rasch. Ja, natürlich war es wahr, und mein Freund Weber war im Laden gewesen, ich hatte ihn nur begleitet. Das Geld hatte hauptsächlich ihm, dem Weber, gehört, von mir war nur wenig dabei.

«Nimm deine Mütze», sagte mein Vater, «wir wollen miteinander zum Konditor Haager gehen. Er wird ja wissen, ob es wahr ist.»

Ich versuchte zu lächeln. Nun ging mir die Kälte bis in Herz und Magen. Ich ging voran und nahm im Korridor meine blaue Mütze.

Der Vater öffnete die Glastür, auch er hatte seinen Hut genommen.

«Noch einen Augenblick!» sagte ich, «ich muß noch schnell hinausgehen.»

Er nickte. Ich ging auf den Abtritt, schloß zu, war allein, war noch einen Augenblick gesichert. Oh, wenn ich jetzt gestorben wäre! Ich blieb eine Minute, blieb zwei. Es half nichts. Man starb nicht. Es galt standzuhalten. Ich schloß auf und kam. Wir gingen die Treppe hinunter.

Als wir eben durchs Haustor gingen, fiel mir etwas Gutes ein, und ich sagte schnell: «Aber heute ist ja Sonntag, da hat der Haager gar nicht offen.»

Das war eine Hoffnung, zwei Sekunden lang. Mein Vater sagte gelassen: «Dann gehen wir zu ihm in die Wohnung. Komm.»

Wir gingen. Ich schob meine Mütze gerade, steckte eine Hand in die Tasche und versuchte neben ihm daherzugehen, als sei nichts Besonderes los. Obwohl ich wußte, daß alle Leute mir ansahen, ich sei ein abgeführter Verbrecher, versuchte ich doch mit tausend Künsten es zu verheimlichen. Ich bemühte mich, einfach und harmlos zu atmen; es brauchte niemand zu sehen, wie es mir die Brust zusammenzog. Ich war bestrebt, ein argloses Gesicht zu machen, Selbstverständlichkeit und Sicherheit zu heucheln. Ich zog einen Strumpf hoch, ohne daß er es nötig hatte, und lächelte, während ich wußte, daß dies Lächeln dumm und künstlich aussehe.

Wir kamen am Gasthaus vorüber, beim Hufschmied, beim Lohnkutscher, bei der Eisenbahnbrücke. Dort drüben hatte ich gestern abend mit Weber gekämpft. Tat nicht der Riß beim Auge noch weh? Mein Gott! Mein Gott!

Willenlos ging ich weiter, unter Krämpfen um meine Haltung bemüht. An der Adlerscheuer vorbei, die Bahnhofstraße hinaus. Wie war diese Straße gestern noch gut und harmlos gewesen! Nicht denken! Weiter! Weiter!

Wir waren ganz nahe bei Haagers Haus. Ich hatte in diesen paar Minuten einige hundertmal die Szene vorauserlebt, die mich dort erwartete. Nun waren wir da. Nun kam es.

Aber es war mir unmöglich, das auszuhalten. Ich blieb stehen.

«Nun? Was ist?» fragte mein Vater.

«Ich gehe nicht hinein», sagte ich leise.

Er sah zu mir herab. Er hatte es ja gewußt, von Anfang an. Warum hatte ich ihm das alles vorgespielt und mir so viel Mühe gegeben? Es hatte ja keinen Sinn.

«Hast du die Feigen nicht bei Haager gekauft?» fragte er.

Ich schüttelte den Kopf.

«Ach so», sagte er mit scheinbarer Ruhe. «Dann können wir ja wieder nach Hause gehen.»

Er benahm sich anständig, er schonte mich auf der Straße, vor den Leuten. Es waren viele Leute unterwegs, jeden Augenblick wurde mein Vater gegrüßt. Welches Theater! Ich konnte ihm für diese Schonung nicht dankbar sein.

Er wußte ja alles! Und er ließ mich tanzen, ließ mich meine nutzlosen Kapriolen vollführen, wie man eine gefangene Maus in der Drahtfalle tanzen läßt, ehe man sie ersäuft. Ach, hätte er mir gleich zu Anfang, ohne mich überhaupt zu fragen und zu verhören, mit dem Stock über den Kopf gehauen, das wäre mir im Grunde lieber gewesen als diese Ruhe und Gerechtigkeit, mit der er mich in meinem dummen Lügengespinst einkreiste und langsam erstickte. Überhaupt, vielleicht war es besser, einen groben Vater zu haben als so einen feinen und gerechten. Wenn ein Vater, so wie es in Geschichten und Traktätchen vorkam, im Zorn oder in der Betrunkenheit seine Kinder furchtbar prügelte, so war er eben im Unrecht, und wenn die Prügel auch weh taten, so konnte man doch innerlich die Achseln zucken und ihn verachten. Bei meinem Vater ging das nicht, er war zu fein, zu einwandfrei, er war nie im Unrecht! Ihm gegenüber wurde man immer klein und elend.

Mit zusammengebissenen Zähnen ging ich vor ihm her ins Haus und wieder in mein Zimmer. Er war noch immer ruhig und kühl, vielmehr er stellte sich so, denn in Wahrheit war er, wie ich deutlich spürte, sehr böse. Nun begann er in seiner gewohnten Art zu sprechen.

«Ich möchte nur wissen, wozu diese Komödie dienen soll? Kannst du mir das nicht sagen? Ich wußte ja gleich, daß deine ganze hübsche Geschichte erlogen war. Also wozu die Faxen? Du hältst mich doch nicht im Ernst für so dumm, daß ich sie dir glauben würde?»

Ich biß weiter auf meine Zähne und schluckte. Wenn er doch aufhören wollte! Als ob ich selber gewußt hätte, warum ich ihm diese Geschichte vorlog! Als ob ich selber gewußt hätte, warum ich nicht mein Verbrechen gestehen und um Verzeihung bitten konnte! Als ob ich auch nur gewußt hätte, warum ich diese unseligen Feigen stahl! Hatte ich das denn *gewollt*, hatte ich es denn mit Überlegung und Wissen und aus Gründen getan?! Tat es mir denn nicht leid? Litt ich denn nicht mehr darunter als er?

Er wartete und machte ein nervöses Gesicht voll mühsamer Geduld. Einen Augenblick lang war mir selbst die Lage vollkommen klar, im Unbewußten, doch hätte ich es nicht wie heute mit Worten sagen können. Es war so: Ich hatte gestohlen, weil ich trostbedürftig in Vaters Zimmer gekommen war und es zu meiner Enttäuschung leer gefunden hatte. Ich hatte nicht stehlen wollen. Ich hatte, als der Vater nicht da war, nur spionieren wollen, mich unter seinen Sachen umsehen, seine Geheimnisse belauschen, etwas über ihn erfahren. So war es. Dann lagen Feigen da, und ich stahl. Und sofort bereute ich, und den ganzen Tag gestern hatte ich Qual und Verzweiflung gelitten, hatte zu sterben gewünscht, hatte mich verurteilt, hatte neue, gute Vorsätze gefaßt. Heute aber — ja, heute war es nun anders. Ich hatte diese Reue und all das nun ausgekostet, ich war jetzt nüchterner, und ich spürte unerklärliche, aber riesenstarke Widerstände gegen den Vater und gegen alles, was er von mir erwartete und verlangte.

Hätte ich ihm das sagen können, so hätte er mich verstanden. Aber auch Kinder, so sehr sie den Großen an Klugheit überlegen sind, stehen einsam und ratlos vor dem Schicksal.

Steif vor Trotz und verbissenem Weh schwieg ich weiter, ließ ihn klugreden und sah mit Leid und seltsamer Schadenfreude zu, wie alles schiefging und schlimm und schlimmer wurde, wie er litt und enttäuscht war, wie er vergeblich an alles Bessere in mir appellierte.

Als er fragte: «Also hast du die Feigen gestohlen?» konnte ich nur nicken. Mehr als ein schwaches Nicken brachte ich auch nicht über mich, als er wissen wollte, ob es mir leid tue. — Wie konnte er, der große, kluge Mann, so unsinnig fragen! Als ob es mir etwa nicht leid getan hätte! Als ob er nicht hätte sehen können, wie mir das Ganze weh tat und das Herz umdrehte! Als ob es mir möglich gewesen wäre, mich etwa gar noch meiner Tat und der elenden Feigen zu freuen! Vielleicht zum erstenmal in meinem kindlichen Leben empfand ich fast bis zur Schwelle der Einsicht und des Bewußtwerdens, wie namenlos zwei verwandte, gegeneinander wohlgesinnte Menschen sich mißverstehen und quälen und martern können, und wie dann alles Reden, alles Klugseinwollen, alle Vernunft bloß noch Gift hinzugießt, bloß neue Qualen, neue Stiche, neue Irrtümer schafft. Wie war das möglich? Aber es war möglich, es geschah. Es war unsinnig, es war toll, es war zum Lachen und zum Verzweifeln — aber es war so.

Genug nun von dieser Geschichte! Es endete damit, daß ich über den Sonntagnachmittag in der Dachkammer eingesperrt wurde. Einen Teil ihrer Schrecken verlor die harte Strafe durch Umstände, welche freilich mein Geheimnis waren. In der dunkeln, unbenutzten Bodenkammer stand nämlich tiefverstaubt eine Kiste, halb voll mit alten Büchern, von denen einige keineswegs für Kinder bestimmt waren. Das Licht zum Lesen gewann ich durch das Beiseiteschieben eines Dachziegels.

Am Abend dieses traurigen Sonntags gelang es meinem Vater, kurz vor Schlafengehen, mich noch zu einem kurzen Gespräch zu bringen, das uns versöhnte. Als ich im Bette lag, hatte ich die Gewißheit, daß er mir ganz und vollkommen verziehen habe — vollkommener als ich ihm.

HENRI VERNEUIL

Die Einladung

In jenem Jahr, es war Januar, schneite es in Marseille. Doch die als Baumwollbüschelchen fallenden Flocken schmolzen dahin, sobald sie den Boden berührten, als wollten sie sich für ihr Eindringen in verbotene Klimazonen entschuldigen. Obwohl die Landschaft sich weigerte, den klassischen weißen Mantel anzulegen, erklärte der an einen gleichmäßig blauen Himmel gewöhnte Südländer mit Vorliebe, der Winter würde rauh und hart.

An jenem Tag hatte mich mein Schutzengel, Tante Kayaneh, vom Gymnasium abgeholt. Ich weigerte mich aber, die zusätzliche Wolljacke anzuziehen, die sie mir mitgebracht hatte.

«Es ist doch wirklich nicht kalt.»

«Die Kälte schleicht sich heimtückisch, bevor du es spürst, in die Glieder, und wenn du es spürst, ist es bereits zu spät.»

Wie oft habe ich mit meinen drei Müttern diesen Dialog geführt, bei den geringsten Temperaturschwankungen! Am leichtesten zu überzeugen war immer Kayaneh, die vor meinen harmlosen Anwandlungen von Eleganz die Waffen streckte.

Daß sie diesmal darauf beharrte, war eindeutig von höherer Stelle diktiert; bestimmt hatte ihre Schwester Anna gesagt: «Achte vor allem darauf, daß er sich warm anzieht, bevor er an die kalte Luft kommt.»

Sollte ich diese Wolljacke vielleicht noch über den Pullover, den ich ohnehin schon anhatte, ziehen? Das war die entscheidende Frage, die wir mit gedämpften Stimmen in einer Ecke des Empfangszimmers auf armenisch diskutierten, als eine «vollendete Dame», wie Kayaneh sich daheim ausdrückte, an uns herantrat.

Ein Glockenhut verdeckte die Hälfte ihres Gesichts. Ein prächtiger Fuchs mit silbergrauem Fell, den man getötet hatte, um ihre

Schultern zu bedecken, schlang sich lässig über ihren Mantel. Der dreieckige Kopf mit den spitzen Ohren war genau auf meiner Höhe, und zwei glutrote Glaskügelchen, die man ihm anstelle der Augen hineingepreßt hatte, blickten mich, wie mir schien, starr und feindselig an.

«Pardon, Madame, Sie sind vermutlich die Mutter dieses großen Jungen?»

Sie modellierte ihren Mund zu einem Herz, um ihrem südfranzösischen Akzent Pariser Flair zu verleihen. In einem perlenbesetzten Kleid hätte sie eine von jenen sein können, die ich in das Tanzlokal hatte strömen sehen, und vermutlich wohnte sie in einem jener prachtvollen Häuser, von denen man mir so viel erzählt hatte.

Betrübnis blitzte auf in den Augen meiner Tante: Sie sprach kein Französisch. Wie hätte es auch anders sein können? Tag und Nacht saß sie wie festgeschmiedet vor ihrer Nähmaschine, und so kannte sie von Frankreich nicht mehr als den Weg zu ein paar anderen Armeniern, die wir von Zeit zu Zeit, doch nicht gerade häufig, besuchten.

Instinktiv antwortete ich an ihrer Stelle:

«Das ist nicht meine Mutter, Madame!»

Das Hühnersterzmündchen stieß ein kurzes «Oh!» aus, und die Dame entfernte sich.

Daß ich meine Erwiderung nicht sofort durch «... Es ist meine Tante, aber das ist dasselbe» ergänzte, war ein Versagen, wie es einem in gewissen Situationen im Leben widerfahren kann, obwohl man sich gerade in solchen Augenblicken nicht das geringste Versagen leisten dürfte, wenn man den Kopf hoch tragen will. Ich hatte den Schein gewahrt, indem ich sie vermuten ließ, das Zimmermädchen oder die Köchin hätte mich abgeholt, wie das bei diesen Familien mit Hauspersonal häufig vorkam.

Ich zog meine Tante zum Ausgang.

Sie wußte nichts von dem kleinen Makel auf meiner Seele und ging strahlend lächelnd ein paar Schritte hinter mir, wie es sich für ein Kindermädchen schickt. Bis zur Straßenbiegung ging ich schnellen Schrittes, den Kopf gesenkt, ohne mich umzublicken.

Wegen einer Dame mit Silberfuchs, um diese Kinder mit Chauffeur und Limousinen nachzuäffen, um den Spötteleien am nächsten Tag auszuweichen, hatte ich meinen tapferen kleinen Soldaten verraten, meine von allen Freuden des Lebens ausgeschlossene Kayaneh . . . fast sogar vergessen, daß sie da war.

Jetzt ging sie neben mir, winzig in ihrem engen Mantel, auf den Tante Anna als Kragenersatz ein Stückchen falschen Pelz mit spärlichen Haaren genäht hatte. Auf ihrem pergamentfarbenen Gesicht ohne eine Spur von Make-up, das die durchwachten Nächte überdeckt hätte, lag noch immer das liebevolle Lächeln, das nichts für sich beansprucht.

Dieses arglose, vertrauensvolle Lächeln, das ich verstohlen beobachtete, verwandelte sich auf dem mir endlos scheinenden Heimweg allmählich in ein unerträgliches Lächeln, wurde schrittweise zu einem Ohrfeigen-Lächeln, bis ich nur noch heulen konnte über meine Undankbarkeit.

Die dicken Schneeflocken, die auf meinem Gesicht schmolzen, kaschierten meine ersten Tränen.

Plötzlich blieb ich stehen: Ich mußte mit ihr reden. Ich wollte ihr sagen, daß ich sie liebte, daß ich nur einen Moment lang einer Schwäche nachgegeben hatte, daß ich kein Feigling war, daß ich sogar dem Abbé F. gegenüber mich nicht zum Verrat hatte hinreißen lassen, daß ich diese «mit dem Finger auf mich zeigenden» Blicke nur einfach leid war, daß ich nie mehr . . .

Doch als sie sich umwandte, blieben mir die Worte in der Kehle stecken vor ihren Augen voller Zärtlichkeit und Lauterkeit, diesen Augen, die an das Böse einfach nicht glauben konnten. Um Verzeihung von ihr zu erbitten, hätte ich ihr erst das Warum erklären müssen. Das Warum meiner Lügen, die ich jahrelang geduldig gesponnen hatte, um den Meinen eine kleine Welt, die ihren Träumen entsprach, aufzubauen.

Einen Moment lang sah ich meine Tante an. Der perlmutterstaubartige Schnee betupfte ihr Haar weiß. Auf dem Arm trug sie die Wolljacke, die ich nicht hatte anziehen wollen. Nun streckte ich meine Hand nach diesem überflüssigen warmen Kleidungsstück aus und sagte nichts weiter als:

«Ich glaube, du hattest recht . . . Mir ist etwas kalt!»

Jahrelang wurde ich den Schatten dieser Niedertracht nicht los. Wann immer meine Tante Kayaneh auf etwas verzichtete, wann immer sie sich insgeheim etwas versagte, um mir eine Freude zu machen, stand vor meinen Augen unerbittlich das Gespenst der Dame mit dem Silberfuchs.

Am Abend darauf holte meine Mutter mich ab. Mir fiel auf, daß sie ihren Sonntagsstaat angelegt hatte. Kayaneh hatte den Zwischenfall mit dem Silberfuchs ein wenig abgewandelt dargestellt: «Wir haben eine Dame getroffen, die dich sprechen wollte.» Meine Mutter war besorgt. Hatte ich vielleicht etwas verletzendes zu einem Schulkameraden gesagt, was dessen Mutter auf den Plan gerufen hatte?

«Versuch dich zu erinnern. Bist du sicher, daß du nichts ausgefressen hast?»

In dieser Beziehung konnte ich tausend Eide schwören, da ich ja nur in der Pause mit diesen reizenden Engelchen in näheren Kontakt kommen konnte und auf diese freiwillig verzichtete. Die übrige gemeinsam abzusitzende Zeit war mit Unterricht ausgefüllt, wo wir zuhören mußten, und in der Kapelle durfte nicht gesprochen werden.

«Ich schwör's dir, Mairig, mach dir keine Sorgen, ich habe kein Sterbenswörtchen zu ihnen gesagt.»

Das war die absolute Wahrheit, so kraß, wie meine Mutter sie sich gar nicht vorstellen konnte.

Und die Dame im Silberfuchs kam.

Sie hatte das Tier gewechselt, und sogar mehrere hatten daran glauben müssen, um sie ganz einzuhüllen.

Sofort machte ich meine Mutter aufmerksam. Ich flüsterte ihr ins Ohr: «Schau nicht sofort hin! Sie ist's ... die, die gerade gekommen ist.»

An beiden von uns nagten grundlose Ängste: Ängste, «aus Angst» lästig zu sein, zu stören ... Ängste, «aus Angst» zu mißfallen oder sich lächerlich zu machen ... kurz: all diese Ängste, die den Puls beschleunigen und das Herz erstarren lassen.

Die Dame hingegen, der eine laue und penetrante Parfümwolke vorausschwebte, kam auf uns zu, eingehüllt in ihre Tierbälge, deren seidiges, goldblondes Fell sich vermutlich wie Samt angefühlt hätte. Aus ihrem wiederum gespitzten Mund fielen nun endlich die ersten Worte, vor denen uns bang war.

«Madame Malakian?»

«. . . Ja, Madame?»

Warum krümmte sich meine Mutter, um zu antworten? Wir waren dieser Dame nichts schuldig, wir standen nicht in ihrem Dienst, und ich meinte, ein höflicher Gruß wäre genug gewesen, ohne diese zusätzliche Bezeugung respektvoller Ehrerbietung.

Da meine Mutter genau wußte, in welches gesellschaftliche Abteil sie gehörte, lebte sie ständig in der Angst des Reisenden, der sich mit einer Fahrkarte zweiter Klasse in einen Waggon erster Klasse verirrt hat.

«Ich bin die Mama des kleinen Alexandre. Ich möchte ein paar Kameraden meines Sohnes für Donnerstag nachmittag zu uns einladen . . .»

Sie legte mir die Hand auf die Schulter. Ein Parfümschwall kratzte mich im Hals (ich erfuhr erst später, daß Damen sich den Handrücken parfümieren).

«. . . Wir wären entzückt, Ihren Sohn bei uns begrüßen zu dürfen . . .»

Diese letzten Worte klangen für meine Mutter wie ein Hymnus auf die Integration: Das war der Triumph, nun war ich aufgenommen in das französische Vaterland. *Allons enfants de la patrie, le jour de gloire est arrivé . . .*

Einen winzigen Moment lang flimmerten ihre Augen, als wären sie geblendet von einer Lichterflut, doch dann rollten ihre weichen *rrrrs* so süß wie in «Mairig», als sei es des Dankes nie genug.

Arme Mama dieses zehnjährigen Knaben! Ihr Leben lang dankte sie. Den kleinsten Gefallen, den man ihr tat, bauschte sie auf, um noch mehr danken zu müssen!

«Sagen wir also . . . um drei Uhr, Rue Dragon . . .»

Und Ihre ausnehmend huldvolle Majestät nannte sogar noch die Hausnummer, bevor sie uns verließ.

Während der zwei Tage bis zu besagter Festivität suchte ich vergeblich nach einer Erklärung für dieses Rätsel.

Sie hatte doch gesagt: «. . . Ich möchte ein paar Kameraden meines Sohnes einladen», aber ihr Sprößling Alexandre war nicht mein Kamerad, und ich noch weniger seiner. Es war sogar noch viel einfacher: Ich war niemandes Kamerad. Was hatte es also auf sich mit dieser feierlichen Einladung zum Kinderkaffee beim kleinen Prinzen? Je länger ich mir die zu erwartenden derben Szenen unter den verschiedensten Blickwinkeln ausmalte, desto deutlicher wurde mir, daß ich aus dieser Maskerade nicht ungeschoren herauskommen würde.

Oft genug war ich drauf und dran, meiner Mutter mit meinen kindlichen Worten zu sagen: «Ich will nicht zu dieser Kindergesellschaft! Da sind alle nur bös'.»

Alexandre hatte an den zwei Tagen kein Sterbenswörtchen über diesen Donnerstagnachmittag verloren. Stumm waren wir mehrmals aneinander vorbeigegangen.

Als ich am Mittwoch, dem Vorabend des großen Tages, aus der Schule heimkam, pflanzte ich mich, den Ranzen noch auf dem Rücken, vor meinen drei Müttern auf, um ihnen zu erklären, es sei jetzt beschlossene Sache:

«Ich gehe nicht zu dieser Kindergesellschaft!»

Doch als ich sah, wie sie da über ihrer Näherei hockten, traumverloren an ihren Luftschlössern bauten, tausend Meilen von der Wahrheit entfernt, stand ich nur hilflos da, in meine beschönigenden Lügengespinste verstrickt, und brachte es nicht fertig, den befreienden Satz auszusprechen.

Das erste, was mir in die Augen fiel, als ich am Morgen des großen Tages aufwachte, war der riesige gußeiserne Wasserkessel. Dampf entwich unter dem Deckel, der nur zur Hälfte auf dem Behälter saß. Mitten in unserem einzigen Zimmer stand die große verzinkte Kupferwanne. Ein dickes Stück Seife auf dem Roßhaarhandschuh und die aufgekrempelten Ärmel meiner drei Mütter verrieten, daß mir das große wöchentliche Schrubben bevorstand. An Wochentagen wurde ich schichtweise gewaschen: Kopf, Gesicht, Hals, Arme, Stück um Stück abwärts bis zu den Füßen. Die Generalreinigung an einem Stück fand gewöhnlich sonntags statt. Doch ein Großereignis verpflichtet, und so wurde das Großreinemachen um drei Tage vorgezogen.

Auf dem Armesünderbänkchen in der Mitte der Wanne hockend, mit rundem Rücken und zusammengebissenen Zähnen, harrte ich dieser allwöchentlichen und mir in allen Schikanen nur zu bekannten Tortur.

Tante Anna hielt das dicke und scharfkantige Stück Kernseife mit beiden Händen und bearbeitete damit unsanft meine Haut.

Mairig rubbelte mit dem Roßhaarhandschuh, während Kayaneh unbarmherzig unerträglich heißes Wasser über mich goß. Ob ich aufschrie, tierische Laute oder in allen nur erdenklichen Varianten den Schmerz der gequälten Kreatur von mir gab — nichts vermochte sie zu rühren, meine drei lachenden Foltermeisterinnen, die zum Schluß selbst in Schweiß gebadet waren.

Krebsrot, aber blitzsauber, ging ich aus dieser Qual hervor; mich umflorte Seifenduft, und meine Wäsche war imprägniert mit Lavendel, den wir an den Straßen der Provence gepflückt und den Tante Anna in Beutelchen abgefüllt hatte.

Meine Mutter holte den Anzug mit der kurzen Hose, die für besondere Anlässe gedacht war, aus seiner Schutzhülle hervor.

Kayaneh fuhr noch einmal mit dem Bügeleisen über das schöne Hemd aus Seidenpopelin, das sie eigens für dieses Ereignis genäht hatte. Der Stoff, ein Rest von 2,50 m, für eine Männergröße nicht ausreichend, war das Weihnachtsgeschenk ihres Arbeitgebers gewesen.

«Da können Sie Ihrem Sohn ein schönes Hemd nähen.»

Eine prachtvolle Seidenkrawatte, «Made in Italy», hatte er dazugelegt. Nichts fehlte mehr, um aus mir einen kleinen Dandy zu machen.

In ihrer Kochecke, die den Namen «Castelmuro» (das war der Meisterkonditor von Marseille!) verdient hätte, zerschnitt Tante Anna den eisgekühlten Rahm in Rauten, um jedes Stückchen Paklawa, das für diesen besonderen Tag hergestellt worden war, zu verzieren. Die von knusprigem Blätterteig umschlossene Masse duftete herrlich nach Nuß, Zimt und glasiertem Zucker.

Aus dem großen Blech griff sie die Mittelstücke heraus, knusprig-golden und sirupgetränkt, jene Stücke, die man nach armenischem Brauch den Gästen vorsetzt. Nur die halben Rauten vom Rand ließ sie übrig, die waren für uns bestimmt. Eine große Weißblechdose, auf der man die Aufschrift «Biscuits Brun» getilgt hatte, diente als Schatulle für dieses göttliche Backwerk, das ich der Dame des Hauses bei meiner Ankunft überreichen sollte.

Auf ihren Dank würde ich bescheiden entgegnen:

«Nicht der Rede wert, Madame . . . nur eine kleine Spezialität des Hauses.»

Der Originalsatz endete mit einem dieser galanten Wünsche, an denen die orientalischen Sprachen so reich sind, doch in französischer Übersetzung schien er mir arg schwerfällig, weswegen ich ihn stutzte; so kam wenigstens kein falscher Ton hinein.

Die Dose war bis zum Rand gefüllt, Raute fügte sich an Raute, in perfekter Anordnung. Tante Anna zählte die Stücke: «Es passen nur siebzehn hinein. Was meint ihr, ist es genug?» Ein annähernder Vergleich mit der zu vermutenden Zahl der Eingeladenen zerstreute ihre Besorgnis. Tante Anna hortete alles sehr sorgfältig; zumindest alles, «was sich lohnte», antwortete sie auf unsere spöttelnden Bemerkungen. Ihre Rache war ihr gewiß, sobald wir eine leere Dose, eine Schnur, ein Stück sauberes Packpapier, eine Schraube oder einen Nagel brauchten. Nun war der Augenblick gekommen: Ohne ein Wort zu sagen, verlangsamte sie ihre Bewegungen auf Zeitlupentempo und zauberte dann genau den Gegenstand hervor, der einem aus der Klemme half.

So verlieh auch diesmal der verbliebene Rest des Papiers, mit dem meine Schulbücher eingebunden worden waren, dem Geschenkpaket den letzten Schliff.

Seit zwei Tagen schneite es nicht mehr auf die Stadt!
Aber vor knapp zwei Tagen hatte es geschneit!
Und vielleicht würde es nochmals schneien, wer weiß?
Außerdem war es viel zu mild, ein Beweis, daß es bald schneien würde!
Mit all diesen höchst wissenschaftlichen meteorologischen Feststellungen wurde an jenem Tag schweres Geschütz aufgeboten, um gegen eine hypothetische Kälte zu Felde zu ziehen.

Als meine Mutter den Schemel erklomm, um das oberste Brett im Schrank zu erreichen, erstarrte ich zur Salzsäule, während in meinen Adern, ohne Zutun der winterlichen Temperaturen, das Blut gefror. Meine entsetzten Augen hefteten sich auf die Papiertüte der «Belle Jardinière», die nun aus der Höhe des Vergessens herabstieg. Ich wußte, was sie enthielt: ein Paar braune Wollstrümpfe aus der «Mädchenabteilung».

Der Schnee, ob ewig oder von gestern, hatte die Dichter stets zu allerlei lyrischen Ergüssen beflügelt; mal verschmolz er zum Weiß der Unschuld oder wurde zum Symbol der Reinheit, dann wieder rief er Erinnerungen wach an Wintersport und pulverschnee-

217

bestäubte Hänge an Weihnachten und geschmückte Tannenbäume, wenn er nicht gar das majestätische Bild des Mont Blanc oder des Kilimandscharo beschwor.

Bei uns hatte das Wort Schnee an diesem Tag vor dem geistigen Auge meiner drei Mütter ein Paar braune Wollstrümpfe auferstehen lassen; sie würden meine Beine schützen, bis unter die kurze Hose, festgehalten von zwei breiten, schwarzen, um meine Oberschenkel geschlungenen Gummibändern.

Meine nicht gerade robuste und recht kälteanfällige Natur (was mehrmalige Erkrankungen an Angina bewiesen hatten) plädierte zugunsten ihrer übertriebenen Vorsichtsmaßnahmen, weswegen mir jeder Widerstand gegen diese karnevalistische Aufmachung zwecklos erschien. Meine Mutter begleitete also diesen Zwitter, halb Junge, halb Mädchen, bis vor die Tür der großen Veranstaltung. Der bis unter meine Knie reichende Mantel verhüllte zwar einen Teil meiner bizarren Erscheinung, doch wie lange konnte ich ihn anbehalten, diesen «Spottschoner»? Um die vereinbarte Zeit genau einzuhalten, liefen wir ein paarmal rund um das Häusergeviert. Punkt drei Uhr übergab meine Mutter mir die Konfektdose mit ihren letzten Empfehlungen. Ab fünf Uhr würde sie auf der gleichen Straßenseite, an der Ecke, auf mich warten.

Ich hatte wohl zu zaghaft geläutet.

Ich ließ genügend Zeit verstreichen, damit mein zweites Klingeln nicht als Zeichen von Ungeduld oder nervöser Erregung gedeutet werden konnte.

Also zählte ich bis zwanzig...

Und noch einmal zwanzig...

Bei hundert drückte mein Daumen auf den Knopf, was diesmal ein Glockenzeichen im Innern des Hauses auslöste.

Die Tür ging auf. Ein Mann in weißer Jacke, weißem Hemd, schwarzer Krawatte, schwarzer Hose ließ mich ein in einen langgestreckten Vorraum mit gebohnertem Eichenparkett, über das man ein paar Teppiche aus den Ländern, aus denen ich kam, geworfen hatte. Die Möbel schienen mir sehr alt, vermutlich weil sie antik waren, vielleicht auch Kopien mit garantiert echten Gebrauchsspuren und Patina. Von der Decke hing ein sehr schöner Lüster mit birnenförmigem, funkelndem Kristallgehänge und drei gestaffelten

Reihen Kerzen, deren Flammen winzige Glühbirnen waren. Ein mit dunkelrotem Samt drapierter runder Tisch war überladen mit Nippsachen aller Art: Döschen, deren Deckel mit bunten Steinen eingelegt waren, Amulette, Gesteinsbrocken und allerlei andere Relikte, die man nicht einmal mit viel Phantasie bestimmten Formen zuzuordnen wagte. All diese Spielereien, all dieser Krimskrams ließen auch nicht den geringsten Platz für mein Mitbringsel.

Der Mann in der weißen Jacke kam mir zu Hilfe. Er nahm mir meine Konfektdose ab und bat mich, ihm meinen Mantel anzuvertrauen, von dem ich mich nur ungern trennte. Dann ging der Weiß-Schwarze mir den Flur entlang voraus.

Meine Augen, denen sich eine unbekannte Welt darbot, registrierten forschend jedes Detail im Hinblick auf den am Abend in der Rue Paradis zu haltenden Vortrag, wo mein Publikum auf die Rückkehr seines Sonderberichterstatters wartete. Mein Exposé würde mit einer allgemeinen Feststellung des Lokalaugenscheins beginnen: «Nun, ihr müßt euch vorstellen, daß allein die Diele dieser Wohnung so groß ist wie unser ganzes Zimmer, die Kochecke hinter dem Paravent mit eingeschlossen.»

Alles übrige würde sich finden, den Umständen entsprechend, die nicht lange auf sich warten lassen sollten.

Die Doppeltür öffnete sich auf einen beeindruckend großen Raum, an den sich in der Verlängerung ein kleinerer anschloß, was logischerweise zu der Bezeichnung «großer und kleiner Salon» führte.

Mir blieben kaum ein paar Sekunden vor Ausbruch des Sturms, um mir wenigstens einen Gesamtüberblick zu verschaffen: In einem heillosen Durcheinander sah ich buntgemischt Sessel und Kanapees aus Leder, Salontischchen mit Marmorplatte, einen Flügel, Blumenvasen und bronzene Büsten, einen Kronleuchter wie im Dom, Goldverbrämungen und doppelte Vorhänge, und mitten im Raum meine heißgeliebten Kameraden, die mit einem prachtvollen D-Zug in Miniaturformat beschäftigt waren. Die ersten elektrischen Eisenbahnen hatten vor kurzem ihren Einzug in die Spielzeugabteilungen gehalten.

Um diese kleinen Wunderwerke zu erwerben, mußte man schon Reisender erster Klasse in ihren großformatigen Originalausgaben namens «Orientexpress» oder «Etoile d'Or» sein.

Acht Knaben waren es, die da entlang der Strecke bäuchlings auf dem Teppich lagen, die Augen auf die Schalthebel der Weichenstellanlage geheftet, und die Wagengarnitur vorwärts- oder zurücklaufen ließen, wobei die Geschwindigkeit dieses Manövers vom obersten Bahnhofsvorstand Alexandre bestimmt wurde, der von der Endstation im hintersten Winkel des kleinen Salons her seine Befehle brüllte.

Ich hatte schnell überschlagen, daß meine Konfektdose zwei Paklawas pro Person ergab. Ich würde mich enthalten unter dem Vorwand, daß ich diese Leckerei ja hinreichend kannte und zu Hause noch Unmengen davon hätte.

Mein Eintreten war völlig unbemerkt geblieben, doch dafür drehten sich die Köpfe, als die Tür geschlossen wurde, gleich zweimal nach mir um. Der erste Blick besagte nur Gleichgültigkeit. Die zweite Hin- und Rückbewegung löste Heiterkeitsstürme aus. Mein Zwitteraufputz hatte seine Wirkung nicht verfehlt.

Sie ließen ihren Zug im Stich, der allein weiterlief, und scherten sich auch um meine bekümmerte Miene nicht. Man begrüßte mich mit fröhlichem «Guten Tag, schönes Fräulein» und allerlei Späßen, die als Kettenreaktion auf diese Spitzfindigkeit folgten. Sie neigten den Oberkörper, beugten das Knie, holten zu einer weiten Geste aus und äfften den Gruß der Ritter vor den Edelfrauen nach. Ihr Jubel erreichte seinen Höhepunkt, als Alexandre meine Gummibänder entdeckte. Reihum zogen sie daran, um sie plötzlich wieder loszulassen und das klatschende Geräusch des Strumpfbandes auf meinen Schenkeln zu hören. In ausgelassenem Reigen wirbelten sie um mich herum, im Rhythmus irgendwelcher improvisierter Lieder, die sich alle um eine Marquise, Herzogin, petite Madame oder Milady drehten.

Bei diesem Seelendrama spürte ich, wie sich in meinem Kopf Haß aufstaute. Langsam ging ich auf Alexandre zu, mein Gesicht war nur noch wenige Zentimeter von dem seinen entfernt. Es gibt Stimmen, die, obwohl kaum hörbar, vor Zorn beben und dabei mehr inneren Aufruhr verraten als alles Gebrüll der Welt. Mit einer solchen Stimme sagte ich in das plötzlich eingetretene Schweigen hinein:

«Hör zu, Alexandre, ich habe dich um nichts gebeten ... Du hast mir deine Mutter geschickt, um mich zu dir einzuladen, mich, der während der Pause nie mehr die Klasse verläßt, um euch dämliche Glückspilze so wenig wie möglich sehen zu müssen ... Und jetzt hör mir mal gut zu, denn schon seit zwei Jahren will ich dir ein paar Dinge sagen...»

In diesem Moment trat für Alexandre die größte Eisenbahnkatastrophe aller Zeiten ein: Der kleine Zug, den man bei voller Geschwindigkeit sich selbst überlassen hatte, entgleiste in einer Kurve und kippte um. Die Lokomotive löste sich von den Waggons, sprang aus den Schienen und donnerte mit voller Wucht gegen den Marmorfuß eines Salontischchens.

Ehrlich gesagt, ich nahm keinen Anteil an der allgemeinen Betroffenheit.

Alle stürzten zum Ort der Katastrophe. Die Waggons wurden wieder auf die Schienen gestellt. Alexandre hielt seine Lokomotive im Arm wie ein Kind, das man aus einem schrecklichen Unfall gerettet hat.

Als die Zugkomposition wieder zusammengesetzt war, stellte er die Lokomotive erneut an die Spitze, koppelte sie an und drückte mit zitternder Hand auf den Knopf «Abfahrt». Man hörte zwar das dumpfe Surren des elektrischen Triebwerks, doch der Zug verharrte unbeweglich auf den Schienen. Noch mehrmals drückte er nervös auf den Knopf, der den Zug auf die Strecke «Großer—Kleiner Salon» hätte schicken sollen, doch jedes Mal krächzte der gleiche erstickte Ton aus der Maschine, und die Wagen standen regungslos inmitten einer Landschaft voll grüner Bäume, Blumen, Kühen und Schafen in Miniaturausführung.

Mit stumpfem Blick drehte und wendete Alexandre seine durch den Anprall durcheinandergeratene Lokomotive, doch solide verschraubte Schutzplatten verschlossen das Antriebszentrum, Gehirn und Seele des Spielzeugs, denn alles andere war nur Blech und Tünche. Einer der angehenden Ingenieure wagte ein vorsichtiges: «Und wenn man es aufschraubte...» Doch ein gebrülltes: «Halt die Schnauze!», das von Alexandre kam, schnitt ihm das Wort ab.

«Scheiße, Scheiße und nochmals Scheiße!»

Alexandre wurde ausfallend.

Er litt an seiner Lokomotive.

Er war der Erschöpfung nahe, als sein Blick einen Moment lang den meinen kreuzte. Wie ein Tattergreis wackelte er mit dem Kopf: Man hatte ihm sein Spielzeug kaputtgemacht. Seine Arroganz, seine Herrschsucht waren von ihm abgefallen; nun kam das Kind zum Vorschein, das den Zuspruch anderer braucht. Daher verzichtete ich auf die paar Dinge, die ich ihm schon seit zwei Jahren sagen wollte; sie konnten warten ... noch ein paar Jahre. Doch aus dem kleinen brennenden Mal auf meinen Schenkeln, das sie mir mit dem Gummiband zugefügt hatten, entschlüpfte unversehens ein perfider Stachel, und ich sagte spitz:

«Er ist wirklich schön, dein Zug! ... Vor allem, wenn er fährt!»

Angesichts seiner tränenumflorten Augen fügte ich jedoch sofort mit überzeugender Stimme hinzu:

«Es ist ihm ja nichts passiert, deinem Zug. Bestimmt hat sich innen nur ein winziges Kabel gelockert.»

Diese tröstliche Version, die das Ausmaß der Katastrophe auf das Niveau einer harmlosen Reparatur reduzierte, entfachte in seinen Augen sogleich wieder das spöttische Gefunkel.

Plötzlich begann eine ganze Wand des Salons zu verschwinden. Eine doppelte Schiebetür, genauso verkleidet wie die anderen Wandflächen, teilte sich, auf unsichtbaren Schienen rollend, in zwei Hälften. Sie gab einen weiteren Raum frei, mit weiteren glitzernden Lüstern und einem großen, von Stühlen umringten Tisch, auf dem mit Fruchtsaft gefüllte Gläser sowie verschiedene Platten standen, auf denen sich belegte Quarkbrötchen und Kuchenstücke türmten.

Kurios, dieses klappernde Geräusch von acht Kinnbacken, die alle gleichzeitig zubissen und die knusprigen Kekse knackten und zermalmten. Ich enthielt mich der Teilnahme an diesem allgemeinen Zerkleinern, denn in meinem Land war es Brauch, die Hausherrin abzuwarten. Ich nippte auch nur an meinem Saft, dessen Wassergehalt den Geschmack der verheißenen Frucht vergessen ließ. Innerlich jubilierend, harrte ich des Triumphs meiner göttlichen Paklawas. Ich malte mir aus, wie all diese Vielfraße ihre Zähne in das würzige Gebäck graben würden, die pulverisierten Nuß-Schichten zerstückelnd, wobei ein Fädchen aromatisierten Zuckers, mit der eisgekühlten Rahmmasse vermischt, ihre Gaumen kitzeln würde.

Die Königinmutter trat ein.

222

Man hätte meinen können, ein glucksendes Haselhuhn schwirrte durch die Tür. Sie wollte «nur kurz hereinschauen», fragte ein paarmal: «Alles in Ordnung, Kinder?» und verkündete, sie habe noch «tausenderlei Besorgungen zu erledigen».

Sie war auch schon zum Ausgehen gekleidet: in ein drittes Tier, diesmal mit leopardenartigem Fell, das ich sofort wiedererkannte, weil ich es auf den Farbtafeln meines Wörterbuchs schon gesehen hatte.

Sie duzte alle, nannte sie beim Vornamen und trug ihre Grüße an die Eltern auf. Auf bestimmte Zeichen hin, die mir wie abgesprochen, wie ein Geheimcode vorkamen, fingen alle über dasselbe an zu lachen.

Als sie hinter mir vorbeiging, beugte sie sich vor und murmelte, halb scheltend, halb lachend:

«Ihnen müßte ich eigentlich die Ohren langziehen ... Das war doch nicht nötig!»

Ich verstand, daß sie auf meine Konfektdose anspielte, doch die auswendig gelernte Antwort konnte ich nicht mehr anbringen, da sie schon fast wieder an der Tür war, durch die im gleichen Moment der Mann in der weißen Jacke mit einem riesigen Silbertablett voller Eclairs eintrat. Sie zögerte einen Augenblick, sah nervös auf ihre Uhr, unterdrückte ein «O je, das werde ich nie mehr alles schaffen!» und entschloß sich dennoch, das Tablett zu ergreifen und in äußerster Aufopferungsbereitschaft ihrer Pflicht als Gastgeberin zu genügen.

Appetitlich sahen sie aus, all diese mit Glasur überzogenen und in wechselnder Folge von Kaffee, Schokolade, Kaffee, Schokolade angeordneten Eclairs.

Doch ich ließ mich nicht beirren, eingedenk dessen, was bei uns Brauch war und woran meine Mutter mich noch in ihren letzten Ermahnungen erinnert hatte: Das erste Mal höflich ablehnen, ein zweites Mal ebenfalls, erst dem dritten drängenden Angebot nachgeben und sich von der Hausherrin selbst das von ihr ausgewählte Stück auf den Teller legen lassen.

Als die Mutter des kleinen Prinzen mir das Tablett hinhielt, murmelte ich meine erste von einem breiten Lächeln begleitete Ablehnung:

«O nein! Danke vielmals, Madame.»

Die Eclairs glitten zu meinem Nachbarn hinüber, der eines aus der Reihe zog und es gierig verschlang.

Bei mir kamen sie weder ein zweites noch ein drittes Mal vorbei. Man nahm wohl an, daß ich keine Eclairs mochte. Alexandre, dem es wieder Spaß machte, einen anderen zu quälen, hatte meine diskrete Ablehnung wohl beobachtet, denn im gleichen Augenblick brüllte er los, ich äße vermutlich nur gern Lokum, Couscous und Schwalbennester. Diese Vermengung von Orient, Afrika und China führte wieder einmal zu einer Lachsalve. Die liebe Mama hatte nicht übel Lust, sich mitreißen zu lassen, doch hastig unterdrückte sie ihre Heiterkeit, um, kurz bevor sie uns verließ, so ganz nebenbei, aber an meine Adresse gerichtet, einzuwerfen, ihr «Tunichtgut von Sohn könne es nun mal nicht lassen, andere zu hänseln».

Damit wurde die prinzliche Kaffeetafel aufgehoben.

Meine berühmten Paklawas kamen nicht mehr auf den Tisch.

Ich hatte ihr mein Geschenk zwar nicht persönlich überreicht, aber die Königinmutter hatte mir doch gedankt, auf ihre Art, oder? Man wußte also von seiner Existenz. Es sei denn... vielleicht hatte man das Päckchen noch gar nicht geöffnet? Doch diese Version befriedigte mich nicht. Oder aber... vielleicht sollte es für heute abend aufgehoben und im Familienkreis verspeist werden?

Alexandre begab sich mitsamt seiner Horde wieder in den Salon, wo man sich neuen Spielen zuwandte. Es war noch ein wenig zu früh für meine Verabredung mit Mairig, doch mir war so kalt in diesem gut geheizten Haus, daß ich zu gehen beschloß.

Sie hingen bereits alle über einem riesigen Meccano-Baukasten, mit dem man durch geschicktes Zusammenfügen der einzelnen Teile verschiedene Modelle konstruieren konnte.

«Auf Wiedersehen, Alexandre... danke für deine Einladung.»

Mit Schrauben und Muttern beschäftigt, erwiderte er, sichtlich ungerührt über meinen Abschied: «Du gehst schon?» Und in dem Augenblick, als ich die Tür des Salons bereits in der Hand hatte, sagte er noch: «Weißt du... vorhin... das war nur Spaß.»

Davon war ich voll und ganz überzeugt.

Im Vestibül traf ich keine Menschenseele. Ich wollte meinen Mantel nehmen, doch alle Türen waren geschlossen. Hinter einer von ihnen hörte ich ersticktes Lachen und eine Stimme, die meines Erachtens dem Mann in der weißen Jacke gehörte. Zaghaft klopfte ich an.

Er war es wirklich, der die Tür einen Spaltbreit öffnete. Instinktiv wischte er sich mit einer hastigen Handbewegung über die Lippen, doch ich hatte schon in seinen Mundwinkeln die Paklawa-Krümel entdeckt. Außerdem klebten an seinem von Zuckersirup bekleckerten Kinn noch Reste von Nüssen und Blätterteig.

«Pardon, Monsieur, kann ich bitte meinen Mantel haben?»

Als er verschwand, um mir das Gewünschte zu holen, entdeckte ich hinter ihm eine große Küche und zu beiden Seiten des langen Tisches zwei Frauen in spitzenbesetzten weißen Schürzen, die sich in aller Seelenruhe an den schon deutlich weniger gewordenen Paklawas gütlich taten.

Während ich die breite Treppe mit dem schönen Mittelläufer hinunterging, erfand ich von Absatz zu Absatz eine neue Version meiner Paklawa-Story.

Auf den Stufen des vierten Stocks schien mir sonnenklar, daß die Domestiken von Madame sich einfach heimlich eine Leckerei gegönnt hatten.

Zwischen dem dritten und dem zweiten Stockwerk wurde meine Erklärung des Vorfalls absurd. Es war undenkbar, daß Butler, Köchin und Zimmermädchen eine Konfektdose halb leer aßen und eine solche Ungehörigkeit der Dame des Hauses verborgen blieb. Es sei denn...

Auf den letzten Stufen vor dem Erdgeschoß klärte sich mir das Rätsel in allen Einzelheiten auf. Ich ließ die ganze Szene noch einmal zurücklaufen:

«Madame, der kleine junge Herr mit den Wollstrümpfen hat ein Päckchen mitgebracht.»

«Was ist es denn, Joseph?»

Joseph riß das Papier auf, öffnete die Dose, hielt sie sich unter die Nase und schnüffelte an dem geheimnisvollen Inhalt. «Vielleicht eine Art Kuchen, Madame... Auf den Seiten ist es ganz schwarz, außerdem schwimmt es in Zucker und riecht nach Zimt.»

Der Dame entfuhr ein «Mein Gott, wie ekelhaft!», doch sie faßte sich sofort wieder und sagte: «Äh... ich meine, ekelhaft... Man weiß ja nie, nicht wahr? Wenn es Sie reizt, teilen Sie sich's mit Marthe und Lucile.»

Bei all den Mikroben, denen man heutzutage auf Schritt und Tritt begegnete ... Wer wußte schon, wo und wie so etwas fabriziert wurde ... Es kam ja schließlich von Armeniern, nicht wahr? ...

Mit Ausnahme ihrer Vornamen, die ich natürlich nicht kannte, brauchte ich nichts zu erfinden, um mir auszumalen, wie das Personal sich mit anfänglichem Mißtrauen an die Sache heranpirschte. Dann wagte der mutige Joseph einen kleinen Biß, nur an der äußersten Spitze der Raute, gewappnet, das Ganze sofort wieder auszuspucken. Als er feststellte, daß das von ihm beschriebene schwarze Zeug nur zerstoßene Nüsse waren, daß der Zimt mit dem Rest sich delikat verband und das Ganze in seiner samtigen Konsistenz ganz besonders gut schmeckte, biß er ein größeres Stück ab. Stück um Stück verschwand die Raute, Marthe und Lucile taten's ihm gleich, und so waren die siebzehn Paklawas von Tante Anna drauf und dran, durch drei geteilt zu werden.

Wenn ich diesen Paklawas so viel Bedeutung und Gewicht beimaß, dann war der Grund der, daß die Arbeit eines ganzen Sonntags in ihnen steckte und all die Liebenswürdigkeit und Hoffnungen, die man in sie hineingelegt hatte, weder erkannt noch gewürdigt worden waren.

Das Treppenlicht war erloschen.

Einen Moment verharrte ich noch im Dunkeln, den Kopf an die große schmiedeeiserne Tür mit den farbigen Scheiben gelehnt.

Dies war mein letzter Versuch gewesen: Integration war unmöglich; mit meinen Wollstrümpfen und meinem kindlichen Kummer schlüpfte ich wieder in das noch warme Nest meiner Einsamkeit.

An der Straßenecke erwartete mich meine strahlend lächelnde Mairig. Hatte sie ihren Posten überhaupt verlassen, seit ihr Sohn zu diesem Alexandre, dem Symbol des gesellschaftlichen Aufstiegs, gegangen war? Sie verlor das Gleichgewicht, als ich mich ihr mit dem Elan gespielter Fröhlichkeit entgegenwarf, um glaubwürdig zu verkünden:

«Die haben vielleicht gegessen! ... Die Finger beinahe auch noch!»

So drückte sich bei uns daheim der Volksmund aus, wenn etwas besonders gut geschmeckt hatte; dabei wurde unterstellt, daß die vom unvergeßlichen Geschmack der Köstlichkeit getränkten Finger aus Versehen mit verschluckt worden waren.

Noch lange und immer wieder mußte ich nachgrübeln über diesen merkwürdigen Tag.

Warum hatte man mich eingeladen?

Sollte ich als Archetyp herhalten, als Eichmaß, an dem gewisse privilegierte Kreise ihr eigenes Glück im Verhältnis zu anderen ablesen konnten, die sie weniger glücklich wähnten?

Vielleicht war ich einfach nur als Spielzeug für verwöhnte Kinder gedacht, das Alexandre seinen Kameraden neben seiner elektrischen Eisenbahn als weitere Attraktion bieten wollte?

Oder war gar von beidem etwas im Spiel?

Rotfuchs

«Honorine hat bestimmt wieder vergessen, den Hühnerstall zu schließen», meint Frau Lepic.

Und so ist es auch. Man kann es durchs Fenster sehen. Dort hinten im Hof, ganz zuhinterst, hebt sich das kleine Hühnerhaus mit dem tiefschwarzen Viereck seiner offenen Tür deutlich in der Finsternis ab.

«Felix, möchtest du nicht geschwind hingehen und den Hühnerstall abschließen?» sagt nun Frau Lepic zum ältesten ihrer drei Sprößlinge.

«Dazu bin ich nicht da, daß ich mich mit den Hühnern abgebe», mault Felix, ein bleichwangiger, träger, feiger Bursche.

«Und du, Ernestine?»

«Oh, Mama, da habe ich viel zu schrecklich Angst!»

Während sie antworten, heben der große Bruder Felix und Schwester Ernestine kaum den Kopf. Sie sitzen beide am Tisch und lesen mit gespanntem Interesse. Sie haben beide die Ellbogen aufgestemmt und starren in ihr Buch, beinahe Stirn an Stirn.

«Gott! Wie dumm bin ich!» sagt mit einemmal Frau Lepic. «Daran habe ich ja gar nicht gedacht. Rotfuchs, geh doch und schließe den Hühnerstall!»

Mit diesem Kosenamen meint sie ihren Jüngstgeborenen, weil er rote Haare hat und weil sein ganzes Gesicht über und über voller Sommersprossen ist.

Rotfuchs hat sich unter den Tisch verkrochen und vertreibt sich die Zeit mit allerhand müßigen Spielereien. Nun kommt er aus seinem Versteck hervor und sagt leise und schüchtern:

«Aber, Mama, ich habe auch Angst.»

«Was? Du hast Angst? Ein großer Bengel wie du?» kreischt Frau Lepic auf. «Das ist ja zum Lachen! Marsch, los! Warte, ich will dir!»

«Man kennt ihn ja, er ist mutig und frech wie ein Ziegenbock!» höhnt seine Schwester Ernestine. «Vor nichts hat er Angst und fürchtet keinen Menschen», setzt Felix, sein großer Bruder, hinzu. Solch schmeichelhafte Komplimente erfüllen Rotfuchs mit Stolz, und er kämpft auch bereits gegen seine Feigheit an, voll Scham, er könnte ihrer nicht würdig sein. Und damit er vollends den nötigen Mut aufbringt, verspricht ihm seine Mutter noch eine Ohrfeige. «Dann leuchtet mir wenigstens», schlägt er vor. Frau Lepic zuckt bloß mit den Achseln. Felix grinst verächtlich. Nur Ernestine hat Erbarmen. Sie nimmt eine Kerze und begleitet ihr Brüderlein bis ans Ende des Hausgangs. «Ich warte hier auf dich», tröstet sie ihn. Aber im nächsten Augenblick läuft sie auch schon davon. Ein Windstoß hat das flackernde Licht ausgelöscht, und sie ist zu Tode erschrocken.

Rotfuchs nimmt sich zusammen. Er klemmt die Beine gegeneinander und stemmt die Absätze in den Boden. Und er fängt an, im Finstern zu zittern. Die Dunkelheit ist so undurchdringlich und dicht, daß ihn dünkt, er sei blind geworden. Ab und zu heult ein Windstoß durch die Nacht, packt ihn wie ein eiskaltes Leichentuch und treibt ihn vorwärts. Schleichen da nicht Füchse, nein, gar Wölfe und hauchen ihm ihren Atem auf die Finger und Wangen? Das beste ist wohl, er stürzte aufs Geratewohl, der Nase nach, vorwärts auf den Hühnerstall zu, Kopf voran, und rennt ein Loch in die pechschwarze Finsternis. Er tastet und tastet und bekommt endlich den Türriegel zu fassen. Beim Trappen seiner Schritte flattern die Hühner erschreckt auf und fangen an, auf ihren Stangen wie verrückt zu gackern. Rotfuchs ruft ihnen zu: «Seid doch still! Ich bin's ja bloß!» Dann riegelt er die Tür ab und läuft davon, so schnell er kann. Es ist, als hätte er Flügel an Armen und Beinen. Dann tritt er keuchend und nach Luft schnappend wieder ins Zimmer, voll Stolz auf seine Leistung, zurück ins Licht, in die Wärme. Und es kommt ihm vor, als tausche er Lumpen, die von Kot und Regen schwer sind, gegen ein nagelneues, leichtes Kleid ein. Er lächelt, geht hochaufgerichtet in seinem berechtigten Stolz und wartet auf das wohlverdiente Lob. Nun ist er außer Gefahr, und er forscht und späht auf den Gesichtern seiner Eltern nach den Spuren der Angst und Unruhe, die sie gewiß ausgestanden haben.

Aber der große Bruder Felix und die Schwester Ernestine lesen seelenruhig weiter, als wäre gar nichts weiter geschehen. Und Frau Lepic sagt mit ihrer altgewohnten Stimme: «Rotfuchs, in Zukunft kannst du den Hühnerstall jeden Abend abschließen.»

Herr Lepic und Schwester Ernestine sitzen am Tisch und lesen beide, die Ellbogen aufgestemmt. Der Vater liest die Zeitung, und sie verschlingt das Buch, das sie in der Schule als Preis für Fleiß und gute Leistungen bekommen hat. Frau Lepic strickt, Bruder Felix röstet am Feuer seine Beine, und Rotfuchs liegt am Boden und denkt sich allerhand schöne Dinge aus.

Plötzlich läßt Pyramus, der am Herd liegt und döst, ein dumpfes Knurren hören.

«Pscht!» zischt Herr Lepic. Doch Pyramus knurrt nur noch vernehmlicher.

«Dummer Kerl!» sagt Frau Lepic.

Aber da fängt auf einmal Pyramus so laut an zu bellen, daß alle auffahren. Frau Lepic greift sich ans Herz. Herr Lepic schaut den Hund mit zusammengebissenen Zähnen böse an. Bruder Felix flucht, und es geht nicht lange, so versteht man sein eigenes Wort nicht mehr.

«Willst du wohl still sein, du dreckiger Hund! Sei doch ruhig, du Köter!»

Aber Pyramus fängt von neuem an zu bellen und kläfft noch viel lauter und wütender. Frau Lepic gibt ihm eins hinter die Ohren. Herr Lepic schlägt mit der Zeitung nach ihm, und dann versetzt er ihm einen Fußtritt. Pyramus liegt auf dem Bauch, drückt die Schnauze auf den Boden, aus Angst vor den Prügeln, und heult und winselt erbärmlich. Es hört sich an, als stoße er vor Wut mit dem Maul gegen die Herdmauer und seine Stimme zerfetze in tausend Stücke.

Die ganze Familie Lepic erstickt fast vor Wut. Sie fallen einhellig über den Hund her. Der liegt am Boden und hört einfach nicht auf zu kläffen und zu heulen.

Die Fensterscheiben klirren und knirschen, das Ofenrohr scheppert und klappert, und sogar Schwester Ernestine belfert.

Aber Rotfuchs ist still hinausgegangen. Er hat gar nicht erst abgewartet, bis man ihn geheißen hat. Er hat nachgeschaut, was denn eigentlich los ist. Vielleicht geht ein verspäteter Arbeiter draußen auf der Straße vorbei und wandert ruhig nach Hause, wenn er nicht am Ende gar über die Gartenmauer klettert, um zu stehlen.

Rotfuchs schleicht durch den langen, stockfinsteren Hausgang auf die Tür zu. Vorsichtig und behutsam, mit ausgestreckten Armen, tastet er sich vorwärts. Schließlich findet er den Riegel und zieht ihn geräuschvoll zurück. Aber die Tür öffnet er nicht.

Früher hatte er sich manchmal in Gefahr begeben und war hinausgegangen. Dann hatte er sich abgemüht, dem Feind mit Pfeifen, Singen und Stampfen Schrecken einzujagen.

Heute aber mogelt er.

Selbstverständlich glauben seine Eltern, er suche mutig und kühn alle Ecken und Winkel ab und mache als treuer Wächter die Runde ums Haus, und dabei täuscht er sie listig und steht dicht an die Wand gedrängt hinter der Tür.

Einmal wird man ihn ja bestimmt dabei erwischen. Doch seine Kriegslist gerät ihm schon seit langer Zeit.

Er hat bloß Angst, er müsse niesen oder husten. Drum hält er den Atem an, und wenn er emporblickt, sieht er durch ein kleines Fenster über der Tür drei, vier Sterne, deren flimmernde Reinheit ihn erstarren läßt.

Aber es wird allmählich Zeit, daß er wieder hineingeht. Das Spiel darf nicht allzulange dauern. Sonst könnten sie noch Verdacht schöpfen.

Er rüttelt noch einmal mit seinen schwachen Händchen an dem schweren Riegel, der in seinen rostigen Krampen kreischt, dann stößt er ihn geräuschvoll ganz zu. Wenn die drinnen das hören, werden sie denken, er komme von weither und habe seine Pflicht getan! Es juckt und krabbelt ihn im Rücken, und er läuft hinein, um seine Familie zu beruhigen.

Aber wie schon das letztemal hat sich Pyramus, während er draußen war, wieder beruhigt und bellt nicht mehr. Die Familie Lepic hat sich abgeregt und ihre angestammten Plätze wieder eingenommen. Und so sagt Rotfuchs, obschon ihn gar niemand danach gefragt hat, aus lauter Gewohnheit: «Der Hund hat bloß geträumt.»

WOLFDIETRICH SCHNURRE

Unsere Erfahrungen mit Zwergen

Ich weiß nicht, wie Vater darauf kam; vielleicht hat er sie sich wirklich nur ausgedacht; vielleicht glaubte er aber auch selber an sie. Jedenfalls war er der Meinung, es wäre gut, wenn man wüßte, daß es außer Engeln und solchen ätherischen Wesen auch noch was Handfesteres gäbe, Zwerge zum Beispiel.

«Engel», sagte Vater, «schnappen viel zu schnell ein.»

Das taten Vaters Zwerge nun gar nicht. Im Gegenteil, sie kümmerten sich gerade dann besonders um einen, wenn einem die Engel empört den Rücken zukehrten; und dafür gab es Anlaß genug.

Aber auch im Aussehen stellten Vaters Zwerge etwas Besonderes dar. Unscharf betrachtet, ähnelten sie gewöhnlichen Zwergen. Doch sah man genauer hin, ergaben sich allerhand Abweichungen vom gewohnten Zwergenbild. Zum Beispiel hatten sie Maikäferflügel und Froschfüße. Die Froschfüße hörte man manchmal nachts auf dem Flur tappen. Im Winter trugen sie mit Hummelpelz gefütterte Walnußschalenpantoffeln.

Nur wie sie oben herum aussahen, konnte mir Vater nie so recht klarmachen. Häufig nahm er Fotos zu Hilfe, Brustbilder Shaws, Tolstojs, Karl Marx' und des Admirals Tirpitz.

«So ungefähr mußt du sie dir vorstellen», sagte Vater; «was ihre Bärte angeht jedenfalls; im Gesicht sehen sie natürlich wesentlich netter aus.»

Unglückseligerweise erfuhr Großmutter mal, daß wir Zwerge so liebten. Sie kümmerte sich nicht oft um uns, sie hielt Vater für asozial und mißraten; aber alle paar Jahre wurde sie aus irgendeinem Grund sentimental, und dann kam sie Hals über Kopf angereist und schenkte uns etwas Nutzloses und nörgelte rechthaberisch an uns herum. Das dauerte so eine Woche vielleicht; dann war sie plötzlich wieder für Jahre verschwunden.

Damals nun, wie gesagt, war ihr unser Zwergentick zu Ohren gekommen. Da sie gerade wieder das Gefühl hatte, Vater falsch erzogen zu haben, ruhte sie nicht eher, bis sie einen künstlichen Zwerg erstanden hatte, der, wie sie gereizt behauptete, haargenau unseren Phantasiezwergen entspräche, ja, ihnen, genaugenommen, sogar noch in vielem turmhoch überlegen wäre.

Es war ein furchtbarer Zwerg. Er war gut einen Meter groß, sah aus wie ein mit Speck eingeriebenes, bärtiges Baby, nannte glänzende Schnallenschuhe, eine faltenlose blaue Schürze, eine Tabakspfeife, die einen Blumentopf darstellte, einen Holzrechen und eine rosa Glatze sein eigen und erinnerte Vater zu allem Überfluß noch an seinen Bürovorsteher.

Um der Pietät willen stellten wir den Kunstzwerg eine Weile im Schlafzimmer auf. Aber schon nach wenigen Tagen fingen wir an, schweigend um ihn herumzugehen, und kurz darauf überraschten wir uns beide dabei, daß wir jeder, wie zufällig, mit einem zusammengefalteten Sack ins Zimmer traten. Wir gaben erst gar keine langen Erklärungen voreinander ab. Wir verpackten den Zwerg, Vater hob ihn sich ächzend auf die Schulter, und dann fuhren wir zum Bahnhof, lösten zwei Bahnsteigkarten und setzten den Kunstzwerg im Eilzug nach Brüssel in ein leeres Erster-Klasse-Abteil. Er sah merkwürdig aus auf dem grünen Samtpolster.

«Sicher das erstemal, daß er wo hinpaßt», sagte Vater mitleidlos. Wir guckten noch, um den Eindruck eines überfüllten Coupés zu erwecken, so lange aus dem Fenster, bis der Stationsvorsteher die Scheibe hochhob; dann sprangen wir ab, und der Zwerg fuhr davon.

Großmutter erzählten wir, er wäre uns beim Saubermachen zerbrochen. Sie sah uns ziemlich durchdringend an, denn es war überall in unserer Wohnung zu sehen, daß wir kaum einen Stuhl beim Reinemachen verrückten; aber es blieb ihr ja nichts weiter übrig, als sich mit unserer Erklärung zufriedenzugeben. Und so begnügte sie sich damit, mir einen Tag später ein Kindergrammophon zu verehren und, trotz Vaters Protest, auch eine Platte dazu. Auf der einen Seite der Platte war «Was macht der Mayer auf dem Himalaja?» und auf der anderen, wie bei Großmutters unvermindertem Zartgefühl nicht anders zu erwarten, «Heinzelmännchens Wachtparade».

Ich war damals sehr für Musik und spielte die Platte stündlich mehrere Male. Schließlich machte mir Vater das Angebot, ihm die Platte zur Zerstörung zu überlassen; ich dürfte mir dafür, vorausgesetzt, daß es nichts Lärmendes wäre, in der Spielzeugabteilung von Wertheim aussuchen, was mir gefiele.

Ich spielte die Platte noch so lange, bis ich sie auch selber überbekam, dann ging ich auf Vaters Angebot ein.

Wir suchten wirklich mit äußerster Konzentration; aber wir fanden nichts; unsere Ansprüche waren zu hoch. Nachdem wir auch in den Spielzeugabteilungen von Tietz und Israel und obendrein noch in gut einem halben Dutzend Spezialgeschäften vergeblich herumgestöbert hatten, rang Vater sich schweren Herzens zu dem Entschluß durch, mir die so voreilig zerstörte Schallplatte wiederzukaufen. Und gerade an diesem Tag fanden wir ihn.

Er stand im Schaufenster eines Konfitürenladens; ein Zwerg, ja, der herrlichste Zwerg, den man sich nur vorstellen kann. Er entsprach — bis auf die Froschfüße und die Maikäferflügel, versteht sich — derart genau unserem Phantasiezwergenbild, daß wir flüsterten, als wir uns im Laden erkundigten, ob man ihn käuflich erwerben könnte.

«Den —?» sagte die Verkäuferin. «Na, aber klar; von dem Typ haben wir noch 'n paar Schock auf Lager.»

Wir waren sehr empört über ihre Ausdrucksweise, und Vater konnte nur mit Mühe eine Zurechtweisung unterdrücken. Schließlich kauften wir ihn aber dann doch, obwohl er, wie sich jetzt herausstellte, nicht nur hohl, sondern unter seinem Stanniolpapierkleid auch noch aus Schokoladenguß war.

Doch Vater tröstete mich. Wenn man ihn an einen sicheren Platz stellte, könnte so ein Schokoladenzwerg gut und gern seine achtzig bis hundert Jahre alt werden.

Na, und auf zwei hat er es ja auch wirklich gebracht. Dann kam mal ein Regentag, an dem ich mit mir nichts anfangen konnte. Ich kramte in allerlei altem Gerümpel und entdeckte dabei auch Großmutters Kindergrammophon wieder. Ich zog es auf und betrachtete nachdenklich die kreisende Filzplatte.

Da kam mir eine Idee. Wie wäre es, dem Konfitürenzwerg mal eine Freude zu machen und ihn ein paar Karussellrunden drehen zu lassen?

Es ließ sich auch alles gleich wunderbar an. Man merkte deutlich, es machte dem Konfitürenzwerg Freude, sich auf der Filzplatte drehen zu dürfen. Ich hatte jedoch auch ein wenig den Eindruck, er hätte sich ganz gern noch etwas rascher gedreht. Aber kaum hatte ich das Tempo der Platte erhöht, als er sich mit einem beseligten Lächeln umfallen ließ; und da krachte er auch schon gegen die Wand und fiel als unscheinbares Stanniolpapierbündel zu Boden.

Wir litten sehr unter seinem Tod. Vater ließ sich sofort dienstfrei geben, und wir fuhren nach Brieselang raus, wo wir den Zwerg, oder besser: was noch übriggeblieben war von ihm, in einer moosgepolsterten Zigarrenkiste unter einer abgestorbenen Eiche beisetzten. Ich grub flennend das Grab, Vater pfiff traurige Hermann-Löns-Lieder dazu, und dann steckten wir ein aus Hasenknochen gefertigtes Kreuz in den Hügel und fuhren schweigend nach Hause.

Aber auch lange danach noch wurde Vater nie müde, mit mir das Grab zu besuchen.

Dann, als so die schlimmste Trauer vorbei war, sagte Vater eines Tages, die Zeiten würden jetzt schlecht, da wäre es angebracht, einen Talismanzwerg zur Verfügung zu haben.

Er griff auch gleich in die Tasche und reichte mir einen winzigen Klumpen Ton, der tatsächlich entfernt etwas an einen sitzenden Zwerg erinnerte.

«Selber gebrannt», sagte Vater

Das verscheuchte meine Enttäuschung.

Ich trug diesen Talismanzwerg dann auch ständig mit mir herum, bis er schließlich ganz abgenutzt aussah. Aber jetzt hatte ich mich an ihn gewöhnt und hing bald noch mehr als Vater an ihm. Was bestimmt etwas heißen wollte; denn jedesmal, wenn wir wünschten, es sollte was klappen, spuckten wir zuerst auf den Talismanzwerg, woraufhin ich den ganzen Tag in der Hosentasche die Faust um ihn schloß. Natürlich ist er dadurch nicht gerade schöner geworden, aber ausdrucksvoller auf jeden Fall.

Doch auch sonst war unser Talismanzwerg eine besondere Erscheinung. Er mußte nämlich, um auch auf längere Sicht hin wirksam zu bleiben, jedes Jahr im Freien einen Winterschlaf halten.

Der Platz, den Vater hierfür ins Auge gefaßt hatte, war das Biesetal, eine erlenumstandene Schlenke im Wald, an deren Rand sich die Wildschweine suhlten. Das Luftwurzelgeflecht der Erlen war wie geschaffen für eine Zwergenburg. Da gab es Zimmer an Zimmer, Küchen und Kammern, Vorratsräume und Flure, Kellergelasse und Böden. Als Wichtigstes dichteten wir dem Talismanzwerg erst mal ein Schlafzimmer ab. Auch Vorräte bekam er: Preiselbeeren, Streuselkuchenkrümel, Apfelkerne und Pilze. Außerdem schnitzte ihm Vater auch sicherheitshalber jedesmal noch ein Boot, für den Fall, daß das Biesetal überschwemmt werden könnte. Darauf nahmen wir Abschied von ihm. Der war meist ausführlicher geplant, als er dann ausfiel, denn Vater hielt an sich eine Menge vom Abschiednehmen und diesen traurigen Dingen; aber ich schluchzte immer zu sehr, und da begnügte sich Vater mit einer abgekürzten Zeremonie.

Ende März wurde der Talismanzwerg dann wiedergeholt. Das war ein Fest, wichtiger noch als Vaters Geburtstag, und es wurde mit Streuselkuchen und Kaffee und mit Lampions und Liedern begangen; und gekräftigt und ausgeruht versah der Talismanzwerg nun wieder seinen aufreibenden Dienst.

Dann kam abermals ein Herbst, wo wir ihn schluckend in seine Erlenburg setzten, und abermals ein März, wo wir ihn hochgestimmt heimholen wollten, und da war er weg.

Das ganze Biesetal stand unter Wasser; an unserer Erle war es über einen Meter hochgeklettert.

Wir faßten es erst gar nicht; dann nahm sich Vater zusammen.

«Siehst du sein Boot?» Er räusperte sich unsicher.

«Nein», sagte ich schluckend.

Jetzt hatte sich Vater gefangen. «Ein Glück», sagte er fest.

Ich sah verwirrt an ihm hoch.

«Na, verstehst du denn nicht», sagte Vater; «er ist abgefahren, als das Hochwasser kam! Wozu haben wir ihm das Boot denn geschnitzt?»

«Bist du ganz sicher?» fragte ich.

«Hör mal», sagte Vater, «du streitest mir doch wohl nicht ab, daß ich mit Zwergen Bescheid weiß!»

«Nein», sagte ich. «Bloß, wieso hat er uns nicht im Boot hier erwartet?»

«Kann ich dir genau sagen», antwortete Vater. «Die Zeiten sind jetzt nicht mehr danach, daß Zwerge sich wohl fühlen könnten in ihnen.»

«Nein —?» fragte ich.

«Ehrenwort», sagte Vater; «so traurig es klingt.»

Das war der letzte Zwerg, den wir hatten. Er schrieb uns noch ein paarmal; aber Vater hatte recht: seine Postkartengrüße klangen so ängstlich, daß man wirklich nicht wagte, ihn zur Rückkehr zu überreden.

D. L. STEWART

Pfadfinder

Auf wundersame Weise blüht, wächst und gedeiht unsere Familie immer weiter. Die Frau, die gelobt hat, mich zu lieben, zu achten und sich zu mehren, macht meinen Job dafür verantwortlich.

«Wenn du nicht so viel reisen und so lange arbeiten müßtest, würde ich nicht so viele Kinder brauchen, die mir Gesellschaft leisten», behauptet sie steif und fest.

«Wenn wir nicht so viele Kinder hätten, müßte ich nicht so viel reisen und so lange arbeiten», kontere ich.

Woran es auch liegen mag, ich bin inzwischen Vater von drei Kindern: einer Elfjährigen, einem Achtjährigen und einem Baby. Die Elfjährige blockiert mit ihrem Gekicher regelmäßig das Telefon, wenn ich zu Hause anzurufen versuche. Der Säugling gibt komische Grunzlaute von sich und entfaltet ein eigentümliches Aroma, sobald ich ihn auf den Schoß nehme. Am meisten Schwierigkeiten aber macht mir der Achtjährige. Denn dieser Achtjährige ist ein Wölfling bei den Pfadfindern. Und mir damit an Erfahrung weit voraus.

Ich bin bemüht, meine Wissenslücken rasch aufzuarbeiten, und mache mich mit den vielen mir neuen Begriffen vertraut. Zum Beispiel Seifenkistenrennen.

Der Grundgedanke ist folgender: Jeder Wölfling soll gemeinsam mit seinem Vater einen kleinen Modellwagen basteln, der dann beim monatlichen Treffen aller Gruppen startet. Natürlich geht es dabei weniger um das Rennen, sondern in erster Linie um die Zeit, die der Wölfling mit seinem Vater verbringt — eine Zeit, in der die unerläßliche Vater-Sohn-Beziehung gefestigt wird. Das sichert dem Jugendlichen ein reiches, erfülltes Leben, wenn er zum aufrechten, arbeitsamen, blankäugigen Erwachsenen herangereift ist.

Offenbar klappt das auch. Die Wölflinge können statistisch nachweisen, daß kein einziger Junge, der am Seifenkistenrennen teilgenommen hat, im späteren Leben eine Kettenfräse als Mordwaffe benutzt hätte.

Und so bringt unser Wölfling im ersten Jahr seine Ausrüstung für das Seifenkistenrennen mit, wir hasten in den Keller, wo wir anderthalb Stunden miteinander verbringen: fünf Minuten mit Lektüre der Anleitung, zehn Minuten mit Holzabschleifen, zehn Minuten mit Aufsprühen von Farbe, zehn Minuten mit Zusammensetzen der Einzelteile, zehn Minuten mit neuerlicher Lektüre der Anleitung, fünfzehn Minuten mit Abmontieren der Räder und Wiederanbringung an den richtigen Stellen und dreißig Minuten mit der Streitfrage, wo denn nun eigentlich vorne ist.

In diesem ersten Jahr schaue ich hoffnungsfroh dem Rennen zu, bei dem «unser» Rudel insgesamt sechs Wagen an den Start schickt. Unserer landet auf Platz vier.

Auf dem Heimweg tröstet mich unser Wölfling:

«Mir macht's nichts aus, daß wir nicht gewonnen haben. Deswegen bist du doch der beste Vater auf der ganzen weiten Welt.»

Im zweiten Jahr bringt unser Wölfling seine Ausrüstung für das Seifenkistenrennen nach Hause, wir eilen in den Keller, wo wir zwei Stunden miteinander verbringen: dreißig Minuten mit Holzabschleifen, fünfzehn Minuten mit Aufsprühen von Farbe, fünfzehn Minuten mit Zusammensetzen und eine Stunde mit Erörterungen darüber, wieso ein Erwachsener bestimmte Wörter gebrauchen darf, wenn die elektrische Schleifmaschine abrutscht und ihm sämtliche Haare auf dem linken Handrücken weghobelt.

Als ich in diesem zweiten Jahr voll unguter Vorahnungen dem Rennen zuschaue, landet unser Wagen als fünfter von sechs Teilnehmern.

Auf dem Heimweg sagt unser Wölfling zu mir:

«Macht mir nichts weiter aus, daß wir nicht gewonnen haben. Du bist trotzdem als Vater ganz brauchbar.»

Im dritten Jahr bringt unser Wölfling seine Ausrüstung für das Seifenkistenrennen mit, wir schlendern in den Keller, wo wir zweieinhalb Stunden miteinander verbringen: dreißig Minuten mit Abschleifen, dreißig Minuten mit Aufsprühen, dreißig Minuten mit Zusammensetzen und eine Stunde damit, der Frau, die gelobt hat, mich zu lieben, zu achten und in Schwung zu halten, genau zu erklären, wieso wohl die rote Farbe aus der Sprühdose in ihre Waschmaschine gekommen sein mag.

Als ich in diesem dritten Jahr tiefgeknickt zuschaue, verliert unser Wagen jedes Rennen.

Und auf dem Heimweg sagt unser Wölfling zu mir: «Mann, hat Martin einen Dusel. Sein Vater hilft ihm nie beim Zusammenbasteln.»

Als unser Wölfling im vierten Jahr seine Ausrüstung für das Seifenkistenrennen nach Hause bringt, werfen wir den Krempel die Kellertreppe hinunter und verschwenden keinen Gedanken mehr daran — bis zum Tag vor dem Rennen. Abends verbringen wir dreieinhalb Stunden miteinander: zehn Minuten mit Abschleifen, zehn Minuten mit Aufsprühen, zehn Minuten mit Zusammensetzen und drei Stunden mit Fernsehen, das in der Sportschau spannende Ausscheidungskämpfe der Berufsrennfahrer überträgt.

Am folgenden Tag wird unser Wölfling krank und hätte nach übereinstimmender Familiendiagnose beim Pfadfindertreffen mehr geschadet als genützt. Und so geben wir den Wagen einem anderen Vater mit fürs Rennen.

Und während ich mir in diesem Jahr daheim interessiert die Quiz-Sendung «Glück muß der Mensch haben» im Fernsehen anschaue, schlägt unser Wagen die gesamte Konkurrenz haushoch und wird Derby-Sieger, was uns einen schönen großen Pokal einträgt.

Es ist die erste Trophäe in unserer Familie, und ich bin etwas bedrückt, daß keiner von uns da ist, um sie persönlich in Empfang zu nehmen. Andererseits bin ich erleichtert, daß wir gewonnen haben. Unser Wölfling hat sich nämlich zum Geburtstag eine Kettenfräse gewünscht.

All meinen Bemühungen zum Trotz bleibt unser Wölfling ein Thema, und die nächste Information lautet: Ich bin Rudelführer.

Eine solche Beförderung geschieht nicht nach Plan. Sie widerfährt einem einfach. Wie Hämorrhoiden. Ich weiß nicht, warum es ausgerechnet mich erwischt hat. Ich bin mir nicht mal sicher, ob ich überhaupt darüber nachdenken will.

Das erste Rudel-Treffen findet in unserem Keller statt. Zehn Wölflinge nehmen daran teil. Noch vor dem nächsten Treffen scheiden drei aus. Mein Sohn ist leider nicht darunter.

In den folgenden Wochen laufen die Treffen allmählich wie geschmiert: Eröffnung der Versammlung; Anwesenheitsliste; Beiträge einsammeln; Diskussion über ein Thema aus dem Leitfaden; ein Spiel; Kekse essen und Cola trinken; Versammlung schließen; Teilnehmer zur Haustür rauslassen; Jeff wieder einlassen, weil Hut vergessen; Jeff herauslassen; Jimmy wieder einlassen, weil Buch vergessen; Jimmy herauslassen; Walter wieder einlassen, weil seinen Bruder vergessen; Walter samt Bruder herauslassen. Haustür abschließen. Klingel abstellen. Den Hund in den Keller schicken, zwecks Beseitigung der Kekskrümel.

Nach drei Monaten dieser Art befinde ich, daß das Rudel anstelle der regelmäßigen Rumhockerei unbedingt einen Ausflug braucht. Nicht daß die Versammlungen übermäßig anstrengend gewesen wären. Aber der Türknauf ist reichlich abgenutzt. Und der Hund wird beängstigend fett.

Bei einem Treffen schneide ich das Thema an. «Wenn ihr euch das Ziel aussuchen könntet, wohin würdet ihr dann am liebsten einen Ausflug machen?»

«Hawaii.»

«Zur Box-Weltmeisterschaft.»

«'nen Horrorfilm.»

Dem Jungen, der Hawaii vorschlägt, mache ich klar, daß das zu teuer käme. Dem Boxfan, daß die Weltmeisterschaft vor drei Wochen stattgefunden hat. Und dem mit dem Horrorfilm, daß ich eigentlich mit ihnen und nicht mit Erwachsenen einen Ausflug vorhabe.

Nach langwierigen Diskussionen grenzen wir das Ausflugsziel auf zwei Möglichkeiten ein: Wir können den Lokal-Fernsehsender besuchen oder die Volksbücherei zu einem Vortrag über das Dezimalsystem.

Wir entscheiden uns für den Fernsehsender. Mit fünf zu vier Stimmen.

Am Vorabend des Ausflugs meldet sich der Abteilungsführer, der mitkommen und mir bei der Beaufsichtigung helfen wollte. Er teilt mir am Telefon mit, daß er aus zwingenden medizinischen Gründen absagen müsse. Ich bin ja nicht mißtrauisch und habe auch keinen Anlaß, an seinem Wort zu zweifeln. Andererseits aber ist mir eine Vasektomie in so jungen Jahren und außerdem als Notfall noch nie begegnet.

Doch jetzt läßt sich nichts mehr umstoßen. Also heißt es: Ich gegen ein halbes Dutzend Zehnjährige.

Am nächsten Tag hole ich die sechs Wölflinge von der Schule ab und fahre mit ihnen zum Lokal-Fernsehsender. Unterwegs frage ich sie, wen von der hiesigen Prominenz sie am liebsten kennenlernen möchten. Die Meinungen sind geteilt. Einer votiert für den Meteorologen. Einer für den Sport-Moderator. Und vier für den Frosch Kermit aus der «Sesamstraße».

Wir kommen um 15.48 Uhr bei der Fernsehstation an, genau bei Dienstschluß. Ich erkenne das daran, daß gleichzeitig mit unserer Ankunft am Haupteingang eine Menschenmenge fluchtartig das Gebäude durch den Hintereingang verläßt.

Drinnen begrüßt uns ein Mann und erklärt, er wolle uns führen. Das sei sonst zwar nicht seine Aufgabe, fügt er hinzu, wobei seine Stimme ebenso zittert wie seine Hände. Er habe die Vertretung in letzter Minute übernommen, wegen eines dringenden medizinischen Notfalls.

Wir beginnen unseren Rundgang in der Werbeabteilung, wo jeder Wölfling einen Reklamehandzettel bekommt, den man an die Wand pinnen, einrahmen oder zum Autogrammsammeln benutzen kann. Dann besichtigen wir das Büro des Meteorologen, wo jeder Wölfling eine Wetterkarte bekommt, die tatsächlich schon einmal über den Sender gelaufen ist. Die Wetterkarten kann man an die Wand pinnen, einrahmen oder zu Fechtwaffen zusammenrollen.

Fechtend bahnen wir uns unseren Weg durch die Redaktionsräume, vorbei am Kontrollraum und in die Nachrichtenzentrale, wo wir einen echten Fernsehreporter antreffen, der sich hektisch für die 18-Uhr-Sendung fertig macht.

«Wölflinge, stimmt's?» empfängt er uns und legt seinen Thermokamm auf den Tisch. «Wie nennt man einen solchen Haufen?»

«Rudel», antwortet unser Führer.

Der Rundgang dauert 45 Minuten, erscheint jedoch wesentlich länger. Die Zeit schleicht nur so dahin, wenn man jeden Augenblick damit rechnet, einen teuren Video-Recorder mit Donnergetöse zertrümmern zu hören, und zu verhindern versucht, daß sechs zusammengerollte Wetterkarten in den Filmkopierer gepfercht werden.

Schließlich ist der Rundgang beendet. Wir bedanken uns bei unserem Führer und gehen zum Wagen.

«Das war super», meint einer anerkennend.

«Klasse», stimmt ein anderer zu. «Nächste Woche machen wir wieder 'nen Ausflug.»

«Tut mir leid, Jungs», sage ich, «ich kann euch nicht begleiten.»

«Warum denn nicht?»

«Aus zwingenden medizinischen Gründen.»

Natürlich gibt es für Pfadfinder mehr als Seifenkistenrennen, Treffen und Ausflüge zu Fernsehsendern. Dazu gehört auch noch, das alte Kochgeschirr zusammenzupacken und durch die Wälder zu marschieren, ein Lied im Herzen, ein Lächeln auf den Lippen und einen Splitter im Fuß. Pfadfinderleben heißt Zelten im Wald.

Die Frau, die gelobt hat, mich zu lieben, zu achten und für trockenes Brennholz zu sorgen, erinnert mich an das alljährliche Zeltlager unseres Wölflings.

«Klingt toll», sage ich. «Schlafen unter dem Sternenhimmel. Erwachen in der Morgendämmerung. Fischen in klaren Bächen in der frischen, sauberen Luft. Vielleicht kriegt er einen Hirsch zu Gesicht. Oder ein paar Eichhörnchen.»

«Dieses Jahr ist es ein Zeltlager für Vater und Sohn», erklärt sie.

«Du weißt doch genau, daß es in den Wäldern Bären gibt. Riesige behaarte Menschenfresser. Und Berglöwen. Und Gorillas. Und Haie. Und...»

«Soll das heißen, daß du nicht mitgehst?»

«Hör mal, wenn es Gottes Wille wäre, daß der Mensch im Freien schläft, warum hat er dann Schnaken erschaffen?»

«Aber wenn du nicht mit deinem Sohn zelten gehst, wie soll sich dann eine Beziehung zwischen euch aufbauen? Ich garantiere dir, aus so einer gemeinsamen Unternehmung entwickelt sich auch ein gemeinsames Interesse.»

«Ja, wir werden beide gemeinsam eine unüberwindliche Abneigung gegen das Zelten entwickeln. Also vergiß es. Ich gehe nicht mit ins Zeltlager und möchte kein Wort mehr davon hören.»

Wortlos geht sie ins Wohnzimmer. Wortlos beginnt sie, auf dem Sofa eine Schlafstätte für mich herzurichten. Wortlos packe ich meinen Rucksack.

Am Wochenende fahren wir also ins Camp. Bei unserer Ankunft finden wir bereits mehrere Väter mit ihren Söhnen vor. Ein Vater macht sich an einem Lagerfeuer zu schaffen. Das überrascht mich einigermaßen, denn es ist heller Nachmittag, und die Temperatur beträgt über dreißig Grad im Schatten.

«Wozu machen Sie denn ein Feuer?» erkundige ich mich.

«Keine Ahnung», entgegnet er. «Ein Lagerfeuer gehört nun mal zum Zelten. Genau wie heißes Wasser zu einer Entbindung.»

Ein anderer Vater hat die beiden Zelte mitgebracht, die in den kommenden Nächten unser Zuhause sein werden. Es sind Vier-Mann-Zelte. Was nicht bedeutet, daß vier Männer darin Platz haben. Ein Vier-Mann-Zelt erfordert vielmehr vier Männer fürs Aufstellen. Zum Glück verfügen wir über vier Männer. Daß sie nicht über die notwendigen Voraussetzungen verfügen, ist Künstlerpech. Nachdem wir eine halbe Stunde geschwitzt, gezerrt, herumgefummelt und geflucht haben, beschließen wir, die Gebrauchsanweisung zu lesen.

Endlich stehen die Zelte. Es ist an der Zeit, daß sich Väter und Söhne gemeinsam betätigen. Und so angeln wir. Wir marschieren. Wir üben den Umgang mit der Axt. Ehe ich mich versehe, ist eine Stunde vergangen.

Bei Einbruch der Dämmerung haben all diese Betätigungen in der frischen Waldesluft ihr Werk getan. Rund um das Lagerfeuer beginnen die Köpfe langsam herabzusinken. Noch vor zehn Uhr tragen müde Beine müde Körper zu den Schlafsäcken. Die Kinder freilich bleiben die ganze Nacht auf.

Am nächsten Morgen stehen wir bei Anbruch der Dämmerung auf. Ich entdecke, daß Sonnenaufgang genauso aussieht wie Sonnenuntergang. Er findet nur auf der entgegengesetzten Seite statt. Wir frühstücken: Pfannkuchen und Schinken, zubereitet auf einem zischenden Propankocher, garniert mit Hexenschuß.

Bald nach dem Frühstück naht der Teil, den ich gefürchtet habe. Ich atme noch einmal tief die frische Waldluft ein, bevor ich die Bretterbude hinten am Zeltplatz betrete. Es ist ein sogenanntes Plumpsklo, wie es die Pioniere benutzt haben. Nach wenigen Minuten dämmert es mir, weshalb die Pioniere unentwegt weitergezogen sind.

Der Rest des Tages geht wieder mit Angeln, Marschieren und

Holzhacken vorbei. Nachmittags taucht ein älterer Pfadfinder, ein Rover, auf und zeigt uns, wie wir unser Abendessen direkt in der heißen Asche des Lagerfeuers zubereiten können.

«Einfach ganz fest in die Folie einwickeln, dann auf die heiße Asche legen, und in zwanzig Minuten habt ihr das beste Abendessen eures Lebens», versichert er uns.

Um 18 Uhr legen wir unsere stramm in Alufolie eingewickelte Abendmahlzeit in die heiße Asche. Um 18.05 Uhr beginnt es zu regnen.

Während wir schmutzig, uns kratzend und hungrig im Zelt hocken und das beste Abendessen unseres Lebens im durchweichten Aschebrei versacken sehen, wendet sich der Zehnjährige mir zu.

«Stell dir mal vor, Papi, das ist mein letztes Jahr bei den Wölflingen. So was wie das hier werden wir nie wieder machen.»

«Trag's wie ein Mann, mein Sohn.»

«Klar. Nächstes Jahr bin ich bei den Rovern. Dann bleiben wir 'ne ganze Woche im Zeltlager.»

Wenn für nichts anderes, als Lernprozeß erweisen sich drei Jahre bei den Wölflingen allemal. Er lernt, wie man jedes mitgebrachte Kleidungsstück fünf Minuten nach der Ankunft auf einem entlegenen Zeltplatz hoffnungslos durchnässen kann; wie man ein Feuer macht, dessen Rauch unweigerlich direkt ins Zelt zieht, und wie er seinen Schlafsack so fest verschnürt, daß sich der Knoten erst auf der Heimfahrt im Kombi lösen läßt.

Und ich lerne, mich niemals freiwillig zu melden.

Anfangs tat ich das offenbar ständig. Wenn ein Fahrer gebraucht wurde, um das Rudel ins Naturgeschichtliche Museum zu einem Lichtbildervortrag über die Geschichte der indianischen Mokassins zu befördern, war es immer mein Wagen, in den sie einstiegen. Wenn nur noch ein weiterer Erwachsener gesucht wurde, um die Jungen in einem Nachtmarsch durch die Wüste zu führen, war ich derjenige, der sich fand. Merkwürdigerweise kann ich mich jedoch nicht erinnern, mich jemals gemeldet zu haben.

Durch Erfahrung wird man klug. Auch im Erfinden von Ausreden. Im dritten Jahr habe ich mich zum versierten Drückeberger gemausert. Zum Meister in Ablenkungsmanövern. Sobald von «freiwillig melden» die Rede ist, kann ich wie von ungefähr in meinen Terminkalender blicken, bedauernd den Kopf schütteln und mitteilen, daß ich ausgerechnet an diesem Tag a) auf Reisen, b) zu einer größeren Operation im Krankenhaus oder c) auf der Beerdigung eines nahen Angehörigen sein werde.

Manchmal freilich entkommt man nur mit knapper Mühe. An einem kalten Freitagabend zum Beispiel eröffnet mir die Frau, die gelobt hat, mich zu lieben, zu achten und mein Zweimannzelt zu wärmen, daß am nächsten Tag die alljährlichen Winterwettspiele der Wölflinge stattfinden.

«Und warum erzählst du mir das?»

«Unser Rudel braucht Fahrer, die sie hinbringen.»

«Bedaure. Ich muß zur Beisetzung eines nahen Verwandten in ein auswärtiges Krankenhaus.»

«Komm mir bloß nicht damit. Du hast am Samstag nachmittag nichts weiter vor, als rumzusitzen und dir dämliche Fußballspiele anzusehen.»

«Das weiß ich. Aber die anderen Eltern wissen's nicht. Laß doch jemand von denen fahren.»

«Ich hab schon rumtelefoniert. Ein Vater ist bereit, die Hälfte der Kinder zu transportieren. Alle anderen haben am Samstag eine größere Operation vor sich.»

«Junge, Junge, hält man das denn für möglich, wie manche Leute einem die Hucke vollügen? Aber das kann mir egal sein. Ich fahre trotzdem nicht.»

«Du mußt. Wenn du's nicht tust, verpaßt unser Sohn die Winterwettspiele.»

«Und was dann?»

«Dann kriegt er keine Medaille.»

«Und was dann?»

«Dann behält er wahrscheinlich ein Trauma fürs Leben zurück. Kinder, denen man ihre Erfolgschancen unter Gleichaltrigen verwehrt, bekommen häufig Neurosen. Die führen später zu Entwicklungsstörungen und bringen sie dann als Erwachsene in Konfliktsituationen, auf die sie mit gewalttätigem, asozialem Verhalten reagieren. John Wilkes Booth hat nie die Chance gehabt, eine Medaille zu gewinnen.»

Mit einer Frau, die als Hauptfach Geschichtsphilosophie studiert hat, läßt sich schwer argumentieren. Ich willige ein, den

Sprößling und die Hälfte der Gruppe zu den Winterwettspielen zu fahren. Und sei's auch nur, um einem zukünftigen Präsidenten das Schicksal von Abraham Lincoln zu ersparen.

Am Samstag früh ist es hell und klar. Klar genug, um zu erkennen, daß das Außenthermometer am Küchenfenster 10 Grad unter Null anzeigt.

«Es könnte schlimmer sein», verkündet die Frau, die gelobt hat, mich zu lieben, zu achten und vor Unterkühlung zu bewahren. «Es könnte ja auch schneien.»

Zehn Minuten später fängt es an zu schneien.

«Vielleicht wird das Ganze jetzt abgeblasen», meine ich hoffnungsfroh.

«Wegen zuviel Schnee werden Winterwettspiele wohl kaum abgeblasen», setzt sie mir einen Dämpfer auf.

Es bleibt nichts übrig, als sich anzuziehen. Der Zehnjährige schlüpft in seinen nach wissenschaftlichen Erkenntnissen entworfenen Skianzug mit gedauntem Steppfutter, der ihn auch warmhalten würde, wenn er den Winter auf dem Neptun zubringen müßte.

Ich besitze bedauerlicherweise keinen nach wissenschaftlichen Erkenntnissen entworfenen Skianzug mit gedauntem Steppfutter. Statt dessen habe ich drei Paar Socken, ein Unterhemd, einen roten Rollkragenpulli, ein grünes Sweatshirt und abgetragene Jeans mit einem Loch im Hosenboden.

Ich ziehe das alles an, zottele nach draußen, und wir besteigen den Wagen. Wir fahren zu dem Parkplatz, wo wir die übrigen Mitglieder unseres Rudels treffen sollen. Fünf Kinder sind für mein Auto vorgesehen und fünf für das des anderen Vaters.

Bei unserer Ankunft ist er bereits da und hat zwei Kinder bei sich. Ich bin ihm noch nie begegnet. Es muß sein erstes Jahr als Pfadfinder-Vater sein.

«Wo sind denn die übrigen?» frage ich.

«Verspätet», erklärt er. «Wir sollen bis 11.30 Uhr warten, hat man mir gesagt. Wenn sie bis dahin nicht gekommen sind, sollen wir ohne sie losfahren.»

Wir sitzen in unserem Wagen und warten. Um 11.29 Uhr mache ich dem anderen Vater klar, daß die restlichen Jungen wohl nicht mehr aufkreuzen würden.

«Ganz meine Meinung», bestätigt er. «Sieht so aus, als hätten wir nur die drei Jungen hier zu transportieren. Lohnt sich eigentlich nicht, dafür zwei Wagen zu nehmen, finden Sie nicht?»

«Genau», pflichte ich ihm bei und schiebe meinen Zehnjährigen auf den Rücksitz seines Wagens. «Also, das ist wirklich toll von Ihnen, daß Sie die Fuhre übernehmen. Wenn ich jetzt losbrause, kann ich noch pünktlich zu der Beerdigung kommen.»

Um 11.30.01 Uhr habe ich den Parkplatz hinter mir gelassen und steuere heimwärts. Ein bißchen schuldbewußt fühle ich mich schon, daß ich ihm die Ladung Wölflinge auf diese Art und Weise angedreht habe.

Andererseits habe ich damit eine Lektion weitergegeben, die zu lernen mich drei Jahre gekostet hat. Ich verbuche das als meine gute Tat für diesen Tag.

Nach drei Jahren Ausflügen, Vater-Sohn-Zeltlager und Märschen zum Waldrand um drei Uhr früh hat unser ältester Sohn genug von der Pfadfinderei.

Mein Seufzer der Erleichterung findet ein jähes Ende, als unser zweiter Sohn Wölfling wird. Und das mit Wucht.

Während unser Ältester wirklich nur eingetreten ist, weil er wußte, daß es zum Abschluß der Versammlungen Kekse und Cola gab, ist unser zweiter Sohn voller Ehrgeiz, Engagement und Energie. Die Nachbarn halten ihn für ein Adoptivkind.

«Er macht sich wirklich großartig», beteuert seine Mutter. «Jetzt braucht er nur ein bißchen Hilfe von dir. Er muß lernen, Knoten zu machen und mit Werkzeugen umzugehen.»

«Von dem Kram verstehe ich nichts. Warum hilfst du ihm nicht?»

«Weil das Sache des Vaters ist.»

«Wie vereinbart sich das mit der Gleichberechtigung?»

«Na schön. Wenn du an der Entwicklung deines Sohnes nicht interessiert bist, dann laß es eben bleiben. Wahrscheinlich ist es sowieso nicht wichtig.»

«Das sage ich ja die ganze Zeit.»

«Schließlich gibt es massenhaft Jungen, die ohne Pfadfinder aufgewachsen sind. Mein Vetter Bill zum Beispiel. Der war nie bei den Pfadfindern und hat sich trotzdem prächtig entwickelt. Wirklich, das Verhältnis zwischen ihm und seinem Vater ist heute einfach phantastisch. Onkel John geht jeden Monat am Besuchstag zu ihm, und dann unterhalten sie sich richtig freundschaftlich. Es heißt, Vetter Bill hat so gut wie sicher Aussicht, bedingt entlassen zu werden nach nur ...»

«Heiliger Strohsack, sag ihm, daß ich nach dem Abendessen mit ihm Knotenmachen übe.»

Und so geschieht es denn auch. Wir gehen in den Keller und haben nach zwei Stunden reichlich sieben Meter Wäscheleine verbraucht. Für einen Knoten.

«Bist du sicher, daß er so aussehen soll?» erkundigt der Wölfling sich und schaut dabei skeptisch von der Abbildung in seinem Pfadfinder-Leitfaden zu der verknäuelten Wäscheleine auf dem Fußboden.

«Wenn du Bedenken hast, knüpf's doch wieder auf, dann fangen wir eben noch mal von vorne an», schlage ich vor.

«Aufknüpfen? Ich kann das kaum hochheben.»

Am folgenden Abend üben wir den Gebrauch von Werkzeugen in der Garage und beginnen mit der einfachen Kunst, einen Nagel in ein Brett zu schlagen. Nach siebzehn verbogenen Nägeln, acht zersplitterten Brettern und zwei blauroten Daumen klopft der Wölfling mir auf die Schulter.

«Was ist los?» frage ich.

«Ach, nichts weiter. Ich wollte bloß wissen, wann ich dran bin, das mit dem Hammer mal zu probieren.»

Zum Glück muß er die meisten Planaufgaben im Rudel erarbeiten, und ich kriege immer erst die fertigen Ergebnisse zu Gesicht. Aber selbst die schaffen Probleme. Etwa das Vogelhäuschen, das er aus einer Flasche und drei Stäben bastelt.

Er bringt das fertige Produkt stolz mit nach Hause, zeigt es mir und besteht darauf, daß wir es sofort an einem Baum hinten im Garten aufhängen, damit die Vögel in der Nachbarschaft einen festen Frühstücksplatz haben.

Wir gehen also hinters Haus, er findet einen Baum, der ihm zusagt, und ich hieve ihn auf die Schultern, damit er das Vogelhäuschen an einen Ast hängen kann. Danach springt er von meinen Schultern herunter. Unmittelbar darauf fällt mir das Vogelhäuschen auf den Kopf.

«Wie hast du das Ding festgemacht?» will ich wissen.

«Mit dem Knoten, den du mir neulich abends beigebracht hast.»

Wir befestigen das Vogelhäuschen erneut, diesmal sicherheits-halber mit einem dreifachen Knoten.

Also habe ich jetzt ein Vogelhäuschen hinten im Garten. Und Vogelfutter im Haar. Und Vögel, die gleich nach dem Frühstück über die Windschutzscheibe meines Autos wegfliegen. Und blau-rote Daumen. Und eine Wäscheleine, die nie mehr zu entwirren ist.

Und am schlimmsten: einen fünfjährigen Sohn, der es kaum abwarten kann, bis er groß genug ist, um ein Wölfling zu werden, genau wie seine Brüder.

HEIMITO VON DODERER

Die Freundin

Noch vor Juttas zehntem Jahre ereignete sich einmal eine Art Zwischenfall. — Frauen von Villenbesitzern der Nachbarschaft und Umgebung hatten sich zusammengetan (unter Herminens Leitung, sie war Freundin des Organisierens), um ihren kleinen Mädchen hier in bequemer Nähe das einzurichten, was man «schwedische Turnschule» nennt. Mehrmals in der Woche kam die Lehrerin und übte mit diversen Altersklassen im Gartensaal einer Villa, den man zu diesem Zweck ausgestaltete.

Die Bamberger-Mädchen besuchten solche Stunden regelmäßig. Jeanette und Lilly fanden dort bald Freundinnen; Kinderjause wurde bei Bamberger veranstaltet. Man war im Garten... wer auf der Straße draußen gerade wäre vorbeigegangen, er hätte vom flatternden Lachen einen Windhauch voll mitbekommen, wäre weitergezogen, wie von einer hellen Fahne gestreift, die plötzlich Luft fängt, sich hebt. — Kleine Mädelfüße, Kies spritzt, überhängendes Gebüsch hat nicht Ruhe, schwingt aus, schwingt neu an, immer streift wieder ein helles Kleidel vorbei. Eine Kompanie Puppen war mobilisiert, auch Juttas Akrobatenfamilie tat da ihr Bestes. — Welcher Eifer kleiner Geschöpfe in der Sonne! — Seitwärts der Villa gab es Obstbäume, Spaliere, offenes Gartenhaus; dort stand der frühliche Tisch gedeckt, schneeweiß, gute Dinge strahlend. — Alles begann schon herbstlich auseinanderzutreten, der Sonne mit schmälerem Laube mehr Raum zu geben, volle Reife warm und breit einlassend, zugleich mit ferner Sicht; überall dringt das Blau durch die Zweige, ehe der Winter alles verengt. — Zwei Kinder waren zu Gast und ein Mädchen, das etwa drei Jahre älter war als Jutta, dickes, hübsches Kind, sie hieß Laura Konterhonz, Tochter eines hohen Offiziers. Auch Karl war beim Fest der Zwillinge.

Die drei «Großen» bemühten sich ehrlich; Laura war an diesem Spiel mit Puppen interessiert, von Jutta kann man das eigentlich nicht sagen, aber doch leuchteten die schiefgestellten Augen bis in den Hinterkopf: hier war ja Freude, Sonne, Blau, die kleinen Mädchen, die Schwestern so glücklich! Karl half überall, hatte Einfälle; unterhielt auch die Gäste unwissentlich durch das Groteske seiner äffischen Häßlichkeit (Kinder kennen da bekanntlich nicht Gefühlsduselei). Doppelt auf ihre Kosten kam die kleine Konterhonz: sie konnte mit Puppen spielen und zugleich jüngere Kinder auch realiter ein bißchen bemuttern...

Was gab es nicht durcheinanderzureden! Jedes hatte sommers den Vogel abgeschossen. Aber die Familie Bamberger war am Meer gewesen, das blieb Trumpf, denn die anderen beiden Mädchen hatten das nie gesehn, kannten nur ungeheuer weites Wort. Die Zwillinge hatte (wie Jutta) der erste Anblick des Meeres eigentlich enttäuscht (welche Wirklichkeit wäre da auch den Erwartungen nachgekommen?!) — aber solche Enttäuschung galt jetzt nichts, darum handelte es sich nicht:

Sie hatten doch das Meer — gesehen, ach was, nein: die Hand hineingesteckt — ja, darin gebadet. Das ganz richtige Meer.

Jutta empfand plötzlich Merkwürdiges: Warum ändern sich nicht die Augen durchs Gesehene? die Kleinen haben gerade solche Augen wie Jeanette und Lilly, und diese haben das Meer doch gesehen... es müßte doch irgendwie an den Augen sichtbar bleiben, sich ansetzen...

Das wehte ihr durch den Kopf. Da stand sie wieder in ihrer Art da (ein wenig abseits) den Blick seitwärts gerichtet, die Arme leicht angezogen, mit den Händen wie in einer Bewegung innehaltend, als hätte sie plötzlich etwas zu behüten oder als lauschte sie.

Evelyn turnte meistens vor Jutta in der Reihe.

Sie war neu eingetreten, erst vor Tagen. Wenn sie, die festen schlanken Gladiatorenbeinchen gegrätscht, sich in den Hüftlein drehte, nach links und rechts beugend, dann spielten ihre zarten Schulterblätter unter der Milchhaut; auf dieser gab es, sah man näher hin, schon ein Fläumchen.

Die Sonne schob kompakte große Würfel und Prismen aus dem

Garten durch die Glaswände, nicht mehr bloß Licht, erleuchtend, sondern Stoff, Gold. Die zwanzig Gerten in den weißen dünnen Trikots, mit bloßen Armen und Beinen, schritten rasch durch dieses Gold und wieder zurück: sich beugend wie helles Beet, in das der Wind springt.

Jutta wußte in aller Stille genau, was sie zu tun hatte: zur nächsten Stunde früher kommend, belegte sie noch kein Kästchen im Vorraum mit ihren Kleidern, blieb angezogen, stand ein wenig herum: und als Evelyn da war, fand sich wirklich ein Platz neben ihr noch frei. Also lagen einmal die Sächelchen nebeneinander: Röcke, Hemdlein, Höslein, Strümpfe, sehr kleine Schuhe.

Dann aber Pause, Hindernis, Stocken: Sprechen? Jutta hatte Bonbons, Evelyn war genäschig.

Und der Heimweg fand sich nahezu gleich; die Gouvernanten vertrugen sich vorzüglich, redeten wie Wasser, davon eine Badewanne volläuft. Und die Zwillinge hatten ihre Freundinnen, waren weit voraus.

Welches Glück.

Straßenlang nun Gärten den Aspekt beherrschend, trennend und verhüllend zwischen den zurücktretenden Häusern. Die Bäume machten sich aber schon immer schmäler, der Himmel brach schwer blau allenthalben durch.

Da gingen die Kinder mit der Tüte.

Auch Jutta sollte ihren Gast haben, die Wärme schenkte den Garten noch einmal, ein zweites Mal im späten Jahr, vor Ende. Das reife Obst trat dick aus abgefallenen Blättern am Spalier hervor.

Die Zwillinge waren anderswo an diesem Nachmittag, Evelyns Kommen bot keine Sensation. Zudem sprachen sie schlecht Englisch, die Kleine aber war Engländerin. Jutta hingegen beherrschte das Englische fabelhaft, wie noch nie, seit etwa vierzehn Tagen.

Karl hatte sich aus irgendwelchen Gründen unsichtbar gemacht.

Um halb fünf Uhr sollte die Erwartete eintreffen.

Eigentlich hatte Jutta die Uhr in der Halle früher nie besonders beachtet; heute wurde sie zum Nabel von Haus und Welt.

Da stand der Minutenzeiger endlich ganz richtig senkrecht gegen den Boden: halb. Es gab nun vernünftige Berechtigung in den Garten hinaus zu gehen und mit dem eigentlichen Warten zu beginnen. Das Vorspiel: acht Uhr morgens bis halb fünf Uhr nachmittags, war vorüber. Sie kann jeden Augenblick kommen. Niemand kann mehr sagen: Du wartest schon auf Deine Freundin? Sie soll ja erst um halb fünf Uhr kommen, jetzt ist es Viertel nach vier.

Der Tisch in der Laube stand bereit. Napfkuchen, Torte, alles in Ordnung. Jede Birne, jeder Pfirsich war noch einmal von Jutta untersucht worden, zwei Stücke hatte sie doch wieder ausgetauscht. — Die Herbstsonne lag auf dem Tischtuch, mit schlanken Schattenstrichen der Spalierstöcke, die schon deutlich aus dem dünnen Laube traten.

Sie sah die Straße hinab, genoß in Vorstellung das Auftauchen der Freundin immer wieder voraus.

Aber war es nicht eigentlich schöner, jetzt an etwas *ganz anderes* zu denken, sich mitten darin überraschen zu lassen? Ja, ja — noch ist Evelyn nicht sichtbar, jetzt — jetzt kann sie es werden: Jutta will davon nichts wissen, steckt gleichsam den Kopf unter die Flügel, läuft ins Haus («jetzt seh' ich die Straße nicht mehr, vielleicht kommt sie gerade!!?») läuft ins Kinderzimmer: da schaut es ganz fremd und anders aus, eine andere Welt, hier kann man nicht Evelyn kommen sehen... der stille Park im Fenster. Sie nimmt den Robinson Crusoe von Daniel Defoe und liest.

Sie liest, liest und ertappt sich währenddessen immer beim Warten, wird fast ärgerlich darüber und liest weiter.

Auf dieser einsamen Insel konnte unmöglich, ganz unmöglich ihn jemand besuchen kommen. Jutta begriff plötzlich schreckhaft und wie nie zuvor Robinsons Einsamkeit, tiefes Mitleid faßte sie, nahe waren die Tränen.

Sie liest vier Seiten. Irgendwelche Bangnis klopft plötzlich leise, schnell in ihr an. Sie hebt den Kopf.

Es dämmert im Zimmer.

Sie hat Angst hinunterzugehen: vielleicht wartet Schlimmes. Sie will niemand begegnen. — Aber da draußen im Garten ist es ja noch ganz hell, noch Sonne. Sie sieht wieder nach, ob auf dem Tisch alles in Ordnung ist. Der Tisch wird von der Sonne nicht mehr beschienen. Es wird etwas kühl. — Jutta geht dann zum Zaun. Nach einer Viertelstunde und noch einer läßt sich Angst nicht mehr unterdrücken. Sie wendet sich um... Hat nicht das

Dach noch ein wenig Sonne . . .? Nein. Und die breite Front liegt in stumpfer Farbe . . .

Und da ist schon eine Stimme und schon eine Bewegung aus der Halle, die Mutter, die Gouvernante, und sie sagen es: «Jetzt wird wohl Deine Freundin nicht mehr kommen, Juttachen — Weißt Du, vielleicht ist sie krank geworden. Es wird ja gleich dunkel . . .»

Da flieht Jutta, und geht doch wieder zum Zaun zurück; sie kann nicht fort von da und muß doch fort, damit nur niemand zu ihr spricht. Endlich ist sie rückwärts im Park: und hier kommt die Wirklichkeit in Gestalt der Dämmerung, welche rasch hereinbricht. — Jutta schleicht nach vorne, ihre Knie zittern.

Man hat den Tisch in der Laube zum Teil bereits abgeräumt.

Im Garten hinten stand ein Windmotor auf hohem Gittergerüst; oben, unter dem Windrad gab es eine Plattform. Hier fand Jutta den Hafen für ihre Schmerzen, die auch körperlich waren, in der Herzgrube nämlich.

Etwas blieb ihr haften von dem, was die Gouvernante gerufen hatte . . . vielleicht war Evelyn wirklich krank; und das Fräulein hatte eigentlich dieses Nichtkommen sich irgendwie erklärt, es schien ihr das offenbar gar nicht so schrecklich . . . vielleicht ist es überhaupt nicht so schrecklich? Wenn sie krank ist — hoffentlich ist das wahr . . . Hoffentlich — ist Evelyn krank . . .

Als Jutta dahin gekommen war («Hoffentlich ist Evelyn krank!») und erkannte, was sie da gedacht hatte: als ihr das scharf klar wurde (erster, ganz bewußter Akt des Geistes), da breitete sich der Schmerz plötzlich wild aus, bis in Zehen und Fingerspitzen, und wollte sie sprengen und trieb nur die Tränen in Menge heraus: aber das war nicht genug — wohin, wohin damit? Sie war ganz am Rande und zugleich in tiefaufgestörter Angst vor dieser drängenden Heftigkeit drinnen in ihr selbst . . .

Da setzte von nahen und fernen Kirchtürmen das Abendläuten ein, mit hohlen großen Schlägen nagend, mit kindlich bimmelnden Glocken verkündend, mit Dreiklang und Vierklang — es fühlte sich für Jutta, als nähme ihr das den Laut von den Lippen, den erlösenden, richtigen, dessen sie nicht fähig war. Qual und Angst mündeten gleichsam aus ins Geläute, welches ihre große Not zerteilte, hoch und hallend über Dächer und Landschaft fort-

sandte, dem Himmel anheimgab, aussprach. — Die Dunkelheit
rückte geschlossener aus dem Park herauf; da und dort in der
Ferne blitzte schon Licht, auch die Villa schlug erleuchtete Fen-
ster-Augen auf ... Jutta floß in große Ruhe hinein; gleichsam
weit geworden durch den wie Wolken steigenden und ziehenden
Glockenhall legte sie den Blick in die Landschaft: welche verschlossen und schweigend in die Dunkelheit trat — und dennoch
schien hinter solcher stummen Härte Großes, Gutes, Beruhigen-
des zu liegen; so fühlte es die Kleine und ließ das in sich ein. Sie
blieb lange ganz still. — Stimmen im Park, Rufe, ihr eigener Name,
mehrmals laut wiederholt, brachten sie erst allmählich auf die
andere Ebene äußerer Lage zurück, sie erschrak, kletterte hinunter ... Da war Karl; sein Gesicht schien blaß im Schein eines Wind-
lichtes; er sah ihr in die Augen — «Jutta —» sagte er, und als wäre
an der Schwester etwas Befremdliches, strich er in zögernder Liebkosung mit den Fingerspitzen ein wenig an ihren Schläfen herab.

Gespräch in der nächsten Turnstunde ...
Jutta hätte nicht um alles selbst die Worte auf Evelyns Ausblei-
ben gelenkt; und diese redete lange und breit von anderen
Dingen, als wäre nichts gewesen ... endlich sagte sie:
«Ja doch — ich hätte letzten Samstag zu Dir kommen sollen ...!?»
«Und warum bist Du nicht gekommen?»
«Ach — mein Onkel hatte solche reizende Bilder aus Nizza mit-
gebracht; die besah ich, dann war es schon fast dunkel und ja
doch zu spät ... Du darfst nicht böse sein.»
Also: — so ist das — dachte Jutta. Da stand sie hart an der Wirklichkeit (erste, ganz bewußte Auffassung davon, der beobach-
tende, folgernde Mensch geboren) — das kleine scharfe Messer
ihrer frühen Intelligenz blitzte fröhlich auf und schnitt den Faden
zu Evelyn hinüber glatt und klar ab.
«Ich bin durchaus nicht böse» sagte sie. — Von da an wandte sich
Jutta nach Evelyn nicht einmal mehr um.

OTTO ERNST

Mit Appelschnut am Meer

Fragt eine Hausfrau, was es heißt, eine fünfwöchige Badereise für sieben Menschen vorzubereiten. Eine Art Moltke muß sie sein, der bis auf den letzten Knopf und Kragen einen Feldzug organisiert.

Aber alle Sorgen, Berechnungen und Aufregungen solch einer Hausfrau um Koffer und Kasten sind nichts gegen Hertas Aufregungen um ihren neuen Puppenkoffer. Ihr müßt bedenken, es ist kein gewöhnlicher Puppenkoffer. Er hat Abteilungen für Hüte, Leibwäsche, Kleider, Toilettengegenstände und ist beinah so groß wie ein kleiner Menschenkoffer. Dieser Koffer ist ihr die Badereise; ohne ihn wäre die Badereise ein Garten ohne Pflanzen, eine Armee ohne Soldaten, ein Beefsteak ohne Fleisch. Es ist der Sinn der Badereise, daß man einen Koffer mitnehmen kann. Ich machte mir einen Scherz und sagte mit ernstem Gesicht: «Dein Puppenkoffer muß zu Hause bleiben; wir haben schon viel zuviel Gepäck.»

Da schaute aus Hertas braunen Augen ein vernichtetes Lebensglück. Das konnte ich keine drei Sekunden mit ansehen, und schnell sagte ich: «Ja, ja, du darfst ihn mitnehmen.»

Da war das Lebensglück wieder wie neu.

Alle fünf großen Koffer machten meiner Frau nicht so viel Kopfzerbrechen wie Hertas Puppenkoffer. Sie mag im Erdgeschoß oder im ersten Stock, im Keller oder auf dem Boden sein — überall wird Herta wie aus der Versenkung neben ihr auftauchen und sie über die Dispositionen in ihrem Puppenkoffer um Rat fragen. Und dabei stellt sich leider ein empfindlicher Mangel heraus. Auf Sylt ist die Witterung zuweilen rauh, auch im Sommer, und Herta hat für ihre Puppen keine Winterkleider! Da erklärt sich Irene bereit, ihr das Nötige zu leihen. Und da schlägt Herta ihrer Schwester die Arme um den Hals und küßt sie, und dann schaut sie sie an und sagt mit den Augen: Ich schwöre dir unauslöschliche Dankbarkeit und ewige Liebe über das Grab hinaus.

Drei Tage darauf war's, daß Herta bei Tisch ein allgemeines Schweigen durch den Ausruf unterbrach: «O Gott! Ich muß jeden Tag einmal sagen, daß ich glücklich bin!»

In ihrer Mutter Hände legt Herta überhaupt alles, was sie betrifft, ihr ganzes gegenwärtiges und künftiges Schicksal, auch die Wahl ihres dereinstigen Gatten.

«Du suchst mir einen Mann aus, und dann sag' ich zu ihm: Du sollst mein Verliebter sein.»

So denkt sie sich den Hergang. Ob er sich so einfach abspielen wird, bleibt abzuwarten.

Was mich betrifft, so sind mir an der Badereise die Koffer nicht das liebste; das Meer z.B. ist mir wesentlich lieber. Denn am Meere werd' ich faulenzen können! Sonst hab' ich zu dieser edlen Kunst kein Talent; ein verlorener Tag — wohlverstanden: nicht ein dem Vergnügen geweihter Tag, nein: ein vertrödelter, zwecklos verbummelter Tag hinterläßt mir einen schlimmeren Katzenjammer als sieben Glas Grog von schlechtem Rum — wenn ich sie trinken würde, meine ich —, aber am Meere kann ich faulenzen. Das Meer wiegt alle Gedanken ein, auch die Gedanken, die nicht schlafen wollen und nicht schlafen können, alle, alle; am Meere glaub' ich an die Vorstellung der Wilden, daß die Seele den Körper verlassen und sich auf eigene Hand ergehen könne.

Und ich reise diesmal mit um so größerem Behagen, als meine Tochter Appelschnut mich über die Kosten vollständig beruhigt hat. Als wir schon in der Eisenbahn saßen, sagte ich: «Ich glaube, ich habe mein Portemonnaie vergessen.»

«Papi, ich hab' Geld mitgenommen!» rief Appelschnut.

«Wieviel?»

«Fünfßehn Fennige!»

«Na also!» Zu allem Überfluß fand ich dann auch noch mein Portemonnaie.

Aber nicht nur ein Portemonnaie habe ich mitgenommen, sondern auch Bücher. Ich beschränke mich darin und nehme selten mehr als ein Dutzend Bücher mit, da ich schon zehnmal erfahren habe, daß ich nur in vereinzelten Fällen eins davon zu Ende lese.

Nachdem im Sand des Ufers eine tiefe «Kuhle» ausgegraben — so tief, wie es das Grundwasser erlaubt — und ringsherum ein hoher Burgwall mit Ausblick auf das Meer aufgeworfen worden ist, bette ich mich so weich und warm wie möglich in die Kuhle und nehme mein Buch zur Hand. Diesmal ist es ein dickleibiges biologisches Werk über die Pflanzen und Tiere des Meeres. Ich befinde mich auf der dritten Seite der Einleitung, als ich aus weiter Ferne «Nuuu!» rufen höre. Ich lese weiter und höre gleich darauf lauter und dringlicher «Nuuu!»

Da fällt mir ein, daß ich ja eigentlich mit meiner jüngsten Tochter Versteck spiele. In dieser Seeluft ist ein berauschender, benebelnder Tau, der alle Vorsätze, Versprechungen, Abmachungen, Hoffnungen und Befürchtungen in Traum und Dunst auflöst. Ich grabe mich also aus und mache mich auf, meine Tochter zu suchen. Ich sehe sofort ihren mächtigen roten Strandhut über einen Sandwall schimmern; aber ich suche sie natürlich lange und unter verzweifelten Ausrufen überall, wo sie nicht ist. Endlich «finde» ich sie: «Ach, da bist du!» Sie kreischt vor Vergnügen wie ein Seeadler und fliegt mir an den Hals. Auch von ihrem Munde kommt der Atem des Meeres.

Nun muß ich mich verstecken. Sie drückt beide Hände vor die Augen und steckt den Kopf in den Sand, um nichts zu sehen. Ich nehme mein dickes Buch und setze mich hinter einen Strandkorb. —

Ich befinde mich auf der vierten Seite oben, als sich zwischen mich und das Buch ein roter Hut schiebt.

«Vater, du mußt doch ‹Nu!› rufen!»

«Ach ja, wahrhaftig, entschuldige!»

Ich sammle mich wieder auf, verstecke mich mit meinem Buch hinter der Dünentreppe und rufe: «Nu!»

Ich bin auf der vierten Seite unten, als mir ein ganzer Mensch aufs Buch fällt und schreit: «Haaaa! Nu hab' ich dich!»

«Nu mußt du mich wieder suchen!» ruft sie und ist verschwunden wie ein Hauch.

Man wird zugeben, daß dies nicht die Art ist, ein Dutzend Bücher zu bewältigen, zumal wenn man nach siebenmaligem Rufen und Verstecken mit Herta, der glücklichen Besitzerin des Puppenkoffers, «dritschern» muß. «Dritschern» heißt: einen flachen Stein so auf den Wasserspiegel werfen, daß er wiederholt abprallt, bevor er versinkt. Auch «dritschern» fördert die Lektüre nicht; aber als Vater kann man sich nicht entziehen. Wie gut es ist, wenn man in der Jugend fleißig gewesen, das sehe ich jetzt: ich «dritschere» noch ziemlich schön. Aber Herta will es wie gewöhnlich im Anfang nicht gelingen, und daran ist weniger ein Mangel an Geschicklichkeit als die Überfülle von Kraft schuld, die sie an alles wendet. Wie Brunhilde im Wettkampf den Felsblock schleudert, so wirft sie ihr Steinchen. Aber auch die stille, die innere Kraft hat sie, und da gelingt es ihr schließlich doch, und als es ihr gelungen, da lacht sie hell mit dem Mund und heller mit den Augen, wirft mir die Arme um den Hals — ich weiß nicht, ob es Liebkosungen oder Schläge sind — und küßt mich.

Die ersten drei Jahre ihres Lebens war sie ununterbrochen krank, ein trauriges Würmchen, die nagende Sorge der Mutter. Da gingen wir alle eines Sommers in ein jütisches Fischerdorf an der Nordsee, und in diesem Dorf waren drei Wochen lang heulender Sturm, peitschender Regen und unentrinnbarer Dorschgeruch. Wir verwünschten das Dorf und reisten nach Hause, und von Stund an war Herta gesund und ward fröhlich und stark.

Schließlich entläßt mich Herta freilich in Gnaden zu meiner Lektüre; aber inzwischen hat Roswitha-Appelschnut neue Kräfte gesammelt. Als ich auf der fünften Seite oben bin (noch immer Einleitung!), da tritt sie an mich mit dem Ersuchen heran, die gewohnten Zirkuskünste mit ihr zu exekutieren. Ich muß mich platt in den Sand legen; sie springt mit zehn Schritten Anlauf auf mich zu, und ich muß sie auffangen. Nach diesem «Todessprung» kniet sie in meine flachen Hände, und ich muß sie langsam und lotrecht emporheben. Dann folgt «Appelschnut, die Königin der Luft». Ich strecke einen Arm hoch; sie legt sich mit dem Bauch auf meine flache Hand, streckt alle viere nach den vier Himmelsrichtungen, und ich muß sie drehen. Lauter Sachen, mit denen ich im Wintergarten zu Berlin ein Heidengeld machen könnte, wenn ich wollte. Aber plötzlich ist Appelschnut verschwunden. Wie ein Traum ist sie entflohen. Die Kinder gehen mit der Mutter zum Baden. Darum! Sie ist schon ganz ferne, hinter zwanzig Sandhügeln.

Vor zwei Jahren war es noch anders. Da sah sie die weiß und grünen Wogen auf den Strand klatschen und in die Höhe spritzen, klatschte in die Hände, lachte, als ob das Herz zum Halse herausfliegen wolle, und dachte: Ei, was ist das Meer für ein Spaßmacher! Und gar nicht schnell genug ging ihr das Auskleiden, gar nicht früh genug konnte sie dem Spaßmacher an den Hals springen! Mit offenen Armen sprang sie ihm jauchzend entgegen — und im nächsten Augenblick lag sie sieben Meter weiter zurück mit der Nase im Sand; sie hob den Kopf, sah sich mit grenzenloser Verblüffung um, schnappte nach Luft, und als sie sie endlich hatte, brüllte sie mit der Brandung um die Wette. O dieser abscheuliche Grobian von einem Spaßmacher! Sie wollte ihn umarmen und mit ihm tanzen, er schmiß sie auf den Strand wie einen gemeinen Sandfloh! Kurz, sie war dem Meere auf ewig böse.

Heute aber, da sie «schon groß ist», hat sie Poseidon verziehen; sie weiß ihm um den Bart zu gehen und seinen täppischen Späßen zu entschlüpfen, und am liebsten ginge sie im Wasser zu Bett. Wenn sie nicht baden darf, so greift sie Rock und Höschen auf und watet durch sämtliche Lagunen und Lachen, die das ebbende Wasser zurückgelassen. Noch gestern abend rief sie, als meine Frau sie zu Bett bringen wollte: «Ach, Mami, bitte, bitte, noch einen Augenblick, hier ist noch so 'ne himmlische Pfütze!»

Ja, sie ist schon so sehr mariniert, daß sie jetzt auch einen Matrosen zum Mann haben will.

«Erst will ich Barmherzige Schwester werden, und dann werd' ich wohl 'n Bauern nehmen, damit ich recht viele Tiere krieg', und dann heirat' ich 'n Matrosen.» Es ist dabei zu bedenken, daß sie schon vier Spielkameraden Hoffnung auf ihre Hand gemacht hat und außerdem nach einer früheren Äußerung an dem Gatten ihrer Schwester Herta teilhaben will.

Und dabei sagt diese Dame, die sieben Männer haben will, noch statt «Badekabine»: «Kabadebine!» Jawohl, meine Frau und ich haben es wiederholt gehört: sie, die schon in richtigen Konjunktiven spricht und sogar Konzessivsätze riskiert, sagt noch «Kabadebine». Und wir haben uns fein gehütet, sie zu korrigieren.

Also ich darf mich jetzt einer Ruhepause erfreuen. Ich habe mir in einem großen Eimer allerlei Seegetier gesammelt und will jetzt so lange hineinsehen, bis ein kleiner Seestern mit seinen Saugfüßchen vom Grunde des Eimers bis oben an den Rand hinaufspaziert ist. Damit kann man sehr gut ein paar Stunden ausfüllen.

Wenn ich dies Stück Arbeit erledigt habe und nicht allzu müde bin, will ich einer meiner Entenmuscheln so lange zuschauen, bis sie fünftausendmal ihre feinen Rankenfüße vorgestreckt und wieder eingezogen hat. Ja, wenn nicht mein Freund und Duzbruder Seppl wäre!

Seppl ist ein Dreijähriger; aber er ist groß und dick wie ein Sechsjähriger. Er hat einmal gehört, daß er zu dick sei, um schnell zu laufen; seitdem erklärt er, wenn er sich tummeln soll: «Kann nich, schu dick!»

Als ich mich kaum in die tiefsinnige Betrachtung meines Seesterns versenkt habe, höre ich den Ausruf: «Ich krieg' doch wasch schu eschen!»

Aha, also Seppl. Als er mich einmal mit Sand beworfen hatte, rief ich: «Wart, du Schlingel, du kriegst heute nichts zu essen!»

«Ich krieg' doch wasch schu eschen!» rief er.

Ich tat, als wenn ich aufspringen wolle.

Er kreischte halb aus Furcht, halb vor Vergnügen, sprang drei Schritte zurück und schrie: «Ich krieg' doch wasch schu eschen!»

Ich griff zähnefletschend nach einer Sandschaufel und schwang sie drohend.

Er kreischte wieder, sprang wieder drei Schritte zurück und schrie abermals: «Ich krieg' doch wasch schu eschen!»

Jetzt sprang ich zornbebend und wutschnaubend auf die Füße und lief drei Schritte auf ihn zu.

Er lief sieben Schritte, blieb stehen und schrie dasselbe, und bei dem «doch» klappte seine Stimme jedesmal über. Auch mit diesem Spiel könnte ich eventuell meinen Kuraufenthalt ausfüllen; Seppl würde nichts dagegen haben; aber ich mach' es nur einmal vormittags und einmal nachmittags; dabei werde ich immer noch, da Seppl fünf Wochen zu bleiben gedenkt, etwa siebzigmal alle Stadien der sittlichen Entrüstung darüber, daß Seppl etwas zu essen kriegt, durchlaufen müssen.

Nachdem ich auch diesmal mein Pensum Wut geschäumt habe, wird Seppl auf den Eimer aufmerksam. Er guckt hinein und fragt: «Wasch isch dasch?»

Ich nenne ihm die einzelnen Tiere.

«Worum tut die immer scho?» Er macht die Bewegungen der Entenmuschel nach.

«Sie holt sich was zu essen aus dem Wasser!»

«Da isch ja gar nix schu eschen!»

«Doch; da ist sehr viel zu essen; das kannst du nur nicht sehen.»

«Worum nich?»

«Weil es zu klein ist.»

«Worum isch esch schu klein?»

«Junge, das weiß ich nicht.»

«Och, weisch doch mal!»

Endlich vermißt er meine Töchter, für die Seppl natürlich nächst Schlagsahne das Himmlischste auf der Welt ist.

«Wo ist dein Mädschen?» fragt er.

«Wen meinst du? Gertrud?»

«Nein, Fräulein andere Gertrud!»

«Irene?»

«Nein, Fräulein andere Irene!»

«Herta?»

«Ja.»

«Die sind alle zum Baden. Willst du nicht auch baden?»

«Nein, kann nich, schu dick», ruft er und stapft mit den Säulen des Herkules durch den Sand von dannen.

Ich lese nun die fünfte Seite der Einleitung zu Ende; da ich aber zum Umblättern zu erschöpft bin — ich werde hier allmählich zum Weichtier —, so streck' ich mich zunächst einmal lang in den Sand.

Aaaaaaaaah! — Hahaaaaaa!

Und ich brate in der Sonne.

Und ich sehe fern, fern am Horizont ein kleines weißes Segel, das will ich betrachten, bis es verschwindet.

Indessen brät mein Leib in der Hölle, in dieser unsagbar molligen Hölle, die meinetwegen ewig sein kann. Man kann die Genüsse von Himmel und Hölle nicht bequemer vereinigen.

Meine Lungen sind vollständig betrunken von dieser Luft, und mein Leib schmort, und wenn ich noch ein wenig warte, wird er zu brutzeln anfangen.

Wie es scheint, bestreut mich schon jemand mit Salz und Pfeffer; aber es ist nur Appelschnut, die mich mit Sand bestreut. Von unten anfangend, bedeckt sie mich nach und nach vollständig mit Sand. Sollte ich wirklich nur noch ein toter Seehund sein? Ich opponiere nicht einmal, als mir der Sand zwischen Hals und

Kragen rieselt, obwohl dies kein eigentlich angenehmes Gefühl verursacht. Ein toter Seehund faßt keine Entschlüsse mehr.

«O Papi, laß uns mal Pferd spielen!» ruft Appelschnut plötzlich. Aber ich bin von meinen Forschungen über dem Wassereimer so angegriffen, daß ich ihr vorschlage, lieber Kuchen und Häuser zu backen, ein Geschäft, das man ohne große Veränderung der Körperlage etablieren kann. Sie ist sofort einverstanden, und wir backen in zehn Minuten eine amerikanische Großstadt mit Häusern, Kirchen und Kuchenläden. Allerdings bauen wir mit stetig wachsendem Arbeitspersonal. Nach fünf Minuten ist nahezu die ganze unmündige Strandbevölkerung auf der Arbeitsstätte versammelt. Und als ich nach abermals fünf Minuten emsig damit beschäftigt bin, in einem Garten sämtliche Blumen und Gemüse anzubauen, die sich aus Strandhafer herstellen lassen, empfinde ich um mich her eine abgrundtiefe Stille. Ich hebe den Blick: Meine Arbeitsgenossen sind schon in weiter, weiter Ferne; sie haben längst ein anderes Spiel begonnen, und Appelschnut hüpft über die fernsten Hügel wie eine wandernde Mohnblume.

Verwaist, vergessen und öde liegt die Stadt. Schon beginnt der Wind, sie zu verwehen, die Flut, sie zu benagen. Nie wieder wird die eben noch Lebendige ein Hauch des Lebens erwecken; in einer Stunde wird sie verschwunden sein. Wunderbare Welt des Meergestades!

Aber ach, die beschauliche Ruhe ist hier vergänglich; schon kommt Roswitha wieder herbeigesprungen.

«Mutti!» ruft sie erregt.

Ich wundere mich, daß sie mich als Mutter anredet, und sehe mich um — ach so : Meine Frau liegt neben mir im Sand.

«Mutti, Erna is imme so eisch; wenn wir spielen, dann macht sie immer Streit und wirft uns Sand ins Gesicht. Sei man gar nich mehr so nett mit ihr; wir sind alle von ihr weggegangen!»

In diesem Augenblick geht Erna, eine von den weniger erfreulichen Badebekanntschaften, weinend vorüber.

«Mutter, sie weint», sagt Appelschnut, «soll ich sie mal fragen, ob sie wieder gut mit uns sein will?»

«Ja, frag sie nur.»

Nach einer kleinen Minute wandern Erna und Appelschnut

wieder Arm in Arm. Auch Roswithas Zorn verrinnt und verweht wie Wind und Welle.

«Was spielt ihr denn?» fragt meine Frau.

«Ach, wir spielen so fein! Krankenhaus! Mit unsern Puppen! Einer is heute schon dreimal operiert worden, un denn hat er noch Scharlach un Cholera!»

Allmächtiger! Je verzweifelter die Fälle sind, desto vergnügter sind diese Barmherzigen Schwestern. Patienten mit weniger als drei Krankheiten scheinen gar nicht aufgenommen zu werden.

«Eben is auch 'n kleines Baby geboren worden, noch kein Jahr alt und hat schon 'n Keuchhusten!»

«Na, da habt ihr ja alle Hände voll zu tun», ruft meine Frau lachend.

«Ja!» rufen stolz die beiden wie aus einem Munde, und schon sind sie wieder über den Bergen bei den sieben Zwergen. —

«Ich krieg' doch wasch schu eschen!» schreit es nah bei meinem Ohr.

Nee, is nich, Seppl. Mein Morgenpensum ist erledigt.

«Ach, da ist ja mein Seppl!» ruft meine Frau. «Komm, sag mir mal guten Tag.»

«Kann nich — schu dick!» versichert er.

«Ja, wenn du zu dick bist, darfst du ja auch keine Schokolade essen.»

Nein, nein, das ist eine mißverständliche Auffassung: für Schokolade ist er nicht «schu dick».

Die magnetischen Kräfte der Schokolade sind von der Wissenschaft, wie mir scheint, noch entfernt nicht in ihrer ganzen Gewalt erkannt. Wie aus dem Boden gestiegen, umstehen meine Frau im nächsten Augenblick mehrere eigene Kinder, zwei Schwestern des Herrn Seppl und einige weitere Strandbevölkerung.

Als Seppl auf dem Schoß meiner Frau sitzt, guckt er ihr minutenlang in die Augen. Irgend etwas tieferes Philosophisches scheint sich in ihm zu entwickeln. «Kannsch du mit deinen Augen schehen?» fragt er schließlich.

«Ja, gewiß, Seppl! Warum soll ich denn mit meinen Augen nicht sehen können?»

«Deine Augen schind ja scho dunkel!» meint er.

Dieser Ausspruch Seppls ruft in der Korona seiner weiblichen Verehrer einen Sturm des Entzückens hervor.

«Ist er nicht zu süß?» jubelt Herta. «Gott! Solch einen kleinen Bruder möcht' ich auch noch haben!»

Aber Seppls sechsjähriges Schwesterchen spricht ein ernstes und passendes Wort:

«Tu das lieber nich, Herta», sagt sie, «da is viel Arbeit bei.»

Meine Frau ist durchaus der gleichen Meinung und drückt ihrer verstehenden Mitschwester dankbar die Hand.

Es ist auch zu bedenken, daß ich nicht nur schon fünf eigene Kinder habe, sondern daß ein allerliebstes kleines blondlockiges Mädel, ein Püppchen aus lauter Grazie und Spitzen, sich mir vollständig angeschlossen hat und mich ohne alles Verdienst mit Standhaftigkeit «Vater» nennt. Auch sie ist schuld, daß ich die Einleitung meines biologischen Wälzers nicht zu Ende lesen kann. Wenn sie ihrer Puppe das Bett macht, packt sie mir mit den Worten: «Vater, halt mal bitte!» erst die Paradedecke aufs Buch, darauf das Deckbett, dann das Kopfkissen, hierauf das Bettlaken und endlich Matratze und Pfühl, und ich kann nicht eher weiterlesen, als bis alles in der umgekehrten Reihenfolge, gehörig geklopft und gelüftet, wieder in den Puppenwagen gelegt worden ist. Und ferner ist zu bedenken, daß ich ja schon einen Seppl habe, einen viel längeren als diesen, nämlich den Obertertianer Erasmus. Wenn ihr einmal ein Füllen auf einer großen Weide beobachtet habt, dann habt ihr eine Vorstellung von Erasmus im Seebade. Solch ein Füllen steht in diesem Augenblicke still und nachdenklich da, um ganz plötzlich und unvermittelt den Kopf in den Nacken zu werfen und mit geblähten Nüstern, wiehernd, zwanzigmal die weite Wiese zu umrasen. So auch Erasmus.

Als Erasmus eines Morgens aus seinem Bette stieg, bemerkte meine Frau, daß er aus dem einen Zipfel seines langen Nachthemdes einen riesigen Knoten gemacht hatte.

«Was soll denn das?» rief meine Frau.

«Das soll mich daran erinnern, daß ich noch Cäsar präparieren muß.»

Das war freilich schon stark gegen den Ausgang der Ferien.

Gegen Mittag um zwölf Uhr kommt Erasmus an meine Sandfeste, um mich zum Baden abzuholen. Bei Obertertianern muß man die Badestunde immer unmittelbar vor das Diner legen, weil nur eins die Kraft hat, sie wieder aus dem Meere hervorzulocken: die Tischglocke.

Wenn wir dann zum Essen gehen, müssen wir auch an Seppls Tisch vorbei. Sein Vater erlaubt ihm nicht, die Versicherung, daß er doch was zu essen kriege, laut durch den Saal zu schreien; aber er blinzelt mir heimlich mit boshaftem Frohlocken zu, und ebenso heimlich schüttle ich grollend die Faust.

Wir entwickeln alle einen ziemlich gleichmäßigen Appetit, den bekannten nördlichen Luft- und Meerhunger; aber Appelschnut wollte ihre Milch nicht trinken. Da habe ich sie dazu überredet, ihre Mutter regelmäßig bei Tische «anzuführen». Ich gab ihr den teuflischen Gedanken ein, ihre Milch heimlich auszutrinken, dann zur Mutter zu sagen: «Ich mag keine Milch!» und wenn die Mutter sie dann tadelte, ihr triumphierend das leere Glas zu zeigen. Das wiederholen wir nun bei jeder Mahlzeit, und — merkwürdig! — jedesmal fällt meine Frau wieder darauf herein, und jedesmal tauschen Appelschnut und ich danach einen Blick der freudigen Genugtuung: «Sie ist richtig wieder auf den Leim gegangen!»

Der Nachmittag gehört dann vorwiegend der Ruhe. Zwar nehme ich, in der Sandgrube liegend, die Biologie der Meeresorganismen vors Gesicht, aber doch nur in dem vollen Bewußtsein, daß dieses Bewußtsein schon nach Beendigung des ersten Vordersatzes schwinden werde.

Natürlich: wenn ich von Ruhe gesprochen habe, so hat das keinen Bezug auf die Kinder. Kinder haben ein so ruhiges Herz, daß Haupt und Glieder der Ruhe nicht bedürfen. Ich habe denn auch kaum das Quantum Schlaf genossen, dessen man nach einem solchen Vormittage dringend bedarf, als mir aus Traumeshimmeln etwas ziemlich Schweres, Warm-Lebendiges auf den Magen fällt. Selbstverständlich Appelschnut.

«O Papi, wir spielen zu fein! Karl is der Wolf, un ich bin das Pferd, un denn kämpfen wir uns immer mit'nander!»

Ich habe also ein Pferd auf dem Schoß. Auch in diesem Augenblick, da sie auf meinem Schoße sitzt, fühlt sie sich vollkommen als Pferd. Aber das Pferd hat einen sehr kräftigen Schmutzfleck im Kleid.

«Roswitha, wie hast du das schöne neue Kleid beschmutzt!»

«Ach, das war so naß geworden, un da wollt' ich es mit Sand wieder rein machen, un da war es mit einmal so schmutzig.»

Der Sand muß starke Beimengungen von rötlichem Ton gehabt haben.

«Sag es man nicht erst Mutter», meint sie, «sie ärgert sich bloß.»

Diese Besorgnis um die Mutter finde ich ergreifend.

«Ich weiß ja, mein süßes Väterchen sagt nichts.» Dabei wirft sie mir die Arme um den Hals, küßt mich und trabt mit dem Wolfe davon.

Nach einer Viertelstunde kommen Pferd und Wolf wieder auf mich zugerannt, und das Pferd ruft in großer Erregung: «Vater, Karl will nich glauben, daß die Erde sich immer so 'rumdreht!»

Als Anhänger des kopernikanischen Systems bestätige ich, daß die Erde sich immer so 'rumdreht.

Karl wird nachdenklich.

«Er meint, dann fallen wir ja alle um!» ruft Appelschnut.

«Nein, die Erde hält uns fest und nimmt uns alle mit.»

«Wir drehn uns auch alle!» erklärt Appelschnut.

«Die Schaufel auch?» fragt Karl, auf eine im Sand steckende Schaufel zeigend.

«Die Schaufel auch», bestätige ich.

«Der Strandkorb auch?» — «Der Strandkorb auch.» — «Du auch?» — «Ich auch. Und du auch.»

«Ich?» — «Ja.»

«Hähäää — das ist nicht wahr!» ruft Karl mit überlegenem Lachen, und vor dieser Überlegenheit muß ich wie schon so oft in meinem Leben verstummen. Karl dreht sich nicht mit.

Und so verfließt der Nachmittag, so verfließt der Tag, und gleich auf den ersten Tag folgt der letzte Tag. Ganz anders ist es als in den Tagen der Schöpfung. Da heißt es: «Es ward aus Abend und Morgen ein Tag.» Hier müßte es heißen: «Aus Abend und Morgen werden vierzig Tage, hundert Tage, tausend Tage.» Was zwischen dem ersten und dem letzten Tage liegt, ist ein stilles, ewiges Fließen von Wasser und Wind, von Atem und Traum, und sowenig du die Tropfen im Meere zählst, sowenig dir daran liegt, sie zu zählen, so wenig achtest du hier der Tage im Meere der Zeit.

Wehmütig raffen die Kinder am letzten Tage den kleinen Hausrat unserer flüchtigen Wohnung zusammen; wehmütig stehe ich dabei, das Werk über die Pflanzen und Tiere des Meeres mit seiner unausgelesenen Einleitung in der Hand haltend. Da höre ich aus weiter Ferne ein Krähen. Ich suche lange nach dem Ursprung dieses Schalles und finde endlich oben am Rand einer hohen Dünenklippe zwei Menschen, die wie eine Dame und ein Kind aussehen. Da der Wind herübersteht, so höre ich endlich mit angespanntestem Gehör: «Ich krieg' doch wasch schu essen!»

Da reiß' ich von unserer verfallenen Strandburg einen mächtigen Pfeiler los, pack' ihn mit beiden Händen und schüttle ihn mit furchtbarer Drohung.

Und der Wind trägt mir ein letztes, jauchzendes Kinderlachen zu.

MARCEL PAGNOL

Woher kommen die Babys?

Eine kleine Schwester war geboren, und zwar ausgerechnet, als wir beide bei Tante Rose waren, die uns für zwei Tage eingeladen hatte, um uns Lichtmeßkrapfen zu backen.

Diese Einladung hinderte mich, die tollkühne Behauptung meines Klassennachbarn Mangiapan richtigzustellen, der annahm, die Kinder kämen aus dem Nabel der Mutter heraus.

Die Vorstellung schien mir erst lächerlich, aber eines Abends, nach längerer Untersuchung meines Nabels mußte ich zugeben, daß er wirklich die Form eines Knopfloches hatte, mit dem dazugehörigen Knopf in der Mitte. Ich schloß daraus, daß man ihn unter Umständen auf- und zuknöpfen könnte und daß Mangiapan die Wahrheit gesagt hatte.

Indessen fiel mir sofort ein, daß Männer keine Kinder bekommen; sie haben nur Söhne und Töchter, die Papa zu ihnen sagen, aber die Kinder kommen sicher von der Mutter, genau wie bei Hunden und Katzen. Also bewies mein Nabel gar nichts. Ganz im Gegenteil, seine Existenz auch bei Männern stellte Mangiapans Glaubwürdigkeit stark in Frage. Was sollte man nun glauben, was denken? Da gerade eine kleine Schwester geboren war, hieß es auf jeden Fall Augen und Ohren aufsperren, um das große Geheimnis zu ergründen.

Als wir von Tante Rose zurückkamen, machte ich rückblickend eine wichtige Entdeckung. Jetzt erst fiel mir auf, daß meine Mutter seit drei Monaten ihre Gestalt verändert hatte; sie ging mit zurückgebogener Brust wie ein Briefträger zu Weihnachten. Eines Abends hatte Paul mich mit besorgter Miene gefragt: «Was hat denn unsere Augustine unter der Schürze?» Ich wußte nicht, was ich ihm antworten sollte.

Wir fanden sie lächelnd, aber blaß und kraftlos im großen Bett wieder. Neben ihr in der Wiege ein kläglich schreiendes Geschöpf, das sein Gesicht verzog. Mangiapans Hypothese schien mir erwiesen, und ich küßte meine Mutter zärtlich, da ich mir vorstellte, wie sie gelitten hatte, als sie ihren Nabel aufknöpfen mußte.

Das kleine Wesen war uns erst fremd. Außerdem gab meine Mutter ihm die Brust, was mich abstieß und Paul erschreckte. Er sagte: «Sie ißt uns viermal am Tage auf.» Aber als die Kleine anfing, taumelnde Schritte zu machen und unverständliche Laute zu stammeln, fühlten wir uns ihr gegenüber stark und weise und nahmen sie endgültig in unsere Gemeinschaft auf.

Onkel Jules und Tante Rose kamen sonntags zu uns — und ich ging fast jeden Donnerstag mit Paul zum Essen zu ihnen.

Sie bewohnten eine schöne Wohnung mit Gasbeleuchtung in der Rue de Minimes; die Tante kochte auch mit Gas und hatte ein Dienstmädchen.

Eines Tages bemerkte ich mit Verwunderung, daß auch meine Tante anschwoll, und sofort schloß ich daraus, daß ein neues Nabelaufknöpfen bevorstand.

Diese Vermutung wurde bestätigt durch eine Unterhaltung zwischen meiner Mutter und Mademoiselle Guimard, von der ich einige Bruchstücke aufschnappte.

Während der Metzger in der Räucherkammer ein schönes Beefsteak für vier Sous abschnitt, sagte Mademoiselle Guimard besorgt: «Kinder von alten Leuten sind immer sehr zart...»

«Rose ist gerade dreißig», protestierte meine Mutter.

«Für das erste Kind ist das schon viel. Und vergessen Sie nicht, ihr Mann ist vierzig!»

«Achtunddreißig», sagte meine Mutter.

«Dreißig und achtunddreißig sind achtundsechzig!» sagte Mademoiselle Guimard. Und sie schüttelte nachdenklich den Kopf, als ahne sie nichts Gutes.

Eines Abends eröffnete Vater uns, daß Mama nicht nach Hause komme, weil sie bei ihrer Schwester geblieben sei, «die sich nicht wohl fühle». Wir aßen alle vier schweigend unser Abendessen, dann half ich meinem Vater, die kleine Schwester ins Bett zu bringen.

Das war eine schwierige Unternehmung mit dem Topf und den

Windeln und unserer ständigen Angst, die Kleine zu zerbrechen. Als ich meine Socken auszog, sagte ich zu Paul: «Jetzt knöpfen sie die Tante Rose gerade auf.»

Er las im Bett in seinen geliebten «Vernickelten Füßen» und antwortete nicht. Aber ich hatte beschlossen, ihn in die großen Mysterien einzuweihen, und fragte beharrlich weiter: «Weißt du, warum?» Er rührte sich genausowenig, und ich bemerkte, daß er eingeschlafen war.

Da nahm ich behutsam das Buch aus seinen Händen, streckte seine Knie gerade und blies die Lampe aus.

Am nächsten Tag, es war ein Donnerstag, sagte mein Vater zu uns: «Jetzt aber aufgestanden, wir gehen zu Tante Rose, und ich verspreche euch eine schöne Überraschung!»

«Deine Überraschung kenne ich schon.»

«Nanu? Und was weißt du davon?»

«Ich will es dir nicht verraten, aber du kannst dich darauf verlassen, daß ich alles weiß.»

Er lächelte, fragte aber nichts mehr.

Wir machten uns alle vier auf den Weg. Die kleine Schwester sah komisch aus in einem Kleidchen, das wir ihr verkehrt angezogen hatten; und wegen ihres Geschreis war es uns nicht gelungen, sie zu kämmen.

Ich war von schrecklicher Sorge gequält, wir würden «ein Kind alter Leute» zu sehen bekommen, wie Mademoiselle Guimard sich ausgedrückt hatte. Aber sie hatte nichts Genaues gesagt, außer daß es achtundsechzig Jahre alt sein würde. Ich stellte es mir ganz verkrüppelt vor, und sicher würde es weiße Haare haben, dazu einen langen weißen Bart wie mein Großvater; kleiner und feiner natürlich, einen Babybart. Das wäre nicht schön. Aber es könnte vielleicht sofort sprechen und uns erzählen, woher es kam. Das wäre interessant!

Ich wurde schwer enttäuscht.

Man führte uns in Tante Roses Zimmer, um sie zu umarmen. Sie sah vollkommen zugeknöpft aus, nur etwas blaß. Meine Mutter saß auf dem Bettrand, und zwischen den beiden lag ein Baby, ein Baby ohne Bart noch Schnurrbart. Es schlief friedlich und hatte ein dickes, pausbäckiges Gesichtchen unter einem Kranz von blonden Haaren.

«Da seht ihr euren Vetter!» sagte meine Mutter leise. Sie betrachteten ihn beide gerührt, begeistert, entzückt, mit so übertriebener Bewunderung — und auch Onkel Jules, der gerade hinzukam, war so rot vor Stolz —, daß Paul mich angewidert ins Eßzimmer zog, wo wir die vier Bananen verspeisten, die er im Vorbeigehen auf einer Kristallschale erspäht hatte.

BARBARA NOACK

Die Taufe

Jedesmal, wenn sie die Großeltern besuchten, wurden sie gefragt: «Wann laßt ihr den Buben endlich taufen?»

«Bald», versicherten seine Eltern.

Darüber wurde Daniel immer älter. Als er beinah vier war, reichte es seiner Großmutter. Sie suchte von sich aus ein hübsches, langes Wochenende im Kalender aus, ein geradezu tauffreudiges Wochenende, und verschickte auch gleich die Einladungen.

Als Taufpaten waren Onkel Josef und ein der Familie seit vielen Jahren verbundenes Fräulein Emmi ausersehen. Für das strenggläubige Fräulein erfüllte sich damit ein Herzenswunsch. Endlich würde ihr kleines Herzerl kein Heide mehr sein.

«Was ist Taufe?» erkundigte sich Daniel bei ihr.

«Sie ist das erste und grundlegende Sakrament des Christentums, das die Erbsünde tilgt...» und als Fräulein Emmi seinen nichtsbegreifenden Blick auffing, drückte sie sich konkreter aus. «Durch die heilige Taufe wirst du in die Kirche aufgenommen und endlich ein kleiner Christ.»

«Nein!» Daniel wollte kein kleiner Christ werden. Er wollte ein kleiner Sedlhuber bleiben, dammtnochmal. Sein Großvater meinte, es hätte schon etwas für sich, wenn man Kinder im Säuglingsalter tauft. Da brauchte man ihnen noch nichts zu erklären. «Sagen wir ihm doch, die Taufe wäre ein Fest wie Geburtstag, das begreift er am ehesten.»

Das begriff Daniel sofort. «Mit Geschenken? Kriege ich ein Rennauto?»

Genau diese Entwicklung zum merkantilen Denken hatte Fräulein Emmi vermeiden wollen. Daniel sollte sich der einmaligen, heiligen Wichtigkeit des Taufaktes bewußt werden und nicht dabei an Rennwagen denken. Also beschloß sie, mit ihm in die Kirche zu gehen, sobald dort eine Taufe stattfinden würde. Damit der Bub wenigstens einen Eindruck erhielt.

Leider kamen sie zu derselben zu spät, weil das klausichere Einparken seines Dreirades zuviel Zeit in Anspruch genommen hatte.

Der Taufakt war bereits vorüber, und der Täufling schrie wie am Spieß.

«Warum brüllt der so?» fragte Daniel. «Tut Taufen etwa weh?»

«Nein, überhaupt nicht, es ist wunderbar. Der Kleine hat sich nur so erschrocken, wie ihn der Pfarrer mit Wasser besprengt hat.»

«Mit warmem oder kaltem?»

«Mit geweihtem», wand sich Fräulein Emmi heraus.

Nach der Heimkehr von der Kirche taufte Daniel seine Plüschtiere so gründlich, daß seine Großmutter sie anschließend fönen mußte. Dann reisten die Verwandten an. Daniel war inzwischen beim Haarschneiden, hatte neue Schuhe und auch sonst alles neu. Dachte, er wäre nun Hauptperson. Ging statt dessen total in den hektischen Festvorbereitungen unter. Hörte einmal, wie seine Tante Hete fragte: «Wie sind denn eigentlich seine Taufnamen?»

Das interessierte ihn auch.

«Daniel — Wilhelm und Ernst nach seinen Großvätern — und Josef nach seinem Patenonkel.»

«Jetzt wird Fräulein Emmi aber traurig sein», sagte Daniel.

«Warum?»

«Weil sie ja auch meine Pate ist. Wenn schon, dann möchte ich Daniel, Wilhelm, Ernst, Josef, Emmi heißen.»

Am Morgen des großen Tages wollte ihm Fräulein Emmi ihr Taufgeschenk umhängen: ein goldenes Kreuz an einem Kettchen. Er schrie Protest. Wollte kein Halsband mit Schutzengel. War ja schließlich kein Mädchen! Erst als Großvater, der gerade beim Rasieren war, mit einem Perlenhalsband seiner Frau auftauchte und sein Vater sich eine Kette auslieh, war er bereit, sich von dem tief gekränkten Fräulein Emmi den Schutzengel umhängen zu lassen.

Statt der versprochenen Feierlichkeit erlebte Daniel Nervosität um sich herum. Keiner hatte an die Taufkerze gedacht. Auf dem Weg zur Kirche mußten seine Eltern wieder umkehren, weil sie die Dokumente vergessen hatten. Pate Josef war die Laune verdorben, weil ihn die Polizei blitzte. Nicht mal auf dem heiligen Tauf-gang hatte man Ruhe vor denen! Zwei geschiedene Großeltern wollten nicht auf der gleichen Kirchenbank sitzen, aber auch keiner von ihnen in der Reihe dahinter. Onkel Alfons' Krückstock fiel mehrmals hallend um. Seine Frau Hete zischte ihn deshalb an. Alle haben es gehört. Fräulein Emmi verschluckte sich an ihrer trä-nenreichen Rührung. Nun hustete sie Rührung. Jemand machte «Pschscht!» Und Daniel, der Täufling, war auch noch da. Vor Angst verstand er kein Wort, was der Pfarrer predigte, weil er stän-dig an das Taufwasser denken mußte, und wer ihn wohl hinterher fönen würde so wie seine Plüschtiere.

Aber dann waren es nur ein paar Tropfen, die seine Stirn benetz-ten, und dazu spielte die Orgel was Leises, Feierliches von Haydn.

Auf einmal mußten alle anwesenden Frauen weinen, als ob Schlimmes passiert wäre. Daniel heulte sicherheitshalber mit.

«Ist er nicht goldig, unser Herzerl?» schluchzte Fräulein Emmi. «So klein und schon gerührt.»

Nun war Daniel, Wilhelm, Ernst, Josef, Emmirich Sedlhuber endlich Christ und drängte zur Heimfahrt. Wegen der Besche-rung, die man ihm nach dem Taufakt versprochen hatte. Er hoffte auf Rennautos und Pistolen und auf eine Hupe für sein Dreirad.

Aber was fand er statt dessen auf der Kommode im Wohnzim-mer vor? Ein Tischtuch mit Hohlsaum, auf dem sich Blumentöpfe drängelten und Telegramme und dazwischen silberne Löffel, Ser-viettenringe, Meyers Lexikon von Tante Hete (zu jedem Geburts-tag ein Band), ein silbernes Zigarettenetui und Manschetten-knöpfe und ein Goldstück, das ihm aus der Hand und unter den Bücherschrank kollerte. Wo waren denn nun die versprochenen Geschenke?

«*Das sind* deine Geschenke, Herzerl!»

«Das sind keine Geschenke», begehrte er auf, «das sind Löffel, Ringe, Knöpfe und Schachteln . . .»

«Ogott», sagte Tante Hete, die in Hörweite an ihrem Sektglas drehte.

Sie ging von Stehgruppe zu Sitzgruppe, bis alle Daniels Kom-mentar zu den Präsenten erfahren hatten.

Nun waren die Geladenen gekränkt. Schließlich hatten sie tief in die Tasche gegriffen oder zumindest in das Schubfach mit den eigenen Taufgeschenken, aus dem zum Beispiel die Mokkalöffel stammten, wer braucht denn heute noch Mokkalöffel, aber immerhin ein halbes Dutzend und das bei den rapide steigenden Silberpreisen...

Einzig die goldene Uhr von den Großeltern interessierte Daniel, die hätte er gern auseinandergenommen, aber die — so wurde ihm mitgeteilt — durfte er erst zu seiner Kommunion anziehen. Oder noch später.

Somit war auch die Uhr für Daniel gestorben. Denn später, wenn er groß war, wollte er eine wasserdichte haben ohne Zifferblatt, mit Computerzahlen.

Für den ganzen unnützen Kram sollte er sich auch noch bedanken, mit Bussis.

Daniel fiel noch rechtzeitig ein, daß er Pipi machen mußte. Er verließ an Fräulein Emmis Hand die Szene und kam so schnell nicht wieder. Man vermißte ihn übrigens nicht.

Die Erwachsenen feierten seine Taufe mit viel Speisen und Getränken, die eine renommierte Stadtküche samt Bedienung geliefert hatte. Weder Pudding noch Eis zum Nachtisch. Aber wer kümmert sich bei einer Taufe schon um die Wünsche des Hauptakteurs!?

Dieser brrte mit seinem schäbigen, kleinen Auto unter der Festtafel zwischen den Verwandtenfüßen, von denen schon mehrere die Schuhe ausgezogen hatten, herum. Umfuhr sorgsam sich räkelnde Zehen — brrr-tüüü-tüüü —; dennoch hätte es beinah einen Zusammenstoß gegeben, und zwar mit einem männlichen Lackschuh, der sich ganz unverhofft an eine rote Sandale heranschob und draufstieg, was dieser nichts auszumachen schien, wohl aber Daniel, denn nun war ihm eine Ausfahrt versperrt.

Oberhalb des Tisches wurde es immer lauter und lustiger. Einmal fragte seine Mutter: «Wo ist denn Daniel?»

«Unterm Tisch», sagte Fräulein Emmi. Da hoben sie an mehreren Stellen das Tischtuch an und lugten nach ihm: «Spielst du schön, Herzerl?» und hatten ihn schon wieder vergessen. Alles in allem war Daniel reichlich enttäuscht von diesem groß angekündigten Ereignis und würde sich so bald nicht wieder zu einer Taufe überreden lassen.

ILSE GRÄFIN VON BREDOW

Das Kusinchen

Vaters Gefühle gegenüber seinem Schwager waren zwiespältig. «Der gute Karl weiß nicht nur alles, er weiß auch alles besser», schimpfte er gern. Die beiden kabbelten sich oft, was Onkel Karl jedoch nicht hinderte, allein oder mit der Familie häufig mal eben von seinem zwei D-Zugstunden entfernten Gut «auf einen Sprung» zu uns zu kommen.

Uns Kindern war Onkel Karl ziemlich gleichgültig. Wir liebten Tante Sofie, und wir haßten unsere gleichaltrige Kusine Elisabeth.

Klein-Didi, wie sie von ihrem Vater zärtlich genannt wurde, war ein rechtes Goldkind. Sie hatte seidiges, blondes Haar, und ihre Haut verdunkelte sich in der Sommersonne nicht wie bei uns zu einem schmutzigen Braun, sondern behielt bis in den Winter hinein einen warmen Honigton. Teure Ballettstunden hatten dafür gesorgt, daß ihre Bewegungen anmutig und geschmeidig waren. Sie liebte es, sich wohlgefällig im Spiegel zu betrachten, sich vor ihm hin und her zu wenden und ihr Körperchen wie Knete zu streicheln und zu betasten.

Wir waren froh, wenn wir von den Erwachsenen in Ruhe gelassen wurden. Sie aber trieb sich mit Vorliebe bei ihnen herum und war ganz Ohr, wenn uralte Familiendramen neu aufgebacken wurden. Vater mochte es nicht, wenn man ihm zu nahe auf den Pelz rückte. Er machte deshalb jedesmal unwillkürlich eine scheuchende Bewegung, als wollte er eine lästige Katze verjagen, wenn sie sich zwischen ihn und ihren Vater auf das Sofa quetschte. Onkel Karl war dagegen ganz vernarrt in seine Tochter. «Na, mein Mäuschen», schnurrte er, und Didi warf ihr langes, offenes Goldhaar zurück, so daß es Vater unangenehm in der Nase kitzelte, und piepste: «Ach, Papilein.»

Für uns war sie eine scheinheilige, verlogene, boshafte Hexe, raffiniert genug, uns Geschwister im Handumdrehen gegeneinander aufzuhetzen, so daß wir den verdutzten Eltern unerwartet den Anblick dreier sich streitender, prügelnder kleiner Idioten boten, während Didi selbst, ein Bild süßer Harmonie, still in einer Ecke saß und, vor sich hinsummend, eifrig malte. Meinen sonst schon recht vernünftigen Bruder Billi verhexte sie beim Angeln derart, daß er wie ein Irrer lachte, anstatt ihr eine zu kleben, als sie die gefangenen Plötzen und Barsche wieder zurück in den See warf. Ja, er entblödete sich nicht, ihr dabei noch zu helfen, während Bruno, der Krepel, vor Wut über so viel Schwachsinn fast einen seiner epileptischen Anfälle bekam.

Vor Didis Habgier war nichts sicher. Sie klaute mir meine gläserne Lieblingsmurmel, in die ein weißes Lamm eingeschlossen war, und köpfte unsere schönsten Papierpuppen, ohne daß wir ihr etwas nachweisen konnten. Ihr letzter Besuch bei uns im Forsthaus war besonders unerfreulich gewesen. Die schlimmste Gemeinheit hatte sie sich noch kurz vor ihrer Abreise geleistet. Vater war mit Tante Sofie ins Kinderzimmer gekommen, als sie sofort losquengelte: «Mami, Omamis Spieluhr.»

«Ja, ja, das Leben ist voller Erinnerungen», sagte Tante Sofie, die herzensgute, ohne zu begreifen, worauf ihre Tochter eigentlich hinauswollte.

«Aber sie gehört mir», rief das Goldkind. «Kannst Paps fragen.»

«Das ist mir neu», sagte Tante Sofie.

«Vera hat sie von ihrer Großmutter bekommen. Ich war selbst dabei, als Mutter sie ihr geschenkt hat», sagte Vater.

«Aber natürlich, Alfred», beschwichtigte ihn Tante Sofie. «Die Sache ist doch nicht der Rede wert.»

Aber für Didi war sie es durchaus. Sie steckte sich hinter ihren Vater, und Onkel Karl hatte eine kleine Aussprache mit Tante Sofie, die daraufhin mit unglücklichem Gesicht zu Vater ging. Er kämmte mir gerade das Haar, was er gern tat, und sah sie erstaunt an. «Was hast du denn?» fragte er.

Tante Sofie tat einen tiefen Seufzer. «Karl läßt mir mal wieder keine Ruhe. Er behauptet fest, unserer Elisabeth gehöre die Spieldose, so stünde es auch im Testament. Er sagt, sie habe einen beträchtlichen Wert. Du kennst ihn ja.»

«Bin ich vielleicht ein Erbschleicher?» Vater ließ seine Gekränktheit an meinen Haaren aus, und ich schrie. «Meinetwegen kann eure Elisabeth dieses verdammte Ding haben. Ich werde es Vera erklären. Sie ist eine sehr vernünftige Person.»

Vera jedoch dachte nicht daran, eine vernünftige Person zu sein. Sie weinte und wütete, bis Vater ratlos schnauzte: «Schluß jetzt, benimm dich! Reiß dich zusammen, stell dich nicht an!»

Triumphierend zog unsere Kusine mit der Spieldose ab, und Abend für Abend mußten wir in unseren Betten mit anhören, wie aus ihrem Zimmer das Lied ertönte: «Mein Hut, der hat drei Ecken.»

Vera strampelte vor Wut und sagte: «Eines Tages bring ich sie um. Ich erwürge sie mit meinen eigenen Händen.» Eine Redensart, die sie irgendwo aufgeschnappt hatte.

«Leere Drohungen», sagte ich.

«Wirst schon sehn», versicherte Vera.

Und jetzt stand uns Didi schon wieder ins Haus.

«Können die nicht mal in den Ferien woanders hinfahren», brummte Billi. Vorsorglich versteckten wir, woran unser Herz hing: einen Bismarckkopf, auf dem man Gras säen konnte, eine aufziehbare Maus, den Karton mit den Papierpuppen und unsere Schuhspangen vom Lumpenmann.

Wie gewöhnlich reiste die Familie mit dem Abendzug an. Als Mamsell den Spargelpudding aus dem Wasserbad nahm, hielt der Wagen vor dem Haus. Zuerst pellte sich Onkel Karl zappelig wie gewöhnlich aus den Decken und sprang aus dem Wagen. «Schlechte Zeiten, Alfred, schlechte Zeiten.» Er küßte Mutter die Hand. Ihm folgte, füllig und schweigsam, Tante Sofie. Sie bedachte jeden von uns mit einem freundlichen, aber abwesenden Lächeln. In der Familie galt sie als etwas eigentümlich, weil sie oft in Gedanken versunken vor sich hinstarrte. In Wahrheit war sie wohl nur ein wenig träge und litt mit stoischer Ruhe unter ihrem ungeduldigen und rechthaberischen Mann. Hinter ihr hüpfte unsere Feindin vom Trittbrett. Den Schluß bildete Wilhelma, ein gutartiges, unterdrücktes, ziemlich häßliches Wesen, das von seiner älteren Schwester unter dem Deckmantel größter Fürsorge schikaniert wurde.

«Gib mir meine Brille wieder», hörten wir Wilhelma klagen. Sie stolperte und schlug sich das Knie auf.

Didi drehte sich nach ihr um. «Paß doch auf, Dummchen.»

«Immer nimmst du sie mir weg», weinte die Kleine.

«Nur, damit du sie nicht verlierst.» Didi wischte ihr mit dem Taschentuch so kräftig über die Schramme, daß Wilhelma aufschrie und nach ihr schlug.

«Aber, aber!» Onkel Karl drehte sich nach seiner kleinen Tochter um. «Wie kann man sich nur so anstellen. Heb lieber deine Füße.»

«Ich seh aber nichts», schrie Wilhelma.

«Du mußt nicht immer das letzte Wort haben», verwies sie der Onkel. «Kinder in deinem Alter sollten überhaupt nicht so viel reden.»

Wir Geschwister sahen uns an. Die Kleine konnte einem leid tun.

Unsere Kusine war kaum eine Stunde im Haus, und schon hatte sie es mühelos fertiggebracht, uns bis ins Mark zu kränken. Sie hatte fünf Vornamen — wir hatten nur drei. Sie besaß eine echte Vollblutstute — Vera nur ein Hinkebein als Pferd. Ich würde dieselbe dicke Nase wie Onkel Adalbert, der Puffbiber, bekommen, und für Billi sei es höchste Zeit, unser Kuhdorf zu verlassen, sonst werde sich sein Brett vorm Kopf zu einem Scheunentor auswachsen.

Vater las mir die Leviten, weil sich am nächsten Morgen auf meinem Frühstücksteller unverschämt viel Pelle der guten Schlackwurst angesammelt hatte, und blamierte mich mit der Bemerkung «du Raffzahn» vor dem Besuch. Dabei war es Didi gewesen, die ihre Pelle dazu gelegt hatte. Ich rächte mich, indem ich eine Küchenschabe zerhackte, sie in ein Stück Nußtorte drückte und schadenfroh zusah, wie Didi es sich schmecken ließ. Als sie hörte, was sie da eben gegessen hatte, begann sie fürchterlich zu würgen, und ich jubelte: «Elisabeth, wie ist dein Bett, krumm oder gerade!»

Sie verpetzte mich nicht. Sie hatte ihre eigenen Methoden.

Vater veranstaltete zur Unterhaltung der Gäste ein Preisangeln, und Didi, die herumtönte: «Die Preise hat mein Paps ganz allein gestiftet», ließ es sich nicht nehmen, mir, der Siegerin, den ersten Preis, ein großes Schraubglas voll Himbeerbonbons, zu überreichen. Dabei täuschte sie vor zu stolpern und ließ das Glas geschickt in ein Modderloch am Ufer fallen, wo es sogleich mit einem schmatzenden Geräusch auf Nimmerwiedersehn verschwand.

Scheinheilig jammerte sie: «Was bin ich bloß für ein Tolpatsch!»
— und schnitt mir eine höhnische Grimasse. Vater fiel prompt auf
ihr Theater herein. «Das hätte mir ebensogut passieren können,
mein Kind. Mach dir nichts draus», tröstete er sie. Ich mußte mich
mit einer schäbigen Rolle Drops abfinden. Wenn Didi nun wenigstens eine Heulsuse, ein Feigling gewesen
wäre. Aber den Gefallen tat sie uns nicht. Sie sprang vom höchsten Balken ins Heu, radelte den steilsten Berg freihändig hinunter
und näherte sich dem wütend mit den Hufen scharrenden Bullen
auf der Weide bis auf wenige Schritte, obwohl er sich schon zweimal von der Kette gerissen hatte. Widerwillig bewunderten wir
sie, wenn sie sich bei unseren Streifzügen in einer Koppel auf ein
fremdes Pferd schwang und ohne Zügel und Sattel mit wehendem
Haar das erschrockene Tier zu immer schnellerem Galopp zwang.
Als Billi hämisch sang: «Ach, wenn die Elisabeth nicht so krumme
Beine hätt'», setzte sie ihm ihre Elfenhand mitten ins Gesicht, daß
ihm die Funken vor den Augen tanzten.

Der einzige, vor dem sie sich in acht nahm, war Bruno. Seine
Wutanfälle nötigten auch ihr Respekt ab. Einmal hatte sie, um ihn
zu ärgern, einen Klumpen Dreck nach seinem Kater Mauzer
geworfen und ihn zielsicher getroffen. Der Kater war vor Schreck
auf einen Wäschepfahl geflohen. Daraufhin hatte Bruno sie an
den Haaren gepackt, hatte sie zu dem Schleifstein gezerrt, ihm
einen ordentlichen Schwung gegeben und versucht, ihre Hand
auf den rotierenden Stein zu drücken. Tatsächlich wäre es ihm fast
gelungen, ihre Finger wie die Schneide eines Beils abzuschleifen,
wäre nicht im letzten Augenblick Wilhelm Wenzel, der Stallknecht, auf der Bildfläche erschienen. Der Schreck stand Didi ins
Gesicht geschrieben, aber sie weinte nicht. Im Bösen wie im
Guten war sie fixer als wir, und als Veras Haar plötzlich in Flammen stand, weil sie zu nahe an eine brennende Kerze gekommen
war, ergriff sie blitzschnell eine Decke und erstickte das Feuer
damit.

Von unseren ständigen Streitereien bekamen die Erwachsenen
nur am Rande etwas mit. Sie ahnten nichts von der wahren Natur
dieses holden Engels, obwohl Didi es mühelos fertigbrachte, auch
zwischen ihnen Unfrieden zu stiften.

An einem wunderschönen Sommertag, der die Luft über den Wiesen flirren ließ, saßen wir im abgedunkelten Eßzimmer und spielten das Kartenspiel «Tod und Leben». Vater räusperte sich mißbilligend, als er uns entdeckte. «Was soll denn das schon wieder?» Er jagte uns an die frische Luft. Wir mußten mit den Gästen zum Baden gehen. Bepackt mit Badesachen zogen wir über die Wiesen. Es waren mindestens 28 Grad im Schatten, aber Wilhelma zockelte, große Schweißperlen auf dem feuerroten Gesicht, in einer dicken Strickjacke hinter uns her.

«Zieh sie aus», bot sich Vera mitleidig an, «ich trag sie dir.»

Sogleich war Didi zur Stelle. «Kommt nicht in Frage», rief sie. «Wilhelma hat gerade erst Windpocken gehabt, sie darf keinen Zug bekommen.»

Wie auf Kommando fielen wir über sie her. Mein Bruder nahm sie in den Schwitzkasten, Vera schoß mit der Gummizwille nach ihr, und ich riß sie von hinten an den Haaren.

«Recht zänkisch, deine Kinder.» Onkel Karl zerschmolz vor Mitgefühl mit seinem Liebling.

«Das ist gar nicht ihre Art», nahm uns Mutter in Schutz.

«Ach, hätten wir sie lieber zu Hause gelassen.» Tante Sofie schlug nach einer hartnäckigen Bremse.

«Wir können uns doch unmöglich den wundervollen Schmetterlingsstil eurer Tochter entgehen lassen, von dem Karl so viel erzählt», sagte Vater bissig.

Während die Sonne auf uns herunterknallte und Dutzende von Grashüpfern bei jedem unserer Schritte zur Seite sprangen, wurde die Stimmung von Minute zu Minute gereizter.

«Ziemlich sauer, deine Wiesen», meinte Onkel Karl. «Fressen die Kühe das Gras überhaupt?» Und Vater sagte: «Sollst ja so viel Pech in letzter Zeit mit deinem Inspektor gehabt haben. Hab mich gleich gewundert, daß du den Kerl eingestellt hast.»

Als wir die Badestelle erreichten, hatten es sich die Kühe dort gemütlich gemacht. Sie standen bis zum Bauch im Wasser, und was so drum herum schwamm, zeigte, daß ihre Verdauung durchaus in Ordnung war.

Tante Sofie seufzte: «Ach du liebe Güte!» Und auch uns war die Lust auf ein Bad vergangen. Von Mücken umschwirrt, standen wir mürrisch herum und konnten uns zu nichts entschließen.

Vater schnauzte uns an, weil der Schlüssel zum Bootshaus nicht in seinem gewohnten Versteck lag, einem verlassenen Schwalbennest unter dem niedrigen Dach. Vera stieß mich an. «Daran ist nur die blöde Didi schuld», flüsterte sie mir zu. Schließlich machten wir uns wieder auf den Heimweg.

Die nächsten Tage verliefen erstaunlich friedlich. Es hätte uns warnen müssen, daß unsere Kusine sich jetzt so gut mit Vater verstand. Sie war dauernd um ihn herum, half ihm beim Einschlagen junger Baumpflanzen im Garten und wickelte unter seiner Anleitung mit großer Sorgfalt meterweise Angelschnur für Aalpuppen um Binsenbündel. Als sie sich genügend an ihn rangeschmissen hatte, ließ sie die Katze aus dem Sack.

«Onkel Alfred», flötete sie, während sie ihm half, die Klematis an der Veranda hochzubinden.

«Ja, mein Kind?» Vater war prächtiger Laune.

«Du hast gesagt, ich darf mir was wünschen, weil ich dir so viel geholfen habe.»

«Wenn ich's bezahlen kann.» Vater summte: «Seht, dort schwebt die schöne Kunigunde, eben von des Henkers Hand erbleicht.»

«Ich hätt' so gern ein Tier.»

«Vera wird dir sicher gern eines von ihren jungen Meerschweinchen geben.»

«Hab sie schon Bruno versprochen», sagte Vera ablehnend, die mit mir auf der Veranda saß und Mühle spielte.

«Kein Meerschweinchen.» Didi senkte die Stimme, damit wir sie nicht verstehen sollten. Wir sprangen so hastig auf, daß die Steine durcheinanderflogen, und beugten uns über die Brüstung. «Ich möcht' so gern Küki.»

«Meinst du das dumme Huhn in der Küche? Das kannst du haben.»

«Vater», riefen wir empört, «Küki gehört uns!»

«Euch gehört überhaupt nichts», sagte Vater.

Küki war nicht irgendein beliebiges Huhn. Seine Mutter hatte es noch im Spätherbst nach beharrlichem wochenlangen Brüten einem Nestei entlockt, das wir schon für halb verfault gehalten hatten. Die Glucke war mit ihrem Küken plötzlich auf dem Hof erschienen, als bereits der erste Schnee vom Himmel stäubte. So war uns nichts anderes übriggeblieben, als es in einem Schuhkarton in der Küche großzuziehen. Küki entwickelte sich zu einem hysterisch gackernden, aber hoch intelligenten Huhn. Sogar hypnotisieren konnte man es. Man brauchte nur einen Kreidestrich auf dem Küchenfußboden zu ziehen und seinen Kopf darauf zu drücken. Dann blieb es unbeweglich liegen, die Augen starr auf den Strich gerichtet. Später genügte es bereits, ihm einen Finger unter den Schnabel zu halten, um es in Trance zu versetzen. Und auf dieses Wundertier hatte Didi es abgesehen.

Mit Vater war nicht zu reden, so steckten wir uns hinter Mamsell. Aber die hatte gerade ihren mürrischen Tag und sagte: «Mir ist's nur recht, dann kommt dieses dumme Tier endlich aus meiner Küche. Macht sowieso 'n Haufen Dreck, und tu ich's in den Hühnerstall zu den andern, wird es totgehackt.»

Und dann verließ uns Tante Sofie mit Wilhelma Hals über Kopf, weil die Kleine mit einem vereiterten Backenzahn zum Zahnarzt mußte. Einen Tag darauf gab der Nachbar Onkel Karl endlich einen kapitalen Bock zum Abschuß frei, worauf er schon die ganze Zeit bei uns gejippert hatte, und lud ihn zu sich ein. So sollte uns nur Didi erhalten bleiben. Das wollte sie natürlich auf keinen Fall. Sie ließ ihre raffiniertesten Hexenkünste spielen, damit sich Onkel Karl von ihr einwickeln ließ und sie auf das nur einige Kilometer entfernte Gut mitnahm. Sie küßte ihn und weinte, nicht eine Sekunde werde sie sich von ihrem geliebten Paps trennen.

Aber Onkel Karl hatte nur seinen Bock im Sinn und meinte ziemlich roh: «Dich, liebes Kind, habe ich ja Gott sei Dank noch ein ganzes Leben, aber den Bock, den schießt mir bestimmt ein andrer vor der Nase weg, wenn ich mich nicht beeile. Du bleibst hier und basta.»

Die verlassene und verlorene Didi zeigte sich denn auch gleich von ihrer Schokoladenseite und aß, ohne zu mucksen, einen großen Teller voll Kartoffeln mit Stippe, eine Mahlzeit, die sie sonst verächtlich als etwas für «pauvre Leute» bezeichnet hatte. Vater musterte uns mit seinem Habichtblick und drohte: «Wenn mir das Geringste zu Ohren kommt, könnt ihr was erleben.» Und das wollten wir nicht. Da gingen wir lieber friedlich ins Bett, anstatt Didi vorher noch einmal genüßlich an den Haaren zu ziehen oder das Stecknadelspiel mit ihr zu spielen, nämlich ihr mit den Borsten der Haarbürste kräftig so lange auf den bloßen Oberarm zu schlagen, bis sich rote Punkte zeigten.

Kaum waren wir jedoch eingeschlafen, wurden wir schon wieder von lauten Stimmen wach. Ich hörte Mutter im Hause herumrennen, mit den Türen klappen und rufen: «Alfred, das Kind ist weg! Sie scheint auch das Huhn mitgenommen zu haben. Sicher will sie zu ihrem Vater. Wie unangenehm!» Darauf hörte man Vater voller Selbstmitleid klagend gähnen. «Weit kann dieses verfluchte Gör ja nicht sein», beruhigte er Mutter. «Ich mach mich gleich auf den Weg.»

Wir zogen uns an wie der Blitz und hatten das Haus verlassen, ehe man uns bemerkte. Wir holten unsere Fahrräder aus dem Schuppen und radelten die Dorfstraße entlang an Brunos Haus vorbei. Der kam gerade, nur mit einer Unterhose bekleidet, vom Klo hinter dem Misthaufen und fragte: «Seid ihr vom Affen gebissen? Oder was macht ihr sonst hier mitten in der Nacht?»

Wir sagten es ihm, und Bruno flüsterte mit glitzernden Augen: «Momang, da muß ich mit.»

Bruno setzte sich an die Spitze, und wir traten in die Pedale, daß die Fahrradketten quietschten. Die Grillen zirpten wie verrückt, und eine Himmelsziege zog über unseren Köpfen meckernd ihre Kreise, als wir das Koppeltor öffneten. Wir radelten an den glotzenden Kühen und den grasenden Pferden vorbei, und die laue Nachtluft strich uns um die nackten Beine. Auf der Heubrücke machten wir halt und lauschten. Weit dehnte sich das Luch vor uns, durchschnitten von dem havelländischen Hauptkanal, und es war voller merkwürdiger und unheimlicher Geräusche. Dann hörten wir ein Huhn gackern und sahen im Mondlicht eine kleine Gestalt den Trampelpfad am Ufer entlanghüpfen. Wir warfen die Räder auf die Bohlen, daß die Klingeln schepperten.

Und dann jagten wir sie . . .

DIETER ZIMMER

Die Linie Zwanzig

Thomas war auf Botengang. Er hatte für den Vater ein eiliges Paket
mit medizinischen Büchern auszuliefern. Solche Besorgungen
brachten ihm den kleinen Zuschlag zu seinem Taschengeld, den
er mit Aufsätzen nicht verdienen konnte. Bis vor zwei Wochen
hatte er die Pakete auf seinem Fahrrad transportiert, aber dann
war ihm die linke Strebe vom Gepäckträger gebrochen, und seither war er bei größeren Lieferungen wieder auf die Straßenbahn
angewiesen. Manchmal gelang es ihm, das Fahrgeld zu sparen, so
daß die finanzielle Ausbeute doch ganz ansehnlich war.

Thomas fuhr mit der Linie Zwanzig bis zur Endhaltestelle und
schleppte sein Paket zum Eingang des Krankenhauses. Er stellte
es dem Pförtner vor die Füße und ließ sich nicht auf die Diskussion ein, ob er es bis in die richtige Abteilung tragen könne. Seit
seiner Mandeloperation haßte er nämlich Krankenhäuser. Er hatte
damals allerdings großes Pech gehabt, denn am Tag seiner geplanten Entlassung war der Blinddarm akut geworden und hatte raus-
gemußt. Seither machte er um Krankenhäuser lieber einen Bogen.

Bisweilen lieferte er auch Pakete in die Irrenanstalt Leipzig-Dö-
sen. Sie war ihm ebenfalls nicht geheuer, und er eilte immer rasch
durch den Park, ohne die Patienten anzusehen. Einer hatte ihn
mal angesprochen. «He, Kleiner!» hatte der Mann gerufen, und
Thomas hatte ihm diese Anrede verziehen, weil der Mann ja irre
war. «Kleiner, kannst du mal diesen Brief für mich einwerfen?»

Der Brief war an die Regierung adressiert.

«Was steht 'n da drin?»

«Daß ich gegen einen Minister ausgetauscht werden will.»

Thomas wies den Brief zurück. Die Forderung schien ihm gar
nicht so irre, aber viel zu gefährlich. Er schaute sich ängstlich um,
ob jemand zuhörte.

«Brauchst keine Angst zu haben, Kleiner. Ich kann so was machen, ich hab's schwarz auf weiß, daß ich nicht dafür verantwortlich bin.»

Thomas hatte den Brief trotzdem nicht mitgenommen. Aber auf dem Heimweg hatte er überlegt, daß man so eine Bescheinigung, wie der Mann sie offenbar besaß, auch für die Schule haben sollte.

Als er diesmal vom Krankenhaus zurückkam zur Endhaltestelle, sah Thomas in der Wendeschleife zwei Straßenbahnen hintereinander stehen. In beiden waren noch keine Fahrgäste. Die Fahrer und Schaffnerinnen hatten sich im zweiten Zug zu einem Schwatz zusammengesetzt. Thomas stieg ganz vorn ein, wo er völlig allein war.

Er wunderte sich ein wenig, daß der Fahrer seine Kurbel nicht abgezogen und mitgenommen hatte. Er fand das ein bißchen verantwortungslos, denn so konnten schließlich Unbefugte allen möglichen Unfug treiben.

Thomas schaute die Kurbel an. Wenn man sie nach rechts drehte, würde sich die Bahn langsam in Bewegung setzen.

Thomas faßte die Kurbel an. Der knollenförmige Holzgriff lag gut und kühl in der Hand. Thomas stellte sich vor, er brause mit der Bahn durch die Stadt und unterbiete sämtliche Fahrpläne. Das würde sich herumsprechen, und bald würden die meisten Leipziger nur noch mit ihm fahren wollen. Sie würden auf den Trittbrettern stehen und auf den Puffern sitzen, und einige würden sogar aufs Dach klettern.

Plötzlich fuhr die Straßenbahn los. Thomas erschrak und sah, daß er die Hand an der Kurbel hatte. Er ließ los, aber die Bahn schlich weiter und bog quietschend von der Wendeschleife in die Straße ein. Anhalten! dachte Thomas. Zurück! Nein, da schnappen sie dich. Straßenbahnen sind Volkseigentum! Abspringen und wegrennen! Da schnappen sie dich auch. Da hinten ruft schon wer. Unsichtbar werden! Geht auch nicht. Scheiße! Was nun? Weiterfahren? So schnell können die nicht rennen. Weiterfahren!

Thomas packte die Kurbel und drehte sie weiter. Es ging leicht bergab, und die Bahn, übrigens eine Linie Zwanzig, beschleunigte zufriedenstellend. Er trat auf den Klingelknopf und stellte fest: Ein herrlicher Klang! Und überhaupt: Ein herrliches Gefühl! Dies

war doch ganz was anderes, dachte er, als wenn man nur daneben-
stand und zusah. Die Zwanzig näherte sich der ersten Haltestelle.
Zwei Frauen traten auf die Fahrbahn, um einzusteigen.

Was soll ich machen? dachte Thomas. Nicht erwischen lassen!
Nicht anhalten, wo Leute sind!

Er rauschte mit Geklingel an der Haltestelle vorbei und sah
noch, wie sich die eine Frau an die Stirn tippte.

Recht hat sie, mußte er zugeben.

Weit vor ihm kreuzte ein Vopo-Auto die Straße. Da verlor er die
Nerven. Er hielt an, sprang hinaus und rannte davon. Er rannte so
lange, bis er nicht mehr konnte. Dann schlüpfte er in einen Hausflur und lugte vorsichtig durch die Scheibe, ob ihm jemand gefolgt
war. Es war aber alles ruhig.

Irgendwer hat mich gesehen, dachte Thomas, und die Vopos
sind ja nicht alle Schlafmützen. Die sind schon hinter mir her. Ich
muß weg. Ich muß mich verdünnisieren. Möglichst weit weg. In
den Westen. Oder am besten gleich in den Wilden Westen. Die
Sheriffs da drüben kümmern sich nicht darum, ob einer in Leipzig
eineinhalb Haltestellen weit unbefugt mit einer volkseigenen Straßenbahn gefahren ist.

Thomas schlich auf Umwegen nach Hause in sein Zimmer und
begann zu packen: Taschenmesser, Taschengeld, Flitzebogen, die
drei Bände Winnetou.

Der Vater kam herein: «Hast du das Paket weggebracht?»

«Ich muß nach Amerika!»

«Ich meine, ob du schon im Krankenhaus warst.»

«Ich muß nach Amerika.»

«Wohin?»

«Nach A-m-e-r-i-k-a!!!»

«Ach so, das hatte ich ja völlig vergessen. Na, dann grüß mal alle
schön.»

«W ... w ... wieso weißt du denn ...?»

«Na ja, Old Shatterhand hat vorhin angerufen und gefragt, wo
du bleibst.»

Thomas setzte sich auf den Fußboden und fühlte sich wie ein
Fußball, aus dem plötzlich die Luft entwich. Er atmete tief
durch, und dann erzählte er die Geschichte mit der Zwanzig.
Der Vater zog die Stirn in Falten, die immer tiefer wurden. «Du

bist ein hundertprozentiger Schwachkopf!» schimpfte er schließlich.

«Das stimmt schon», gab Thomas geknickt zu, «aber was soll ich denn jetzt machen?»

«Gar nichts! Für dich wäre es überhaupt das beste, wenn du nie irgendwas machen würdest. Man sollte dich ausstopfen und in den Keller stellen.»

Thomas sah das ein und versuchte sich diesen Zustand vorzustellen. Er begriff, daß er riesigen Bockmist gebaut hatte. Er sagte sich jedoch, daß die Zwanzig sozusagen fast von selbst losgefahren war und daß er nie die Absicht gehabt hatte, sie für sich zu behalten. Wo hätte er sie denn auch unterbringen sollen? Und mußte schließlich ein Fahrer nicht besser auf seine Straßenbahn aufpassen? Mußte er nicht die Kurbel abziehen, wenn er zum Schwatz nach hinten in die Vierundzwanzig ging? Aber trotzdem rechnete Thomas jeden Augenblick mit dem Eintreffen der Vopos. Er saß auf dem Fußboden und wartete. Als sie nach drei Stunden noch immer nicht geklingelt hatten, schöpfte Thomas Mut und hoffte, sie würden die Sache auf sich beruhen lassen. Schließlich, dachte er, ist es ja auch eine Riesen-Blamage, wenn sie sich von einem kleinen — oder jedenfalls mittelgroßen — Jungen eine Straßenbahn klauen lassen. Nach einer weiteren halben Stunde traute er sich, den Kopf durch die Wohnzimmertür zu stecken und den Vater zu fragen: «Stimmt das wirklich, daß Old Shatterhand nach mir gefragt hat?»

«Ja! Er hat gesagt, die Apatschen brauchen dringend eine Straßenbahn. Möglichst eine Zwanzig.»

«Du willst mich ja bloß verarschen.»

«Ja. Und wenn du heute noch mal deine unselige Rübe durch diese Tür steckst, dann wirst du skalpiert, halbiert, kastriert, kandiert und perforiert.»

Thomas traute sich nicht zu fragen, was das alles sei, und verzog sich.

«Und flambiert!» rief ihm der Vater noch nach.

Thomas setzte sich wieder auf den Fußboden in seinem Zimmer und überlegte, ob die Vopos ihn vielleicht nur ein paar Tage lang in Sicherheit wiegen und dann um so gnadenloser zugreifen wollten.

Vielleicht, dachte er, haben sie aber wirklich keine Ahnung, wer die Zwanzig geklaut hat. Oder sie schämen sich, daß ein Junge eine Straßenbahn klauen konnte.

Beim Einschlafen war Thomas soweit, zu bedauern, daß man diese herrliche Geschichte nicht in der Schule erzählen konnte.

Fräulein Hase schrieb mit quietschender Kreide das Thema des Klassenaufsatzes an die Tafel, und Thomas erschrak: «Die Straßenbahn — das fortschrittliche Verkehrsmittel der Werktätigen.»

Thomas bekam rote Ohren und verbarg sie mit den Händen. Er war sicher, daß ihm hier eine Falle gestellt werden sollte. Wahrscheinlich hatten sie einen Verdacht gegen ihn; es fehlte nur noch der letzte Beweis. In dem Aufsatz, so kombinierte er, sollte er sich verraten und sich als Dieb der Zwanzig zu erkennen geben.

Thomas legte diesmal jedes Wort auf die Goldwaage, ehe er es hinschrieb:

«Die Straßenbahn ist unser fortschrittlichstes Verkehrsmittel. Sie trägt ihren Namen zurecht weil sie tatsächlich durch die Straßen fährt. Früher fuhr sie mit Pferden sodas man sie zurecht Pferdebahn nannte. Im Krieg haben die anglo-amerikanischen Terrorbomber neben vielen anderen Kulturdenkmählern auch unserer Straßenbahn tiefe Wunden geschlagen. Alles lag in Schutt und Asche. Aber die Werktätigen haben dem Klassenfeind die Zähne gezeigt und den Wagenpark wieder betriebsbereit gemacht.

Heute fahren jeden Morgen unzählige Werktätige mit der Straßenbahn zu ihrer verantwortungsvollen Arbeitsstätte, sodas ohne sie der Aufbau des Sozialismuses ziemlich witzlos wäre. Die Straßenbahn ist viel wichtiger als der Fußgänger, weil sie viel mehr Menschen transportieren kann. Auch das Auto kann ihr nicht das Wasser reichen, weil es in der DDR kaum welche gibt und meistens lauter alte Klapperkisten. Wo es keine Straßenbahn gibt sind die Menschen arm dran. Das konnten wir letzten Herbst sehr schön sehen, als wir auf unserer Klassenwanderung mit unserer sehr netten Lehrerin zu Fuß durch die Dübener Heide mußten.

Wenn ich nicht mehr in die Schule muß, werde ich vielleicht Straßenbahnfahrer. Das ist ein interessanter Beruf aber auch sehr schwer. So schwer, daß zum Beispiel ein Kind nie im Leben eine

Straßenbahn von der Stelle bewegen kann bevor es erwachsen ist. Eher ist es schon möglich, daß sich eine Straßenbahn durch einen Defekt von selber in Bewegung setzt und durch einen zweiten Defekt irgendwo stehenbleibt. Eine Frau kann schon eher eine Straßenbahn fahren, was sehr fortschrittlich ist. Im Westen dürfen sie nämlich nicht, weil sie nicht ausgebeutet werden dürfen, aber in der DDR sind Frauen gleichberechtigt.

Von allen Straßenbahnlinien mag ich die Elf und die Achtundzwanzig am liebsten weil sie die schönen schnittigen Niederflurwagen haben. Die Zwanzig mach ich überhaupt nicht. Ich weiß nicht mal wo die langfährt.

In der Straßenbahn darf man nicht schwarzfahren weil man sonst wertvolles Volksvermögen verplembert. Deswegen muß man beim Schwarzfahren höllisch aufpassen ob ein Kontrolleur kommt. Wenn man ihn beizeiten sieht, kann man vielleicht noch in einer Kurve abspringen, wenn die Straßenbahn etwas langsamer fährt. Dabei muß man immer schön die linke Hand am linken Griff halten weil man sonst auf die Schnautze fallen kann. Insgesamt muß man sagen das es schön wäre, wenn es noch mehr Straßenbahnen gäbe.»

Thomas war ganz zuversichtlich. Er sagte sich, daß sie so nichts herauskriegen konnten über den mysteriösen Diebstahl der Zwanzig. Er gab das Heft ab und sah aus dem Fenster. Aber dann holte er es noch einmal und strich die Sache mit den Straßenbahnfahrerinnen durch. Er hatte das Gefühl, dabei irgendwie nicht ganz richtig zu liegen.

Fräulein Hase gab ihm für den Aufsatz eine Vier plus. Sie sagte, manches sei ziemlich konfus und unverständlich. Neben die Sache mit dem Schwarzfahren hatte sie mit roter Tinte «Na, na!» geschrieben. Sie fragte Thomas, weshalb er denn ausgerechnet die Linie Zwanzig so verabscheue, obwohl er sie doch überhaupt nicht kenne.

Thomas spürte wieder, wie seine Ohren zu glühen anfingen. Er suchte fieberhaft nach einer Antwort, die nichts verriet. «Ich hab mal gehört», sagte er schließlich, «daß sie da manchmal ganz komische Fahrer haben.»

Fräulein Hase entließ ihn mit einem mitleidsvollen Blick.

Eines Morgens um halb sechs kam doch die Polizei. Thomas wachte beim ersten Klingeln auf. Er hörte den Vater fragen, wer da sei, und eine Stimme barsch antworten: «Uffmachen! Volksbollezei!»

Scheiße! dachte Thomas wörtlich und sprang aus dem Bett. Dann blieb er aber mitten im Zimmer stehen und wurde sich bewußt, daß er nicht fliehen konnte. Die Wohnungstür war blockiert, der Abstieg über den Balkon zu gefährlich, und schließlich war damit zu rechnen, daß das ganze Haus umstellt war. Wenn nicht sogar das ganze Viertel, denn Vopos gab es ja genug.

Sibirien! schoß es Thomas durch den Kopf, und: Verdammte Straßenbahn!

Da hörte er draußen auf dem Korridor die fremde Stimme fragen: «Wo ham Se denn Ihr Warenlager?»

«Uff!» machte Thomas leise. Die Vopos suchten also gar nicht den Straßenbahndieb, sondern kamen wegen der Geschäfte des Vaters. Thomas war erleichtert.

Er drückte sich auf den Korridor, wo er vier Vopos zählte. Einer hielt eine Pistole in der Hand, und Thomas dachte: Du Napfsülze! Hier beißt dich schon keiner. Der Vater war im Bademantel, und gerade kamen die Mutter und Onkel Wolfgang hinzu.

«Na, fang mr mal von vorne an», sagte der Vopo und ging mit zwei Kollegen in Onkel Wolfgangs Zimmer.

Die Mutter flüsterte dem Vater zu: «Frag doch mal, ob die einen Haussuchungsbefehl haben oder wie das heißt.»

«Prima Idee!» flüsterte der Vater zurück. «Du hast wohl vergessen, daß das hier in zweifacher Hinsicht das Gegenteil von einem Rechtsstaat ist?»

Thomas verstand die Bemerkung nicht. Außerdem verstand er nicht, daß der Vater diesmal keine West-Zigaretten anbot. Er kam aber nicht dazu, ihn daran zu erinnern, denn der Anführer der Vopos trat aus Onkel Wolfgangs Zimmer und hielt ihnen einige Bücher entgegen: «Wem is 'n die Lidderadur hier? Sieht bißchen nach Griechslidderadur aus, oder?»

Thomas kannte die Bücher und liebte sie. Vor allem «Vom Skagerrak nach Scapa Flow» hatte er mit Begeisterung gelesen, den Weg der kaiserlichen Kriegsmarine von ihrem größten Sieg gegen die Briten bis zur Selbstversenkung in Scapa Flow, mit der die

Besatzungen verhinderten, daß die Schiffe in die Hand des Siegers fielen. Auch die anderen Heldengeschichten hatte er mehrfach gelesen, zum Beispiel «Panzerschiff Graf Spee» oder «Die Fahrten der Goeben und Breslau». Die Bücher gehörten Onkel Wolfgang, der als Junge ein großer Bewunderer der Marine gewesen war. Er hatte am liebsten einen Matrosenanzug getragen, hatte außer der Weihnachtskrippe unzählige Schiffsmodelle gebastelt, von denen Thomas noch den Schlachtkreuzer «SMS von der Tann» besaß, hatte sich von seinem Taschengeld ein Paddelboot erspart und es «SMS Lützow» getauft und hatte sich damals sehr gefreut, als beschlossen wurde, Leipzig durch einen Kanal zur Saale zur Hafenstadt zu machen. Der Kanal war übrigens nie fertig geworden, so daß Leipzig — wahrscheinlich als einzige Stadt der Erde — einen Hafen besaß, in dem noch nie ein Schiff angelegt hatte. Onkel Wolfgang hatte dies sehr geschmerzt. Im Krieg war er schließlich nur deswegen zur Kavallerie und nicht zur Marine gegangen, weil sich auf einer Ferienfahrt nach Rügen herausgestellt hatte, daß er sehr leicht seekrank wurde.

«Das sind meine Bücher», sagte Onkel Wolfgang.

«Beschlagnahmt!» stellte der Polizist fest. «Ham Se noch mehr davon?»

Thomas wollte helfend eingreifen: «Das sind aber ganz prima Bücher!» Aber sofort bekam er eine Backpfeife, ohne sagen zu können von wem. Er dachte daran, wie er damals in der amerikanischen Kommandantur «Heil Hitler!» gerufen und ebenso gestraft worden war.

Der Vater sagte: «Herr Hauptwachtmeister, ich denke, Ihre Aktion richtet sich gegen mich und mein Geschäft. Mein Schwager hat damit nichts zu tun. Sagen Sie mir, was Sie suchen!»

Der Polizist schaute ihn etwas verwundert an, und Thomas dachte noch einmal an West-Zigaretten, wollte aber lieber nichts mehr sagen. Der Vater bekam erklärt, man verdächtige ihn, mit illegal beschafften Waren zu handeln, welche sicherzustellen seien.

Er führte die ungebetenen Gäste zu seinem Lager in dem Raum, der früher Kraskes als Abstellkammer gedient hatte. Dort stapelten sich Bücher und Geschirr, Heizöfen und Kochplatten, Spielzeug und Werkzeug, Bügeleisen und Strickwolle. Das meiste wurde weggetragen und kam in einen olivgrünen Lieferwagen mit VP-Schild, der vor dem Haus hinter Herrn Mohrmanns Ford Eifel parkte. Schließlich wurde der Raum abgeschlossen und auf den Türspalt ein rundes Papier mit einem Stempel geklebt.

Die Polizisten durchsuchten auch noch die anderen Räume der Wohnung und kamen zum Schluß zu Thomas. Sie stöberten in seinem Schrank, und er ballte hinter dem Rücken die Fäuste. Sie näherten sich seinem Teddybären, der nicht mehr benutzt, aber in Ehren gehalten wurde, und Thomas dachte: Wenn ihr den anfaßt, dann knallt's. Er wußte allerdings selbst nicht, wie es hätte knallen sollen.

Anstelle des Teddybären zog der oberste Polizist die Ritterburg hervor: «Was is 'n das?»

Thomas stellte sich völlig unwissend und vermutete: «Weihnachtskrippe vielleicht?»

Aber da wurde der Polizist ungehalten: «Du willst mich wohl für bleede vergoofen? Das is 'ne Ridderburch, und das is ä reaktionäres Schbielzeich. Is das klar?»

Das war Thomas klar. Aber da kam ihm plötzlich eine Idee: «Götz von Berlichingen!» sagte er schnell.

Doch zu seinem Erstaunen wurde der Polizist noch ungehaltener: «Was? Frech wirschte ooch noch?»

Der Vater griff erklärend ein: «Herr Hauptwachtmeister, der Junge wollte Ihnen doch nicht den Götz-Gruß entbieten. Er wollte doch nur sagen, daß seine Ritterburg die Burg des Götz von Berlichingen sein soll. Und der hat ja bekanntlich im Bauernkrieg auf der Seite der Revolution gekämpft.»

«Jawohl!» bestätigte Thomas. «Obwohl er nur ein Bein hatte und das andere aus Buntmetall oder so ähnlich. Das haben wir gerade in Geschichte gehabt. Und bei Schiller steht das auch alles, daß er fortschrittlich war.»

«Bei Goethe», verbesserte der Vater, und Thomas dachte, daß man eigentlich im Beisein von Vopos nicht über Kleinigkeiten streiten sollte.

«Na gut», sagte der Polizist und stöberte weiter. Er förderte die Weihnachtskrippe zutage und hielt sie Thomas vor die Nase: «Nu saache bloß noch, daß das 'ne Ridderburch is.»

Jetzt lachten alle ein bißchen, und der Polizist erklärte, sie müßten auch noch den Keller und den Dachboden durchsuchen. Der Vater bat sie zunächst nach unten, und Onkel Wolfgang ging mit.

«Mein Gott!» rief die Mutter plötzlich, «auf dem Boden steht doch noch die alte Bücherkiste mit ‹Mein Kampf› und den ganzen alten Schwarten!»

Sie rannte nach oben, Thomas hinterher. Sie rissen die Kiste auf, und die Mutter sortierte mit fliegenden Fingern aus. Sechs oder sieben Bücher stapelte sie auf Thomas' ausgestreckte Arme: «Los, die müssen weg! Ich suche vorsichtshalber noch weiter.» Thomas rannte los, wußte aber nicht, wohin eigentlich. An der Treppe hielt er an und lauschte. Ganz unten im Treppenhaus waren schon die Stimmen zu hören. Er konnte sich ausrechnen, daß er es bis zur Wohnungstür nicht mehr schaffen würde.

Er schlich eine Etage tiefer und klingelte bei Kretschmanns. Es dauerte sehr lange, bis Frau Kretschmann aufmachte. Von unten kamen schon Schritte, als Thomas mit seinen Büchern in die Wohnungstür stürmte: «Schnell zu! Die Vopos kommen!»

Frau Kretschmann schloß die Tür und fragte: «Was denn für Vopos?»

«Richtige. Die suchen den Kampf.»

«Was denn für 'n Kampf?»

Thomas hielt ihr die Bücher hin, und sie las die Titel auf den Buchrücken: «Ach, du kriegst die Motten!» rief sie leise; draußen gingen gerade Schritte vorbei.

Als alles vorüber war, ging Thomas zurück in die Wohnung. Die Polizisten hatten den Vater mitgenommen. Die anderen setzten sich schweigend an den Frühstückstisch.

Nach mehreren Minuten Schweigen sagte die Oma: «Ich hab's ja immer gewußt.»

«Jaja», meinte Onkel Wolfgang, «aber du hast auch nichts dagegen gehabt, daß er alle möglichen Sachen für uns organisiert hat, bis hin zu Brennholz für unsere Öfen. Nun wollen wir mal alle zusammen hoffen, daß sie ihn bald wieder rauslassen.»

Thomas gingen plötzlich Dinge durch den Kopf, die er bei seiner sorgfältigen Lektüre der *Leipziger Volkszeitung* gelesen hatte. Da war zum Beispiel in einer Anzeige ein Mann aufgefordert worden, «zur Hauptverhandlung zu erscheinen», bei der gegen ihn wegen

Wirtschaftsvergehen verhandelt werden sollte. Der Mann war bestimmt nicht erschienen, denn hinter seinem Namen hatte gestanden: «Z. Zt. flüchtig, wahrscheinlich wohnhaft in Westdeutschland.»

Eine Hausfrau war zu fünf Jahren und vier Monaten Zuchthaus verurteilt worden. Sie hatte Pakete mit schwer erhältlichen Waren aus der DDR — Spitzenklöppeleien und so weiter — nach Köln geschickt und dafür Lebensmittelpakete bekommen. Den Inhalt hatte sie teilweise weiterverkauft. Dies alles sei «über den Rahmen von Geschenksendungen weit hinausgegangen», hatte die *Volkszeitung* geschrieben, und die Hausfrau habe «den Wirtschaftsaufbau in der DDR und den geplanten legalen Ost-West-Handel schwer sabotiert».

Und nun hatten sie den Vater mitgenommen.

Thomas kaute ebenso lustlos wie die anderen.

«Wem sein Kampf is'n das?» fragte er nach einer Weile.

«Wie bitte?» fragte die Mutter.

«Ich meine den Kampf in der Kiste, das Buch.»

«Ach so, ‹Mein Kampf›. Das ist von Adolf Hitler.»

«Und wo hast 'n das her?»

«Das bekam man früher zur Hochzeit geschenkt.»

«Und was steht da drin?»

«Na ja, was Hitler so gedacht und geplant hat. Aber genau weiß ich das auch nicht.»

«Wieso? Hast du's nicht gelesen?»

«Nein. Ich mochte den Herrn so wenig, daß ich mir das nicht antun wollte.»

«Warum hast du's dann nicht weggeschmissen?»

«Das ist eine sehr gute Frage.»

«Mir ist übrigens eingefallen», sagte Thomas, «daß unten in meinem Schrank noch das Zigarettenbilder-Album ist über die deutschen Kolonien und Lettow-Vorbeck und so.»

«Ogottogott!» stöhnte die Oma.

«Und die Kanone haben sie auch nicht gefunden.»

«Was denn für eine Kanone?»

Thomas ging sie holen.

«Sag mal, bist du denn des Teufels?» rief Onkel Wolfgang, als der die «Kanone» in den Händen hielt. «Das ist doch eine echte deutsche Armeepistole.»

Die beiden Frauen waren kreideweiß im Gesicht, und Onkel Wolfgang traten kleine Schweißperlen auf die Stirn, als er die verrostete Pistole näher untersuchte.

«Die ist ja noch geladen!» rief er.

«Wirklich?» fragte Thomas, «dann hätte ich ja beim Tauchscher richtig damit schießen können.»

«Quatsch, die ist total eingerostet. Aber wo hast du die denn her?»

«Na ja, die hab ich gefunden, als sie die Pleiße ausgebaggert haben. Die lag da im Schlamm. Die anderen», fügte er nicht ohne Stolz hinzu, «haben bloß Kinderwagen und Fahrradfelgen gefunden.»

Onkel Wolfgang stöhnte laut: «Da hat also jemand bei Kriegsende dieses Teufelsding in die Pleiße geschmissen und war froh, daß er es los war. Und unser Thomas gräbt es wieder aus und steckt es zu Hause in den Schrank. Was meinst du, was los gewesen wäre, wenn die Vopos die Pistole gefunden hätten?»

Endlich dämmerte Thomas das Ausmaß der Gefahr: «Die hätten ganz schön Stunk gemacht.»

«Heute abend, wenn es dunkel ist, nimmst du sie und wirfst sie wieder in die Pleiße», ordnete Onkel Wolfgang an.

«Willst du das nicht lieber selbst machen?» fragte die Mutter, und Onkel Wolfgang nickte.

HERMAN RAUCHER

Erwachen

Als er fünfzehn war und seine Familie den Sommer auf der Packett-Insel verbrachte, gab es nicht annähernd so viele Leute oder Häuser. Und damit ein Junge nicht an Einsamkeit zugrunde ging, sorgte seine Familie dafür, daß andere Familien aus der Nachbarschaft andere Kinder auf die Insel mitbrachten. In jenem Sommer waren außer ihm sein bester Freund, Oscy, und ein guter Freund, der sich noch nicht für das Prädikat «bester» qualifiziert hatte, nämlich Benjie, auf der Insel.

Oscy hatte stets zerzauste Haare und war stark; er sah gar nicht wie ein Großstadtkind aus, sondern eher so, als sei er von einer Farm ausgerissen. Sein Markenzeichen war ein unauslöschliches Grinsen. Nur ganz selten einmal blieb es aus. In Schmerz und Kummer, Wut und Verzweiflung — das Grinsen war Oscys Flagge, und er gehörte nie zu denen, die vorschnell ihre Fahne einholen. Oscy war einen Monat älter als Hermie, und er nützte diese einunddreißig Tage als Waffe des Vorrangs und der Überlegenheit. Oscy hatte eine boshafte Ader, eine nicht unterzukriegende Warmherzigkeit und eine ganz persönliche Art jungenhafter Männlichkeit, die einen selbstbewußten, robusten Mann ankündigten. Oscy stellte etwas dar.

Benjie war ganz anders. Er war der jüngste und hagerste der drei, so dürr wie ein Hering und noch ein richtiges Kind. Er gehorchte Oscys Anweisungen, schließlich war er ja nicht lebensmüde. Und er hatte eine Ingersoll-Armbanduhr, die ihm wichtiger war als alles auf der Welt.

Hermie war fünfzehn, mit widerspenstigen sandfarbenen Haaren und ein paar Zähnen, die sich aneinanderlehnten, genau im Zentrum seines Gesichts. Wenn er auch größer war als Benjie, so konnte er es doch mit Oscy nicht aufnehmen, und das war auch der Grund, weshalb er sich so geschickt eingeredet hatte, es spiele eigentlich keine Rolle, wer der Anführer sei. In diesem Augenblick der Weltgeschichte saß Hermie voller Schmerzen rittlings auf dem Stacheldrahtzaun, der das Kindesalter vom Mannesalter trennt. Auf welche Seite er schließlich fallen würde, das wäre für einen Psychologen so klar wie Quellwasser gewesen, doch Hermie war sich da keineswegs sicher. Und er lag nächtelang wach und machte sich Sorgen wegen der Verpflichtungen, die mit zunehmendem Alter auf ihn zukommen würden, wie etwa Hexenschuß und Arthritis, und wie man Auto fährt und mit einer Rasierklinge umgeht, und sollte seine Mutter auch weiterhin seine Unterwäsche kaufen, und wann würde er Pickel im Gesicht bekommen, und wie in aller Welt würde er ein Mädchen bekommen und wann und was für eine, und würde ihn die Polizei mit ihr erwischen. Hermie war groß im Grübeln und Leiden. Er war der größte leidende Grübler aller Zeiten. Es war herrlich.

Sie nannten sich das Tödliche Trio, ohne einen allgemein verständlichen Grund, hauptsächlich wohl, um ihr eigenes Ego aufzuwerten und sich auf dem Planeten richtig einzuführen. Und so lagen sie da auf der Düne, auf der das alte Haus stand, rechte Wüstenteufel mit stählernen Herzen und Sand in den Unterhosen.

Das Haus? *Sie* wohnte in dem Haus. Und vom ersten Augenblick an, da Hermie sie sah, hatte ihn nichts und niemand, mit dem er es seither zu tun hatte, jemals so aufgescheucht und verwirrt wie sie, und nichts und niemand hätte mehr dazu beitragen können, daß er sich sicherer und unsicherer, bedeutender und unbedeutender fühlte.

Die drei Jungen lagen da, gequält und gelähmt, und hörten dem hohlen Ton einer Axt zu, die mächtig auf einen störrischen Holzklotz einhieb. Direkt unter ihnen, in dem großen Sandbecken zwischen den riesigen Holzpfeilern, die das Haus trugen, schwang eine männliche Figur die Axt, in einem übertriebenen, unglaublich mächtigen Bogen, weit über den Kopf zurück, und ließ sie dann wie Zeus durch die Luft sausen. Der Holzklotz teilte sich sauber in zwei perfekte Hälften, und der nächste erlitt kurz danach dasselbe Schicksal. Und noch einer, und noch einer. Die Jungen bewegten sich nicht und atmeten kaum. Sie spähten über die Kuppe ihrer Düne und horchten den Donnerschlägen Gottes zu. Irgendwie war das alles von lebenswichtigem Interesse. Jener Mann, jener Klang, jene Axt.

Immer aufs neue überantwortete der starke Mann die großen Holzscheite ihrem Schicksal, er schlug mit der Axt auf sie ein und zerkleinerte sie wie Walnüsse. Das Licht änderte sich langsam, so daß der Mann besser zu sehen war. Seine Figur war unglaublich gut entwickelt, die bis ins kleinste ausgebildete Muskulatur hätte mit einer Skulptur Berninis konkurrieren können. Er hatte die Eleganz Merkurs und die Kraft Supermans, und die Pfeife in seinem Mund verriet reinen englischen Adel.

Hermies Herz flatterte in seinem Brustkorb umher wie ein eingesperrter Sperling, als die Frau aus dem undurchdringlichen Grau schlüpfte und ihre feinen Arme um den Mann schlang. Sie war schlank und hatte dunkle Haare, die sich weich an ihre Schulter schmiegten. Jede ihrer Bewegungen war sinnlich und geschmeidig. Kein Wunder, daß der Mann die Axt weglegte. Er zog die Frau an sich in einem so vollkommenen Kuß, daß sich daran schlechthin nichts hätte verbessern lassen. Und die drei Jungen schauten zu, spürten irgendwie, daß das, was sie beobachteten, von größter Bedeutung war, etwas, in das sie eines Tages verstrickt werden würden, ein Wink aus ihrer Zukunft, ein Auftakt zu kommenden Dingen. Sie verfolgten die Szene mit Respekt und Furcht und Ehrfurcht. Und als Hermie sah, wie die Frau die Arme um den Mann legte und sich an ihn klammerte, wuchs und wuchs seine Beklemmung. In stummer Qual rutschte er hin und her, genau wie seine beiden Gefährten. Sie bezahlten den Preis für ihr zufälliges Voyeurtum, und der Preis war höher als erwartet.

Der Kuß ging zu Ende, keinen Augenblick zu früh für die keuchenden Jungen. Die Frau schlüpfte aus der Umarmung und machte sich daran, die Holzscheite auf die ausgestreckten Arme des Mannes zu stapeln. Es war, als könne er einen Berg tragen. Sie legte nacheinander die ganzen Holzscheite drauf. Zementblöcke für Salomons Tempel. Steine für die Pyramiden. Dann wurde das Liebespaar vom Nebel verschluckt, und irgendwo ging eine Tür auf und wieder zu, und zum erstenmal wurden sich die Jungen des erregten Zustands bewußt, in dem sie alle drei waren.

Weil er der Anführer war, fühlte sich Oscy verpflichtet, irgendeinen Kommentar abzugeben, und dabei grinste er wie üblich: «Der geht direkt ins Schlafzimmer mit ihr.»

«Zuerst muß er das Holz weglegen.» Das war Benjies pragmatischer Zusatz. Er sagte mit Vorliebe Dinge, über die sich nicht streiten ließ, wie «Heute ist Donnerstag», «Der Präsident unseres Landes heißt Roosevelt», «Es ist jetzt genau zwei Uhr nachmittags». Sobald Benjie etwas sagte, das auch nur im geringsten bestritten werden konnte, brachte ihm das einen Verweis und einen Schubser von Oscy ein. So war das nun einmal.

Oscy rutschte ein Stück weit die Düne hinunter, auf den Strand zu. Dann stand er auf, drehte sich um und ging den Rest des steilen Abhangs hinunter, und das war unmöglich. Noch unmöglicher war es aber für Benjie, der so spindeldürr war, daß er gar keinen Schwerpunkt hatte. Und so kam er auf dieselbe Weise die Düne herunter wie immer — er fiel hin und rollte, bis er von Oscys Fuß aufgehalten wurde.

Hermie glitt die Düne herunter wie vor ihm Oscy. Augenblicklich liefen die drei Jungen den Strand entlang, in einer Bewegung, die sich nur mit dem Flechten eines Zopfes vergleichen läßt. Sie flogen mit maßloser Geschwindigkeit aufeinander zu und rammten den, der gerade das Pech hatte, in der Mitte zu sein. Der Aufprallwinkel wurde immer tödlicher, bis Hermie, dem sein Leben noch etwas bedeutete, das Trio sprengte. Er warf einen letzten Blick auf das Haus über der Düne, musterte es genau und machte sich allerlei Gedanken. Dann ging er auf einem geheimen Umweg nach Hause, um seine Freunde loszuwerden, für deren Gesellschaft er plötzlich gar nichts mehr übrig hatte.

Die Sonne stand hoch und gutgelaunt am Himmel, als Hermie durch die Tür mit dem Fliegengitter die vordere Veranda betrat. Und er war froh, als er entdeckte, daß er nicht über den in der Sonne bratenden Leib seiner Schwester steigen mußte, der normalerweise mit dem Gesicht nach oben auf dem Rasen lag, als sei er von einem vorbeifahrenden Lastwagen gefallen.

Das Tödliche Trio hatte sich für zwei Uhr an den Strand verabredet. Musik stand auf dem Programm und was sich eben sonst ergeben würde. Die drei Kameraden lagen flach im Sand ausgestreckt, in der Badehose, waren mit nassem Sand überzogen und sahen aus wie drei frisch panierte Kalbsschnitzel. Aus Oscys Kofferradio, für das er von Hermie und Benjie regelmäßig «Batteriegeld» einzog, tönte Musik. Hermies Blick wanderte plötzlich den Strand entlang, und Oscy und Benjie blickten sogleich neugierig in dieselbe Richtung.

Es waren der Mann und die Frau, die aus dem Haus über den Dünen. Sie waren in Badeanzügen und schlenderten Arm in Arm dahin, perfekt synchronisiert. Und nur ein Blinder hätte übersehen können, daß sie restlos ineinander verliebt waren. Der Mann trug eine Uniformmütze, und wieder konnte man das schamlose Spiel seiner Muskeln sehen. Die Frau war so schön, so lächelnd, so grünäugig und langbeinig, daß den Jungen fast die Augen aus dem Kopf fielen. Die Liebenden kamen näher und gingen keine eineinhalb Meter entfernt am Tödlichen Trio vorbei. Hermie zuckte nicht mit der Wimper, nicht ein einziges Mal. Seine Augen waren die Augen einer Eidechse, lidlos und im aufgerissenen Zustand erstarrt, fixiert auf die glatten Beine und den strammen Bauch der Schönheit in Bewegung. Und als ihm der Rauch aus der Pfeife des Mannes in die Nase stieg, wußte er, daß er genauso riechen wollte wie dieser Tabak.

«So eine Figur lege ich mir auch zu», sagte Benjie und meinte dabei den Mann. Oscy grunzte nur. «Ehrlich», sagte Benjie. «Ich werde trainieren. Mit Gewichten. Jeden Tag eine Stunde.»

«So wirst du nie aussehen», sagte Oscy.

Und Benjie wußte, daß er recht hatte. «Na ja. Das muß aber auch ein Offizier sein.»

Hermies Kommentar kam irgendwoher von Linksaußen und überraschte sogar ihn selber. «Sie hat auch keine schlechte Figur.» Oscy und Benjie fuhren herum wie zwei Köpfe auf einem Hals, um den Verrückten unter ihnen zu finden. Hermie spürte, wie er angestarrt wurde, und er wußte, daß sich Dideldum und Dideldei auf seine Kosten heimlich anstießen. Und er wußte, daß jetzt dann gleich irgendeine blödsinnige Bemerkung fallen würde, aber er war nicht so doof, darauf zu warten, und so ging er zum Angriff über. «Ihr seid doch schwachsinnig, alle beide!» Und er stand auf und ging davon, ohne auch nur die Spur eines Abschieds.

Wenn es etwas Eßbares gab, das Hermie haßte, dann war es Kalbs-kotelett. Schon das Wort allein klang widerlich. Doch seit den Tagen der Depression hatte er nie vom Tisch aufstehen dürfen, bevor er nicht alles aufgegessen hatte, was ihm seine Mutter vor-setzte. Und Ausnahmen wurden nicht gemacht. Er blieb also lange sitzen und stieß immer wieder die Gabel in das Kotelett, in der Hoffnung, es würde lebendig vom Teller springen; dann müßte er es wahrscheinlich nicht essen, denn ein lebendiges Kalb zu verspeisen wäre ja fast Kannibalismus gewesen.

Seine Mutter war vollauf damit beschäftigt, zu spülen und im Radio die Stunde für Amateurmusiker zu hören. Seine Schwester war, da inzwischen die Sonne weg war, auf ihrem Zimmer und betrachtete wahrscheinlich traumversunken den Mond. Weiß der Teufel, wovon sie die ganze Zeit träumte. Tagsüber lag sie in der Sonne, und nachts himmelte sie den Mond an. Sie war achtzehn Jahre alt und für den Rest der Familie absolut unzugänglich. Mit dem Augenblick, in dem ihre Brüste zu sprießen anfingen, hörte sie auf normal zu sein. Und in dem Maß, in dem ihre Brüste wuch-sen, zog sie sich immer mehr zurück. Und mehr als einmal fragte sich Hermie, wieso eigentlich seine Schwester ihren Busen stän-dig in ihrem Zimmer versteckte.

Was seinen Vater betraf, so konnte der nur an jedem zweiten Wochenende zur Insel kommen. Jedenfalls saß Hermie allein am Tisch, es sei denn, man rechnete das Kalbskotelett mit, das es jedoch ausgezeichnet verstand, sich totzustellen. Hermie hatte seiner Mutter ein seiner Ansicht nach ehrliches Geschäft vorge-schlagen. Er würde den Spargel essen, und zwar nicht nur die Spitzen, wenn er dafür mehr als die Hälfte des Koteletts liegenlas-sen durfte. Das Geschäft kam nicht zustande. Mit seiner Mutter etwas aushandeln zu wollen, während die Amateurstunde im Radio kam, war ein aussichtsloses Unterfangen.

Hermie starrte noch weitere fünf Minuten auf das zerstochene Kotelett, bevor er sich zu einem Fluchtversuch entschloß. Irgend-ein Verrückter im Radio spielte eine singende Säge, und Hermies Mutter sang den Text mit.

Vollkommen geräuschlos stand Hermie auf und ging auf die Tür zu, und er schaffte es, hinauszuschlüpfen, ohne die singende Mutter aus ihrem Duett mit der Säge wachzurütteln.

Als er die Haustür mit dem Fliegengitter erreicht hatte, konnte Hermie die beiden sehen. Oscy und Benjie. Oscy lag ausgestreckt auf dem Rücken auf dem verwahrlosten Rasen und betrachtete den Himmel. Benjie, bei dem sich die entsetzliche Langeweile in einer anderen Stellung ausdrückte, starrte auf seine Ingersoll am Handgelenk. Vielleicht würde er eines Tages Radium entdecken. Bei diesem Anblick seiner aufregenden Freunde war Hermie versucht, umzukehren und bei dem Kotelett Zerstreuung zu suchen. Doch die Trägheit ließ ihn in der einmal eingeschlagenen Richtung weitergehen, und er öffnete und schloß die Tür mit dem Fliegengitter so behutsam, daß nicht mal ein Polizeihund mit Auszeichnung etwas gehört hätte, aber ein Polizeihund war eben noch lange keine Mutter. Die Stimme kam aus dem Wohnzimmer, wurde vom Fliegengitter gefiltert und traf sein Gehirn wie eine Kanonenkugel. «Herman, du gehst fort.»

Das war eine direkte Feststellung gewesen. Nicht etwa eine Frage, sondern eine Feststellung von Tatsachen. Mutter; Substantiv; weiblichen Geschlechts: allsehend, allwissend. Gott im Himmel. Hermie stand auf der obersten Stufe und wartete auf den Rest, denn so funktionierte seine Mutter nun einmal — als hätte sie eine eingebaute Automatik. Zuerst die direkte Feststellung, über die sich nicht streiten ließ. Beispiel: «Herman, du gehst fort.» Als nächstes würde die versteckte Drohung kommen. Sie kam. «Ich will nur hoffen, du hast dein Kotelett aufgegessen.» Eine dritte Äußerung würde nicht lange auf sich warten lassen. Es würde eine Frage sein. Fragen waren tödlich, da sie eine Antwort erforderten. Bei einer direkten Feststellung konnte man weit weg sein, doch bei einer Frage war es dringend ratsam, sich im Haus zu befinden. Hermie setzte sich auf die oberste Stufe und wartete auf die Frage. Von da aus konnte er beobachten, ob in Oscys und Benjies Leichen, die man da auf seinen Rasen gekippt hatte, noch Anzeichen von Leben waren. Es gab tatsächlich solche Anzeichen, wenn auch nur schwache. Ein schwaches, ungleichmäßiges Atmen.

Hermie war immer gepflegt. Seine Haare waren gekämmt. Sie wurden nicht sehr oft gekämmt, und auch nicht zu gründlich, weil man sie erst einzeln erschießen mußte, bevor sie nachgaben und sich hinlegten. Doch es geschah immer mal wieder, daß irgendein Urinstinkt an Hermies Gewissen nagte und ihm ins Ohr flüsterte: «Kämm deine Haare. Man kann nie wissen.»

Was Oscy anging, so trug er immer dasselbe idiotische Frotteehemd. Er behauptete, er habe vier davon, alle im gleichen Farbton, diesem stumpfen Grau. Doch Hermie hatte den starken Verdacht, daß vier Frotteehemden unmöglich dieselben identischen Fettflecken, Farbspritzer, Löcher, Schlitze und Blutflecken aufweisen konnten. Oscy verbreitete gelegentlich einen starken Wildgeruch, vor allem an heißen, schwülen Tagen. Was Benjie betraf, so achtete Hermie nie darauf, was er anhatte. Solange Benjie seine Uhr hatte, war er angezogen, und seine Welt war in Ordnung. «Siebzehn Minuten vor acht», sagte er. Niemand konnte ihm widersprechen.

Dann kam zum drittenmal die Stimme aus dem Haus. Die Frage. Bäng. «Herman, hast du dein Kotelett aufgegessen?» Oscy und Benjie richteten ihre Blicke auf Hermie und nagelten ihn fest. Denn die nächste Umdrehung der Erde hing von Hermies Antwort ab. Hermie blickte zurück, erst zum einen, dann zum andern. Er wiederholte diesen Vorgang, in erhöhtem Tempo, bis alle verstanden hatten, daß er mit seinem Kopfschütteln die Frage verneinte, und das war für die drei das Zeichen zum Aufbruch: Sie standen geräuschlos auf und gingen schweigend auf die Stadt zu. Sie hatten die Szene oft gespielt, auch auf Oscys und Benjies Rasen und vor vielen Häusern in Brooklyn, und es war das Gesetz: Wenn du deinen Teller nicht leergegessen hast, verdrück dich. Niemand hatte je eine angemessenere Lösung erdacht.

Als er sich so vom Haus entfernte, wußte Hermie, daß die unbeantwortete Frage in Kürze die vierte und letzte Stufe im mütterlichen Funktionsablauf erreichen ließ: ihren persönlichen Auftritt, bei dem sie auf die Veranda heraustreten und sich, die Hände in die Seiten gestemmt, in allen Richtungen umsehen und dann in die leere Luft hinausrufen würde: «Herman, komm ja nicht nach Hause, bevor du dein Kotelett aufgegessen hast.» Das war die Art von Problemen, mit der sich Hermie auseinanderzusetzen hatte. Sein Leben war voll davon.

Sie bummelten die Straße hinunter und setzten sich schließlich auf den Landesteg der Fähre, der von den grünen moosbedeckten Pfeilern getragen wurde, die nicht so aussahen, als könnten sie noch einen Tag ihren Dienst versehen. Sie waren allmählich wahre Meister darin, auf dem Landesteg zu sitzen, und Hermie sehnte eine Flutwelle oder einen Taifun herbei, der sie einfach fortspülen würde. Er hoffte, seine Freunde würden dabei ertrinken, während er an irgendeiner Insel an Land gespült wurde, zusammen mit zwei bildschönen Mädchen. Aber Hermie konnte sich unmöglich von seiner Phantasie hinreißen lassen, solange Oscy neben ihm saß und seiner Mundharmonika wahrhaft merkwürdige Töne entlockte. Die Sinfonie der Blähungen. Benjie betrachtete die Ankündigungen, die am städtischen Schwarzen Brett befestigt waren, verglich sie mit seiner Armbanduhr, stoppte sie. Herr Gott noch mal.

Hermie verbarg sich hinter seinem üblichen völlig stumpfsinnigen Gesichtsausdruck und beobachtete — ohne wirklich zu beobachten — die Leute, die an Bord der Fähre gingen, die um zwei Uhr zwanzig zum Festland fuhr. Leute, Kinder, Hunde, Kinderwagen, Handwagen. Und dann sie, der Mann und die Frau. Wieder stieg ihm bei ihrem Anblick, allein schon beim Gedanken an ihren Namen (den er nicht kannte) das Blut in den Kopf, so daß ihm schwindlig wurde.

Der Mann trug Uniform und hatte einen Seesack über der Schulter. Die Frau, aaaah, sie trug verblichene Jeans und eine weite Bluse, und ihre Haare und ihre bezaubernden grünen Augen waren in einen merkwürdigen Nebel getaucht, und Hermies Herz zog in Erwägung, die Pumparbeit ganz einzustellen, denn wer konnte je auf Größeres hoffen, als im Anblick hinreißender Schönheit sein Leben zu lassen? Sie klammerte sich an den Mann, versuchte ein Teil von ihm zu werden. Er ging fort. Sie wußte nicht, wann sie ihn wiedersehen würde. Es war die alte Geschichte, doch außerhalb des Kinos so fachmännisch dargestellt, schien sie Hermie auf ganz neue Art fremd. Die zwei Liebenden standen genau in der Mitte der Menge, und die Leute rings umher waren in Bewegung, beeilten sich, an Bord der tuckernden Fähre zu kommen. Abschiedsstimmung lag in der Luft, und sie lächelte trotzdem, ohne sich auch nur einen Augenblick verstellen zu können.

Schließlich waren alle Passagiere an Bord. Und als die Fähre anfing sich zu bewegen, schaute Hermie wieder hinüber zu der

Frau, und sie hatte sich verändert. Sie stand jetzt allein am Pier und winkte mit einem lieblichen Arm über das Meer, und der Wind spielte weich mit ihrem herrlichen Haar. Sie war Anna Karenina, die schöne Helena, die Jungfrau aus dem See. Und zu all dem die lieblichen Klänge einer Mundharmonika. Virtuos. Oscy, das häßliche Entlein, spielte wie ein Schwan.

Hermie blickte wieder auf die schnell kleiner werdende Fähre, die jetzt die Bucht verließ. Sie war schon so weit weg, daß der Mann keine Eigenpersönlichkeit mehr hatte. Er war nur noch einer unter vielen Passagieren, ein Pünktchen auf der Zweiuhrzwanzig-Fähre.

Hermie konzentrierte sich wieder auf die Frau. Das letzte Winken klang in ihren Fingerspitzen aus, das letzte blasse Lächeln verschwand aus ihrem schmerzerfüllten Gesicht. So wie sie dastand, wie sich die Tränen in ihre prachtvollen Augen schlichen, war sie die traurigste Kreatur in der traurigsten aller Welten. Die Melodie der Mundharmonika stieg klagend gen Himmel, wo sie sicherlich ursprünglich herkam, und das durchsichtige Gewand der Frau löste sich kraft Hermies Röntgenaugen allmählich auf und enthüllte deutlich ihre elfenbeinernen Brüste, so herrlich verziert mit zwei Maraschino-Kirschen. Und dann kam eine Brise auf, und das dünne Gewand begann zu fallen, fallen . . .

«He, Hermie? He, du alter Träumer!»

Verflucht, es war Oscy.

«Juhuu, heda, Hermie?»

Verflucht, es war Benjie. Verflucht, verflucht.

Hermie drehte sich um und sah, wie ihm Oscy und Benjie idiotisch zugrinsten. Nebeneinander standen sie, und dieses doofe Grinsen schien in Oscys rechtem Ohr zu beginnen und sich über beide Gesichter weg bis zu Benjies linkem Ohr zu erstrecken, und dazwischen lagen nur Zähne, und die waren zum größten Teil durch Drahtbügel und Klammern verdeckt.

Hermie drehte sich schnell wieder um, um die Frau noch einmal zu sehen, einen letzten Blick zu erhaschen, ein Foto für seine Aufzeichnungen, für einen Platz an der Wand seines Herzens. Doch sie war fort, und er sah nur noch einen kleinen weißen Schuh um eine Ecke verschwinden. Sie war nur noch irgendeine Dame in verblichenen Jeans, sonst nichts. Und die Mundharmonika war wieder schauderhaft, weil Oscy nicht spielen konnte, daran war nun einmal nicht zu rütteln.

Hermie ging wütend auf seine zwei sogenannten Kumpel los, und sein Ärger war so echt, daß Oscy seine Mundharmonika einsteckte und verwirrt grinsend zurückwich. «Menschenskinder!» schimpfte Hermie. «Ihr könnt auch nie das Maul halten! Warum könnt ihr nicht mal ein paar Minuten das Maul halten? Warum haltet ihr nicht mal eine Weile das Maul und denkt nach? Warum lest ihr nicht? Herrgott, ihr lest nie! Nichts!»

«Ich lese, Hermie», sagte Oscy, und dann, mit dem Daumen auf Benjie zeigend: «Und Benjie, der schaut die Bilder an.»

«Ihr zwei seid das Letzte! Wirklich! Alle beide!» Hermie steigerte sich in einen mächtigen Zorn hinein.

Benjie simulierte Angst und trat einen Schritt zurück.

Oscy trat mit bemerkenswerter Toleranz dazwischen. «Hermie, dein Problem ist einfach, daß du ein Träumer bist.»

«Okay, ich träume. Na und?»

Oscy legte Hermie einen Arm um die Schulter und ging mit ihm die Straße entlang. «Weißt du, Hermie — träumen tut man nur beim *Schlafen*. Wenn du träumst, solange du *wach* bist, dann glaubt jeder, du seist übergeschnappt.» Er wollte sich das von Benjie, der hinter ihnen herlief, bestätigen lassen. «Hab' ich recht, Benjie?»

Benjie hatte die Augen geschlossen und streckte die Arme von sich wie ein Schlafwandler. «Stör mich nicht, ich träume.»

Hermies Wut war nicht mehr zu bremsen. Er stieß Oscys Arm von seiner Schulter und blieb stehen, denn im Gehen kann man nur schwer seinen Ärger ausdrücken. Um Ärger auszudrücken, muß man stillstehen, die Faust ballen und etwas Blut in die Augen schießen lassen, und all das tat Hermie, unmittelbar bevor er sein Mißfallen in Worte kleidete. «Na schön, ihr Heinis. Mit euch bin ich fertig, ist das klar? Ihr seid unter meinem Niveau, verstanden? So weit unten, daß ich es kaum fassen kann. Ihr seid doof und dumm dazu. Ihr habt keine Ahnung von aktuellen Begebenheiten. Nicht die geringste Ahnung, keinen blassen Dunst.»

Diese neue Beschuldigung aus heiterem Himmel verunsicherte Benjie. «Aktuelle Begebenheiten?»

Hermie fiel über ihn her. «Wie hoch ist dein Intelligenzquotient?»

Benjie wandte sich an Oscy. «Was zum Kuckuck sind aktuelle Begebenheiten?»

Oscy grinste Hermie zu. «Sag's ihm.»

Und Hermie sagte zu Benjie: «Du hast einen Intelligenzquotienten von vier!»

Und Oscy sagte: «Richtig.»

Hermie ging davon, und seine beiden Freunde waren klug genug, ihm nicht zu folgen. Wenn Hermie in eine neue Periode dunkler Wunderlichkeit trat, dann wollten sie ihn lieber in Ruhe lassen. Es lohnte sich nicht mal, ihm etwas nachzurufen, obwohl sie wußten, wie sehr es Hermie irritierte, wenn man ihm auf der Straße etwas nachrief. Nein, sagten sie sich, er soll ruhig und in Frieden von uns gehen. Das war schließlich für alle Beteiligten am besten.

Auf dem Heimweg versuchte Hermie, Ordnung in seine chaotische Gedankenwelt zu bringen. Doch am Schluß seiner Bemühungen stand nichts als totale Verwirrung, dreimal multipliziert mit Hilflosigkeit und potenziert mit Einsamkeit. Die kreisende Seemöwe war in dieser Rechnung nicht inbegriffen, wenn sie auch Hermie veranlaßte, sein Tempo zu beschleunigen, denn ein Vogel im Flug war bedrohlicher als zwei im Busch. Gleich, was seine Mutter an diesem Abend auftischen würde, es konnte nur besser sein als das vom Abend vorher. Das mußte er seiner Mutter hoch anrechnen: Sie würde ihm nie an zwei aufeinanderfolgenden Tagen Kalbskotelett zumuten.

Die Sonne stand hoch am Himmel und verbreitete eine Mordshitze, so wie sich das für den Juli geziemte. Und die Wellen brachen sich sanft über den bewegungslosen Gestalten des Tödlichen Trios, die wie gestrandete Thunfische halb im Wasser, halb am Ufer lagen. Benjie hielt seinen linken Arm wie ein Periskop in die Luft, damit seine wertvolle Ingersoll ja keine Wasserspritzer abbekam, blickte zu seinem Arm hoch und sagte: «Elf Minuten vor drei.» Niemand äußerte sich zu dieser brillanten Beobachtung.

Oscy war aufgestanden. Er stand da und grinste. Hermie blickte auf, als der Schatten auf sein Gesicht fiel. Wenn Oscy so dastand und grinste, bahnte sich etwas an. «Also, Hermie, weil ich keine Lust habe, dich zu verprügeln, nehme ich dir zur Strafe dein blödes Hemd weg.» Und er nahm es weg.

Oscy ging davon und hielt Hermies Hemd an einem Ärmel und schleppte den Rest hinter sich her durch den Dreck, der hier das Ufer säumte, wo das Wasser allerlei übelriechendes Zeug anschwemmte. Benjie stand auf und folgte Oscy, ein getreuer Diener seines Herrn. Hermie rührte sich nicht, er beobachtete nur.

Oscy war noch keine fünfzehn Meter weit gegangen, als er den Rückwärtsgang einlegte und umkehrte. Benjie, der Lotsenfisch, schloß sich seinem Herrn und Meister an. Oscy blieb vor Hermie stehen und ließ das Hemd wie einen Fallschirm auf Hermie herunterfallen, der nicht mit der Wimper zuckte und an der ganzen Sache nicht das geringste Interesse zu haben schien. «Und laß dir das eine Lehre sein.»

Obwohl Hermies Kopf fast völlig von dem Hemd bedeckt war, so war ihm die Sicht doch nicht ganz verdeckt. Ein Auge hatte die Öffnung eines Hemdsärmels vor sich, und es schaute angestrengt zum Strand hinunter. Und das Auge berichtete dem Gehirn, was es erspäht hatte. Und das Gehirn funkte es dem Herzen, und das Herz gab die Neuigkeiten an seinen ganzen Körper weiter.

Sie war da. Eine geschmeidige Gestalt, die sich auf den Ozean zubewegte. Die Frau. Sie ging zu einem Platz am Strand und nahm ihn für alle Ewigkeit in Besitz, dadurch, daß sie ihr Badetuch darauf ausbreitete. Es flatterte im Wind, ein Liebesbanner, ein Signal der Leidenschaft.

Oscys Stimme. «Was starrt er denn an?»

Benjies Stimme. «Es ist wieder diese Frau.»

Wieder diese Frau legte sich dann auf den Rücken, um sich der Sonne hinzugeben. Der Badeanzug glitzerte, denn er war aus zehntausend echten Diamanten zusammengesetzt, zur Perfektion geschliffen von ebenso vielen Diamantschleifern, die anschließend glückselig starben. Ihre Beine waren lang und ebenmäßig hübsch, das mit dem gebeugten Knie und das andere mit dem gestreckten Knie; alle beide waren sie gleich köstlich, man brauchte nur auszuwählen. Ihr Mund war feucht und leicht geöffnet, und so viele weiße Zähne, wie sich eine Frau nur wünschen kann, schimmerten darin. Das Haar trug sie offen und einladend, und war es auch völlig windstill, so schien es doch von den zarten Liebkosungen eines Zephyrs umspielt zu werden. Lange Wimpern verschleierten die smaragdfarbenen Augen, die in den zarten

Lidern eingebettet lagen und ihre grünen Batterien aufluden. Und diese ganze wundervolle Landschaft vermochte Hermie, flach am Boden liegend, auf dreißig Meter Entfernung zu sehen, und noch dazu mit einem Auge.

Oscys Stimme. «Mein Gott, Hermie, läßt du dich schon wieder hypnotisieren, starr wie eine Leiche?»

Benjies Stimme. «He, Leiche!»

Hermie ging auf keinen der beiden ein. Höchstwahrscheinlich hatte er nichts gehört, nur Engelsklänge. Er schob das Hemd zur Seite, damit sich das andere Auge auch beteiligen und ihm bestätigen konnte, daß es wirklich stimmte, daß es tatsächlich sie war. Für einen Augenblick, als sich das zweite Auge darauf einstellte, war sie gleich dreimal vertreten. Dann viermal. Dann dutzendmal, in einem wirbelnden Kaleidoskop. Als dann jedoch der Wirbel aufhörte, gab es sie nur noch einmal, allerdings gestochen scharf. Hermie kamen die Tränen. Es war nicht einfach, das zu verstehen. Allein vom Hinschauen kamen ihm die Tränen. Was konnte das denn bloß bedeuten? Wer weint schon beim Anblick von Schönheit? Welche Gefühlstiefe war schon durch ihren bloßen Anblick ausgelotet worden?

Oscys Stimme. «Bei Gott, Hermie, ich weiß nicht, was auf einmal über dich gekommen ist. Das ist eine sehr alte Person. Ich seh' wirklich nicht, was an ihr so anziehend sein soll.»

Benjies Stimme. «He, Leiche.»

Hermie, der ja schließlich eine Schwester hatte, wußte, daß die Frau kaum älter als dreiundzwanzig sein konnte, höchstens ein paar Minuten. Er beobachtete, wie sie das Knie, das bisher abgewinkelt war, streckte und dafür das andere hochstellte. In seinem Herzen donnerte es dabei so gewaltig, daß ihm von neuem Hören und Sehen verging.

Benjies Stimme. «Vielleicht ist es ihre Seele. Vielleicht treffen sich ihre Seelen und sagen sich guten Tag.»

Das Bild in Hermies Vorstellung, «Liebende im Sand», wurde jäh zerstört, weil ihm irgend jemand, wahrscheinlich Oscy, einen sandbedeckten Fuß ins Kreuz stieß. «Geh, sag guten Tag zu ihrer Seele, Hermie. Sag doch guten Tag.»

Hermie schaute zu Oscy hinauf, der die blendende Sonne genau im Rücken hatte. «Laß das, Oscy.»

«Nein.» Oscy packte Hermie und stellte ihn unsanft auf die Beine. «Wenn sie die große Liebe deines Lebens ist, dann geh hin und sag ihr guten Tag.»

Hermie schaute Oscy ins Gesicht und haßte es aus ganzem Herzen. Er wollte ausholen und ihm die Nase blutig schlagen, aber er war schließlich nicht lebensmüde. Er versuchte, Oscys unergründliches Grinsen zu interpretieren. Aus Erfahrung wußte er: Zog Oscy beim Grinsen den linken Mundwinkel hoch — dann war höchste Alarmstufe. In diesem speziellen Fall grinste er mit beiden Mundwinkeln. Der bellende Hund wedelte mit dem Schwanz. Das soll einer verstehen.

Oscy legte beide Pfoten auf Hermies Schultern. Dann drehte er ihn ruckartig um, so daß die Richtung stimmte, und schob ihn sanft, aber unnachgiebig auf die Frau zu. «Wir möchten gern, daß du ihr guten Tag sagst, denn, wer weiß, vielleicht bist du ein Liebhaber der Spitzenklasse und hast es uns nur nie merken lassen. Also» — er gab ihm einen heftigen Stoß, und Hermie flog ein paar Schritte den Strand hinunter, direkt auf die Frau zu —, «geh, sag ihr guten Tag, Hermie. Geh, sag ihr guten Tag.»

Hermie folgte seinen Füßen. Er haßte sich wegen seiner Feigheit, lobte sich aber wegen seiner Intelligenz. Denn wer Oscy fürchtet und vor ihm davonläuft, der wird auch in Zukunft vor ihm davonlaufen müssen. Außerdem wußte Hermie, tief drin in seinem Herzen, daß er, auch wenn Oscy und Benjie nicht zuschauten, immer einen Vorwand finden würde, unter dem er sich irgendwie an die Frau heranmachen konnte, nur um irgendwie herauszufinden, was irgendwie daraus werden würde.

Hermie trottete weiter, so gut es ging, und er kam gar nicht schlecht voran, wenn man bedenkt, daß er ganz irr war, halb aus Verlangen und halb aus Furcht. Immer näher kam er heran, immer kleiner wurde die endlose Lücke zwischen ihnen, und er stellte fest, daß ihr Badeanzug doch nicht aus Diamanten zusammengesetzt war. Vielmehr war er aus einem dünnen Material, das an die alten Griechen erinnerte, und auf atemberaubende Art beinahe durchsichtig. Oder waren es seine Röntgenaugen, die ihre Strahlen aussandten? Bald würde er es wissen. Vorwärts.

Und wieder beschworen die Götter die magische Mundharmonika, und sie ließ exotische Serenaden in den Himmel steigen, zum Vergnügen der Bewohner des Olymp. Gott, wenn das Oscy war, der da spielte. Hermie wagte nicht, sich umzudrehen, denn Oscy konnte nun mal nicht spielen. Und das hieß, daß es Benjie sein mußte, und das war noch unmöglicher. Vor ihm lag sie, im Sonnenglanz, und Wunder über Wunder, sie schwitzte nicht. Keine Spur von Schweiß. Sie schwitzte nicht. Wie herrlich, denn wer konnte wirklich eine Frau begehren, die schwitzte? Höchstens ein gefühlloser Gorilla.

Und welche Träume rührten ihre Seele? Welch mystischer Instinkt sagte ihr, wie nahe er war? Hermie umkreiste sie wie ein Rudel Wölfe. Lautlos, heimlich. Die Zehen waren winzige Schmuckstücke. Die Beine aus Alabaster gehauen. Die Finger Ranken der Leidenschaft. Ägyptisches Gold verzierte ihre Ohren, die nichts anderes waren als Muschelschalen. Das Haar reine Seide. Die Wimpern ein samtenes Gewebe. Und die Stimmen Oscys und Benjies.

«He, junge Frau im blauen Badeanzug! Das ist *Jack the Ripper!*»

«Ein Unhold!»

Hermie erstarrte, als sich die Prinzessin bewegte, als die zarten Wimpern aufgescheucht flatterten, weil die rauhen Töne jener groben Sterblichen ihre königliche Ruhe störten. Hermies Kreisbahn wurde zu einer geraden Linie — fort von ihr. Er gönnte sich nur noch einen letzten Blick auf die ruhende Göttin, die sich mit anmutiger Erhabenheit auf beide Ellbogen stützte, während sich sanft der Vorhang über dem strahlenden Augenpaar hob. Hermie wußte, wenn sie jemals diese Smaragde auf ihn richtete, würde das seinen sofortigen Tod zur Folge haben. Und so rannte er davon. Kein Feigling war jemals mit größerer Entschlossenheit geflüchtet. Da blockierte Oscy mit einer sauberen Körperdrehung seinen Unterkörper und Benjie hätte ihn am Oberkörper erwischt, hätte Oscy ihn nicht bereits umgelegt. Und so konnte Hermie von seinem Platz am Boden aus beobachten, wie Benjie, einem Kartoffelsack zum Verwechseln ähnlich, über ihn wegflog und mit aller Macht ein Luftloch rammte und dann mit einem Aufschrei landete, genau auf seiner blöden Nase, als er eben Luft holte. Er würde mindestens bis Oktober Sand im Rotz haben.

Oscy packte Benjie und zerrte ihn mit sich fort, und er ließ ihn auch nicht los, als sie schon fast außer Sichtweite waren. Aber

Hermie konnte immer noch hören, wie Benjie fluchte, während er sich die groben Sandkörnchen immer tiefer in die Augen rieb. Oscy drehte sich um und rief zu Hermie zurück: «Bis später, Hermie! Okay?»

Hermie gab keine Antwort, rührte sich nicht. Er drehte nur den Kopf so weit, daß er Oscy sehen konnte, der Benjie immer noch fest im Griff hatte, Benjie, der Flüche ausstieß, die es gar nicht gab. Das ungleiche Paar verschwand über dem Horizont, sie sahen aus wie Abbott und Costello, nur noch viel komischer.

Als sie außer Sichtweite waren, wälzte sich Hermie zur Seite und richtete sich langsam auf. Er ging im Zickzackkurs, wie betrunken, zum Ozean, und als er bis zu den Knien im Wasser stand, ließ er sich vollends hineinfallen, wie ein gefällter Baumriese. Die Kälte war erfrischend und wiederbelebend. Er tauchte auf wie ein Delphin und füllte seine Lungen mit Luft und paddelte ans Ufer zurück. Seine wackligen Beine trugen ihn die letzten paar Meter, und er ließ sich mit einer Bauchlandung in den nassen Sand fallen, so daß die Schnepfenvögel bibbel-bibbel machten und sich ein Stückchen weiter vom Ufer entfernten, als sie eigentlich beabsichtigt hatten. Er stützte den Kopf mit seinem Unterarm und spähte zum Horizont. Der Feind hatte sich verzogen, doch die Frau auch. Er stand auf und machte sich auf den Weg nach Hause, und aus irgendeinem Grund, den er nie verstehen würde, fühlte er sich wohler, als er sich bisher in seinem ganzen fünfzehnjährigen Leben gefühlt hatte.

THEODOR FONTANE

Die sokratische Methode

Mein Vater war, um einen seiner Lieblingsausdrücke zu gebrauchen, beständig in der «Bredouille», sah sich finanziell immer beunruhigt und gedachte deshalb der nun anbrechenden, zwischen Ostern 1826 und Johanni 1827 liegenden kurzen Epoche bis zu seinem Lebensausgang mit besonderer Vorliebe. Denn es war die einzige Zeit für ihn gewesen, wo die «Bredouille» geruht hatte.

Über dieses fünfvierteljährige glückliche Interim habe ich zunächst zu berichten.

Wir verlebten diese Zwischenzeit in einer in Nähe des Rheinsberger Tores gelegenen Mietswohnung, einer geräumigen, aus einer ganzen Flucht von Zimmern bestehenden Beletage. Beide Eltern waren denn auch, was häusliche Bequemlichkeit angeht, mit dem Tausche leidlich zufrieden, ebenso die Geschwister, die für ihre Spiele Platz in Hülle und Fülle hatten. Nur ich konnte mich nicht zufrieden fühlen und habe das Mietshaus bis diesen Tag in schlechter Erinnerung. Es war nämlich ein Schlächterhaus, was nie mein Geschmack war. Durch den langen dunklen Hof hin zog sich eine Rinne, drin immer Blut stand, während am Ende des einen Seitenflügels an einer schräg gestellten, breiten Leiter ein in der Nacht vorher geschlachtetes Rind hing. Glücklicherweise war ich nie Zeuge der entsprechenden Vorgänge, mit Ausnahme der Schweineschlachtung. Da ließ sich's mitunter nicht vermeiden. Ein Tag ist mir noch deutlich im Gedächtnis. Ich stand auf dem Hausflur und sah durch die offenstehende Hintertür auf den Hof hinaus, wo gerade verschiedene Personen, quer ausgestreckt, über dem schreienden Tier lagen. Ich war vor Entsetzen wie gebannt, und als die Lähmung endlich gewichen war, machte ich, daß ich fortkam, und lief die Straße hinunter durchs Tor auf den «Weinberg» zu, ein bevorzugtes Vergnügungslokal der Ruppiner. Ehe ich aber daselbst ankam, nahm ich, um zu verschnaufen, eine Rast auf einem niedrigen Erdhügel. Den ganzen Vormittag war ich fort. Bei Tische hieß es dann: «Um Himmels willen, Junge, wo warst du denn so lange?» Ich erzählte nun ehrlich, daß ich vor dem Anblick unten auf dem Hofe die Flucht ergriffen und auf halbem Wege nach dem Weinberge hin auf einem Erdhügel gerastet und meinen Rücken an einen zerbröckelten Pfeiler gelehnt hätte. «Da hast du ja ganz gemütlich auf dem Galgenberge gesessen», lachte mein Vater. Mir aber war, als lege sich mir schon der Strick um den Hals, und ich bat, von Tisch aufstehen zu dürfen.

Um eben diese Zeit kam ich in die Klippschule, was nur in der Ordnung war, denn ich ging in mein siebentes Jahr. Der Lehrer, der Gerber hieß, machte von seinem Namen weiter keinen Gebrauch und war überhaupt sehr gut. Ich zeigte mich auch gelehrig und machte Fortschritte; meine Mutter hielt es aber doch für ihre Pflicht, hier und da, namentlich im Lesen, nachzuhelfen, und so stand ich jeden Nachmittag an ihrem kleinen Nähtisch und las ihr aus dem «Brandenburgischen Kinderfreund», einem guten Buche mit nur leider furchtbaren Bildern, allerlei kleine Geschichtchen vor. Ich machte das wahrscheinlich ganz erträglich, denn gut lesen und schreiben können, beiläufig etwas im Leben sehr Wichtiges, ist eine Art Erbgut in der Familie; meine Mutter war aber nicht leicht zufriedenzustellen und ging außerdem davon aus, daß Loben und Anerkennen den Charakter verdürbe, was ich übrigens auch heute noch nicht für richtig halte. Bei dem kleinsten Fehler zeigte sie die «rasche Hand», über die sie überhaupt verfügte. Von Laune war dabei keine Rede; sie verfuhr vielmehr lediglich nach dem Prinzip: «nur nicht weichlich». Ein Schlag zuviel konnte nie schaden, und ergab sich, daß ich ihn eigentlich nicht verdient hatte, so galt er als Ausgleich für all die Dummheiten, die nur zufällig nicht zur Entdeckung gekommen waren. «Nur nicht weichlich.» Dies ist gewiß ein sehr guter Grundsatz, und ich mag ihn nicht tadeln, trotzdem er mir nichts geholfen und zu meiner Abhärtung nichts beigetragen hat; aber wie man sich auch dazu stellen möge, meine Mutter ging im Hartanfassen dann und wann etwas zu weit. Ich hatte lange blonde Locken, weniger zu meiner eigenen, als zu meiner Mutter Freude; denn um diese Locken in ihrer angeblichen Schönheit zu erhalten, wurde ich den andauerndsten und gelegentlich schmerzhaftesten Kämmprozeduren unterworfen, dem Kämmen mit dem sogenannten engen Kamm. Wäre ich damals aufgefordert worden, mittelalterliche Marterwerkzeuge zu nennen, so hätte der «enge Kamm» mit obenan gestanden. Eh nicht Blut kam, eh war die Sache nicht vorbei; anderen Tages wurde die kaum geheilte Stelle wieder mit verdächtigem Auge angesehen, und es folgte der einen Quälerei die andere. Freilich, wenn ich, was möglich, es dieser Prozedur verdanken sollte, daß ich immer noch einen bescheidenen Bestand von Haaren habe, so habe ich nicht umsonst gelitten und bitte reumütig ab. Neben dieser sorglichen Behandlung der Kopfhaut stand eine gleich fürsorgliche des Teints. Aber auch diese Fürsorge lief auf Anwendung zu scharf einschneidender Mittel hinaus. Wenn bei Ostwind oder starker Sonnenhitze die Haut aufsprang, hatte meine Mutter das unfehlbare Heilmittel der Zitronenscheibe zur Hand. Es half auch immer. Aber Coldcream oder ähnliches wäre mir doch lieber gewesen und hätt' es wohl auch getan. Übrigens verfuhr die Mama mit gleicher Unerbittlichkeit gegen sich selbst, und wer mutig in die Schlacht vorangeht, darf auch Nachfolge fordern.

Ich wurde, wie schon erwähnt, während der Zeit, wo wir die Mietswohnung innehatten, sieben Jahre alt, gerade alt genug, um allerlei zu behalten, weiß aber doch herzlich wenig aus jener Zeit. Nur zweier Ereignisse erinnere ich mich, wobei wahrscheinlich eine starke Farbenwirkung auf mein Auge mein Gedächtnis unterstützte. Das eine dieser Ereignisse war ein großes Feuer, bei dem die vor dem Rheinsberger Tore gelegenen Scheunen abbrannten. Es war aber, wie ich gleich vorweg zu bemerken habe, nicht der Scheunenbrand selbst, der sich mir einprägte, sondern eine sich unmittelbar vor meinen Augen abspielende Szene, zu der das Feuer, dessen Schein ich nicht einmal sah, nur die zufällige Veranlassung gab. Meine Eltern befanden sich an jenem Tage auf einem kleinen Diner, ganz am entgegengesetzten Ende der Stadt. Als die Tischgesellschaft von der Nachricht, daß alle Scheunen in Feuer stünden, überrascht wurde, stand es für meine Mutter, die eine sehr nervöse Frau war, sofort fest, daß ihre Kinder mit verbrennen müßten oder mindestens in schwerer Lebensgefahr schwebten, und von dieser Vorstellung ganz und gar beherrscht, stürzte sie von der Tafel fort die lange Friedrich-Wilhelm-Straße hinunter und trat, ohne Hut und Mantel und das Haar von dem stürmisch eiligen Gang halb aufgelöst, in das große Frontzimmer unserer Wohnung, darin wir, aus den Betten geholt und mit Decken zugedeckt, schon auf Kissen und Fußbänken umhersaßen. Unserer ansichtig werdend, schrie sie vor Glück und Freude laut auf und brach dann ohnmächtig zusammen. Als im nächsten Augenblicke verschiedene Personen, darunter auch die Wirtsleute, mit Lichtern in der Hand herkamen, empfing das Gesamtbild, das das Zimmer darbot, eine grelle Beleuchtung, am meisten das dunkelrote Brokatkleid meiner Mutter und das schwarze Haar, das drüberfiel, und dies Rot und Schwarz und die flackernden Lichter drum herum, das alles blieb mir bis diese Stunde.

Mein Vater saß gern an seinem Sekretär und hing mehr oder weniger an jedem Kasten und Schubfach desselben; ein besonders intimes Verhältnis aber unterhielt er zu einem hinter einem kleinen Säulenvortempel verborgenen Geheimfach, drin er, wenn ihm die Verhältnisse dies gerade gestatteten, sein Geld aufbewahrte. Lag es indessen ungünstiger, mit andern Worten: war der Kasten leer, so hörte derselbe nicht auf, ein Gegenstand seiner beinahe liebkosenden Betrachtungen zu sein. Er entfernte dann den Vortempel, und in das Nichts, das sich dahinter auftat, mit einem gewissen humoristischen Ernst hineinlugend, hielt er eine seiner Ansprachen. Ich war oft dabei zugegen. «Sieh, mein Sohn, ich kann in diese dunkle Leere nicht ohne Bewegung blicken. Erst vor ein paar Tagen hab' ich mir zusammengerechnet, wieviel da wohl schon gelegen hat, und es summte sich hoch auf und hatte was Tröstliches für mich.» All dies, während er drüber lachte, war doch auch wieder ganz ernsthaft gemeint; er richtete sich wirklich an der Vorstellung auf, was da alles schon mal gelegen hatte. Das Gascognische in ihm schlug immer wieder durch.

Der Sekretär mit der quietschenden Klappe war, um es noch einmal zu sagen, ein Lieblingsplatz meines Vaters, aber der bevorzugteste war doch das große kissenreiche Schlafsofa, das zwischen dem Ofen mit den roten Glasurtropfen und der alten Gehäusewanduhr stand. Diese Wanduhr ist jetzt in meinem Besitz. Mein Großvater und mein Vater sind bei ihrem Schlage gestorben, und ich will dasselbe tun. Über dem mit buntem Wollstoff überzogenen Sofa aber hing das noch nicht erwähnte Prachtstück aus der Erbschaft meines Großvaters, ein nach dem bekannten Bilde des Malers Cunningham gefertigter großer Kupferstich, der die Unterschrift führte: *Frédéric le Grand retournant à Sanssouci après les manœuvres de Potsdam, accompagné de ses généraux.* Wie oft habe ich vor diesem Bilde gestanden und dem alten Zieten unter seiner Husarenmütze ins Auge gesehen, vielleicht meinen Lieblingshelden in ihm vorahnend. Unter diesem Frédéric-le-Grand-Bild aber und eingebettet in die Seegraskissen, hielt mein Vater, der zu seinen vielen Prachteigenschaften auch die eines immer tüchtigen Schläfers hatte, seine Nachmittagsruhe, bei der er die Zeit nie ängstlich maß und sich oft erst erhob, wenn die Dunkelstunde schon da war. «Papa schläft wieder bis in die Nacht hinein.» Ich wurde dann, wenn gute Tage, d.h. Friedenszeiten waren, abgeschickt, ihn zu wecken, was ich immer gerne tat, weil er dabei nicht bloß von besonders guter Laune, sondern sogar von einer ihm sonst gar nicht eigenen Zärtlichkeit gegen mich war. Ich mußte mich dann zu ihm setzen, und er plauderte mit mir, weit über meinen Kopf weg, über allerhand merkwürdige Sachen, die mich, vielleicht gerade deshalb, entzückten.

Ja, das waren glückliche Stunden. Aber es kamen auch andere. Dann wurde ich nicht hineingeschickt, um ihn zu wecken, sondern ging aus eigenem Antriebe, um nach ihm zu sehen. Er lag dann auch ausgestreckt auf dem Sofa, aber auf seinen Arm gestützt, und sah durch das Gezweig eines vor dem Fenster stehenden schönen Nußbaumes in das über den Nachbarhäusern liegende Abendrot. Ein paar Fliegen summten um ihn her, sonst war alles still, vorausgesetzt, daß nicht gerade der Kohlenprovisor an seinem Mörser stand und stampfte. Wenn ich dann an das Sofa herantrat und seine Hand streichelte, sah ich, daß er geweint hatte. Dann wußte ich, daß wieder eine «große Szene» gewesen war, immer infolge von phantastischen Rechnereien und geschäftlichen Unglaublichkeiten, um derentwillen man ihm doch nie böse sein konnte. Denn er wußte das alles und gab seine Schwächen mit dem ihm eignen Freimut zu. Wenigstens später, wenn wir über alte Zeiten mit ihm redeten. Aber damals war das anders, und ich armes Kind stand, an der Tischdecke zupfend, verlegen neben ihm und sah, tief erschüttert, auf den großen, starken

Mann, der seiner Bewegung nicht Herr werden konnte. Manches war Bitterkeit, noch mehr war Selbstanklage. Denn bis zu seiner letzten Lebensstunde verharrte er in Liebe und Verehrung zu der Frau, die unglücklich zu machen sein Schicksal war.

Als wir Johanni 27 in dem Haus mit dem Riesendach und der hölzernen Dachrinne, darin mein Vater bequem seine Hand legen konnte, glücklich untergebracht waren, meldete sich alsbald auch die Frage: «Was wird nun aus den Kindern? In welche Schule schicken wir sie?» Wäre meine Mutter schon mit zur Stelle gewesen, so hätte sich wahrscheinlich ein Ausweg gefunden, der, wenn nicht aufs Lernen, so doch auf das «Standesgemäße» die gebührende Rücksicht genommen hätte. Da meine Mama jedoch einer Nervenkur halber in Berlin zurückgeblieben war, so lag die Entscheidung bei meinem Vater, der schnell mit der Sache fertig war und sich in einem seiner Selbstgespräche mutmaßlich dahin resolvierte, «die Stadt hat nur *eine* Schule, die Stadtschule, und da diese Stadtschule die einzige ist, so ist sie auch die beste». Gesagt, getan; und ehe eine Woche um war, war ich Schüler der Stadtschule. Nur wenig ist mir davon in Erinnerung geblieben; eine große Stube mit einer schwarzen Tafel, stickige Luft trotz immer offenstehender Fenster und zahllose Jungens in Fries- und Leinwandjacken, ungekämmt und barfüßig oder aber in Holzpantoffeln, die einen furchtbaren Lärm machten. Es war sehr traurig. Ich verknüpfte jedoch damals, wie leider auch später noch, mit «in die Schule gehen» so wenig angenehme Vorstellungen, daß mir der vorgeschilderte Zustand, als ich seine Bekanntschaft machte, nicht als etwas besonders Schreckliches erschien. Ich ging eben davon aus, daß das so sein müsse. Als aber, gegen den Herbst hin, meine Mutter eintraf und mich mit den Holzpantoffeljungens aus der Schule kommen sah, war sie außer sich und warf einen ängstlichen Blick auf meine Locken, denen sie, in dieser Gesellschaft, nicht mehr recht trauen mochte. Sie hatte dann eines ihrer energischen Zwiegespräche mit meinem Vater, dem wahrscheinlich gesagt wurde, «er habe mal wieder bloß an sich gedacht», und denselben Tag noch erfolgte meine Abmeldung bei dem uns schräg gegenüber wohnenden Rektor Beda. Dieser nahm die Abmeldung nicht übel, erklärte vielmehr meiner Mutter, «er habe sich eigentlich gewundert...» All das war nun soweit ganz gut;

berechtigte Kritik war geübt und ihr gemäß verfahren worden, aber als es nun galt, etwas Besseres an die Stelle zu setzen, wußte auch meine Mutter nicht aus noch ein. Lehrkräfte schienen zu fehlen oder fehlten wirklich, und da sich, bei der Kürze der Zeit, noch keine Beziehungen zu den guten Familien der Stadt ermöglicht hatten, so wurde beschlossen, mich vorläufig wild aufwachsen zu lassen und ruhig zu warten, bis sich etwas fände. Um mich aber vor Rückfall in dunkelste Nacht zu bewahren, sollte ich täglich eine Stunde bei meiner Mutter lesen und bei meinem Vater einige lateinische und französische Vokabeln lernen, dazu Geographie und Geschichte.

«Wirst du das auch können, Louis?» hatte meine Mutter gefragt.

«Können? Was heißt können! Natürlich kann ich es. Immer das alte Mißtrauen.»

«Es ist noch keine 24 Stunden, daß du selber voller Zweifel warst.»

«Da werd' ich wohl keine Lust gehabt haben. Aber, wenn es darauf ankommt, ich verstehe die Pharmacopoea borussica so gut wie jeder andere, und in meiner Eltern Haus wurde französisch gesprochen. Und das andere, davon zu sprechen, wäre lächerlich. Du weißt, daß ich da zehn Studierte in den Sack stecke.»

Und wirklich, es kam zu solchen Stunden, die sich, wie schon hier erwähnt werden mag, auch noch fortsetzten, als eine Benötigung dazu nicht mehr vorlag, und so sonderbar diese Stunden waren, so hab' ich doch mehr dabei gelernt als bei manchem berühmten Lehrer. Mein Vater griff ganz willkürlich Dinge heraus, die er von lange her auswendig wußte oder vielleicht auch erst am selben Tage gelesen hatte, dabei das Geographische mit dem Historischen verquickend, natürlich immer so, daß seine bevorzugten Themata schließlich dabei zu ihrem Rechte kamen. Etwa so.

«Du kennst Ost- und Westpreußen?»

«Ja, Papa; das ist das Land, wonach Preußen Preußen heißt und wonach wir alle Preußen heißen.»

«Sehr gut, sehr gut; ein bißchen viel Preußen, aber das schadet nichts. Und du kennst auch die Hauptstädte beider Provinzen?»

«Ja, Papa; Königsberg und Danzig.»

«Sehr gut. In Danzig bin ich selber gewesen und beinahe auch in Königsberg — bloß es kam was dazwischen. Und hast du mal gehört, wer Danzig nach tapferer Verteidigung durch unsern General Kalkreuth doch schließlich eroberte?»

«Nein, Papa.»

«Nun, es ist auch nicht zu verlangen; es wissen es nur wenige, und die sogenannten höher Gebildeten wissen es nie. Das war nämlich der General Lefèvre, ein Mann von besonderer Bravour, den Napoleon dann auch zum Duc de Dantzic ernannte, mit einem c hinten. Darin unterscheiden sich die Sprachen. Das alles war im Jahr 1807.»

«Also nach der Schlacht bei Jena?»

«Ja, so kann man sagen; aber doch nur in dem Sinne, wie man sagen kann, es war nach dem Siebenjährigen Krieg.»

«Versteh' ich nicht, Papa.»

«Tut auch nichts. Es soll heißen, Jena lag schon zu weit zurück; es würde sich aber sagen lassen: Es war nach der Schlacht bei Preußisch-Eylau, eine furchtbar blutige Schlacht, wo die russische Garde beinahe vernichtet wurde und wo Napoleon, ehe er sich niederlegte, zu seinem Liebling Duroc sagte: ‹Duroc, heute habe ich die sechste europäische Großmacht kennengelernt, la boue.›»

«Was heißt das?»

«La boue heißt der Schmutz. Aber man kann auch noch einen stärkeren deutschen Ausdruck nehmen, und ich glaube fast, daß Napoleon, der, wenn er wollte, etwas Zynisches hatte, diesen stärkeren Ausdruck eigentlich gemeint hat.»

«Was ist zynisch?»

«Zynisch ... ja, zynisch ... es ist ein oft gebrauchtes Wort, und ich möchte sagen, zynisch ist soviel wie roh und brutal. Es wird aber wohl noch genauer zu bestimmen sein. Wir wollen nachher im Konversationslexikon nachschlagen. Es ist gut, über dergleichen unterrichtet zu sein, aber man braucht nicht alles gleich auf der Stelle zu wissen.»

So verliefen die Geographiestunden, immer mit geschichtlichen Anekdoten abschließend.

Es kam vor, daß meine Mutter diesen eigenartigen Unterrichtsstunden beiwohnte und bei der Gelegenheit durch ihr Mienenspiel zu verstehen gab, daß sie diese ganze Form des Unterrichts, die mein Vater mit einem unnachahmlichen Gesichtsausdruck seine «sokratische Methode» nannte, höchst zweifelhaft finde. Sie hatte aber in ihrer in diesem Stück und auch sonst noch ganz konventionellen Natur total unrecht, denn um es noch einmal zu sagen, ich verdanke diesen Unterrichtsstunden, wie den daran anknüpfenden gleichartigen Gesprächen, eigentlich alles Beste, jedenfalls alles Brauchbarste, was ich weiß. Von dem, was mir mein Vater beizubringen verstand, ist mir nichts verlorengegangen und auch nichts unnütz für mich gewesen. Nicht bloß gesellschaftlich sind mir in einem langen Leben diese Geschichten hundertfach zugute gekommen, auch bei meinen Schreibereien waren sie mir immer wie ein Schatzkästlein zur Hand, und wenn ich gefragt würde, welchem Lehrer ich mich so recht eigentlich zu Dank verpflichtet fühle, so würde ich antworten müssen: meinem Vater, meinem Vater, der sozusagen gar nichts wußte, mich aber mit dem aus Zeitungen und Journalen aufgepickten und über alle möglichen Themata sich verbreitenden Anekdotenreichtum unendlich viel mehr unterstützt hat als alle meine Gymnasial- und Realschullehrer zusammengenommen.

FYNN

Anna und Mister Gott

Wie war Anna einzuordnen? Ich glaube, zu meiner eigenen Ruhe und Bequemlichkeit wünschte ich mir eine Art Etikett für Anna, nach dem man sich richten konnte. Hübsch, niedlich, klug, zärtlich, irgend etwas dieser Art. Aber Gott sei Dank war sie für eine solche Einordnung nicht geeignet. Nach wenigen Wochen vergnügten und heiteren Lebens mit ihr fand ich mich vor zwei Probleme gestellt, von denen eines leicht zu verstehen war, das zweite aber wuchs und wurde immer schwieriger. Keines der beiden konnte ich gänzlich lösen, und in Wirklichkeit brauchte ich immerhin zwei Jahre, um einer Antwort wenigstens nahe zu kommen.

Das erste Problem drehte sich um die Frage: Was bedeutete mir eigentlich meine Beziehung zu Anna? Was war sie wirklich für mich? Ich war alt genug, ich konnte zumindest theoretisch ihr Vater sein, und eine Zeitlang spielte ich diese Rolle auch mit großem Erfolg. Aber vielleicht stimmte das gar nicht. War ich nicht eher ein großer Bruder? Auch das paßte nicht recht. Ich sah mich abwechselnd als Vater, Bruder, Onkel, Spielkamerad. Wie immer ich mir auch vorkam, irgendwo blieb ein leerer Fleck, der sich nicht ausfüllen ließ. Und nichts passierte, das dieses Problem lösen half.

Die zweite und weitaus kompliziertere Frage lautete: Was genau war eigentlich Anna? Ein Kind, ein kleines Mädchen natürlich, sehr intelligent, sehr begabt, doch das war nicht alles. Sie fiel jedem Menschen auf, der sie kennenlernte. Jedermann sah etwas Besonderes in ihr, hielt sie für anders als andere Kinder. «Sie ist eine Wunderfee», sagte Millie vom Strich. «Sie hat das Gesicht», sagte meine Mutter. «Sie ist ein verdammt dolles Genie», sagte Danny. Und Pastor Castle behauptete: «Sie ist ein aufsässiges, rotzfreches Ding.»

Diese Andersartigkeit rief bei manchen Leuten ein leises Gefühl der Unsicherheit hervor; aber Annas Unschuld und ihr Charme zerstreuten gleich darauf jeden Argwohn und jede Ängstlichkeit. Wäre sie ein mathematisches Genie gewesen — gut, in Ordnung. Man hätte gesagt, eine Hirnwindung war bei ihr vor allen anderen gut entwickelt — sie konnte im Kopf ausrechnen, was andere Leute nicht einmal auf dem Papier zustande brachten. Wäre sie ein musikalisches Wunderkind gewesen, auch gut. Damit wäre man ebenso prima fertig geworden. Sie hätte Klavier gespielt oder Geige — besser als andere, na schön. Aber Annas tiefere Andersartigkeit lag darin, daß sie mit ihren festen Meinungen so häufig recht hatte. Und je länger sie bei uns lebte, desto öfter bemerkten wir diese merkwürdige Fähigkeit. Eine Nachbarin war fest davon überzeugt, daß Anna in die Zukunft sehen konnte. Aber Mrs. W. tat derlei selber. Sie lebte zwischen magischen Karten und Kaffeesatz. So mußte man ihre Meinung nicht ernst nehmen. Tatsache aber war, daß Anna schließlich eine Art kleines Orakel für das East End wurde, ein zu klein geratener Prophet. Trotzdem hatte sie mit einer mysteriösen Geisterwelt sicher nichts zu tun. In einem tieferen Sinn war bei ihr alles ebenso rätselhaft wie simpel. Sie erfaßte nur die Dinge auf eine eigene Weise, und sie wußte, wie sich das Ganze aus kleinen Stücken zusammensetzte. Alles war ebenso einfach wie kompliziert, wie das Netz der Kreuzspinne an einem Frühlingsmorgen oder wie die gleichmäßigen Spiralen auf einer Meeresmuschel. Anna sah Schöpfung dort, wo andere nur Chaos und Unordnung fanden. Anna sah Dinge, wo andere gar nichts erblickten. Und das war wohl ihre Gabe, ihr Anderssein.

Ich entdeckte das Wesen meiner Beziehung zu Anna an jenem Abend, an dem ich zu begreifen begann, wer sie eigentlich war. Oder zumindest erfuhr ich ein wenig, wie sie dachte und wie sie die Dinge anpackte. Mochte es noch so skurril sein.

Es war zu Beginn des Winters. Es wurde früh dunkel. Wir hatten die Küche für uns allein. Niemand außer uns beiden war zu Hause. Die geschlossenen Fensterläden ließen das naßkalte Wetter draußen. Im Herd glosten die Kohlen vor sich hin, und zitternde Flammenzungen leckten dann und wann durch das Gitter.

Auf dem Küchentisch standen und lagen ein halbfertig gebasteltes Radio, Schachteln mit wirrem Krimskrams, eine Spirituslampe, ein Lötkolben und ein «geordnetes» Durcheinander von Werkzeugen, Sicherungen, Kleberollen.

Anna kniete auf einem Stuhl und stützte die Ellbogen auf den Tisch. Das Kinn legte sie in die Hände und schaute mir nachdenklich zu. Ich bastelte an meinen Drähten. Niemand sagte etwas. Nur die Flamme des Lötkolbens zischte leise vor sich hin. Ich schloß die Batterien an und setzte Sicherungen ein. Zuletzt große Probe: Wir drehten das Ding an, waren gespannt. Nichts. So etwas passiert auch mir von Zeit zu Zeit. Ein paar Messungen im rechten Spannungsbereich. Dort lag offenbar der Fehler. Ein paar Lötstellen saßen falsch und gehörten wieder aufgemacht. Mit dem Voltmesser war das leicht festzustellen. Ich schloß das Gerät an den Stromkreis an und schaltete es ein. Es war einer von diesen kleinen, lächerlichen Fehlern, die durch Unaufmerksamkeit entstehen. Er ließ sich rasch beheben. Anna legte ihre Hand auf meine Hand und runzelte nachdenklich die Stirn.

«Was hast du eben gemacht?» fragte sie und wies auf das Meßgerät.

«Damit hab ich den Fehler gefunden.»

«Bitte, Fynn, mach alles noch mal, was du eben gemacht hast.» Sie sah nicht mich an. Ihre Augen hingen an dem kleinen Gerät. «Ganz genau noch mal von Anfang an.»

«Wieso? Ich soll den Fehler wieder reinbauen, nachdem ich ihn gerade gefunden und weggekriegt hab? Fratz, ärger mich nicht.»

Aber sie sah mich nur bittend an und nickte mir zu. So machte ich alles wieder kaputt und lötete noch einmal an den falschen Stellen.

«So, und was jetzt, du Hexe?»

«Jetzt mach es bitte wieder heil, so wie vorher, aber du mußt dazu reden», bat sie.

«Aber Fratz, du verstehst kein Wort davon. Lauter Fachausdrücke. Technisches Zeug, verstehst du?»

«Ich will gar nicht die Wörter verstehen. Ich mein ganz was anderes.»

«Na gut. Also, zuerst hab ich in diesem Bereich hier die Spannung gemessen, dann den Voltmesser an den Widerstand gehalten. Das ergab eine andere Spannung an diesem Punkt hier.» Meine Finger tippten auf die jeweils beschriebene Stelle. «Du

siehst, überall zeigt das Gerät die richtige Spannung. Und jetzt kommen wir an diese Stelle, wo vermutlich der Fehler sitzt ...»
Anna sah auf den Voltmesser und registrierte die anderen Werte.
«Siehst du», fuhr ich fort, «da sind andere Zahlen. Hier muß der Fehler liegen. Jetzt machen wir die Lötstelle wieder auf und schließen das Gerät an den Stromkreis an, dann werden wir sehen, was passiert. Da! Keine Spannung! Kein Strom! Nichts!»
Ihre Hände kamen gekrochen. Ich nickte. Sie löste die Drähte vorsichtig und brachte sie an die richtige Stelle. Kein Strom. Dann fügten wir das noch fehlende Teilchen ein, schraubten gemeinsam alles zusammen. Ein Knopfdruck. Wir hörten Musik.

Kurz nach zwei Uhr nachts erwachte ich vom Klack-klack-klack der Vorhangringe. Anna stand dort im Licht der hereinscheinenden Straßenlaterne. Es war merkwürdig, wie das leise Geräusch der Ringe mich jedes Mal weckte. Merkwürdig jedenfalls, wenn man bedachte, daß wir alle in einer Wohnung schliefen, in der einem die draußen ratternden Züge geradezu zum einen Ohr hinein- und zum anderen wieder hinausfuhren. Das störte nicht. Aber diese Vorhangringe überhörte ich nie.
In den zwei Jahren mit Anna hatten sich Bossy und Patch zu einer Art Leibwache für Anna ernannt. Niemand durfte ihrer Herrin ohne spezielle Erlaubnis zu nahe treten. Bossy, die krallenbewehrte Furie, landete heute nacht mit einem Satz auf meiner Brust. Patch war nicht ganz so draufgängerisch, sondern wandte sich um, ob Anna ihm auch folge.
«Wach, Fynn?»
«Was is los, Fratz?»
«Alles is los.»
«Oh.»
Sie schluchzte länger als gewöhnlich, und ich blätterte in meinem Gedächtnis die Ereignisse der letzten Tage durch, um den Grund für die Tränen zu finden.
«Hast du das Ding in die Mitte getan?» fragte sie endlich.
«Was für 'n Ding in welche Mitte?»
«Na, das kaputte Stück bei dem Radio, das nachher heil war?»
«Du meinst, als der Stromkreis unterbrochen war?»

«Ja, da war so etwas wie eine kleine Schachtel, war die in der Mitte?»

«Ja. Warum?»

«Das ist komisch.»

«Warum?»

«Ich muß bei so was immer an Mister Gott denken und an die Kirche.»

«Hör mal, das ist wirklich übertrieben. Ich versteh kein Wort. Du mußt doch nicht bei jeder Gelegenheit Mister Gott an den Haaren herbeiziehen.»

Endlich lachte sie und sagte: «Aber es is ganz wahr. Bestimmt.»

Um zwei Uhr morgens funktioniert mein Gehirn zwar, aber langsamer als sonst. Um meine grauen Zellen in Betrieb zu setzen, hätte ich jetzt aufstehen müssen; aber es war hundekalt. So zündete ich mir nur eine Zigarette an. Der Rauch umwölkte uns und machte mich munter. Gott und seine heilige Kirche waren so was Ähnliches wie eine Radioreparatur. Na schön, das war morgens um zwei ein beachtliches Denkgebirge. Und Anna bremste man nicht leicht. So fügte ich mich in das Unvermeidliche und sagte freundlich:

«Zur Kirche gehen ist genauso wie ein Radio reparieren. Stimmt. Aber nun erzähl mir das noch mal. Ich hab das nicht ganz mitgekriegt. Erzähl hübsch der Reihe nach . . . und langsam, bitte.»

Sie lehnte sich zurück und sortierte ihre Gedanken. Sie überlegte sich sichtbar ein paar einfache Sätze, die auch ein Erwachsener verstehen konnte.

«Was hast du gemacht, zuerst?»

«Die Spannung gemessen.»

«Außerhalb von dem Stromkreis?»

«Natürlich. Spannung kann man nur ohne Strom messen.»

«Und dann?»

«Die Stromstärke gemessen.»

«Innen drin?»

«Stärke kann man nur in einem geschlossenen Stromkreis messen.»

«Siehste. Also innen. Das ist genauso wie die Leute in der Kirche, nicht?»

Sie sah, daß ich noch immer nichts begriffen hatte, und fuhr fort:

«Ich meine, die Leute gehen zur Kirche und glauben, sie können Mister Gott ausmessen. Aber sie tun das immer nur von außen. Richtig messen, ich meine, die Stärke von Mister Gott kann man nur ausmessen, wenn man in ihm drin ist.»

Sie wartete geduldig, ob ihre Idee irgendwo bei mir Feuer fangen würde.

Draußen quälte sich der *Continental Express* vorbei in Richtung Liverpool. Er pfiff müde. Es war spät. Der Ton rannte außen an unseren Fenstern vorüber und lachte mich aus. Schläfrige Pullman-Wagen ratterten durch die Nacht — diddel-didam, diddel-didie, diddel-di-diii. Alles hatte sich in dieser Nacht gegen mich verschworen. Ein paar meiner Hirnwindungen bequemten sich allmählich zu einem langsamen Erwachen. Neulich hatte ich zwar Thomas von Aquin gelesen, aber der hatte auch nichts über Radios gesagt. Also schob ich den Alten beiseite, damit Platz genug für Anna war.

Angenommen, ich bin ein Christ, so kann ich außen stehen und doch Gott ausmessen. Das Meßgerät zeigt nicht die Spannung, sondern ich lese andere Werte ab: Liebe, Güte, Allmacht. Eine ganze Menge solcher Einteilungen gab es auf der Skala. Und jetzt der nächste Schritt. Ich öffne den Stromkreis und füge ein Meßgerät, mich, ein. Setze ich mich in den Stromkreis, so bin ich ein Teil Gottes. Ob sie das meinte?

«Du sagst, ich kann denken, ich bin ein Christ. Ich kann Mister Gott von außen ermessen und sagen, er liebt uns, er ist allmächtig und alles das. Aber in Wirklichkeit ist das nichts? Überhaupt nichts? Ich bin nicht einmal so viel wie eine tote Ente?»

«Die Leute sagen das so.»

«Sicher. Aber ich gehöre auch zu den Leuten.»

«Na, dann weißt du es doch.»

«Was?»

«Daß überhaupt alles von den Menschen ausgedacht ist.»

Ich bestand auf weiteren Erklärungen. «Wenn ich das aber schaffe, hineinzukommen in den Kreis, und wenn ich Mister Gott von innen verstehe, bin ich erst dann ein Christ?»

Sie schüttelte langsam den Kopf. «Du könntest doch auch wie Harry sein, oder?»

«Der ist ein Jude.»

«Ja, oder wie Ali.»

«Der ist ein Inder.»

«Das sag ich ja. Es macht überhaupt nichts, was einer ist, wenn er Mister Gott von innen versteht.»

«Warte. Was zum Teufel aber kann ich dann noch messen oder verstehen, wenn ich innen drin angelangt bin?»

«Nix.»

«Wieso nix?»

«Weil es dann nämlich ganz Wurscht ist. Du bist einfach wie ein Stück von ihm, ein kleines Stück natürlich nur. Aber du gehörst dazu. Das hast du selber gesagt.»

«Ich hab nie so was gesagt.»

«Doch. Du hast gesagt, wenn du dieses kleine Teilchen in den Stromkreis tust, dann gehört es dazu und ist ein Stück von dem Ganzen.»

Es stimmte. Ich hatte derlei gesagt und natürlich nur rein Technisches gemeint. Anna aber hatte ihr Weltbild daraus abgeleitet.

Die Kirchturmuhr schlug sechs. Es war ein düsterer Morgen. Ich fragte: «Wie viele Sachen erzählst du mir nicht?»

«Ich sag dir alles.»

«Wirklich? Tatsächlich alles alles?»

«Nein», sagte sie ruhig, aber ein wenig zögernd.

«Und warum nicht?»

«'n paar Sachen, die sind eben, also die sind...»

«Zu komisch?»

«Hm. Bist du mir böse deshalb?»

«Nein, kein bißchen.»

«Ich dachte, du wärst vielleicht böse, wenn ich das sag.»

«Nein. Und wie komisch sind diese Sachen, die du nicht sagst?»

Sie setzte sich neben mir auf, bohrte ihre Zeigefinger in meine Arme und forderte Widerspruch heraus.

«So komisch... wie zwei und fünf vielleicht vier ist.»

Das war's. Ich wußte genau, was sie meinte. So ruhig ich konnte, gab ich mein eigenes Geheimnis preis. Ich sagte: «Oder wie zwei und fünf vielleicht zehn ist?»

Einen Moment lang rührte sie sich nicht. Dann wandte sie mir ihr Gesicht zu und sagte leise: «Du auch?»

«Hm. Ich auch. Wie bist denn du drauf gekommen?»
«Unten bei der Brücke, wo wir immer die Abkürzung nehmen.
Die Zahlen auf den Booten. Und du?»
«Im Spiegelbild.»
«Im Spiegel?» Sie staunte.
«Ja, im Spiegel oder auch im Spiegelbild an der Wasseroberfläche.»
«Hast du das schon mal jemandem erzählt?»
«Ein paarmal.»
«Und was haben die anderen gesagt?»
«Sie haben gesagt, ich wäre dumm, und ich verplempere Zeit
mit dem Unsinn. Hast du das Geheimnis schon mal erzählt?»
«Einmal. Meiner Lehrerin.»
«Und was hat die gesagt?»
«Sie hat gesagt, daß ich doof bin.»
Wir kicherten in vergnügtem Einverständnis. Wir gingen den
gleichen Weg, lebten in der gleichen Welt, welche die anderen für
unsinnig oder gar verrückt hielten. Wir waren beide auf der Suche
nach dem Neuen, wir wollten Geheimnisse enträtseln.
Wir hatten beide gelernt, daß fünf gleich fünf ist und nichts sonst.
Und schon wenn man eine geschriebene Fünf im Spiegel sah, war
es keine Fünf mehr, sondern die Spiegelzahl ähnelte eher einer
Zwei. Und aus dieser einfachen Sache ergaben sich die kuriosesten
Rechenspielereien. Das faszinierte uns, obwohl keinerlei Nutzen
darin zu sehen war. Fünf bedeutete fünf, weil das schon immer so
gewesen war. Eine abgemachte Sache, an die sich jeder hielt. Aber
diese Fünf war doch nicht fünf an sich. Beschloß man etwas ganz
anderes und hielt sich auch daran, so bedeutete diese Fünf etwas
anderes. Der Sinn wurde verändert durch einen bloßen Willensakt.
Wir probierten es aus, es war das Abenteuer. Wir hatten erkannt,
daß Mathematik nicht nur dafür da war, daß man mit einiger
Kenntnis Rechenaufgaben lösen konnte. Mathematik war mehr, sie
war die Pforte zu einer geheimnisvollen Gedankenwelt. Hier gab
es Regeln, die man selber aufgestellt hatte, und darum übernahm
man auch die volle Verantwortung für die Ergebnisse. Es war jenseits des gesunden Menschenverstands.
Ich wackelte bedeutsam mit dem Zeigefinger und sagte: «Fünf
plus zwei ist zehn.»

«Manchmal bloß zwei», antwortete Anna.

«Oder ist fünf und zwei vielleicht sogar sieben?» Wen ging das was an? Es gab Squillionen anderer Welten, die wir noch nicht kannten.

Ich sagte: «Fratz, steh auf, ich muß dir was zeigen.» Ich langte mir den zweiteiligen Spiegel von Mutters Frisiertisch, und wir schlichen damit leise in die Küche. Es war noch kalt und dunkel. Wir fanden ein einigermaßen großes Stück weißen Karton, und ich malte einen waagerechten schwarzen Strich darauf. Ich stellte die beiden Spiegelteile aufrecht auf den Tisch — und zwar so im Winkel wie ein halbaufgeschlagenes Buch. Zwischen die beiden Spiegelteile klemmte ich die Pappe mit dem Strich darauf, rückte die Winkel zurecht.

«Jetzt guck mal», sagte ich und hielt den Atem an.

Sie schaute und sagte nichts. Ich hörte Annas Atem, ihre Erregung, während sie in die Spiegel starrte. Ich erinnerte mich gut, wie mir zumute war, als ich das Spiegelwunder entdeckte. Anna flog mir um den Hals. Ihre Arme waren Schraubstöcke, sie lachte und biß mir fast die Nase ab. Wir waren beide eine Squillion von Kilometern jenseits der Realität. Es war der Anfang des Wunders, wir waren auf Entdeckungsreise. Die Wunder würden nie aufhören. Es gab immer wieder neue, das wußten wir beide.

MARIE LUISE KASCHNITZ

Das dicke Kind

Es war Ende Januar, bald nach den Weihnachtsferien, als das dicke Kind zu mir kam. Ich hatte in diesem Winter angefangen, an die Kinder aus der Nachbarschaft Bücher auszuleihen, die sie an einem bestimmten Wochentag holen und zurückbringen sollten. Das dicke Kind kam an einem Freitag oder Samstag, jedenfalls nicht an dem zum Ausleihen bestimmten Tag. Ich hatte vor, auszugehen, und war im Begriff, einen kleinen Imbiß, den ich mir gerichtet hatte, ins Zimmer zu tragen. Kurz vorher hatte ich einen Besuch gehabt, und dieser mußte wohl vergessen haben, die Eingangstür zu schließen. So kam es, daß das dicke Kind ganz plötzlich vor mir stand, gerade, als ich das Tablett auf den Schreibtisch niedergesetzt hatte und mich umwandte, um noch etwas in der Küche zu holen. Es war ein Mädchen von vielleicht zwölf Jahren, das einen Lodenmantel und schwarze, gestrickte Gamaschen anhatte und an einem Riemen ein Paar Schlittschuhe trug, und es kam mir bekannt, aber doch nicht richtig bekannt vor, und weil es so leise hereingekommen war, hatte es mich erschreckt.

«Kenne ich dich?» fragte ich überrascht.

Das dicke Kind sagte nichts. Es stand nur da und legte die Hände über seinem runden Bauch zusammen und sah mich mit seinen wasserhellen Augen an.

«Möchtest du ein Buch?» fragte ich.

Das dicke Kind gab wieder keine Antwort. Aber darüber wunderte ich mich nicht allzusehr. Ich war es gewohnt, daß die Kinder schüchtern waren und daß man ihnen helfen mußte. Also zog ich ein paar Bücher heraus und legte sie vor das fremde Mädchen hin. Dann machte ich mich daran, eine der Karten auszufüllen, auf welchen die entliehenen Bücher aufgezeichnet wurden.

«Wie heißt du denn?» fragte ich.

«Sie nennen mich die Dicke», sagte das Kind.

«Soll ich dich auch so nennen?» fragte ich.

«Es ist mir egal», sagte das Kind. Es erwiderte mein Lächeln nicht, und ich glaube mich jetzt zu erinnern, daß sein Gesicht sich in diesem Augenblick schmerzlich verzog. Aber ich achtete nicht darauf. — «Wann bist du geboren?» fragte ich weiter.

«Im Wassermann», sagte das Kind ruhig.

Diese Antwort belustigte mich, und ich trug sie auf der Karte ein, spaßhalber gewissermaßen, und dann wandte ich mich wieder den Büchern zu. «Möchtest du etwas Bestimmtes?» fragte ich.

Aber dann sah ich, daß das fremde Kind gar nicht die Bücher ins Auge faßte, sondern seine Blicke auf dem Tablett ruhen ließ, auf dem mein Tee und meine belegten Brote standen.

«Vielleicht möchtest du etwas essen», sagte ich schnell.

Das Kind nickte, und in seiner Zustimmung lag etwas wie ein gekränktes Erstaunen darüber, daß ich erst jetzt auf diesen Gedanken kam. Es machte sich daran, die Brote eins nach dem andern zu verzehren, und es tat das auf eine besondere Weise, über die ich mir erst später Rechenschaft gab. Dann saß es wieder da und ließ seine trägen Blicke im Zimmer herumwandern, und es lag etwas in seinem Wesen, das mich mit Ärger und Abneigung erfüllte.

«Hast du noch Geschwister?» fragte ich.

«Ja», sagte das Kind.

«Gehst du gern in die Schule?» fragte ich.

«Ja», sagte das Kind.

«Was magst du am liebsten?»

«Wie bitte?» fragte das Kind.

«Welches Fach?» sagte ich verzweifelt.

«Ich weiß nicht», sagte das Kind, und wie es dasaß in seinem haarigen Lodenmantel, glich es einer fetten Raupe, und wie eine Raupe hatte es auch gegessen, und wie eine Raupe witterte es jetzt wieder herum.

Jetzt bekommst du nichts mehr, dachte ich, von einer sonderbaren Rachsucht erfüllt. Aber dann ging ich doch hinaus und holte Brot und Wurst, und das Kind starrte darauf mit seinem dumpfen Gesicht, und dann fing es an zu essen, wie eine Raupe frißt, langsam und stetig, wie aus einem inneren Zwang heraus, und ich betrachtete es feindlich und stumm.

Denn nun war es schon so weit, daß alles an diesem Kind mich aufzuregen begann. — Was für ein albernes, weißes Kleid, was für ein lächerlicher Stehkragen, dachte ich, als das Kind nach dem Essen seinen Mantel aufknöpfte. Ich setzte mich wieder an meine Arbeit, aber dann hörte ich das Kind hinter mir schmatzen, und dieses Geräusch glich dem trägen Schmatzen eines schwarzen Weihers irgendwo im Walde, es brachte mir alles wässerig Dumpfe, alles Schwere und Trübe der Menschennatur zum Bewußtsein und verstimmte mich sehr. — Was willst du von mir, dachte ich, geh fort. Und ich hatte Lust, das Kind mit meinen Händen aus dem Zimmer zu stoßen, wie man ein lästiges Tier vertreibt.

«Gehst du jetzt aufs Eis?» fragte ich.

«Ja», sagte das dicke Kind.

«Kannst du gut Schlittschuh laufen?» fragte ich und deutete auf die Schlittschuhe, die das Kind noch immer am Arm hängen hatte.

«Meine Schwester kann gut», sagte das Kind, und wieder erschien auf seinem Gesicht ein Ausdruck von Schmerz und Trauer, und wieder beachtete ich ihn nicht.

«Wie sieht denn deine Schwester aus?» fragte ich. «Gleicht sie dir?»

«Ach nein», sagte das dicke Kind. «Meine Schwester ist ganz dünn und hat schwarzes, lockiges Haar. Im Sommer, wenn wir auf dem Land sind, steht sie nachts auf, wenn ein Gewitter kommt, und sitzt oben auf der obersten Galerie auf dem Geländer und singt.» — «Und du?» fragte ich.

«Ich bleibe im Bett», sagte das Kind. «Ich habe Angst.»

«Deine Schwester hat keine Angst, nicht wahr?» sagte ich.

«Nein», sagte das Kind. «Sie hat niemals Angst. Sie springt auch vom obersten Sprungbrett. Sie macht einen Kopfsprung, und dann schwimmt sie weit hinaus.»

«Was singt deine Schwester denn?» fragte ich neugierig.

«Sie singt, was sie will», sagte das dicke Kind traurig. «Sie macht Gedichte.»

«Und du?» fragte ich.

«Ich tue nichts», sagte das Kind. Und dann stand es auf und sagte: «Ich muß jetzt gehen.» Ich streckte meine Hand aus, und es legte seine dicken Finger hinein, und ich weiß nicht genau, was ich dabei empfand, etwas wie eine Aufforderung, ihm zu folgen, einen unhörbaren, dringlichen Ruf. «Komm einmal wieder», sagte ich, aber es war mir nicht Ernst damit, und das Kind sagte nichts und sah mich mit seinen kühlen Augen an. Und dann war es fort, und ich hätte eigentlich Erleichterung spüren müssen. Aber kaum, daß ich die Wohnungstür ins Schloß fallen hörte, lief ich auch schon auf den Korridor hinaus und zog meinen Mantel an. Ich rannte die Treppe hinunter und erreichte die Straße in dem Augenblick, in dem das Kind um die nächste Ecke verschwand.

Es war am frühen Nachmittag gewesen, als das dicke Kind zu mir ins Zimmer trat, und jetzt brach die Dämmerung herein. Obwohl ich in dieser Stadt einige Jahre meiner Kindheit verbracht hatte, kannte ich mich doch nicht mehr gut aus, und während ich mich bemühte, dem Kinde zu folgen, wußte ich bald nicht mehr, welchen Weg wir gingen, und die Straßen und Plätze, die vor mir auftauchten, waren mir völlig fremd. Wir kamen vor die Stadt hinaus, dorthin, wo die Häuser von großen Gärten umgeben sind, und dann waren gar keine Häuser mehr da, und dann verschwand plötzlich das Kind und tauchte eine Böschung hinab. Und wenn ich erwartet hatte, nun einen Eislaufplatz vor mir zu sehen, helle Buden und Bogenlampen und eine glitzernde Fläche voll Geschrei und Musik, so bot sich mir jetzt ein ganz anderer Anblick. Denn dort unten lag der See, von dem ich geglaubt hatte, daß seine Ufer mittlerweile alle bebaut worden wären: er lag ganz einsam da, von schwarzen Wäldern umgeben, und sah genau wie in meiner Kindheit aus.

Dieses unerwartete Bild erregte mich so sehr, daß ich das fremde Kind beinahe aus den Augen verlor. Aber dann sah ich es wieder, es hockte am Ufer und versuchte, ein Bein über das andere zu legen und mit der einen Hand den Schlittschuh am Fuß festzuhalten, während es mit der anderen den Schlüssel herumdrehte. Überdies wurde es immer dunkler, der Dampfersteg, der nur ein paar Meter von dem Kind entfernt in den See vorstieß, stand tiefschwarz über der weiten Fläche, die silbrig glänzte, aber nicht überall gleich, sondern ein wenig dunkler hier und dort, und in diesen trüben Flecken kündigte sich das Tauwetter an. «Mach doch schnell», rief ich ungeduldig, und die Dicke beeilte sich nun wirklich, aber nicht auf mein Drängen hin, sondern weil draußen vor dem Ende des langen Dampfersteges jemand winkte und

«Komm, Dicke» schrie, jemand, der dort seine Kreise zog, eine leichte helle Gestalt. Es fiel mir ein, daß dies die Schwester sein müsse, die Tänzerin, die Gewittersängerin, das Kind nach meinem Herzen, und ich war gleich überzeugt, daß nichts anderes mich hierhergelockt hatte als der Wunsch, dieses anmutige Wesen zu sehen. Zugleich aber wurde ich mir auch der Gefahr bewußt, in der die Kinder schwebten. Denn nun begann mit einemmal dieses seltsame Stöhnen, dieses tiefe Seufzen, das der See auszustoßen scheint, ehe die Eisdecke bricht. Dieses Seufzen lief in der Tiefe hin wie eine schaurige Klage, und ich hörte es, und die Kinder hörten es nicht.

Nein, gewiß, sie hörten es nicht. Denn sonst hätte sich die Dicke, dieses ängstliche Geschöpf, nicht auf den Weg gemacht, sie wäre nicht mit ihren kratzigen, unbeholfenen Stößen immer weiter hinausgestrebt, und die Schwester draußen hätte nicht gewinkt und gelacht und sich wie eine Ballerina auf der Spitze ihres Schlittschuhs gedreht, um dann wieder ihre schönen Achter zu ziehen, und die Dicke hätte nicht die schwarzen Stellen gemieden, vor denen sie jetzt zurückschreckte, um sie dann doch zu überqueren, und die Schwester hätte sich nicht plötzlich hoch aufgerichtet und wäre nicht davongeglitten, fort, fort, einer der kleinen einsamen Buchten zu.

Ich konnte das alles genau sehen, weil ich mich darangemacht hatte, auf den Dampfersteg hinauszuwandern, immer weiter, Schritt für Schritt. Obgleich die Bohlen vereist waren, kam ich doch schneller vorwärts als das dicke Kind dort unten, und wenn ich mich umwandte, konnte ich sein Gesicht sehen, das einen dumpfen und zugleich sehnsüchtigen Ausdruck hatte. Ich konnte auch die Risse sehen, die jetzt überall aufbrachen und aus denen wie Schaum vor die Lippen des Rasenden ein wenig schäumendes Wasser trat. Und dann sah ich natürlich auch, wie unter dem dicken Kind das Eis zerbrach. Denn das geschah an der Stelle, an der die Schwester vordem getanzt hatte.

Ich muß gleich sagen, daß dieses Einbrechen kein lebensgefährliches war. Der See gefriert in ein paar Schichten, und die zweite lag nur einen Meter unter der ersten und war noch ganz fest. Alles, was geschah, war, daß die Dicke einen Meter tief im Wasser stand, im eisigen Wasser freilich und umgeben von bröckelnden

Schollen, aber wenn sie nur ein paar Schritte durch das Wasser watete, konnte sie den Steg erreichen und sich dort hinaufziehen, und ich konnte ihr dabei behilflich sein. Aber ich dachte trotzdem gleich, sie wird es nicht schaffen, und es sah auch so aus, als ob sie es nicht schaffen würde, wie sie da stand, zu Tode erschrocken, und nur ein paar unbeholfene Bewegungen machte, und das Wasser strömte um sie herum, und das Eis unter ihren Händen zerbrach. — Der Wassermann, dachte ich, jetzt zieht er sie hinunter, und ich spürte gar nichts dabei, nicht das geringste Erbarmen, und rührte mich nicht.

Aber nun hob die Dicke plötzlich den Kopf, und weil es jetzt vollends Nacht geworden und der Mond hinter den Wolken erschienen war, konnte ich deutlich sehen, daß etwas in ihrem Gesicht sich verändert hatte. Es waren dieselben Züge, und doch nicht dieselben, aufgerissen waren sie von Willen und Leidenschaft, als ob sie nun, im Angesicht des Todes, alles Leben tränken, alles glühende Leben der Welt. Ja, das glaubte ich wohl, daß der Tod nahe und dies das letzte sei, und beugte mich über das Geländer und blickte in das weiße Antlitz unter mir, und wie ein Spiegelbild sah es mir entgegen aus der schwarzen Flut. Da aber hatte das dicke Kind den Pfahl erreicht. Es streckte die Hände aus und begann sich heraufzuziehen, ganz geschickt hielt es sich an den Nägeln und Haken, die aus dem Holz ragten. Sein Körper war zu schwer, und seine Finger bluteten, und es fiel wieder zurück, aber nur, um wieder von neuem zu beginnen. Und das war ein langer Kampf, ein schreckliches Ringen um Befreiung und Verwandlung, wie das Aufbrechen einer Schale oder eines Gespinstes, dem ich da zusah, und jetzt hätte ich dem Kinde wohl helfen mögen, aber ich wußte, ich brauchte ihm nicht mehr zu helfen — ich hatte es erkannt.

An meinen Heimweg an diesem Abend erinnere ich mich nicht. Ich weiß nur, daß ich auf unserer Treppe einer Nachbarin erzählte, daß es noch jetzt ein Stück Seeufer gäbe mit Wiesen und schwarzen Wäldern, aber sie erwiderte mir, nein, das gäbe es nicht. Und daß ich dann die Papiere auf meinem Schreibtisch durcheinandergewühlt fand und irgendwo dazwischen ein altes Bildchen, das mich selbst darstellte in einem weißen Wollkleid mit Stehkragen, mit hellen wässerigen Augen und sehr dick.

Der Feenring

Als meine Eltern ins Irokesenland zogen, war ich nicht größer als ein junges Opossum. Vater hat mir später erzählt, was für ein schweres Leben sie hatten, bevor sie die Farm kauften. Sie waren Kleinpächter in Missouri gewesen und hatten sich von morgens bis abends für andere Leute abgerackert. Ihr größter Traum war es, einmal eine eigene Farm zu besitzen. Gerade als sie meinten, daß es aufwärts ginge, kam wieder etwas dazwischen — meine Zwillingsschwester Daisy und ich. Vater behauptete, ich sei das kräftigste Baby gewesen, das je das Licht der Welt erblickt hat. Ich wurde zuerst geboren und war gesund und lebhaft. Daisy dagegen kam mit einem verkrüppelten rechten Bein zur Welt.

Der Arzt versuchte unsere Eltern zu trösten. Offenbar hätten sich bei Daisy nur ein paar Muskeln und Sehnen verheddert, und in Oklahoma City gäbe es einen Doktor, der so was wieder prima hinbekäme. Doch für meine Eltern war das kaum ein Trost, denn dieser Arzt verlangte furchtbar viel Geld, und Geld war genau das, was sie nicht hatten. Daisys Operation schien in ebenso weite Ferne gerückt wie die eigene Farm.

Doch dann bekam Mutter eines Tages den Brief von Großvater. Der kam so unerwartet wie ein Wintergewitter. Die Großeltern lebten im Irokesengebiet im nördlichen Teil von Oklahoma. Großvater hatte dort einen Laden, wo es einfach alles gab. Er schrieb, daß er einem Indianer 25 Hektar Brachland abgekauft hätte, und wenn meine Eltern wollten, könnten sie es haben. Sie wollten.

Dort wuchs ich heran. Ich besaß ein großartiges Taschenmesser und hatte einen noch großartigeren Hund. Schöner konnte ich mir mein Leben nicht vorstellen.

Auch meine Schwester Daisy wurde größer, doch ging es ihr

ganz anders als mir. Ihr Bein tat ihr von Jahr zu Jahr immer mehr weh, bis sie schließlich gar nicht mehr recht laufen konnte. Vater schnitzte ihr eine Krücke aus einem Eichenbaumast mit einer Gabelung am Ende. Es war wirklich toll, wie geschickt Daisy sich damit bewegte. Sie flitzte fast so schnell herum wie ich auf meinen zwei gesunden Beinen.

Trotzdem wunderte ich mich am meisten darüber, daß meine «kleine» Schwester immer so glücklich und zufrieden wirkte, obwohl doch ihr Bein kaputt war. Sie lachte und sang und hopste auf ihrer Krücke herum, als sei die Welt in bester Ordnung. Sie verpaßte keine Gelegenheit, mich so lange zu necken, bis ich vor Wut fast platzte. Und diese Gelegenheiten ergaben sich durchschnittlich alle Viertelstunden, wenn wir zusammen waren.

Auf dem Hügel hinter unserem Haus, unter einer großen Eiche, hatte Daisy ihre ganz eigene Spiellaube. Vom Frühling ab bis in den späten Herbst hinein war sie fast immer dort zu finden. Ich ging nur selten hin, weil ich mir meistens wie ein Eindringling vorkam. Sie hob dort lauter Mädchenkram auf: Puppen aus Kornähren, Lehmtörtchen und leere Fläschchen. Sie sammelte jede Konservendose und stopfte alle nur möglichen Gräser und Wiesenblumen hinein.

In einer Ecke ihrer Laube hatte Daisy einen kleinen Altar errichtet. Sein Kreuz bestand aus zwei mit Silberpapier umwickelten Rebstöcken, und einen Jesuskopf gab es auch. Daisy hatte ihn aus Ton zurechtgedrückt, als Augen Schalen von Rotkehlcheneiern genommen, und die Haare waren aus Moos. Mutter entdeckte, daß das Moos im Ton Wurzeln geschlagen hatte. Sie erzählte es allen Leuten, und die kamen danach von weither, um dieses Wunder zu bestaunen. Es war wirklich eine einmalige Sache.

Daisy hatte immer Gesellschaft in ihrer Laube. Sie wurde umringt von kugelrunden Kaninchen, roten Eichhörnchen und mümmelnden Backenhörnchen. Alle waren ganz zutraulich und fraßen Daisy aus der Hand. Auch Vögel, sogar die seltensten, kamen von den Bergen herangeflattert. Sie saßen auf den Zweigen der Büsche rings um die Laube und sangen, was das Zeug hielt. Manche setzten sich sogar auf Daisys Schulter.

Mir war es einfach schleierhaft, wie meine Schwester das machte, daß sich die Tiere mit ihr anfreundeten. Ich brauchte nur in ihre Nähe zu kommen, dann brachten sich alle mit Gerenne, Gehoppel und Gefliege schleunigst in Sicherheit. Daisy sagte, das läge daran, daß alle Tiere wüßten, wie gerne Jungen auf die Jagd gingen.

Daisy saß auf dem Boden ín ihrer Spiellaube, an den Stamm einer riesigen Eiche gelehnt. Ihre Krücke lag neben ihr. Wie gewöhnlich war sie von ihren unzähligen kleinen Freunden umringt. Die Backenhörnchen turnten in den Zweigen, die Vögel zwitscherten; ein Eichhörnchen hockte auf dem Querbalken des selbstgemachten Kreuzes und schlug mit dem Schwanz. Ein großes Kaninchen hatte sich auf Daisys Schoß zusammengerollt, so als wäre es dort zu Hause.

Und noch während ich die Szene beobachtete, landete ein Zaunkönig flügelschwirrend auf Daisys verkrüppeltem Bein. Sie lächelte und gurrte ihm leise zu. Es war ein Bild des Friedens, und ich kam mir wie ein Störenfried vor. Ich räusperte mich, um mein Kommen anzukünden, dann trat ich aus dem Gebüsch hervor.

Ein Waldschrat hätte sie vermutlich weniger erschreckt. Das Kaninchen hüpfte von Daisys Schoß, das Eichhörnchen floh, die Vögel flatterten in alle Himmelsrichtungen, das Backenhörnchen huschte davon. Ich war jedesmal wütend, wenn diese albernen Geschöpfe sich so benahmen. Nie hätte ich Daisys Freunden irgend etwas getan. Sogar mein Hund Raudi hätte sie in Ruhe gelassen, und das wollte was heißen. Ich war zutiefst verletzt über soviel Unverständnis, tat aber natürlich so, als hätte ich nichts gemerkt. Ich gab Daisy Großvaters Bonbontüte und sagte: «Rat mal, was passiert ist.»

Ich hätte wissen müssen, daß man Daisy nicht überrumpeln kann.

«Ich weiß, die Affen», sagte sie lächelnd. «Vater hat mir von ihnen erzählt!»

Ich vergrub die Hände in den Hosentaschen und setzte eine gewichtige Miene auf. «Was du aber nicht weißt, ist, daß diese Affen einen Haufen Geld wert sind. Und ich werde sie fangen, und dann kauf ich mir ein Gewehr und ein Pony.»

Jedesmal wenn ich davon sprach, daß ich ein Tier fangen wollte, dachte Daisy gleich, ich wollte es töten. Sie runzelte die Stirn.

«Jeremy, ich weiß, wie sehr du dir ein Pony und ein Gewehr wünschst, aber kannst du dir das nicht auf andere Art beschaffen? Ich habe Bilder von Affen gesehen, es sind ganz wonnige Geschöpfe. Ich fände es schrecklich, wenn du ihnen das Fell abziehen würdest.»

«Reg dich nicht auf, Daisy, ich will die Affen lebendig fangen. Ihnen wird nichts passieren.»

Daisy seufzte erleichtert auf. «Aber woher weißt du überhaupt soviel über die Affen? Vater sagt, er hätte noch nie gehört, daß es wilde Affen hier in der Gegend gibt.»

«Sie sind auch nicht wild», antwortete ich geduldig. «Sie gehören einem Zirkus und sind nach einem Unfall weggelaufen. Großvater hat es mir erzählt, und er hat mir auch die Fallen gebastelt, mit denen ich sie fangen kann.»

«Das sieht Großvater ähnlich», rief sie empört. «Er bringt dir nichts als unnützes Zeug bei. Aber sag mal ehrlich, Jeremy, macht es dir wirklich Spaß, diese armen Tiere zu fangen?»

«Aber Daisy, wozu, meinst du, sind Tiere da?»

Sie sah mich vorwurfsvoll und traurig an. «Du solltest mal mit dem alten Mann vom Berg sprechen. Er könnte dir so manches erzählen. Aber wahrscheinlich würdest du kein Wort verstehen von dem, was er sagt.»

Es war nicht das erste Mal, daß Daisy den alten Mann vom Berg erwähnte, aber bei ihr wußte man nie, woran man war, das heißt, man wußte nie, ob es die Wesen, über die sie sprach, wirklich gab, oder ob sie zu einer von Daisys Geschichten gehörten.

Daisy war nämlich die beste Geschichtenerzählerin im ganzen Irokesenland. Jedesmal wenn ich ihr zuhörte, wurde mir richtig unheimlich zumute, zum Schluß stand mir jedes Haar einzeln zu Berge, und ich wußte nicht mehr, was ich nun glauben sollte und was nicht.

«Daisy», fragte ich, «dieser alte Mann vom Berg, wer ist das eigentlich?»

«Ein freundlicher, alter Mann», erwiderte sie schnippisch. «Er kommt mich gelegentlich besuchen.»

«Ach, wirklich? Wann war er denn zuletzt hier?»

«Er ist eben fortgegangen.»

«Und wie heißt er?»

«Ich weiß nicht», sagte Daisy. «Ich habe ihn noch nie nach seinem Namen gefragt. Ich nenn ihn einfach den alten Mann vom Berg.»

«Und wo wohnt er?»

«In den Bergen dort hinten am Horizont.»

«Ist er ein Farmer?»

«Aber nein», sagte Daisy, «dazu hat er gar keine Zeit.»

«Keine Zeit?» rief ich. «Aber was hat er denn soviel zu tun?»

«Er wacht über die Hügel», sagte Daisy.

«Die Hügel? So einen Unsinn habe ich im Leben noch nicht gehört. Die Hügel brauchen doch nicht überwacht zu werden.»

«Das verstehst du nicht, Jeremy. Es gibt eine Menge Dinge, die auf den Hügeln überwacht werden müssen. Was täten all die kleinen Tiere, Vögel und Blumen, wenn sich niemand um sie kümmern würde? Und dafür ist eben der alte Mann vom Berg da. Er sieht überall nach dem Rechten.»

Ich brach in lautes Lachen aus.

«Daisy, das hast du dir doch alles nur ausgedacht. Deinen alten Mann gibt es gar nicht.»

In Daisys Augen flackerte plötzlich Angst auf. Sie legte den Finger auf die Lippen und blickte scheu um sich.

«Schschsch, Jeremy, sag so was nicht», flüsterte sie. «Bitte, sag nie wieder, daß es den alten Mann vom Berg nicht gibt. Er hört alles, was in diesen Hügeln gesprochen wird, und er kann dir Unglück bringen.»

Daisys Warnung jagte mir einen ganz schönen Schrecken ein. Ein alter Mann, der mir Unglück brachte, war das Letzte, was ich im Moment brauchen konnte. Oder existierte er nur in Daisys Phantasie? Andererseits gab es zweifellos gewisse Dinge, die einem Unglück brachten, zum Beispiel, wenn man um Mitternacht eine Eule schreien hörte oder über einen Besen stolperte oder den Eimer in den Brunnen fallen ließ.

«Daisy», meinte ich einlenkend, «gibt es diesen alten Mann vom Berg, der Unheil bringen kann, denn wirklich?»

Daisy sah mich an, als hätte ich nicht alle fünf Sinne beisammen. «Aber natürlich gibt es einen alten Mann vom Berg. Jeder, der hier in den Hügeln lebt, weiß das.»

«Also, ich wußte es nicht.»

Daisy, die wohl merkte, daß ich es mit der Angst bekommen hatte, nutzte ihren Vorteil. Sie setzte eine todernste Miene auf, blickte wieder scheu um sich und sagte ganz leise: «Setz dich, Jeremy, ich werde dir alles über den alten Mann vom Berg erzählen.»

Eigentlich wollte ich es gar nicht so genau wissen, aber ich dachte, es könne auch nicht schaden, ihr zuzuhören.

«Der alte Mann vom Berg ist sehr, sehr alt», begann Daisy, «er ist so alt wie diese Hügel. Er hat langes Haar, das ihm über die Schultern fällt, und er trägt ein langes, weißes Gewand und Sandalen.»

«Daisy», fragte ich, nun auch flüsternd. «Ist der Alte ein Geist oder so was?»

«O nein, Jeremy», flüsterte sie zurück. «Er sieht nicht mal wie ein Geist aus. Er hat ein freundliches, gütiges Gesicht, aber er wirkt immer ein wenig traurig, als täte ihm irgend etwas sehr leid. Ich glaube, ihm tun die kleinen Tiere leid, die er betreut.»

«Und was tut der alte Mann im Winter, wenn Schnee liegt und die Natur schläft?» fragte ich mißtrauisch.

Aber Daisy hatte auf alles eine Antwort.

«Dann schläft auch er», sagte sie, «es ist die einzige Jahreszeit, wo er sich ausruhen kann. Im Sommer arbeitet er Tag und Nacht und ist daher schrecklich müde, wenn der Winter kommt.»

Daisy war vom schnellen Flüstern ganz atemlos, sie holte tief Luft, dann fuhr sie fort.

«Er ist ein wundervoller alter Mann. Wenn du zu allen Tieren lieb bist und an ihn glaubst, geht es dir immer gut, und du hast dein Leben lang Glück; aber wehe dir, du tötest ein Tier, dann sei auf der Hut. Er braucht nur mit seinem Stock auf dich zu zeigen, und schon geht dir alles schief.»

Daisy hatte es wieder mal erreicht. Ich war so verwirrt, daß ich nicht mehr wußte, ob ich ihr nun glauben sollte oder nicht. Auf jeden Fall wollte ich kein Risiko eingehen, und so fragte ich vorsichtig:

«Wann siehst du ihn denn wieder?»

«Oh, das weiß ich nie im voraus», murmelte sie, «er kommt, wann es ihm paßt.»

«Na gut», sagte ich und stand auf. «Das nächste Mal, wenn du ihn siehst, sag ihm, ich würde ihn gern kennenlernen, es würde mich wirklich freuen.»

Daisy schüttelte traurig den Kopf. «Ach, Jeremy, ich bin gar nicht sicher, daß er dich sehen will. Du hast schon soviel auf dem Kerbholz, denk nur an all die kleinen Tiere, die du gefangen hast. Nein, solche Jungen wie dich mag der alte Mann vom Berg nicht leiden.»

Daisy hatte mich von dem Vorhandensein des alten Manns vom Berg fast überzeugt. Und wenn der alte Mann keine Jungen mochte, die Tiere fingen, dann stand es ganz schlecht um mich. Er würde mit seinem Stock auf mich zeigen, und schon hätte ich alles Pech der Welt am Hals. Und das in einem Moment, wo ich einen Zweihundert-Dollar-Affen fangen wollte.

Vater zündete das Schmiedefeuer an und griff zum Hammer. Als Raudi diese Vorbereitungen sah, machte er sich schleunigst aus dem Staub. Sprühende Funken und dröhnende Hammerschläge waren absolut nicht sein Fall.

Eine halbe Stunde später guckte Daisy kurz durch die offene Tür und humpelte dann langsam zu ihrer Laube. Ich hörte auf, am Gebläse zu drehen, und auch Vater hielt in der Arbeit inne. Seine Blicke folgten Daisy. Er sagte kein Wort, aber man sah ihm seinen Kummer deutlich an.

Mit einem Seufzer griff er wieder zum Hammer und ließ ihn mit Wucht auf den Amboß sausen. «Es ist schon manchmal hart, ein armer Mann zu sein», meinte er unvermittelt.

«Mutter sagt, daß Daisys Bein immer schlimmer wird. Ist das wahr, Vater?»

Vater schlug wieder mit voller Kraft auf den Amboß ein. «Ja, leider ist es wahr. Und ich kann nichts für sie tun, jedenfalls nicht im Moment. Aber eines Tages schaffe ich es vielleicht doch. Solange ich lebe, werde ich diese Hoffnung nicht aufgeben.»

«Ist es denn wirklich so teuer? Ich weiß, daß die Großeltern auch Geld beiseite legen. Habt ihr denn nicht bald genug beisammen?»

«Nein, noch lange nicht. Obwohl wir seit Jahren mit jedem Cent geizen, haben wir nicht einmal die Hälfte von dem gespart, was die Operation kostet. Es ist ...»

Ein gellender Schrei von Daisy unterbrach ihn mitten im Satz. «Vater! Mutter! Kommt! Kommt schnell!»

Mutter stürzte aus der Küche, warf einen schnellen Blick in unsere Richtung und rannte wie gehetzt in Richtung Laube.

«Schnell! Mutter! Schnell!»

«Was ist los, Daisy?» rief Mutter außer sich.

Vater ließ den Hammer fallen. Er war aschfahl im Gesicht. Mit einem Griff schnappte er sich die Heugabel, die an der Wand lehnte, und war schon aus der Schmiede.

«Eine Schlange!» rief er mir im Laufen noch zu.

Ein eisiger Schrecken durchfuhr mich. Gegen den Biß der Diamantschlange gab es kein Mittel. Schon einmal hatte eine dieser großen Giftnattern, zusammengerollt und bösartig zischend, in Daisys Laube gelegen, und nur Vaters schnelles Eingreifen hatte damals das Schlimmste verhütet.

Ich holte Vater kurz vor dem Hoftor ein. Wir nahmen uns nicht die Zeit, es zu öffnen, sondern sprangen einfach drüber weg. Dann rannten wir weiter, so schnell wir konnten.

Die ganze Zeit starrte ich auf Daisys Laube, und plötzlich hatte ich das seltsame Gefühl: «Hier stimmt was nicht!» Aber was stimmte nicht? Ich war völlig verwirrt. Doch dann fiel mein Blick auf Raudi. «Vater!» rief ich. «Es ist keine Schlange!»

«Woher weißt du das?»

«Sieh dir Raudi an! Wenn eine Schlange in der Nähe wäre, könntest du sein Gebell bis nach Arkansas hören. Nein, Vater, es ist bestimmt keine Schlange.»

Vater blieb stehen. «Ja, du hast recht», brachte er keuchend hervor. «Aber was ist es dann?»

«Weiß ich auch nicht. Wir werden's ja sehen.»

Als wir die Laube erreichten, standen Mutter, Daisy und Raudi stumm nebeneinander und starrten wie gelähmt auf den Boden.

Vater stützte sich schweratmend auf seine Heugabel. «Was ist los? Eine Schlange?»

Niemand antwortete. Die drei standen regungslos da.

«Was ist los?» wiederholte Vater mit lauter Stimme.

Daisy zeigte mit dem Finger auf den Boden. «Schau, Vater, ein Feenring.»

«Ein was?» fragte Vater ungeduldig.

«Ein Feenring», wisperte Daisy.

Und nun sah auch ich ihn — einen schneeweißen Kreis von Pilzen. Sie waren alle gleich hoch und standen in regelmäßigen Abständen von ungefähr zwanzig Zentimetern voneinander entfernt. Das Ganze war einfach irrsinnig schön und irgendwie unwirklich.

Ich hatte schon oft von Feenringen gehört, sie waren sehr selten, und nur wenige bekamen sie je zu Gesicht. Es gab eine alte Legende über sie, die mir aber so rasch nicht einfiel. Ich stand nur da und guckte und guckte.

Ich sah zu Mutter rüber. Noch nie hatte ich einen so ehrfürchtigen Ausdruck auf ihrem Gesicht gesehen. In ihren Augen schimmerten Tränen. Sie kniete sich hin und berührte zart die kleinen Pilze.

«Ein Feenring», flüsterte sie. «Es ist ein Wunder, ein wahres Wunder.»

Ich sah Daisy an. Sie lehnte auf ihrer Krücke und starrte in den Feenkreis. Zwei Tränen liefen ihr über die Wangen.

Und wieder fiel mir die seltsame Stille auf. Ich schaute nach oben, und dort, auf dem Ast einer Eiche, saß ein Eichhörnchen, mucksmäuschenstill und reglos wie ein Stein. Nicht mal sein buschiger Schweif wippte, was besonders ungewöhnlich war.

Ein Zaunkönig kam angeflogen und setzte sich auf einen niedrigen Zweig derselben Eiche. Zaunkönige sind die unruhigsten und lautesten kleinen Vögel der Welt, doch dieser gab keinen Piep von sich, er war so stumm wie ein kaputter Fiedelbogen.

Ich wandte den Kopf nach rechts, gerade als ein Backenhörnchen an einem Walnußbaumstumpf hochflitzte. Oben angekommen hockte es sich hin, zog die Pfoten an und blieb so steif sitzen, als hätte es einen Besenstiel verschluckt. Es gab keinen Laut von sich, nur seine kleinen Knopfaugen rollten hin und her und musterten uns aufmerksam.

Vater mußte die Stille auch aufgefallen sein, ich merkte es an der Art, wie er um sich blickte.

Diese Lautlosigkeit konnte ich einfach nicht länger ertragen.

«Puh! Ist das still hier, warum sagt denn keiner was?»

Vater lächelte, und mir kam es so vor, als sei er froh, daß jemand das Schweigen endlich gebrochen hatte. Er blickte in die Runde.

«Nun», sagte er, «mir scheint, jedem von uns steht ein Wunsch frei. Wer macht den Anfang?»

«Daisy», sagte Mutter. «Sie hat den Feenkreis entdeckt.»

«Nein, Mutter, du sollst die erste sein!» rief Daisy.

Ich zappelte innerlich vor Ungeduld. Ich wußte genau, was ich mir wünschen würde. Ich würde die Feen darum bitten, daß ich die Affen finge und für den Finderlohn mein Pony und mein Gewehr bekäme. Und wenn an der Legende wirklich was dran war, dann würde der größte Wunsch meines Lebens auch in Erfüllung gehen.

«Nun, Daisy, mach schon!» drängte ich.

Daisy lächelte. «Also gut», gab sie nach und trat in den Feenkreis. Sie schloß die Augen. «Was wünsch ich mir? Was wünsch ich mir denn bloß?» murmelte sie kaum hörbar.

«Oh, ich weiß!» rief sie und warf mir dabei einen strahlenden Blick zu. Ihre Augen glänzten. Sie lächelte mich ganz lieb an und kniete sich hin.

Neben ihr lag die Krücke. Ich starrte auf meine kleine Schwester, und plötzlich wußte ich, daß ich einen noch größeren Wunsch hatte als ein Pony und ein Gewehr. Ich wollte, daß Daisy gesund würde! Ja, das sollte mein Wunsch sein!

Nach diesem Entschluß spürte ich ein seltsames Gefühl in mir aufsteigen, ganz warm wurde mir dabei. Ich sah Vater und Mutter an, ein unendlich zärtlicher Ausdruck lag auf ihren Gesichtern. Ich hätte jede Wette eingehen können, daß sie sich das gleiche wünschen würden wie ich.

Mutter und Vater versuchten, mich zu überreden, als nächster in den Feenkreis zu treten, aber ich schüttelte nur stumm den Kopf. Ich wollte der letzte sein.

Ich hatte mir schon oft etwas im Leben gewünscht — tausenderlei. Doch noch nie so von ganzem Herzen wie an jenem Morgen, als ich in der Mitte des Feenkreises kniete.

«Ihr dürft niemand sagen, was ihr euch gewünscht habt», warnte Daisy uns. «Sonst geht euer Wunsch nicht in Erfüllung.»

Vater meinte: «Ich kann nur hoffen, daß die Feen uns wohlgesonnen sind. So, und jetzt muß ich wieder an die Arbeit. Komm, Jeremy, wir haben noch viel zu tun.»

Mutter blickte zum Himmel. «Die Sonne steht schon hoch, es ist bald Zeit fürs Mittagessen.»

«Ich helfe dir», sagte Daisy. «Die Laube kann ich auch am Nachmittag aufräumen.»

Vater und Mutter gingen voran, Daisy, Raudi und ich folgten.

349

Vater hielt die Heugabel in der linken Hand, den rechten Arm hatte er um Mutters Taille gelegt. Wir hörten, wie er Mutter fragte: «Ist dir auch aufgefallen, wie still es war?»

«Ja», bestätigte Mutter. «Seltsam, nicht wahr? Sonst geht es in den Hügeln immer recht lebhaft zu, aber am Feenkreis war es so ruhig wie in einer Kirche.»

«Ich weiß, warum es so still war», sagte Daisy.

«Nun, warum?» fragte Mutter.

«Weil der alte Mann vom Berg da war», erklärte Daisy.

«Also, was du immer behauptest, Daisy», rief ich empört. «Ich habe weit und breit keinen alten Mann gesehen. Du etwa, Mutter?»

«Nein, gesehen habe ich auch niemand», entgegnete Mutter zögernd. «Aber ich hatte das unheimliche Gefühl, beobachtet zu werden.»

«Merkwürdigerweise erging es mir ganz ähnlich», stimmte Vater nachdenklich zu.

Daisy wandte sich an mich: «Jeremy, du denkst immer, wenn du etwas nicht siehst, dann existiert es nicht. Der alte Mann vom Berg war da, das kannst du mir wirklich glauben.»

Zum Glück kam in diesem Moment unsere alte Henne gackernd aus dem Hühnerstall gerannt — vermutlich, um aller Welt zu verkünden, daß sie ein Ei gelegt hatte, worauf sie immer mächtig stolz war. Jedenfalls brauchte ich Daisy nicht mehr zu antworten, denn ihr Gegacker zerriß die Stille der Hügel, und es kam wieder Leben in die anderen Tiere. Die Vögel fingen an zu singen, die Eichhörnchen quiekten, die Backenhörnchen piepsten, im Unterholz, dicht am Wegrand, hopste zwitschernd ein Zaunkönig herum, vielleicht war es sogar derselbe, den ich auf der Eiche gesehen hatte.

Vater blieb stehen. «So ist es schon besser», meinte er lächelnd. «So soll es sein. Diese Hügel haben ihre eigene Musik, und wenn sie verstummt, fehlt etwas.»

Kurz bevor wir ins Haus traten, sagte Mutter: «Daisy, hol mir doch bitte ein paar Tomaten und eine Gurke aus dem Garten, dann mach ich noch einen Salat zum Mittagessen.»

«Gute Idee, Mutter, nach dem Regen gestern finde ich sicher ein paar Prachtexemplare.»

Während Vater und ich arbeiteten, gingen mir ständig die Wünsche im Kopf herum.

«Vater, meinst du, unsere Wünsche gehen in Erfüllung?»
Vater ließ sich mit der Antwort Zeit. Schließlich sagte er nachdenklich: «Diese Frage ist schwer zu beantworten, mein Sohn. Ich persönlich glaube, daß Wünsche in Erfüllung gehen, aber man muß selbst etwas dazu tun. Das Leben ist nicht so einfach, daß man bloß einen Wunsch zu äußern braucht, und schon ist die Sache gelaufen.»

«Aber was kann man denn selbst dazu tun? Das verstehe ich nicht, Vater.»

«Oh, da gibt es viele Möglichkeiten: harte Arbeit, Geduld, Zielstrebigkeit und vor allem ein gerüttelt Maß an Optimismus und Selbstvertrauen.»

Ich nickte. «Ja, ich weiß, was du meinst. Ach, wenn doch unsere Wünsche in Erfüllung gingen, Vater! Es wäre zu schön.»

Doch mich beunruhigte noch etwas anderes.

«Vater, hat Daisy mit dir mal über den alten Mann vom Berg gesprochen?» fragte ich.

«Nein, mit mir nie, aber ich glaube mit Mutter. Spricht sie oft über ihn?»

«Meinst du, Daisy sieht den alten Mann vom Berg tatsächlich? Ich meine so, wie ich dich jetzt sehe?»

Vater antwortete nicht gleich. Langsam legte er den Hammer auf den Amboß und entfachte das Feuer im Schmiedeofen. Er schien tief in Gedanken versunken.

Dann sah er mich ernst an. «Ja, ich glaube, Daisy sieht den alten Mann vom Berg. Vielleicht nur in ihrer Phantasie, das kann ich nicht genau sagen. Ich weiß nur eins, Kinder, die leiden, sehen und hören Dinge, die weder du noch ich sehen oder hören können.»

«Mutter hat mir das gleiche gesagt.»

Ich wußte jetzt zwar immer noch nicht so recht, woran ich war, aber eins nahm ich mir in diesem Moment vor: Ich würde nie wieder zu Daisy sagen, sie hätte sich den alten Mann vom Berg nur eingebildet.

Und er half Daisy. Und mir half er, die Affen zu fangen, so daß wir aus dem Finderlohn die Operation zahlen konnten. Daisy reiste mit meiner Mutter in die Stadt.

Der Abschied war schlimm. Daisy und Großmutter zerflossen in Tränen, Mutter klammerte sich an Vater, als reise sie ans Ende der Welt. Daisy küßte alles, was in ihre Nähe kam, sogar Raudi bekam einen Kuß zwischen die Augen, nur ich entging ihr, da ich im entscheidenden Moment schnell zur Seite sprang.

Als letztes legte ich Daisys Krücke in den Wagen. Dann fuhren sie ab. Ich blickte ihnen nach, bis sie hinter der Biegung verschwanden.

Mutter schrieb uns oft, und wir lasen jeden ihrer Briefe mindestens ein dutzendmal.

Es war nicht schwer zu erraten, daß sie sich in der Stadt einsam und unglücklich fühlte, obwohl sie nie klagte. Sie schrieb immer wieder, wie sehr sie uns vermißte und wie oft sie an uns dachte. Daisy war inzwischen operiert worden, und es ging ihr offenbar gut. Der Chirurg meinte, wenn alles glatt verliefe, würde sie keine Krücke mehr brauchen. Aber etwas Endgültiges könnte man erst sagen, wenn der Gips wieder runter sei.

In der Mitte der vierten Woche bekamen wir einen Brief von Mutter, der uns in helle Aufregung versetzte. Sie teilte uns mit, daß die Operation gelungen war und Daisy jetzt gehen lernte. «Sie macht bereits das ganze Krankenhaus unsicher», schrieb Mutter zum Schluß.

Eines Tages, am späten Nachmittag, nahm ich einen Besen und einen Eimer und ging zu Daisys Laube. Ich kehrte sie gründlich aus und begoß die Blumen. Mein Blick fiel auf das Kreuz. Die Silberpapierstreifen hatten sich durch Wind und Regen da und dort gelöst.

Als ich die Streifen wieder sorgsam um den Querbalken wickelte, fiel mir der alte Mann vom Berg ein. Ich weiß selbst nicht, wie es kam, aber plötzlich bat ich ihn, Daisy und Mutter so bald wie möglich wiederkommen zu lassen.

Am nächsten Tag saßen Vater und ich im Dämmerlicht auf der Veranda. Raudi lag zu meinen Füßen. Plötzlich richtete er sich auf, spitzte die Ohren und starrte die Straße hinunter. «Vater», sagte ich, «irgendwer kommt da.»

Es war Großvater. In einer Wolke von Staub hielt er vor dem Haus. Er war noch nicht vom Sitz geklettert, als er schon zu reden anfing.

«Ich wollte eigentlich gleich, nachdem der Postbote bei mir war, zu euch fahren», sagte er, «aber ich konnte einfach nicht weg. Die Leute haben sich heute die Tür in die Hand gegeben.» Großvaters Laden war nämlich zugleich die Poststation für unsern Bezirk. Er reichte Vater den Brief. «Sie kommen morgen mit dem Mittagszug», setzte er übers ganze Gesicht strahlend hinzu.

Der Brief war kurz. Mutter schrieb, es gäbe natürlich eine Menge zu erzählen, aber mündlich ginge das alles viel einfacher. «Daisy und ich kommen morgen», hieß es weiter, «wenn möglich, holt uns ab.»

Am nächsten Tag schirrte Vater die Maulesel an, dann zogen wir uns beide zur Feier des Tages ein frisches Hemd und eine saubere Hose an.

Die Maulesel hatten es nicht leicht auf dieser Fahrt, Vater hielt sie ständig in Trab.

Als wir den Bahnhof erreichten, band Vater die Tiere an einem Pfosten fest, während ich den Strick um Raudis Halsband knüpfte.

Ratternd, mit stampfenden Rädern, rollte der Zug an uns vorbei, stieß zischend Dampf aus und blieb dann endlich mit kreischenden Bremsen stehen.

Einige Sekunden lang war nur das Keuchen der Lokomotive zu hören, ansonsten herrschte eine fast unheimliche Stille.

Und dann erschienen Mutter und Daisy.

Mutter hielt einen Koffer in der einen und Daisys Krücke in der anderen Hand. Sie winkte mir zu und sah ganz glücklich aus.

Im nächsten Moment stand sie vor mir, ließ Koffer und Krücke fallen und umarmte mich. Sie drückte mich so fest an sich, daß mir fast die Luft wegblieb. Dann ließ sie mich los und sank mit einem erstickten Schluchzer Vater an die Schulter.

Daisy verließ den Zug als letzte. Sie stand im Türrahmen und lächelte. Nie zuvor im Leben hatte mir jemand so lieb zugelächelt.

Ich mußte mir einen Ruck geben, bevor ich wagte, auf ihr Bein zu gucken. Als ich es endlich tat, stockte mir der Atem. Ich traute meinen Augen nicht, das verkrüppelte Bein war so kerzengerade wie das gesunde. Nicht der kleinste Unterschied war zu sehen.

Und da wußte ich, daß ich meinen Entschluß nie bereuen würde. Der Verzicht auf das Pony und das Gewehr hatte sich tausendfach gelohnt.

Als Daisy sah, daß ich wie gebannt auf ihr Bein starrte, streckte sie es langsam vor und wackelte mit dem Fuß.

Nie war sie fähig gewesen, ihren Fuß auch nur um eine Handbreit zu drehen! Ich konnte nur stumm nicken, um ihr zu zeigen, daß ich begriffen hatte.

Dann sprang sie leichtfüßig die Stufen herunter, blieb einen Meter vor mir stehen, stellte ihren Koffer ab und sah mich nur glücklich an. Im nächsten Moment hing sie an meinem Hals.

«Jeremy», flüsterte sie. «Ich hab dich so lieb. Nie werd ich vergessen, was du für mich getan hast.»

Und dann küßte sie mich mitten auf den Mund.

Ich fühlte, wie ich über und über rot wurde. «Ich hab dich ja auch lieb», flüsterte ich, «aber, bitte, küß mich nicht — ich meine, nicht hier vor allen Leuten.»

Daisy lächelte. «Mir ist völlig egal, was die Leute denken. Du bist mein Bruder, und ich küß dich, wann und wo es mir paßt.»

Was sollte man dazu sagen? Zum Glück trat jetzt Vater zu uns und schloß Daisy in die Arme, und zum erstenmal in meinem Leben sah ich in Vaters Augen Tränen stehen.

Vater hielt Daisy noch fest umschlungen, als Raudis Freudengebell aller Welt verkündete, daß er der glücklichste Hund auf Gottes Erdboden sei.

Wir gingen zum Wagen und luden die Koffer und Pakete auf. Vater sah Mutter an. «Warum hast du denn Daisys Krücke mitgebracht?» fragte er erstaunt. «Nun braucht sie sie doch nicht mehr.»

«Ich weiß», erwiderte Mutter und kletterte auf den Sitz. «Aber trotzdem hab ich sie mitgebracht — als eine Art Talisman, verstehst du?»

Vater legte die Krücke wortlos in den Wagen und setzte sich auf den Bock. Die Maultiere zogen an. Die Familie war wieder beisammen.

Unser altes Gefährt ratterte und schaukelte über die Landstraße, und neben mir saß Daisy und erzählte. Es gab ja so viel zu berichten von der Operation, und wie sie langsam gelernt hatte zu gehen. «Und dann kam der Tag», sagte sie, «wo ich zum erstenmal keine Krücke mehr brauchte. Oh, Jeremy, du kannst dir nicht vorstellen, wie glücklich ich war.»

Kurz vor unserem Haus sagte Vater: «Nanu, sieht mir ganz so aus, als hätten wir Besuch.»

«Das ist doch Papas altes Gig!» rief Mutter aufgeregt. «Er konnte es sicher nicht erwarten, Daisy zu begrüßen. Wie nett von ihm zu kommen!»

Vater reckte sich fast den Hals aus, um besser sehen zu können. «Hallo!» rief er erstaunt. «Was steht denn da im Hof? Schau mal, Jeremy!»

Ich schnellte vom Sitz hoch, weil der Zaun mir die Sicht versperrte. Und dann sah ich, was Vater meinte. Der Atem stockte mir, und mein Herz fing an, wie wild zu hämmern. Ich rieb mir die Augen, aber nein, sie trogen mich nicht.

Dort, in der Mitte unseres Hofes, mit erhobenem Kopf, den Blick auf uns gerichtet, stand ein Pony.

Vater bog von der Landstraße ab, eine Minute später hielt er vor unserem Haus.

Großvater saß schmunzelnd in Vaters Stuhl und schaukelte gemächlich vor und zurück. Mit drei Sätzen war ich auf der Veranda. «Großvater», sagte ich atemlos, «hast *du* das Pony mitgebracht?»

«Gewiß doch», sagte Großvater, rundum zufrieden. «Und es gehört dir. Es ist dein Pony.»

Ich war so verwirrt, daß ich nicht wußte, was ich sagen sollte. Ich glotzte Großvater nur mit offenem Mund an.

Dann hörte ich wie aus weiter Ferne Daisys helle Stimme. «Oh, Mutter, es ist wahr geworden! Mein Wunsch ist in Erfüllung gegangen! Ich habe mir im Feenkreis gewünscht, daß Jeremy sein Pony und sein Gewehr bekommt. Und die Feen haben mich erhört!»

Ich drehte mich um. Daisy hielt ein Paket in der Hand, das sie fest an sich drückte. Sie kam zu mir und sagte mit ernster Stimme: «Hier ist dein Gewehr, Jeremy. Doch bevor ich es dir gebe, hör mir einen Augenblick zu. Schieß, soviel du willst, auf Füchse, Schlangen, Habichte und Wölfe. Eben da, wo es nötig ist, manchmal zu schießen. Aber bitte, verschone die kleinen Vögel und die Eichhörnchen, überhaupt alle hilflosen Geschöpfe, die niemand etwas zuleide tun. Willst du mir das versprechen?»

Ich wußte nicht, wo mir der Kopf stand. Es ging alles einfach zu schnell für mich. Meine Stimme gehorchte mir nicht. Ich brachte nur ein Kopfnicken zustande.

«Das genügt nicht», sagte Daisy. «Du mußt es laut aussprechen.»

Ich holte tief Atem. «Ich verspreche dir», sagte ich langsam und feierlich, «daß ich nie mehr auf kleine, hilflose Tiere schießen werde. Mein großes Ehrenwort!»

Daisy lächelte mich glückstrahlend an und reichte mir mit beiden Händen das Paket. «Mutter und ich haben alle Geschäfte in Oklahoma City abgeklappert, und soweit ich mich erinnere, ist es das gleiche Modell, das dir im Katalog so gut gefallen hat.»

Mit zitternden Fingern riß ich das Packpapier herunter. Es war eine Hamilton-Flinte, genau das Gewehr, das ich mir immer gewünscht hatte.

Es war so still auf der Veranda, daß man einen Wurm hätte atmen hören können. Vor meinen Augen tauchten in rascher Folge Bilder aus der Erinnerung auf: Daisy in ihrer Laube, umringt von ihren Schätzen — Daisy kniend im Feenkreis ...

Rasch strich ich mir mit dem Jackenärmel übers Gesicht und sagte mit belegter Stimme: «Daisy, als ich im Feenkreis kniete, habe ich mir gewünscht, daß dein Bein in Ordnung kommt. Du siehst also, auch mein Wunsch ist in Erfüllung gegangen.»

Mutter lehnte sich an Vaters Schulter.

Vater legte den Arm um sie. «Jeremy», sagte er, «Mutter und ich haben uns ebenfalls gewünscht, daß Daisy wieder gesund wird. Und so ist auch unser Wunsch in Erfüllung gegangen.»

Großvater räusperte sich, um seiner Rührung Herr zu werden.

Und dann überraschte mich Daisy mit einer Frage. «Wie willst du das Pony denn nennen, Jeremy?»

«Daran hab ich noch gar nicht gedacht.»

Daisy meinte: «Ach, es wird nicht schwer sein, einen Namen zu finden. Es ist doch ein Geschenk der Feen!»

«Daisy!» rief ich begeistert. «Das war der beste Einfall deines Lebens. Ich werde es Fee nennen!»

Daisy sah mich lächelnd an. «Fee», wiederholte sie mehrmals. Dann nickte sie und sagte mit leuchtenden Augen: «Ja, Jeremy, das ist genau der richtige Name. Du hättest keinen besseren finden können.»

HUGH WALPOLE

Weihnachtspantomime

Das Weihnachtsfest in Jeremys neuntem Jahr war eines der schönsten, die er je erlebte. Vielleicht war es das letzte der wirklichen Märchenfeste für ihn. Nachher wußte er zuviel, sah den Weihnachtsmann hinter einer Rechenaufgabe verschwinden und den Vorweihnachtsstrumpf am Bett zu etwas werden, was ein «Junge, der zur Schule geht, nicht mehr hat». Es war das letzte Weihnachtsfest, an dem der Schnee fiel und die Stadtmusikanten spielten und sangen und morgens etwas im Strumpf gefunden wurde und die Puter fett gemacht wurden und die Kerzen flammten und die Stechpalmen knisterten, alles mehr durch den Willen Gottes als die Macht der Menschen. Es sollte viele Jahre dauern, bevor er zur Einsicht kam, daß er in jenen Kindertagen dennoch recht gehabt hatte.

Ein sehr dickes Buch könnte über alles das geschrieben werden, was sich an jenem wunderbaren Weihnachten ereignete; wie Hamlet, der Hund, zu seiner eigenen unendlichen Überraschung eine Ratte fing; wie nach dem Festessen der Familie Cole mit großem Erfolg ein Spiel aufgeführt wurde von den jüngeren Familienmitgliedern, ein Spiel, das nur bei Pastor Yellybrand keinen Beifall fand; wie Tante Amy ein neues Kleid anhatte, in dem sie nach allgemeinem Urteil lächerlich aussah; wie Mary durch die törichte Freundlichkeit von Frau Ryle, der Frau des Kantors, in die Werke Charlotte Mary Yonges eingeführt und dadurch gänzlich unmöglich wurde; wie Fräulein Maple eine Kindergesellschaft hatte, bei der es nichts zu essen gab, so daß alle Kinder vor Enttäuschung weinten und ein kleiner Junge (der jüngste Sohn des Kantors) Fräulein Maple tatsächlich biß; wie es zwei Tage lang wirklich schien, als ob es Schlittschuhlaufen auf dem Pol geben sollte und jedermann Schlittschuhe kaufte und das Eis dann natürlich aufbrach; und so weiter und so weiter. Die dramatischen Vorfälle waren nicht zu zählen in jener großen, außerordentlichen Zeit.

Doch ein Ereignis gab es zu jener Weihnachtszeit, das alle anderen überragt, ein Ereignis, das Jeremy in seinem ganzen Leben nicht vergessen wird und das selbst jetzt nach der langen, dazwischen liegenden Zeit und Erfahrung sein Herz bei der Erinnerung an jene Freude und Aufregung höher schlagen läßt.

Mehrere Wochen vor Weihnachten erschienen an den Mauern und Bretterzäunen der Stadt große Bilder mit der Ankündigung, daß Polchester demnächst den Besuch von Dennys großer Weihnachtspantomime «Dick Whittington» erhalten würde. Am Abend des zweiten Weihnachtstages war die erste Aufführung im Saalbau, und drei Wochen lang sollte das Stück nachmittags und abends wiederholt werden.

Dicht beim Kuchenbäcker Martin (wo man Zitronenkuchen kaufen konnte), ganz in der Nähe des Doms, war ein großer Bretterzaun, und auf diesem war ein wundervolles Bild von Dick und der Katze angeklebt, wie sie mit dem König von Sansibar speisen. Auf einem anderen prächtigen Bild lag Dick schlafend am Kreuzweg, Feen wachten über ihn, während London im purpurn beleuchteten Hintergrund zu sehen war.

Jeremy sah diese Bilder zum erstenmal auf einem seiner nachmittäglichen Spaziergänge und kam in einem so aufgeregten Zustand nach Hause, daß ihm der Hals wie zugeschnürt war und er seinen Tee nicht trinken konnte. Wie immer war er äußerlich schweigsam und beherrscht dabei, fragte wenig und störte den Frieden des Kinderzimmers nicht, obgleich er ein paarmal mit sich selber sprach. Auf Mary und Helen hatten die Anschläge nicht so stark gewirkt. Mary las eben von den Abenteuern der Familie May in «The Daisy Chain» und Helen machte sich Halsketten aus einer Schachtel voll Perlen, die sie geschenkt bekommen hatte.

Als Jeremy einmal sagte: «Wer war der Mann mit den roten Hosen mit goldenen Streifen?» kümmerte sich niemand darum außer Hamlet, der mit dem Schwanz wackelte und leise knurrte.

Wer sollte auch wissen, wie er sich sehnte, vor Verlangen brannte? Er hatte nur eine ganz dunkle Vorstellung von dem, was ein Theaterstück war. Sie hatten sich zu Hause oftmals verkleidet und so getan, als ob sie jemand anders wären, und er kannte natürlich die ganze Geschichte von Dick Whittington auswendig. Aber nach dieser Kenntnis und Erfahrung konnte er sich keineswegs vorstellen, daß die Aufführung des Herrn Denny einfach ein Verkleidungsspiel größeren Stils war. Auf geheimnisvolle und doch direkte Weise kam Dick Whittington nach Polchester. Es war ebenso wie mit Tante Emily, die in Manchester wohnte und von deren Dasein er seit langer Zeit gewußt hatte. Plötzlich erschien sie tatsächlich mit einem schwarzen Hut und Schal und gab ihnen feuchte Küsse und Sixpencestücke.

Dick Whittington kam, vielleicht weil er gehört hatte, daß Polchester ein sehr netter, freundlicher Ort sei. So konnte womöglich eines Tages auch Jack of the Beanstalk, Aschenbrödel, die Königin Viktoria und Gott kommen.

Inzwischen gab es eine Menge Fragen, die er gern gefragt hätte, aber er war jetzt schon ein Opfer der speziell englischen Furcht, sich lächerlich zu machen. Also fragte er nichts. Er kramte sein Spielzeugdorf hervor und versuchte es in seiner Phantasie zu einer Brücke zwischen der Kinderstube und der Welt Whittingtons zu machen. Wie das Dorf eine Tür öffnete aus dem Kinderzimmer hinaus, so könnte Whittington vielleicht eine Tür öffnen aus dem Dorf hinaus.

Er betrachtete Hamlet und fragte sich, ob der wohl etwas davon wüßte. Hamlet war trotz seiner häßlichen Erscheinung ein sehr kluger Hund. Er verstand so viel. Er nahm an allem teil und war immer zu rechter Zeit zu Spiel und Scherz aufgelegt. Er saß ernsthaft zu seinen Füßen, den Körper an seine Beine gedrückt, die eine Pfote steif herausgestreckt, den Blick forschend auf alles geheftet, was im Kinderzimmer vor sich ging. Er konnte völlig regungslos sitzen. Dann plötzlich elektrisierte ihn irgendein Gedanke, seine Ohren spitzten sich, die Augen funkelten, die Schnauze bebte, der Schwanz wackelte. Die Krisis ging vorüber, und er war so gleichmütig wie vorher. Er legte sich auch manchmal lang auf den Boden, den Kopf auf Jeremys Fuß. Dann träumte er von Ratten, Katzen, Vögeln, von Jampot, von Rindfleisch mit Soße, von Zucker, davon, daß er gewaschen würde, vom Walhall der Hunde, von Feuer und Wärme, von Jeremy, von Spaziergängen, auf denen jedes Stück verwehten Papiers eine Herausforderung war, von Hunden, Hunden, die er seit seiner Kindheit gekannt hatte, von Dingen, die er nicht tun durfte, von Strafe und Weisheit, Stolz und Ärger, von Liebesgeschichten aus der Jugendzeit, von Kampf, von Reife, von Liebesgeschichten der Zukunft, wieder von Katzen und Rindfleisch und Gerüchen — Gerüchen — Gerüchen, wieder von Jeremy, den er liebte. Und Jeremy, der ihn jetzt beobachtete, wie er schlief, und seinerseits an Dick Whittington dachte, wunderte sich darüber, daß ein Hund die Gedanken und Wünsche, die er hatte, so leicht verstehen konnte, ohne jede Erklärung, und daß die großen Leute nichts begriffen und so viele Erklärungen brauchten und einen womöglich noch auslachten und bemitleideten und verachteten. Warum? fragte er sich.

«Ich weiß!» schrie er plötzlich und wandte sich nach Helen um. «Es kann dein Geburtstagsgeschenk sein.»

«Was?» fragte sie.

«Was? Daß wir alle zu Dick Whittington gehen.»

Helens Geburtstag war — für sie ungünstigerweise — eine Woche nach Weihnachten, was zur Folge hatte, daß sie — wenigstens nach ihrer eignen Meinung — bei beiden Schenkgelegenheiten nie richtig beschenkt wurde. Sie durfte sich aber immer etwas Besonderes wünschen. Gewöhnlich erbat sie sich etwas Eßbares, einmal auch eine Fahrt mit der Eisenbahn und sogar einen Besuch des Museums von Polchester. Es war zu jener Zeit ziemlich schwierig, solche Dinge in Polchester zu finden.

«Oh, glaubst du wirklich, daß sie uns hingehen lassen würden?» fragte sie.

«Wir können es versuchen», meinte Jeremy. «Ich hörte neulich, wie Tante Amy sagte, daß Kinder nicht ins Theater sollten, und Mutter tut immer grade das Gegenteil von dem, was Tante Amy sagt. Also kann es gutgehen. Ich möchte, Hamlet könnte auch mit», fügte er hinzu.

«Sei doch nicht so albern!» bemerkte Helen.

«Es ist nicht albern», sagte Jeremy entrüstet. «Es ist doch alles von einer Katze, und er möchte doch gewiß gern alle die Ratten und das sehen. Er bellt auch nicht, wenn wir ihm sagen, daß er still sein muß und ich ihn am Halsband halte.»

«Wenn Tante Amy bei ihm sitzt, knurrt er doch», sagte Mary.

«Ach was, Tante Amy!» machte Jeremy verächtlich.

Nach diesem Anfang mußte Helen sehr stark weiter bearbeitet

werden. Aber sie hörte, daß Lucy und Angela, die Töchter des Dekans, hingingen, und der Geist des Wetteifers trieb sie an.

Der Dekan sagte sogar eines Tages selber etwas darüber zu Pastor Cole, daß man diese «sehr lobenswerte Sache unterstützen müßte. Die Einnahme der ersten Vorstellung soll, wie ich höre, für den Waisenfonds der Domkirche gestiftet werden.»

Helen war überrascht, mit welcher Bereitwilligkeit ihr Wunsch erfüllt wurde.

«Wir gehen alle hin», sagte Pastor Cole in seiner leutseligen, pastörlichen Art. «Es ist gut für uns, gut für uns — die Kleinen lachen zu sehen — gut für uns alle.»

Nur Onkel Samuel sagte, «daß nichts in der Welt ihn hinbringen würde».

Ich gehe schnell über den Weihnachtsabend, den Weihnachtstag und den Tag danach (der in England kein eigentlicher Festtag mehr ist) hinweg, obgleich ich gern länger bei diesen prachtvollen Daten verweilen würde. Jeremy hatte unendlich viel Freude, Hamlet auch. Hamlet bekam eine ganze Zuckerratte, viele Teller voll Knochen und einen Schuh von Tante Amy. Mary und Helen amüsierten sich köstlich in ihrer eigenen weiblichen Art.

Am Weihnachtsabend, als die Erde vom Schnee erhellt dalag, die Eiskristalle an den Straßenlaternen blitzten und die Stufen vor der Haustür unter den Füßen vom Rauhreif knirschten, begleitete Jeremy seine Mutter auf ihrem Weg der Geschenkverteilung. Diese freudige Aufregung! Die wunderbaren Formen und Größen der Pakete; die geheimnisvollen Straßen, die Türgriffe und Türglocken, die glitzernden Sterne, die Hausmädchen, die ganze Atmosphäre des erleuchteten Hauses, als ob man einen Kasten aufmachte, der bis oben hin voller entzückender Dinge war, und ihn dann schnell wieder zuschloß! Jeremy zitterte und bebte nicht vor Kälte, sondern vor überwältigendem, vollkommenem Glück.

Dann folgten die Weihnachtsstrümpfe, die Musikanten, die Weihnachtslieder, der Puterbraten, die Weihnachtstorte, der Tannenbaum, die Geschenke, das Weihnachtsspiel Snapdragon, das Bett. Dann folgten Kopfweh, Verdrießlichkeit, Hiebe für Mary, Nachmittagsspaziergang, wiedererlangte gute Laune, ungeheure Müdigkeit, Hamlets Erbrechen auf die goldenen Kikerikis, Hiebe für Hamlet, fünf Minuten mit Mutter unten, Bett — und Weihnachten war vorbei.

Von dem Augenblick an, da der 26. Dezember, der Boxing-Tag, vorüber war, gab es nur noch ein Zählen der Minuten bis zu «Dick Whittington». Sechs Tage vom Boxing-Tag an! Man schlief von acht bis sieben Uhr; macht elf Stunden; bleiben dreizehn Stunden. Sechsmal dreizehn Stunden sind achtundsiebzig Stunden, sagte Helen. Achtundsiebzig Stunden — und der Sonntag doppelt so lang wie andere Tage — das sind noch dreizehn Stunden mehr; einundneunzig, sagte Helen mit der Nase in der Luft.

Die Woche schlich dahin und war sehr schwierig für jedermann. Selbst Hamlet fühlte die Aufregung und beobachtete seine Ecke mit Jampots Nähmaschine mit größerer Intensität denn je. Der Tag vor dem großen Tag brach an, der Abend vorher, das letzte Abendbrot vor dem großen Tag wurde gegessen, man ging zum letztenmal vorher zu Bett. Und plötzlich wie der Teufel aus dem Kasten war der Tag selbst da.

Und dann trug sich das Furchtbare zu.

Jeremy wachte mit dem Gefühl auf, daß sich etwas Schreckliches ereignen würde. Er blieb eine Weile lang liegen und dachte nach, dann war er aus dem Bett, rannte im Kinderzimmer herum und schrie: «Helen! Mary! Helen! Dick Whittington! Dick Whittington!»

Bei solchen Gelegenheiten verlor er gänzlich seine sonstige natürliche Zurückhaltung und Vorsicht. Er zog sich mit größter Eile an, als wenn er damit das Herankommen des Abends beschleunigen könnte, und rannte wieder in die Kinderstube, den schwarzen Schlips zu seinem Matrosenanzug in der Hand.

Er hielt ihn Jampot, der Kinderfrau, entgegen, die ihn mißbilligend ansah.

«Bitte, mach ihn fest», sagte er ungeduldig.

«So sagt man das nicht», verwies sie, «das weißt du recht gut. Hast du deine Zähne geputzt?»

«Ja», antwortete er ohne Zögern, und es wurde ihm erst klar, daß er es nicht getan hatte, als das Wort schon ausgesprochen war. Er wurde rot. Jampot sah ihn mit einem plötzlichen scharfen Verdacht an. Er konnte schon damals wie späterhin schlecht lügen.

Er würde das Wort zurückgenommen haben, hätte es wirklich

gern zurückgenommen, aber ihn hielt etwas davon ab, als wenn ihm jemand, der stärker war als er, die Hand über den Mund legte. Die Glut schlug ihm übers ganze Gesicht.

«Du hast sie wirklich geputzt?» fragte sie noch einmal.

«Ja, gewiß», erwiderte er mit niedergeschlagenen Augen. Niemals in der ganzen Welt hat es einen Lügner gegeben, dem man es so deutlich ansah.

Sie sagte nichts weiter. Er stellte sich an den Kamin. Seine Freude war verschwunden. Ein unangenehmes kaltes Gefühl saß ihm am Herzen. Langsam, sehr langsam kam es ihm zum Bewußtsein, daß er ein Lügner war. Zuerst, als er ja gesagt hatte, hatte er es nicht gedacht, aber jetzt wußte er es.

Immer war es noch Zeit. Wenn er sich umgewandt und etwas gesagt hätte, wäre vielleicht noch alles gut geworden. Aber jetzt hielt ihn der Trotz gefangen. Er wollte Jampot keine Gelegenheit geben, über ihn zu triumphieren. Schließlich würde er sich die Zähne noch putzen, wenn Jampot hinüberginge, um Helens Haar zu bürsten. Im nächsten Augenblick würde dann das, was er gesagt hatte, wahr sein.

Aber er fühlte sich schrecklich elend. Hamlet kam aus den unteren Regionen herauf, wo er die Nacht zugebracht hatte. Er zeigte die Zähne, wackelte mit dem Schwanz und rollte sich sogar auf den goldenen Hähnen. Jeremy beachtete es nicht. Das Herz wurde ihm schwerer und schwerer. Er paßte auf, was Jampot tat. Im nächsten Augenblick mußte sie zu Helen gehen. Aber sie tat es nicht. Sie hielt sich noch am Frühstückstisch auf und wandte sich dann plötzlich, um nach Jeremys Schlafzimmer zu gehen. Sein Herz fing an zu hämmern. Eine schlimme Pause. Von weit, weit her hörte er Marys Stimme: «O Helen, knöpf mir doch diesen Knopf zu. Ich kann ihn nicht kriegen», und Helens: «Ach, was du immer hast —»

Dann erschien Jampot wieder wie das leibhaftige Jüngste Gericht. Sie stand in der Tür und sah zu ihm hinüber.

«Du hast deine Zähne nicht geputzt», sagte sie. «Das Glas ist nicht angerührt und deine Zahnbürste auch nicht. Du ungezogener, abscheulicher Junge! Ein Lügner bist du auch noch geworden zu allen deinen anderen Schlechtigkeiten!»

«Ich habe es vergessen», sagte er verdrießlich. «Ich dachte, ich hätte sie geputzt.»

Sie lachte triumphierend.

«Das ist nicht wahr! Du wußtest, daß du logst. Dein Gesicht zeigte alles.»

Wie sie dies sagte, ungefähr wie ein Seeräuber, der seine Beute zählt, war zum Wildwerden. Jeremy fühlte die Wut in sich hochsteigen, die Wut über sich selbst, über sie, über die ganze lächerliche Sache.

«Wenn du denkst, daß ich dies hingehen lasse, irrst du dich gewaltig», fuhr sie fort. «Um alles Gold der Welt tät ich das nicht. Ich mag nicht gut genug dazu sein, um meinen Platz hier zu behalten und auf solche wie dich aufzupassen, aber ganz gewiß kann ich dir noch ein oder zwei Wochen lang das Lügen legen. Ich weiß, was meine Pflicht ist, auch wenn da Leute sind, die meinen, ich wüßt es nicht.»

Sie schnob tatsächlich vor Zorn, und ihre Hände zitterten vor Aufregung über ihre eigene Ehrenrettung und die gerechte Verdammung Jeremys.

«Es ist mir einerlei, was du tust!» schrie Jeremy. «Du kannst jedermann sagen, was du willst! Du bist eine niederträchtige Person!»

Sie drehte sich nach ihm um. Ihr ganzes Gesicht war dunkelrot. «Jetzt ist's genug!» sagte sie zitternd. «Ich bin nicht hier, um mich von dir beschimpfen zu lassen. Dies sollst du bereuen und bald. — Das sollst du sehen!»

Eine schlimme Pause entstand. Jeremy war es, als sinke er tiefer und tiefer hinab in einen feuchtkalten Abgrund von Erniedrigung. Was mußte dies für eine Welt sein, daß sie sich in einem Augenblick von einer Stätte der Fröhlichkeit und des Glücks zu einem dunklen Ort der Trauer und Strafe wandeln konnte.

Seine Gefühle waren in äußerster Verwirrung. Er dachte, er sei schrecklich schlecht. Und doch fühlte er sich nicht so. Er fühlte sich nur elend, krank und trotzig. Mary und Helen kamen ins Zimmer, die Augen weit offen und ihr ganzes Wesen teilnehmend eingestellt auf die Krise und die Atmosphäre von Sünde und Unrecht, die sie um sich her witterten.

Dann kam Pastor Cole, wie es seine tägliche Gewohnheit war, auf einen Augenblick vor dem Frühstück herein.

«Guten Morgen!» rief er. «Da seid ihr ja alle! Bereit für heute abend? Noch kein Frühstück gehabt? Was?»

Als er bemerkte, wie alle erfahrenen Väter es sofort merken müssen, daß die Luft sündig war, änderte er seine Stimme zu dem Tonfall, den er beim Kindergottesdienst annahm und den seine Familie nur zu gut kannte.

«Bitte, Herr Pastor», sagte Jampot, «es tut mir leid, aber ich muß Ihnen sagen, daß Master Jeremy sehr ungezogen gewesen ist heute morgen.»

«Wie, Jeremy», fragte er, «was muß ich hören?»

Jeremys Gesicht war hart und verstockt, als er zu seinem Vater aufsah.

«Ich habe gelogen», sagte er. «Ich habe gesagt, ich hätte meine Zähne geputzt, und ich hatte es nicht. Preston ging hin und sah nach, und dann nannte ich sie eine niederträchtige Person.»

Jampots Mienen verrieten eine bekümmerte und doch triumphierende Bestätigung des Gestandenen.

«Du hast eine Lüge gesagt?» Pastor Coles Ton war voller Trauer.

«Ja», sagte Jeremy.

«Tut es dir leid?»

«Es tut mir leid, daß ich gelogen habe, aber es tut mir nicht leid, daß ich Preston eine niederträchtige Person genannt habe.»

«Jeremy!»

«Nein, es tut mir nicht leid. Sie *ist* eine niederträchtige Person.»

Pastor Cole wußte sich nie zu helfen, wenn ihm jemand trotzte, selbst wenn es nur ein Kind von acht Jahren war. Er flüchtete sich jetzt in seine geistliche und elterliche Autorität.

«Ich bin sehr traurig, sehr traurig. Ich hoffe, Jeremy, daß deine Strafe dir zeigen wird, wie unrecht du getan hast. Ich fürchte, du kannst heute abend nicht mit uns in die Pantomime kommen.»

Bei diesem Urteilsspruch zuckte es einen Augenblick in Jeremys Gesicht und machte es für diesen Moment alt und formlos. Sein Herz tat einen wilden Schlag vor Entsetzen und Schmerz. Aber er zeigte es nicht. Er stand einfach da und wartete.

Pastor Cole war bestürzt wie immer bei Jeremys Hartnäckigkeit, und so fuhr er fort:

«Und bis du Frau Preston nicht um Verzeihung gebeten hast wegen deiner Unhöflichkeit, mußt du für dich allein bleiben. Ich werde deinen Schwestern verbieten, mit dir zu sprechen. Mary und Helen, ihr dürft nicht mir eurem Bruder reden, bis er sich bei Frau Preston entschuldigt hat.»

«Ja, Vater», sagte Helen.

«O Vater, darf er nicht doch mitkommen heute abend?» fragte Mary.

«Nein, Mary, ich fürchte, es wird nicht gehen.»

Eine Träne lief über Marys Wange. «Es ist gar kein Spaß ohne Jeremy», sagte sie. Sie wollte das weitere Opfer bringen und sagen, daß auch sie nicht gehen würde, wenn Jeremy nicht mitkäme, aber eine natürliche Vorsicht hielt sie davon zurück.

Pastor Cole ging mit sehr bekümmertem Gesicht davon.

Bei dem stumpfen Elend, das sich in Jeremys Zügen malte, wandelte Jampot die Reue an, denn im Grunde hatte sie doch ein gutes Herz, war sogar eher sentimental.

«Laß gut sein», meinte sie, «wenn du den ganzen Tag artig bist, nimmt dein Vater dich doch wohl mit, und wir wollen alles vergessen, was du in der Aufregung gesagt hast.»

Aber Jeremy antwortete nicht, reagierte nicht auf den Duft gebratenen Specks, noch auf die Liebkosungen Hamlets, noch auf den herrlichen Sonnenschein, der aus der frostigen Außenwelt ins Zimmer drang.

Es war eine vollständige Katastrophe. Keiner von ihnen hatte diese Pantomimen-Angelegenheit mit der tiefen Erregung aufgenommen wie Jeremy. Die andern hatten nicht Tag und Nacht und Nacht und Tag davon geträumt wie er. Ihr ganzes zukünftiges Dasein hing nicht wie das seine davon ab, daß sie dies Stück sähen und erlebten.

Den ganzen Morgen über war er völlig verzweifelt wie jemand, der eingekerkert ist und auf die Folter gespannt wird. Und dabei versichern uns Philosophen in mittleren Jahren, daß Kinder leichtfertige, gefühllose Wesen sind! Sie sollten nur etwas von der Seelenqual selbst erleben, die Jeremy an jenem Tag durchlitt. Seine ganze Welt war hin für ihn.

Er war schlecht, war ein Verbrecher. Niemand konnte seinem Wort je wieder Glauben schenken. Man würde auf ihn zeigen als auf einen Jungen, der log. Und er würde Dick Whittington nicht sehen.

Die Ewigkeit seiner Strafe hing ihm um den Nacken wie eine

eiserne Kette. Kindertragödien sind etwas Entsetzliches, weil ein Kind keinen Begriff von Zeit hat. Der Schmerz eines Augenblicks ist ewig, das unvorsichtige Wort eines Erwachsenen ist ewige Verdammnis, die Torheit eines einzigen Moments ist der Fehler eines ganzen Lebens.

Der Tag schleppte sich weiter, und er verließ kaum seinen Winkel beim Feuer. Er machte keinen Versuch, mit jemandem zu reden. Ein- oder zweimal versuchte Jampot durch die kleine Maske von Zorn und Verzweiflung zu dringen.

«Komm jetzt! Es ist doch alles nicht so schlimm. Du bist jetzt wieder artig und gehst zu deinem Vater und sagst ihm, es tut dir leid —» oder: «Du kannst gewiß noch ein andermal ins Theater gehen.»

Aber sie erhielt keinerlei Antwort. Wenn sie etwas haßte, so war es Trotz. Hier war es der allerschlimmste Trotz, und so machte sie es, wie viel klügere Leute als sie es machen, gab dem Ding, das sie nicht verstand, einen Namen und ließ es dabei bewenden.

Der Abend kam. Die Gardinen wurden zugezogen. Der Tee wurde gebracht. Immer noch saß Jeremy da, sprach nicht, hob seine Augen nicht auf. Ein Verdammter. Mary, Helen und nicht zuletzt Hamlet hatten eine üblen Tag gehabt. Sie sympathisierten alle mit ihm.

Die Mädchen gingen hinaus, um sich anzuziehen. Es schlug sieben. Sie wurden von Jampot, die ihren Ausgehabend hatte, hinuntergebracht. Rosa, das Hausmädchen, sollte bei Jeremy bleiben.

Türen wurden zugemacht, geöffnet, man hörte Stimmen, das Rollen von Wagenrädern.

Jeremy und Hamlet waren sich selbst überlassen.

Die letzte Tür war ins Schloß gefallen, und das plötzliche Bewußtsein, daß alle fort waren und daß er sich jetzt bewegen konnte, wie er wollte, sprengte die Rüstung, in die er sich den ganzen Tag über eingekapselt hatte.

Er hob den Kopf, sah sich in dem verlassenen Kinderzimmer um, und als ihm dann der Gedanke kam an jenen anderen Raum voll Licht und Leben, in dem Whittington seinen Abenteuern nachging, brach er in Tränen aus. Er schluchzte, den Kopf auf beide Arme gelegt und den Körper zusammengekrümmt, so daß seine Knie dicht an der Nase waren und sein Haar ihm auf die Schuhe hing. Hamlet brachte ihn wieder zu sich. Anstatt seines Herrn Kummer zu teilen, wie ein sentimentaler Hund es getan haben würde, indem er gewinselt, gejault und geheult hätte, gähnte er, streckte sich aus und rollte sich auf dem Teppich herum. Er hielt nichts davon, daß man seinen Gefühlen freien Lauf ließe, und war erstaunt und vielleicht enttäuscht über Jeremys Mangel an Selbstbeherrschung.

Jeremy fühlte das, und sein Schluchzen wurde ruhiger und kam schließlich nur noch in kleinen Schauern, die eher gesund und angenehm waren. Er schaute sich um, wischte sich die rote Nase mit einem scheußlich schmutzigen Taschentuch und fühlte sich sehr schläfrig.

Nein, er wollte nicht mehr weinen. Rosa würde gleich kommen, und er würde doch einem Hausmädchen nichts vorweinen. Trotz alledem fühlte er sich unsäglich verlassen. Er war ein Lügner. Er hatte wohl vorher schon die Unwahrheit gesagt, aber die hatte kein Mensch bemerkt, und deshalb waren es doch kaum Lügen. Jetzt hatte ihm das Bekanntwerden seiner Lüge in seltsamer Weise gezeigt, was für ein unmögliches Ding es eigentlich war, zu lügen. Er hatte den Eindruck gesehen, den das auf alle anderen machte. Niemals hatte er gedacht, daß er so schlecht sein könnte. Selbst jetzt konnte er es durchaus nicht wirklich fühlen, daß er schlecht wäre, aber er sah ganz deutlich, daß es eine Welt für Lügner und eine Welt für wahrhaftige Menschen gab. Wenn ihm nur jemand sagen wollte, daß er noch in der richtigen Welt wäre! Oh, wie schrecklich er sich das wünschte!

Dann wieder wollte ihn der Gedanke an alle seine Angehörigen im erleuchteten Theater überwältigen, der Gedanke, daß Mary und Helen in diesem Augenblick die bunten Geschichten Dick Whittingtons mit ansahen, die Geschichte, die er alle diese Tage und Nächte lang immer wieder durchdacht hatte. Dennoch riß er sich zusammen.

Er putzte sich die Nase, warf sein schmutziges Taschentuch weg und ging langsam und bekümmert, um sein Dorf aus der Ecke zu holen und zu versuchen, ob er irgend etwas damit anfangen konnte. Schließlich, zum September kam er zur Schule. Seine Strafe konnte nicht ganz und gar endlos sein. Hamlet hatte soeben seine Befriedigung über diese männliche Haltung gezeigt, indem er herankam und die Familie Noah beschnüffelte, die wie gewöhnlich auf ihrem Weg zur Kirche war, als sich plötzlich die Tür öffnete und Onkel Samuel hereinkam.

Jeremy hatte seinen Onkel ganz vergessen gehabt und sah etwas beschämt über seine geschwollenen Augen und seine rote Nase vom Fußboden, wo er hockte, zu ihm auf.

Onkel Samuel hatte indessen keine Zeit für Einzelheiten. Er war sichtbar in Eile, trug nicht seinen blauen Malkittel, sondern einen verhältnismäßig sauberen schwarzen Anzug und auf dem Kopf, halb im Nacken, einen weichen braunen Hut.

«Komm schnell», sagte er, «sonst kommen wir zu spät.»

Jeremy stockte der Atem.

«Zu spät?» wiederholte er.

«Du willst doch mit, nicht wahr? Nach dem Theater? Sie schickten mich zurück, um dich zu holen.»

Das Zimmer stand plötzlich um ihn herum auf wie die Speisen und die Leute bei Alicens Fest im «Spiegel». Alles drehte sich um ihn her, schwankte von einer Seite zur anderen.

«Ich — ich weiß nicht», stammelte er.

«Ja, wenn du nicht ganz rasch begreifst, mein Junge», sagte Onkel Samuel, «kriegst du das Stück überhaupt nicht zu sehen. Marsch, marsch! Wasch dein Gesicht. Du hast Schmutzstreifen ganz bis unters Kinn, als ob du ein kriegsbemalter Indianer wärst. Hol deine Mütze und deine Stiefel und deinen Rock und komm schleunigst.»

Jeremy bewegte sich wie ein Schlafwandler. Er hatte einmal einen wundervollen Traum gehabt, in dem er bei einem Festessen gewesen war und alle seine Lieblingsgerichte bekommen hatte: Fischfrikadellen, Würstchen, Eis, Erdbeergelee, Biskuittorte, Schokolade und Rührei, und er hatte essen können, essen, essen und hatte nie genug gehabt und doch nie zuviel gegessen — ein entzückender Traum.

Er dachte oft daran. Und jetzt fand er in derselben verwunderlichen Weise seine Stiefel, seine Mütze und seinen Mantel, indem er den Gedanken an die Pantomime mit Fleiß von sich fern hielt, damit er nicht etwa aufwachte. Schließlich sagte er:

«Ich bin fertig, Onkel.»

Samuel Trefusis sah ihn an.

«Du bist ein komischer Kauz», sagte er. «Nimmst alles so stumm hin — aber, Gott sei Dank, ich verstehe keine Kinder.»

«Da ist Hamlet», sagte Jeremy und wunderte sich, ob der Traum sich wohl auch mit auf seinen Freund erstrecken würde. «Er kann wohl nicht mitkommen?»

«Nein, das kann er nicht», sagte Onkel Samuel grimmig.

«Und Rosa. Sie wird sich wundern, wo ich geblieben bin.»

«Ich habe es ihr gesagt. Kümmere dich nicht darum. Was für ein gewissenhaftes Kind du bist! Grade wie dein Vater. Noch was?»

«Nein», sagte Jeremy atemlos und brachte sich beinahe um, weil er fest die Augen zumachte, während sie die Treppe hinunterstiegen, um so lange wie möglich nicht aus seinem Traum aufzuwachen. Dann, in der kalten Nachtluft, packte er seines Onkels Hand mit fieberndem Griff und stammelte:

«Ist es wirklich wahr? Gehen wir wirklich hin?»

«Natürlich gehen wir. Komm, komm, lauf zu, sonst versäumen wir den Riesen.»

«Aber — aber — oh!» Er holte tief Atem. «Dann denken sie nicht mehr, daß ich ein Lügner bin?»

«Sie? Wer?»

«Vater und Mutter und alle.»

«Ach was! Denk du jetzt gar nicht an sie. Du sollst dich jetzt amüsieren.»

«Aber du sagtest doch, du wolltest nicht in die Pantomime — nicht um die Welt?»

«Ja, aber ich hab mich anders besonnen. Red nicht so viel, mein Junge. Du weißt, ich mag es nicht, wenn ihr Kinder schnattert. Immer habt ihr was zu sagen.»

Also schwieg Jeremy. Sie rannten die Orange-Straße entlang, Jeremy flog beinahe. Es war genau wie im Traum. Diese sausende Bewegung, und wie die Laternenpfähle auf einen zuliefen, als ob sie einen umrennen wollten, und wie die Sterne überm Kopf knisterten und zitterten und sprühten. Aber Onkel Samuels Hand war Fleisch und Blut, und der Absatz von seinem rechten Stiefel tat ihm weh, und er fühlte, wie ihn sein Matrosenkragen im Nacken kitzelte, ebenso wie wenn er wach war. Und dann waren sie da an der Tür des Saalbaus, und Onkel Samuel mußte Jeremy einen Augenblick festhalten, damit er nicht umfiel, so atemlos war er geworden.

«Ein bißchen zu schnell? Ja, du mußt nicht so dick werden. Du ißt zu viel. Nun paß auf: wir sitzen jetzt nicht bei Vater und Mutter. Da ist kein Platz mehr für dich. Also ruf nicht, hörst du. Wir sitzen hinten. Sei ganz still, sonst werfen sie dich raus.» «Ich bin ganz still», flüsterte Jeremy.

Onkel Samuel stand bei einem erhellten Loch in der Wand still und sprach mit einer stattlichen Dame in schwarzer Seide, die Tee trank. Jeremy hörte Geld klingeln. Dann gingen sie weiter, stolperten im Dunkeln ein paar Steinstufen hinauf, schoben einen schweren schwarzen Vorhang zurück und fanden sich plötzlich eingetaucht in eine verwirrende Flut von Licht, Duft und Farbe.

Jeremys erster Eindruck, als er in diese neue Welt hineinfiel, war eine häßliche, harte, aber komische Stimme, die sehr laut rief: «Ach, du meine liebe Güte! Ach, du meine liebe Güte! Ach, du meine liebe Güte!» Ein stürmisches Gelächter erhob sich um ihn her, hob ihn fast vom Boden, und nahe an seinem Ohr schluchzte eine Stimme von Glebeshire: «Oh, Himmel! Armes Wurm! Armes Wurm!»

Danach wurde er sich eines starken Geruchs von Apfelsinen bewußt, und dann, daß Onkel Samuel ihn vorwärts schob und hob über Füße, Knie und große Hände hinweg, die ihm direkt vor der Nase Beifall klatschten, bis er auf einen Sitz fiel und sich daran festklammerte, als ob der sein einziger Hoffnungsanker wäre in dieser seltsamen rätselvollen Welt. Die schrille komische Stimme erhob sich wieder: «Ach, du meine Güte! Ach, du meine liebe Güte!» Und wieder folgte ein rauher Lachsturm des Entzückens.

Er bemerkte dann, daß rings herum Gas zischte, und als er langsam den Atem wiederfand, wurde sein Blick von dem großen Lichtkreis in der Ferne angezogen, in dem sich undeutlich Gestalten bewegten und aus dessen Mitte die sonderbare Stimme kam. Er hörte eine Frauenstimme, dann mehrere Stimmen zusammen. Dann rückte ihm plötzlich die ganze Szenerie ins Gesichtsfeld. Seine Augen hingen gebannt an dem Licht. Die Apfelsinen, das Gas, der Geruch von Kleidern und erhitzten Körpern glitt in den Hintergrund — er war gefangen von der Welt, die er mit so heißem Verlangen zu sehen gewünscht hatte.

Er sah, daß es ein Laden war, und er liebte Läden. Sein Herz schlug dumpf, als er die Augen über die vielen Reihen von Borten wandern ließ. Da waren Ballen von Zeug, rot, grün, blau; Teppiche aus dem Orient; Tischdecken, Bettücher und Wolldecken. Hinter den gelben Ladentischen standen junge Männer in fremdartigen Gewändern. In der Mitte der Bühne war eine komische alte Frau zu sehen, der der Hut schief auf dem Kopf saß und deren Kleiderrock am Boden schleppte. Sie hatte riesige Stiefel an und eine rote Nase. Von dieser merkwürdigen Person kam die häßliche tiefe Stimme. Sie hatte eine Anzahl von den Tuchballen unter dem Arm und versuchte sie alle wegzutragen, verlor aber den einen, dann den anderen und wieder einen anderen. Sie bückte sich, um sie aufzuheben, und dabei fiel ihr der Hut ab, und während sie nach ihrem Hut griff, fielen alle ihre Ballen durcheinander. Jeremy fing an zu lachen. Alles lachte um ihn her. Wieder fing die unangenehme Stimme an zu klagen und zu jammern. Die alte Person hatte einen Ballen aufgehoben, und ein triumphierendes Grinsen breitete sich über ihr häßliches Gesicht. Dann fielen die Ballen wieder hin, und sie lag wieder in den Knien. Dabei erinnerten ihre Stimme und ihre Bewegungen Jeremy so lebhaft an die Gestalt ihres alten Gärtners Jordan, daß er sich zu Onkel Samuel umwandte, plötzlich nach dieses Gentlemans fettem Schenkel griff und krampfhaft ausrief: «Oh, sie ist ja ein Mann!»

Was für eine seltsame, auf den Kopf gestellte Welt dies war, in der Frauen Männer waren und Läden sich — wie es jetzt mit unerwartetem Krachen und Kreischen auf der dunkel gewordenen Bühne geschah — in Gärten an der See verwandelten! Jeremy atmete tief und hielt sich fest. Sein Mund stand offen und sein Haar sträubte sich.

Es ist unmöglich, Jeremys stärkste Eindrücke genau zu beschreiben, während nun das Spiel weiterging. Vielleicht hatte er gar keinen stärksten Eindruck. In Wirklichkeit kann es keine gute Pantomime gewesen sein. Wenn Jeremy seines Onkels Alter und Weisheit besessen hätte, so würde er bemerkt haben, daß Dick eine starke Dame war, vielleicht die Mutter einer sich vermehrenden Familie; daß die Feen so viel von Tanz verstanden wie die Hausfrauen Glebeshires, die vor ihnen auf den Bänken saßen; daß die Glocken von London zwei Handinstrumente waren, die

hinter der Szene von einem Jüngling in Hemdsärmeln so energisch bearbeitet wurden, daß die gemalte Landstraße und das
gemalte London hin und her wehte in Übereinstimmung mit
seinen Bewegungen. Jeremy war glücklicherweise nicht so welter-
fahren wie sein Onkel. Dieses Stück schuf für ihn eine Tradition
unvergänglicher Schönheit, die ihm nie wieder entschwinden
sollte. Die Welt würde nach jenem Abend ein wunderbarerer Ort
sein denn zuvor.

Als das Gas wieder angedreht wurde und zischte wie Speck in
der Pfanne, war er ganz blaß vor Erregung. Die einzige Bemerkung, die er machte, war: «Ist es nicht alles viel besser als die
Bilder an Bäcker Martins Zaun, Onkel Samuel?» worauf Onkel
Samuel, der seit Wochen über die Schändung Polchesters durch
diese scheußlichen Anschläge geschimpft hatte, wahrheitsgemäß
sagen konnte: «Viel besser!» Allmählich zog sich Jeremy dann
wenigstens so viel aus der anderen Welt zurück, daß er seine
eigene wieder als wirklich zu empfinden vermochte. Er konnte
sehen, daß er und sein Onkel sicherlich nicht unter der feinen
Gesellschaft saßen. Dicke Frauen saßen da und hatten ihre Röcke
über die Knie heraufgeschlagen und sogen Apfelsinen aus. Land-
leute mit riesigen Knotenstöcken waren da und sogar Schiffer,
wahrscheinlich auf ihrem Weg nach Drymouth. Er erkannte die
Postmeisterin aus der Orange-Straße und winkte ihr in entzückter
Erregung zu. Die Luft war dick von Apfelsinen und Gas, und ich
fürchte, Onkel Samuel hat viel gelitten. Ich kann aber nur berichten, daß er, der Selbstsüchtigste aller Menschen, kein Wort der
Klage äußerte.

Die Riesenfrau auf dem Sitz neben Jeremy verschlang ihn
beinah, so daß er unter ihrem dicken Arm hervorlugte und jeden
Bissen und jedes leise Krachen der Pfefferminzbonbons hörte, die
sie sich mit Wohlbehagen zuführte. Er wurde heißer und heißer,
und es war ihm, als ob er «im eigenen Fett schwämme», wie es in
einem warnenden Traktat über einen gierigen Knaben hieß, das
Tante Amy ihm gegeben hatte. Aber es war ihm einerlei. Die
Ungemütlichkeit erhöhte nur sein Glück, dann sah er unter dem
Arm durch plötzlich weit unten in der verschwimmenden Ferne
den Rücken seiner Mutter, die Köpfe von Mary und Helen, den
steifen weißen Kragen seines Vaters und das wohlbekannte Koral-

lenhalsband Tante Amys. Einen Augenblick lang ergriff ihn
Kummer, indem ihm die Lüge vom Morgen, die er gänzlich vergessen gehabt, ins Gedächtnis zurückkam. Aber sie hatten ihm
verziehen.

«Soll ich ihnen winken?» fragte er Onkel Samuel aufgeregt.

«Nein, nein!» sagte sein Onkel hastig. «Unsinn! Sie würden es
doch nicht sehen. Laß du sie in Frieden.»

Er fühlte sich ihnen weit überlegen hier oben und würde um nichts
in der Welt mit ihnen Plätze getauscht haben. Vor Befriedigung
mußte er seufzen. «Ich könnte eine Apfelsine auf Tante Amys Kopf
fallen lassen», sagte er. «Die würde aber hochspringen!»

«Du mußt still sein», sagte Onkel Samuel. «Es geht dir schon so
gut genug.»

«Ich bin viel lieber hier oben», sagte Jeremy. «Es ist wunderschön
heiß hier und riecht so gut.»

«Wundervoll!» bestätigte Onkel Samuel.

Dann wurde das Gas niedrig gedreht und der Vorhang ging
wieder auf, und Dick setzte — jetzt in einem Anzug von roter
Seide mit goldenen Knöpfen — seine Abenteuer fort.

In der Mitte des letzten aufregenden Schauspiels, als Jeremy das
Herz auf der Zunge lag und er in einem solchen Zustand von Erre-
gung war, daß er nicht mehr wußte, ob er selbst oder die Frau
neben ihm die Pfefferminzbonbons aß, zupfte ihn sein Onkel am
Ärmel und sagte ihm ins Ohr: «Komm jetzt. Es ist bald zu Ende.
Wir müssen gehen.»

Jeremy stand sehr zögernd auf. Er wurde durch den schwarzen
Vorhang geschoben, die Steintreppe hinunter und auf die Straße.

«Aber es war noch gar nicht zu Ende», sagte er.

«Es dauert keine Minute mehr», sagte sein Onkel. «Und ich
möchte, daß wir zuerst zu Hause sind.»

«Warum?» fragte Jeremy.

«Einerlei. Komm weiter. Wir laufen.»

Sie kamen atemlos zu Hause an, und als sie wieder in dem alt-
vertrauten Hausflur standen, sagte Onkel Samuel:

«Jetzt schlüpfst du ins Kinderzimmer, und dann weiß kein
Mensch, daß du aus gewesen bist.»

«Weiß kein Mensch?» fragte Jeremy. «Aber du sagtest doch, daß
sie mich holen ließen.»

«Das stimmte nicht ganz», sagte Onkel Samuel. «Sie wissen nicht, daß du da gewesen bist.»

«Oh!» machte Jeremy und seine Mundwinkel zogen sich nach unten. «Dann hab ich ja wieder gelogen!»

«Unsinn!» rief sein Onkel ungeduldig. «Du nicht. Ich.»

«Macht das denn nichts, wenn *du* lügst?» fragte Jeremy.

Die Antwort auf diese schwierige Frage wurde Onkel Samuel glücklicherweise durch die Ankunft der übrigen Familie erspart, die in einem Wagen hergefahren war.

Als Herr und Frau Cole Jeremy im Flur stehen sahen, noch im Mantel und Halstuch, gab es Bestürzung und großes Erstaunen.

Onkel Samuel erklärte die Sache: «Es war meine Schuld. Ich sagte ihm, ihr hättet ihm vergeben und mich geschickt, ihn doch noch zu holen. Jetzt ist er in schrecklicher Angst, daß ihr ihm nicht verzeiht.»

Was immer sie von Onkel Samuel denken mochten, es war jedenfalls hier und jetzt nicht die Zeit, ihm das zu sagen. Frau Cole sah ihren Sohn an. Seine Haltung war trotz großer Erregung und Müdigkeit trotzig. Sein Mund war eigensinnig, aber seine Augen flehten sie an im Gedanken an das wundervolle Schauspiel, das sie eben gemeinsam genossen hatten.

Sie nahm ihn in die Arme.

«Du willst nicht wieder die Unwahrheit sagen, nicht wahr, Jeremy, mein Herz?»

«O nein!» Und dann hastig: «War es nicht köstlich, Mutter, als die alte Frau die Treppe hinunterfiel? Und die Feen, als Dick schlief, und als die ganzen Möbel umfielen.»

Langsam stieg er nach der Kinderstube hinauf, der glücklichste Junge im ganzen Königreich. Aber in all seinem Glück fand er ein Rätsel: Onkel Samuel hatte gelogen, und kein Mensch hatte etwas Schlimmes daran gefunden. Also mußte es gute und schlechte Lügen geben. Oder durften große Leute die Unwahrheit sagen und nur Kinder nicht?

Er stolperte schon halb schlafend in die warme, erleuchtete Kinderstube. Da lag Hamlet vor Jampots Nähmaschine und spähte in die Ecke.

Er hatte nun Jahre und Jahre lang etwas, worüber er nachdenken konnte.

Und da kam Jampot.

«Es tut mir leid, daß ich ‹niederträchtige Person› zu dir gesagt hab», sagte er.

Sie schnüffelte ein wenig.

«Ich will hoffen, daß du jetzt artig bist», sagte sie.

«Oh, ich will schon artig sein.» Er lächelte. «Aber, Preston, dürfen einige Leute ruhig lügen und andere nicht?»

«Alle, die lügen, kommen in die Hölle», sagte Jampot. «Aber nun komm und zieh dich aus! Es ist elf, und wie dir morgen zumute sein wird ... na!»

PIER PAOLO PASOLINI

Biciclettone

Auf dem großen Floß befanden sich nur ein paar Menschen;
einige Beamte, die gegen drei Uhr verschwinden würden.

Doch von Ponte Garibaldi und Ponte Sisto erschienen bald die
wahren Klienten. In einer halben Stunde glich der Sandplatz zwischen der großen Mauer und dem Floß einem Ameisenhaufen.

Nando saß auf der Schaukel. Er wandte mir den Rücken zu. Er
war ein etwa zehnjähriger, magerer, krummbeiniger Junge mit
einem blonden Haarschopf über dem müden Gesichtlein, in dem
ein großer Mund unablässig lächelte. Am Hals hatte er eine eitrige
Wunde.

Er spähte zu mir herüber, als wollte er mich um einen Stoß
bitten. Ich trat näher und fragte: «Soll ich dir Schwung geben?»

Er nickte zustimmend und fröhlich, wobei sein Mund noch breiter wurde.

«Paß auf, ich schwinge dich hoch hinauf!» rief ich ihm lachend
zu.

«Macht nichts», antwortete er. Ich ließ ihn hinauffliegen, und er
schrie den anderen Jungen zu:

«Schaut, wie hoch ich fliege!»

Nach etwa fünf Minuten hielt er die Schaukel an. Aber diesmal
begnügte er sich nicht, mich nur anzuschauen.

«Du, gibst du mir einen Stoß?» rief er.

Schließlich sprang er von der Schaukel und kam auf mich zu.
Ich fragte ihn nach seinem Namen.

«Nando», sagte er rasch und sah mich an.

«Und der Beiname?»

«Biciclettone.»

Er hatte wie von Fieber gerötete Schultern, aber sie waren von
der Sonne verbrannt, und er gestand mir, daß sie ihn sehr juckten.

Jetzt war Orazios Floß zu einem wahren Karussell geworden. Der eine hob Gewichte, ein anderer zog sich an Ringen hoch, ein dritter entkleidete sich, viele lagen träge herum; alle aber schrien spöttisch und wild durcheinander. Eine erste Schar begab sich zum Sprungbrett, und jetzt begannen die Kopfsprünge, die Todessprünge und die Purzelbäume. Nun ging auch ich baden unter den Bogen von Ponte Sisto. Als ich nach einer halben Stunde zurückkehrte, sah ich Nando am Geländer des Floßes hängen.

«He!» rief er, «kannst du rudern?»

«Das kann ich.»

Da wandte er sich an den Bademeister.

«Was verlangst du?»

Der Bademeister gönnte ihm keinen Blick; über das Wasser gebeugt, sagte er wütend:

«Für zwei Personen hundertfünfzig Lire in der Stunde.»

«Bring ihn um!» rief Nando mit seinem immer lachenden Gesicht. Dann verschwand er in den Ankleideräumen. Doch bald darauf stand er wieder neben mir im Sand wie ein alter Freund.

«Hier habe ich hundert Lire», sagte er.

«Du Glücklicher! Ich bin vollkommen pleite.»

Er begriff nicht.

«Was heißt das ‹pleite›?» fragte er.

«Daß ich keinen Pfennig habe», erklärte ich.

«Warum? Arbeitest du denn nicht?»

«Nein, ich arbeite nicht.»

«Ich glaubte, du würdest arbeiten», sagte er.

«Ich studiere», sagte ich einfachheitshalber.

«Und man bezahlt dich nicht?»

«Da muß doch ich bezahlen.»

»Kannst du schwimmen?»

»Gewiß, und du?»

«Ich nicht, ich fürchte mich. Ich gehe nur ins Wasser, wenn es mir bis da reicht . . .»

«Also gehen wir baden?»

Er war einverstanden und lief wie ein Hündchen hinter mir her.

Beim Sprungbrett zog ich die Badehaube hervor, die ich in die Hose gesteckt hatte.

«Wie nennt man das?» fragte er, auf die Haube deutend.

«Badehaube.»

«Was kostet sie?»

«Ich habe letztes Jahr vierhundert Lire dafür bezahlt.»

«Wie schön!» sagte Nando und setzte sie auf. «Wir sind arm, aber wenn wir reich wären, würde Mama mir auch eine solche Haube kaufen.»

«Ihr seid arm?» fragte ich.

«Ja, wir wohnen in den Baracken in der Via Casilina.»

«Und wieso hast du denn heute Geld in der Tasche?»

«Ich habe den Gepäckträger gemacht.»

«Wo?»

«Am Bahnhof.» Die Antwort kam etwas zögernd, vielleicht log er, vielleicht hatte er sogar gebettelt, denn seine dünnen Ärmchen hätten kaum schweres Gepäck zu tragen vermocht. — Ich betrachtete seine Wunde, von der ab und zu ein Eitertröpfchen auf die Schulter fiel, und unwillkürlich mußte ich an die Baracke denken, in der er hauste. Ich nahm die Badehaube wieder an mich, strich ihm über den Haarschopf und fragte:

«Gehst du zur Schule?»

«Ja, in die zweite Klasse. Ich bin jetzt zwölf, aber fünf Jahre lang war ich krank... Badest du nicht?»

«Doch, jetzt tauche ich...»

«Mach den Engelssprung!» schrie er mir nach, als ich über das Sprungbrett lief. Ich machte einen ganz gewöhnlichen Kopfsprung, und nach ein paar Zügen stapfte ich durch Wasserlachen, Schlamm und Schutt ans Ufer.

«Warum hast du nicht den Engelssprung gemacht?» fragte er.

«Na schön, ich will ihn jetzt versuchen.»

Ich hatte ihn bisher nie gemacht, aber um Nando Freude zu bereiten, probierte ich es. Der Junge erwartete mich am Ufer. Er war zufrieden.

«Das war ein schöner Engelssprung», sagte er.

Auf einer Art Kanu ruderte ein Jüngling mitten im Tiber gegen den Strom.

«Kleinigkeit, so zu rudern!» sagte Nando; «aber der Bademeister hat mich noch nie auf so ein Boot gelassen...»

«Hast du noch nie gerudert?» fragte ich.

«Nein, aber was ist denn schon dabei?»

Als der Jüngling mit ein paar Ruderschlägen dem Sprungbrett nahe kam, lehnte sich Nando vor und schrie aus vollem Halse, die Hände wie einen Trichter vor dem Munde:

«Du, laß mich einsteigen!»

Der andere antwortete nicht einmal. Da kehrte Nando, immer vergnügt, zu mir zurück. In diesem Augenblick gingen einige meiner Freunde vorbei und ich schloß mich ihnen an. Sie spielten Karten in der kleinen Bar auf dem Floß, und ich schaute ihnen zu. Diesmal erschien Nando mit dem «Europeo» in der Hand.

«Da», sagte er, «lies! Er gehört mir.»

Um ihm Freude zu machen, nahm ich die Zeitung und blätterte darin. Doch Orazio kam und nahm sie mir weg; verdrießlich begann er zu lesen, doch nur zum Scherz. Ich lachte und wandte mich wieder dem Kartenspiel zu. Nando trat an den Schanktisch.

«Ich habe hundert Lire, was kann ich dafür kaufen?»

«Orangensaft, Bier, Chinotto», antwortete der andere phantasielos.

«Was kostet ein Chinotto?» fragte Nando.

«Vierzig Lire.»

«So gib mir zwei.»

Nach einer Weile wurde mir auf die Schulter geklopft: Nando stand vor mir und reichte mir eine Flasche Chinotto. Die Kehle schnürte sich mir so zusammen, daß ich kaum einen Laut hervorbrachte, um mich zu bedanken. Ich schüttete das Getränk hinunter und sagte zu Nando:

«Bist du Montag oder Dienstag hier?»

«Ja», antwortete er.

«Dann werde ich mich revanchieren. Wir werden eine Barke nehmen.»

«Wirst du am Montag kommen?» fragte er.

«Es ist nicht ganz sicher. Vielleicht werde ich zu tun haben. Wenn nicht Montag, dann aber bestimmt Dienstag ...»

Nando zählte den Rest seines Geldes.

«Mir bleiben noch zwanzig Lire», sagte er. In Gedanken versunken betrachtete er fröhlichen Gesichtes die Preisliste der Getränke. Ich wollte ihm schon zu Hilfe kommen, da sagte er zum Bademeister:

«Was kann ich für zwanzig Lire noch kaufen?»

«Behalte sie», erwiderte der Mann.

«Schau», sagte ich, «da gibt es noch Sprudel zu zehn Lire das Glas.»

«Aber er ist warm», meinte der Bademeister.

«Was kann ich mir für zwanzig Lire denn kaufen?» drängte Nando wieder. Nochmals wandte er sich an den Bademeister:

«Tut nichts, wenn's auch warm ist, gib mir zwei Gläser.»

Der Bademeister schenkte zwei Gläser ein, und Nando sagte zu mir:

«Trink!»

Zum zweiten Male bot er mir zu trinken.

«Und wenn du nichts zu tun hast, dann kommst du also Montag?» fragte er.

«Gewiß, und du wirst sehen, ich revanchiere mich! Du wirst dich freuen.»

Dann beschloß er, zur Schaukel zurückzukehren. Ich versetzte ihr einen so heftigen Stoß, daß er mir lachend zuschrie:

«Halt, halt! Mir wird schwindlig!»

Es wurde Abend und wir nahmen Abschied voneinander.

Nun kann ich kaum den Dienstag erwarten, um Nando eine Freude zu machen. Ich bin ohne Arbeit, habe kein Geld, aber auch Nando besaß nur jene hundert Lire... Wenn ich daran denke, habe ich Mühe, mich der Tränen zu erwehren.

Quellenverzeichnis

Ilse Gräfin von Bredow, «Das Kusinchen», aus: *Kartoffeln mit Stippe*, Scherz Verlag, Bern und München.

Agatha Christie, «Aus der guten alten Zeit», aus: *Meine gute alte Zeit*, Scherz Verlag, Bern und München.

Colette, «Die Wahlhelferin», aus: *Die Erde, mein Paradies*, Zsolnay Verlag, Wien.

Heimito von Doderer, «Die Freundin», aus: *Frühe Prosa*, Biederstein Verlag, München.

Otto Ernst, «Mit Appelschnut am Meer», aus: *Appelschnut*, Kabel Verlag, Hamburg.

Fynn, «Anna und Mister Gott», aus: *Hallo, Mister Gott, hier spricht Anna*, Scherz Verlag, Bern und München.

Nicholas Gage, «Elenis Kinder», aus: *Elenis Kinder*, Scherz Verlag, Bern und München.

John Galsworthy, «Der kleine Jon», aus: *Die Forsyte-Saga, Bd. 2*, Zsolnay Verlag, Wien.

Ernst Heimeran, «Bei Tisch», aus: *Himmelblauer Stümperle*, Hanser Verlag, München.

Hermann Hesse, «Kinderseele», aus: *Gesammelte Werke, Bd. 5*, Suhrkamp Verlag, Frankfurt 1970.

Marie Luise Kaschnitz, «Das dicke Kind», aus: *Erzählungen*, Scherpe Verlag, Krefeld.

Patrick F. McManus, «Angst vorm Dunkeln», aus: *Immer heiter und so weiter . . .*, Scherz Verlag, Bern und München.

Katherine Mansfield, «Das Puppenhaus», aus: *Sämtliche Erzählungen*, Kiepenheuer & Witsch Verlag, Köln 1980.

Barbara Noack, «Die Taufe», aus: *Flöhe hüten ist leichter,* Langen Müller Verlag, München.

Marcel Pagnol, «Woher kommen die Babys?», aus: *Eine Kindheit in der Provence,* Langen Müller Verlag, München.

Pier Paolo Pasolini, «Biciclettone», aus: *Nuovi racconti,* Garzanti Editore, Mailand 1960.

Herman Raucher, «Erwachen», aus: *Frühling einen Sommer lang,* Scherz Verlag, Bern und München.

Wilson Rawls, «Der Feenring», aus: *Eigentlich hätte es ein herrlicher Sommertag werden sollen,* Scherz Verlag, Bern und München.

Jules Renard, «Rotfuchs», aus: *Rotfuchs,* Classen Verlag, Zürich.

Wolfdietrich Schnurre, «Unsere Erfahrungen mit Zwergen», aus: *Als Vaters Bart noch rot war,* Arche Verlag, Zürich 1958.

Brigitte Schwaiger, «Die Nacht mit dem Vater», aus: *Kindheitsgeschichten,* Zsolnay Verlag, Wien.

D. L. Stewart, «Pfadfinder», aus: *Väter sind auch nur Menschen,* Scherz Verlag, Bern und München.

Una Troy, «Nenn mich nicht Vater!», aus: *Wir sind sieben,* Scherz Verlag, Bern und München.

Henri Verneuil, «Die Einladung», aus: *Meine Mutter Mairig,* Scherz Verlag, Bern und München.

Hugh Walpole, «Weihnachtspantomime», aus: *Jeremy,* Deutsche Verlags-Anstalt, Stuttgart.

Dieter Zimmer, «Die Linie Zwanzig», aus: *Für 'n Groschen Brause,* Scherz Verlag, Bern und München.

Wir danken den genannten Rechtsinhabern für die Genehmigung zum Abdruck der Auszüge aus den obengenannten Werken.